बात ये है कि...

लेखक

मनोहर श्याम जोशी

सम्पादक

भूपेन्द्र अबोध

वाणी प्रकाशन

वाणी प्रकाशन
4695, 21-ए, दरियागंज, नयी दिल्ली 110 002
शाखा
अशोक राजपथ, पटना 800 004
फ़ोन: +91 11 23273167 फ़ैक्स: +91 11 23275710
www.vaniprakashan.in
vaniprakashan@gmail.com

BAAT YE HAI KI...
by Manohar Shyam Joshi
Edited by Bhoopendra Abodh

ISBN : 978-81-8143-842-3
Essays/Article

प्रथम संस्करण 2008
आवृत्ति 2014

मूल्य : ₹ 395.00

हर्ष प्रिंटर्स, दिल्ली-110 093 में मुद्रित

वाणी प्रकाशन का लोगो मक़बूल फ़िदा हुसेन की कूची से

आभार

'साप्ताहिक हिन्दुस्तान' में प्रकाशित जोशी जी के लेखों का संग्रह पुस्तक रूप में पाठकों के सम्मुख है। कई वर्षों तक 'गपशप' स्तम्भ में प्रकाशित इन लेखों को एकत्र कर पाना कठिन काम था। इस अर्थ में जोशी जी ऋषि परम्परा के थे कि अपना लिखा सब कुछ सहेज कर रखने की प्रवृत्ति न थी उनमें। इस पुस्तक के कुछ लेख तो उन्होंने अमेरिका में उमेश अग्निहोत्री जी की सहायता से लाइब्रेरी से फोटो कॉपी करवाये थे, तीन-चार वर्ष पूर्व ही अमेरिका प्रवास के दौरान। शेष लेखों को भूपेन्द्र अबोध जी ने बड़ी मेहनत कर पटना की सिन्हा लाइब्रेरी से एकत्रित किया। उनके अथक परिश्रम के बिना इनका पुस्तक रूप में आ पाना कठिन होता। मैं अबोध जी और वाणी प्रकाशन की हार्दिक आभारी हूँ जिनके उत्साह और परिश्रम से आज यह आप सबके सम्मुख है।

—भगवती जोशी

शी. ही. मतलब....

हिन्दी पत्रकारिता में 'साप्ताहिक हिन्दुस्तान' की खासी भूमिका रही है। उसकी छपाई क्योंकि बहुत आकर्षक नहीं होती थी इसलिए सारा जोर प्रकाशित सामग्री पर आ जाता था। मैंने 'साप्ताहिक' में 1960 में प्रवेश किया और 1978 तक वहाँ रहा। बाजार तब भी पत्रकारिता पर हावी था मगर इतना भी नहीं कि गम्भीरता के लिए कोई जगह ही नहीं बचे। विज्ञापन वाले इस पर तो अड़े रहते थे कि पाठ्य-सामग्री पर विज्ञापनों को तरजीह दी जाए, परन्तु यह नौबत तब तक नहीं आई थी कि सामग्री क्या हो और कैसी हो, यह विज्ञापन वाले तय करें। 'साप्ताहिक' की चर्चा चले तो अनेक स्मृतियाँ मस्तिष्क मे कौंध जाती हैं। मुझे याद आता है कि 'साप्ताहिक' के विज्ञापन विभाग के इंचार्ज विज्ञापनों की जो डमी बनाकर हमें सौंपते थे उसमें कुछ पृष्ठों पर लिखा रहता था–'आएगा तो जाएगा'। जब मैंने इस संकेत का रहस्य बूझा तो पता चला कि इसका अभिप्राय यह है कि छपते-छपते भी उन पृष्ठों के लिए विज्ञापन आ जाने पर वहाँ की पाठ्य-सामग्री हटाकर विज्ञापन छापे जाएँ।

मैं जब 'साप्ताहिक' में आया तब श्री बाँकेबिहारी भटनागर उसके सम्पादक थे। वह एक सच्चे पत्रकार थे। वह काफी हद तक निडर थे और वही छापते थे जो छपना चाहिए था। जब श्री मनोहरश्याम जोशी 'साप्ताहिक हिन्दुस्तान' के सम्पादक नियुक्त हुए तब हम लोग असमंजस में थे कि जाने उसका स्वरूप क्या बने। जोशी जी एक पत्रकार होने के साथ-साथ साहित्यकार भी थे। वह 'कूर्मांचली' के छद्म नाम से कविताएँ लिखते थे। पर जब वह पत्रकारिता की बात करते थे तो एक निरे पत्रकार बन जाते थे। वह सहज भाव से यह घोषित करते थे कि मैं एक 'प्रोफेशनल जर्नलिस्ट' हूँ। उन्होंने 'साप्ताहिक' में साहित्यिकता तथा पत्रकारिता का एक वांछित सन्तुलन स्थापित किया।

मनोहर श्याम जोशी एक लिक्खाड़ सम्पादक थे। वह केवल सम्पादकीय ही नहीं लिखते थे, वरन् अपनी रुचि के अनुसार और भी बहुत कुछ लिखते रहते थे। उनकी रुचि हद से ज्यादा व्यापक थी। वह अज्ञेय जी के पक्के चेले थे। साहित्य से

इतर खेल, सिनेमा, विज्ञान, राजनीति, अध्यात्म जैसे विषयों में भी उनकी गहरी दिलचस्पी थी। इसलिए 'साप्ताहिक' में वह तरह-तरह के विषयों पर लिखते रहते थे, जिनमें अनेक विषय अछूते होते थे। उनकी ही शैली तो बस उनकी शैली थी। बेहद बेतकल्लुफ, पुरलुत्फ, पैनी, साहसिक और मुहावरेदार।

लिखने का शौक मुझे भी रहा है। कई पत्रिकाओं में छद्म नामों से स्तम्भ-लेखन करता रहा हूँ। 'साप्ताहिक' में मुद्दतों तक मैंने साहित्य चर्चा लिखी। एक प्रसंग यहाँ बताना जरूरी है। इसे आत्मश्लाघा हर्गिज न माना जाए। असल में यह घटना 'साप्ताहिक' में जोशी जी द्वारा चलाए गए स्थायी स्तम्भ –'गपशप' से सीधी जुड़ी है। एक बार की बात है, जोशी जी कुछ लिख रहे थे। लिखते-लिखते शायद अघा गए और कॉपी लाकर मेरी मेज पर यह कहकर पटक दी कि इसे तुम पूरा कर डालो। पहले तो मैं यह सोचकर अचकचा गया कि उनका अधूरा लेख मैं कैस पूरा करूँ? परन्तु विषय मेरी रुचि का भी रहा होगा इसलिए मैंने इसे फटाफट पूरा कर डाला और जोशी जी को उनके कमरे में सौंप आया। थोड़ी देर में जोशी जी वह कॉपी हाथ में उठाए बाहर आए और उसका प्रदर्शन करते हुए बोले कि देखो सम्पादक से भी बढ़कर लिखा लेख। यह घटना 'गपशप' की पूर्व-पीठिका बनी। जोशी जी ने 'साप्ताहिक हिन्दुस्तान' के 'गपशप' स्तम्भ की शुरुआत की तो स्तम्भ-लेखक के रूप में नाम दिया–शी. ही। शी. ही. नाम का रहस्य अधिकतर पाठक नहीं जानते। दरअसल, 'शी' का मतलब था जोशी और 'ही' का राही। हम दोनों ने मिलकर यह स्तम्भ मुद्दतों तक 'साप्ताहिक' में लिखा। स्तम्भ चल निकला। इसकी लोकप्रियता के चलते लम्बे समय तक हमने इसे 'साप्ताहिक' में चलाया। यह बीती सदी के सातवें-आठवें दशक की बात है।

इस स्तम्भ के चलते तरह-तरह के अनुभव हुए। इसमें हॉलीवुड की कहानी चली तो बेबाक अन्दाज पर एक सज्जन को कड़ी आपत्ति हुई। एक बार एक बड़े राजनेता पर छप गया तो पूछताछ हुई कि यह शी.ही. है कौन? जोशी जी ने उत्तर दिया कि नाम बताना होता तो फर्जी नाम देते ही क्यों?

'गपशप' साहित्य तक ही सीमित नहीं था। असल में वह कहीं तक सीमित था ही नहीं। जो भी विषय सामने आता हम उस पर लिख देते। जोशी जी स्पैनिश लेखक 'होर्जे लुई बोर्जे' के परम प्रशंसक थे। उस पर एक लेख उन्होंने 'गपशप' में लिखा। वह अंग्रेजी पत्रिकाएँ 'टाइम' और 'न्यूजवीक' आदि बड़े मनोयोग और सावधानी से बांचते थे। कई विषय उनमें मिल जाते थे। जोशी जी का 'अन्दाजे-बयां' निराला रहा। वह शीर्षक भी बड़े अनोखे लगाते थे–'कच्चा चिट्ठा एक कायस्थ का : बकलम मुंशी हरिवंश राय', 'जापान की शान के लिए मैं कुर्बान', 'अविश्वस्त सूत्रों से ज्ञात हुआ है कि विश्वस्त सूत्रों ने बताया है' आदि, आदि। मुझे भी अनौपचारिक गद्य लेखन का चस्का रहा है। संयोग से हम दोनों के स्वभाव एवं शैलियाँ मिल गईं। जहाँ तक जोशी जी की जानकारियों का सम्बन्ध है वे अपार थीं। एक बार वह सोवियत रूस गए तो

जी की जानकारियों का सम्बन्ध है वे अपार थीं। एक बार वह सोवियत रूस गए तो वहाँ उनके बारे में कहा गया कि यह समझ पाना कठिन है कि वह किस क्षेत्र के विशेषज्ञ हैं। जिस भी क्षेत्र का जिक्र छेड़ो वह उसमें पारंगत निकलते हैं। चाहे वह क्षेत्र साहित्य का हो, खेल का हो, सिनेमा का हो, विज्ञान का हो, समाज विज्ञान का हो या मनोविज्ञान का। जोशी जी की बहुज्ञता ने 'गपशप' को बहुरंगी बना दिया। मुझे पूरा विश्वास है कि इस पुस्तक को पढ़ते समय पाठक इसकी विविधता, विलक्षणता एवं रोचकता से आश्वस्त हो सकेंगे।

धारावाहिक स्तम्भ 'गपशप' के पुस्तकाकार प्रकाशन के लिए मैं सबसे पहले वाणी प्रकाशन के श्री अरुण माहेश्वरी के प्रति कृतज्ञता ज्ञापित करता हूँ। प्रसन्नता का विषय है कि उन्होंने 'गपशप' के लेखों की पठनीयता को पहचाना और उन्हें पुस्तक-प्रेमियों तक पहुँचाया। यहाँ प्रसिद्ध लेखक-पत्रकार श्री भूपेन्द्र अबोध का धन्यवाद करना अति आवश्यक है। वह 'साप्ताहिक हिन्दुस्तान' परिवार के सदस्य की तरह रहे और उन्होंने 'साप्ताहिक' के लिए बहुत कुछ लिखा। वह जोशी जी के अनन्य प्रशंसक हैं और उन्होंने उन पर 'सागर थे आप' शीर्षक के साथ एक पुस्तक भी लिखी है। उन्होंने 'गपशप' को अथक परिश्रम से सम्पादित व संकलित किया। सबसे अधिक धन्यवाद की पात्र तो श्रीमती भगवती जोशी हैं जिन्होंने जोशी जी की प्रकाशित अधिकांश सामग्रियों को सहेज कर रखा। जोशी जी अब हमारे बीच नहीं हैं, किन्तु हिन्दी जगत उनकी लेखनी के चमत्कारों को कभी विस्मृत नहीं कर सकता।

मुझे उम्मीद है कि 'गपशप' के पाठक इसमें पत्रकारिता के उस दौर की झलक पा सकेंगे जब पत्रकारिता 'ग्राहक'-सापेक्ष नहीं, 'पाठक'-सापेक्ष होती थी।

ही.

(बालस्वरूप राही)

विषय-सूची

अखबारनवीसी और कविताई

अखबारनवीसी और कविताई में ढूंढ़ने पर भी शायद ही कोई साम्य मिले, अलावा इसके कि कलमघिसाई दोनों में करनी पड़ती है। यों शायद यह साम्य भी हमारे कई कवियों द्वारा खासा आपत्तिजनक ठहराया जाए और वे जोर देकर यह कहें कि कविताई में कलमघिसाई भी एक अलग-अनूठे कोण से की जाती है। पाठकों को याद होगा कि पत्रकार श्री रघुवीर सहाय के नए संग्रह 'आत्महत्या के विरुद्ध' में पत्रकारिता की गंध सूंघ कर कई कवि-आलोचक काफी से ज्यादा एलर्जी के शिकार हो गए थे। मौजूदा हस्तियों, हरकतों और हालात का ज्यों-का-त्यों नाम ले-लेकर वर्णन करना रघुवीर जी को विशेष-संवादाइटिस हो जाने का लक्षण माना गया था। यानी जो बाहरी हकीकत का हवाला दे वह अखबारनवीस और जो भीतरी हैरत का हवाला दे वह शायर।

इस विभाजन पर नाक-भौं सिकोड़ने की कोई खास गुंजाइश उनके लिए नहीं हो सकती जो माध्यम के मसीहा के—हमारा मतलब श्री सी.बी.राव से नहीं,मार्शल मैक्लुहान से है—मुरीद हैं। मैक्लुहान साहब एलान कर चुके हैं कि संप्रेषण का हर माध्यम शुरू में 'उपयोगी' होता है, आगे चल कर जब उससे ज्यादा सुविधाजनक कोई माध्यम निकल आता है तो वह 'उपयोगी' की बिरादरी से हटकर 'अनुपयोगी-कला' की जमात में जा बैठता है। कविता, उनके अनुसार, कभी रोजमर्रा के काम की चीज थी। उसमें सूचनाओं को संप्रेषण के लिए ऐसा लय-तालबद्ध रूप दिया जा सकता था जो आसानी से याद किया-कराया जा सके। बाद में ज्ञान के प्रसारण और संरक्षण के अन्य उपाय विकसित हुए और कविता 'कला' की श्रेणी में चली गई। यानी पहला कवि, मैक्लुहान के अनुसार 'वियोगी' नहीं कोई मुदर्रिसी का मुरीद 'योगी' रहा होगा और 'गान' किसी कलात्मक 'आह-ओह-ऊह-उई' से नहीं ठस-ठोस 'ज्ञान' से उपजा होगा। और अगर आप वियोगी को ही पहला कवि मानने पर आमादा हों, उससे पहले के कवि आप को कवि नहीं घसखुदे नजर आ रहे हों, तो यही कहना होगा कि इस पहले कवि को कविता की उपयोगिता का वियोग ही आह से गान उपजाने के लिए बाध्य कर रहा था। तब लिखित गद्य पद्य पर हावी होने लगा था। किस्सागो कवियों की छुट्टी कराने लगे थे। और आज जब अखबारनवीसी किस्सागो तक की छुट्टी

करा चुकी है, कथा कलात्मकता में शरण लेने के लिए बाध्य हो चुकी है, तब कविताई का अखबारनवीसी के गलबहियां डालना नितांत अशोभन ही कहा जाएगा।

जब कविता 'उपयोगी' थी तब उसमें निश्चय ही ज्ञान-विज्ञान और नीति-राजनीति की बातें कही जा सकती थीं, बल्कि यों कहिए कि अगर वे कहीं कही जा सकती थीं तो बस कविता में ही। आज उन्हें कहने के लिए तमाम अखबार पड़े हैं, ज्ञान-विज्ञान की पुस्तक-मालाओं के तमाम नए पुष्प विस्फुटित होने को आतुर खड़े हैं। फिर भला कविता को यह कष्ट क्यों दिया जाए? कला को कामकाजी बन जाने की तोहमत क्यों उठानी पड़े? मगर यार लोग मानते ही नहीं। नई तो नई उनका तो अपनी पुरानी कविताओं तक के बारे में ख्याल है कि 'अब काम हमारे आती हैं ये अपनी पिछली कविताएं!' उन्हें इस बात का भी अफसोस है कि कभी वे इन कविताओं को कला-वला की चीज मानते थे। निश्चय ही यह पश्चाताप आधुनिकता-विरोधी और सौन्दर्यशास्त्र की दृष्टि से प्रतिगामी है। यों अगर 'काम' से यहां मुराद यह हो कि इन्टरव्यू में दिखाने के काम आ जाती है, तो हमें कोई एतराज नहीं। बल्कि हम तो यह तक मानने के लिए तैयार हैं कि हिन्दी की अधिकतर कविताएं संग्रहीत होकर इन्टरव्यू में दिखाने के काम ही आती हैं। शायद इन्टरव्यू लेने वाले यह मानकर चलते हैं कि जो कविताई कर लेता हो, अखबारनवीसी-अनुवाद-प्रसारण आदि उसके लिए बाएं हाथ का खेल सिद्ध होंगे। आखिर कविताई कला है और अखबारनवीसी एक मामूली-सी बला है।

लेकिन जैसा कि हमने पहले कहा, कुछ लोग कविताई में समसामयिक बोध के नाम पर अखबारनवीसी की घुसपैठ करा देने पर आमादा हैं। और हिन्दी की नई कविता में भी यह हाल है कि जो एक ने किया वह सब करें। जिस बात की जहां जरा चर्चा हो उसे फौरन ले उड़ें। श्रीकांत वर्मा ने नरेश मेहताई भटके मेघों के साथ भटकना छोड़कर 'तुक-तुक्का-लुक्का-लुक-बंदी' में नए काव्य का मुक्तिबोध पाया तो सहसा बहुतों को पिछली पंक्ति के अंतिम शब्द और अगली पंक्ति के पहले शब्द की तुक मिलाकर समसामयिक बौखलाहट का सुख लेने-देने का सुअवसर मिल गया। रघुवीर सहाय कविताई छोड़कर अखबारनवीसी पर उतरे तो यहां भी हाउस फुल होता नजर आया। और इस हाउस में जिसे देखो वही लखूखा। देखते-ही-देखते खड़ी बोली बड़े-बड़े सुकुमार सुसंस्कृत कवियों पर हावी होने लगी। कैलाश वाजपेयी गीतों की दुनिया को बहुत पीछे छोड़ते हुए इस नए संगम को त्रिवेणी पहले ही बना चुके थे। रघुवीर सहाय और श्रीकांत वर्मा तो खैर पेशे से अब भी अखबारनवीस हैं, कैलाश वाजपेयी मुदर्रिसी कर रहे हैं, मुद्रा अखबारनवीसी में बिताए हुए दिनों को भूले नहीं हैं। अखबारनवीसी की इस त्रिवेणी में ये तीनों कवि बहुत उत्साह से डुबकी लगा रहे

हैं। श्रीकांत वर्मा टेलीप्रिंटर छंद में काव्य पहले से ही लिख रहे थे लेकिन मूढ़ आलोचक इस बारीकी से बेखबर रहे जा रहे थे। इसलिए उन्होंने कविता के बीच-बीच में टेलीप्रिंटर से समाचार भेजने वालों के 'फ्लैश', 'मोर टू फालो,' 'एड' 'लीड' और 'इण्ट्रो' जैसे लटकों का बेखटके इस्तेमाल करना शुरू कर दिया है। इस त्रिवेणी में नई कविता के कई बुजुर्ग भी श्रद्धापूर्वक डुबकी लगा रहे हैं। समकालीनों का तो खैर सब कुछ आजमा देखने का धर्म ही है। बाद वाले कभी तफरीहन पाखण्ड करने के इरादे से ही इस संगम पर स्नान करने आए हैं। उनमें से अधिकतर अकविता की अंधी गलियों में लुकमान अली से लुका-छिपी कर रहे हैं या नव-प्रगतिवादी काव्य की धूमिल-सी पटकथा के सर्जन में व्यस्त हैं।

अखबारनवीसी और कविताई का यह प्रकरण दिलचस्प संवादों का मसाला जुटा सकता है और हमें आशा है कि आलोचना की पत्रिकाएं इस ओर भी ध्यान देंगी। इस बात का भी विचार किया-कराया जाएगा कि जो कवि है वह अपनी हर बात कविता के माध्यम से क्यों नहीं कह सकता? उसे अपनी अखबारनवीसी भी कविता में करने से रोकना कहां तक संगत है? आखिर श्रद्धेय मैथिलीशरण गुप्त ने संसद-सदस्य के रूप में अपना दायित्व भी कविता के माध्यम से निभाया। बच्चन जी अपना रोजनामचा तक कविता के रूप में लिख रहे हैं। स्व. चन्द्रकुंवर वर्त्तवाल ने अपने चारों ओर की हर चीज और बात पर कविता लिखी। प्रगतिवाद के दौर में शमशेर बहादुर सिंह तक विशिष्ट घटनाओं और व्यक्तियों की कसीदाकारी में मुब्तिला रहे। फिर विशेष संवाददाताओं को 'मार तमाम लोग' का काव्य लिखने पर सूनी नाव के खेवैया क्यों कोसें? इधर इस अहम मसले के बारे में अमेरिका में भी बहस चल निकली है। कुछ कवियों ने सवाल किया है कि अखबारनवीसी के दायरे में आने वाले किसी विषय पर कविता लिखना हास्यास्पद क्यों समझा जाता है? आखिर पहले के सभी कवियों ने, और तो और इसी शताब्दी के तीसरे दशक के कवियों तक ने, समसामयिक घटनाओं और व्यक्तियों को काव्य का विषय बनाया है। अब हमें ही इससे परहेज क्यों होने लगा? आखिर हम ब्रिटेन में सेसिल डे लेविस जैसे 'नए' कवि के पोयट लारेट (राष्ट्रकवि) नियुक्त किए जाने को हास्य-व्यंग्य के स्तम्भों के लिए उपयुक्त विषय क्यों मानते हैं? हमें किसी नए कवि द्वारा अवसरानुकूल औपचारिक काव्य रचा जाना असंगत क्यों प्रतीत होता है? कि नए बोध वाले कवि की अवसरानुकूल कविता नितांत औपचारिक ही होगी? इस तरह की तमाम बातें इस बहस में उठाई गई हैं।

अमेरिकी कविता में अखबारनवीसी की झन्डावरदारी कर रहे हैं 1966 के राष्ट्रीय काव्य पुरस्कार के विजेता जेम्स डिकी। किसी मित्र से यह सुनने पर कि अंधे बच्चे प्रकाश का क्षणिक विस्फोट 'देखने' का सुख पाने के लिए अपनी आंखों पर घूंसे

मारते हैं, डिकी ने फौरन एक कविता लिख डाली- "वे जानते हैं कि उन्हें देखना चाहिए। किन्तु क्या देखें अब? जब बंद मुट्ठियां, आंखों की छाती कूटती हैं, गदोलियों से रोशनी देता वह कोई अजनबी नहीं होता। यह झलक उस ललक की थी, जो भड़कती रही है आदमजात में आदि काल से। अंधों के आश्रम में बच्चे मुड़ते हैं लौटने को, नस्ल के ननिहाल की ओर। मुंह फेर कर चुपचाप, मुखातिब होते हैं तिलिस्म की अधसीसी गुफाओं से। आंखें चिंदी किए, चौड़ी किए, निकाले, भाले से बिंधे, गढ्ढों में धंसे, वे खामोश हैं। यह अटकल तुम्हें लगानी होगी कि इस संयम के भीतर क्या मचल रहा है?"

इस कविता का घोर विरोध इसलिए किया गया कि डिकी ने इसकी भूमिका में मित्र दारा प्राप्त सूचना का उल्लेख किया। लोगों ने कहा यह कविता नहीं, किसी समाचार पर टिप्पणी करने वाले 'सम्पादकीय' के स्तर की पत्रकारिता है। डिकी ने जवाब दिया कि मेरी अब तक की सारी कविताएं अनुभव पर आधारित रही हैं और मैं सार्वजनिक अनुभव को निजी अनुभव के क्षेत्र से बहिष्कृत मानने के लिए तैयार नहीं हूँ। मैं तो यह मानता हूँ कि कवि के लिए पत्रकारिता भी बहुत प्रेरणाप्रद सिद्ध हो सकती है। और जैसे इसी का प्रमाण प्रस्तुत करने के लिए डिकी ने सचित्र पाक्षिक 'लाइफ' के लिए अंतरिक्ष यान अपोलो-7 के प्रस्थान का संवाद भेजना स्वीकार कर लिया। अन्य संवाददाताओं के साथ वह भी केप कैनेडी पहुंचे और अपोलो-7 के छोड़े जाने का आंखों देखा हाल उन्होंने कविता में लिख भेजा। उनके अनुसार अंतरिक्ष यात्री धरती से नहीं, 'सजनियों की सेज से' ऊपर उठे और अंतरिक्ष में नहीं, 'सर्वव्यापी खोह में, गणितबद्ध गहराइयों में' गए। वहां से वे 'हमें ढूंढ़ कर लाने वाले' हैं।'

अंतरिक्ष यात्री जब 'हमें ढूंढ़ कर लौटेंगे' तब निश्चय ही डिकी महोदय को 'हमारे बारे में' विशेष इन्टरव्यू देंगे। शी॰ ही॰ की पहुँच अन्तरिक्ष यात्रियों तक तो नहीं है लेकिन अखबारनवीसी के कवि उन्हें यदा-कदा मिल जाते हैं। इनसे दो विशेष संवाद प्राप्त हुए। एक तो यह कि सर्वश्री रघुवीर सहाय और कैलाश वाजपेयी सभी पत्रिकाओं से समान रूप से असंतुष्ट हैं और अपना-अपना अखबार निकालने की योजना बना रहे हैं। इन लघुतम पत्रिकाओं द्वारा कवि अपनी रचनाओं और विचारों का प्रकाशन शुद्धतम रूप में कर सकेगा। सुना जाता है कि अब मामला इस बात पर अटका हुआ है कि 'अपने अखबार' की हर कवि कितनी प्रतियां छापे? कैलाश वाजपेयी अपने कवि—सम्मेलनी दिनों की याद के मारे सौ-दो-सौ प्रतियां छापने के पक्ष में हैं। रघुवीर सहाय कुल एक-एक प्रति छापने का आग्रह कर रहे हैं। श्रीकांत वर्मा चौंकाने वाले वक्तव्यों से चौंकने वालों को चौकस रखने के लिए नया स्टेटमेन्ट रिलीज़

करने वाले हैं– "अब तक हिन्दी कविता में जो अखबारनवीसी होती रही है, और उसमें मेरी अखबारनवीसी भी शामिल है, निहायत ही घटिया ढंग की होती रही है। कविता में सही ढंग की अखबारनवीसी करने का अवसर आ गया है–अगर और कोई इस जिम्मेदारी को नहीं उठायेगा तो यह काम भी मुझे ही करना होगा।"

कुल मिला कर यह मोर टू फालो का मामला है।

□□□

कच्चा-चिट्ठा एक कायस्थ का : बकलम मुंशी हरिवंश राय

गद्य को कवियों की कसौटी कहा गया है। जो गद्य की कसौटी पर खरा उतरे वह सच्चा कवि। आधुनिक युग के कवियों ने इस चुनौती को पूरे उत्साह से स्वीकार किया। अधुनातन कवियों ने तो और भी उत्साह से। नौबत यहां तक पहुंची कि गद्य की तो बात ही छोड़िए, कविताओं में भी धड़ल्ले से गद्य लिखा जाने लगा।

गद्य की कसौटी पर खरा उतरने की चुनौती बच्चन जी ने भी स्वीकार की, मगर अपने ढंग से। एक बहुत ही ताजी और विलक्षण गद्य-रचना के रूप में इनकी जीवनी का पहला खण्ड 'क्या भूलूं, क्या याद करूं' के नाम से पाठकों के सामने आया है। धार के इधर-उधर होकर उनकी कविता कुछ गद्यात्मक हो चली थी। धार वाली उनकी गीतात्मक बानगी कुछ धुंधलाने लगी थी और लगने लगा था कि नये मुहावरे को पकड़ने की कोशिश में वह अपने जमे-जमाए मुहावरे से छिटकने लगे हैं। गनीमत यह मालूम पड़ रही थी कि वह कम-से-कम अज्ञेय और नरेन्द्र शर्मा की तरह नौ सौ चूहे खाकर हज करने नहीं जा रहे। प्रेमवादी और आधुनिकतावादी कवियों की आध्यात्मिक परिणति देखकर कुछ अजीब-सा तो लग ही सकता है।

'क्या भूलूं, क्या याद करूं' पढ़कर बच्चन जी से गद्यात्मक हो जाने की शिकायत लौटा लेने को मूड बन जाता है। लगता है कि पिछले वर्षों में वह अपने हृदय का सारा रस अपनी जीवनी में निचोड़ते रहे हैं और कविताएं सिलसिला बनाए रखने के लिए रचते रहे हैं। बीच-बीच में उनकी अनेक सशक्त कविताएं भी सामने आती रही हैं मगर 'प्रणय-पत्रिका' तक उनकी कविताओं की जवानी का आलम ही और रहा है।

'क्या भूलूं क्या याद करूं' में उनकी गद्य की जवानी पूरी आन-बान के साथ मौजूद हैं। उनकी बहुत-सी कविताओं से भी ज्यादा शिद्दत उसमें मौजूद है। पिछले कुछ वर्षों में हिन्दी की जो महत्त्वपूर्ण गद्य-पुस्तकें प्रकाश में आई हैं उनमें इसकी जगह बहुत ऊँची और बिल्कुल जुदा है। डा. रामविलास शर्मा ने निराला जी की जीवनी लिख कर सच्चे और अच्छे जीवनी लेखन की परम्परा हिन्दी में शुरू की और डा. बच्चन ने हिन्दी का पहला अविस्मरणीय आत्म-चरित लिखा है। उससे पहले अगर किसी

आत्म-चरित का उल्लेख आदरपूर्वक किया जा सकता है तो वह है उग्र जी का—'अपनी खबर'। 'क्या भूलूं क्या याद करूं' ने यह फिर सिद्ध कर दिया है कि तथ्य उपन्यास से ज्यादा अनोखे होते हैं।

बच्चन जी का यह आत्म-चरित महज एक अच्छी साहित्यिक उपलब्धि नहीं है, बल्कि इसके द्वारा सच्चे साहसिक लेखन का सूत्रपात भी होता है। यदि कोई शब्दों के माध्यम से निर्वसन हो सकता है तो बच्चन जी अपनी इस कृति में वाकई निर्वसन हो गए हैं। साथ ही उन्होंने और भी कई व्यक्तियों को आवरणहीन कर दिया है। बहुत-से चेहरे बेनकाब कर दिए हैं। कुछ लोग इससे तिलमिला जायें तो ताज्जुब नहीं होना चाहिए। तिलमिला देने का काफी मसाला इस विलक्षण पुस्तक में मौजूद है। हमें मालूम है कि एक प्रसंग को लेकर, जो पुस्तक के बाद के पृष्ठों में आया है, बहुत-से लोग क्षुब्ध भी हैं। पुस्तक के वे अंश सचमुच कड़वे भी काफी हैं। लोगों का नाक-भौं सिकोड़ना इसलिए गैरवाजिब या अप्रत्याशित भी मालूम नहीं देता, क्योंकि वह प्रसंग एक ऐसे जीवित व्यक्ति के विषय में है जिसे लोग बिल्कुल दूसरे ही रूप में जानते रहे हैं। इस प्रसंग को लिख देने से उसके बिम्ब में थोड़ा अन्तर भी पड़ सकता है। कुछ व्यक्तियों की भावना को ठेस पहुँची भी होगी। किन्तु शायद बच्चन जी उस प्रसंग को छोड़कर आगे बढ़ भी नहीं सकते थे। वह प्रसंग उनके जीवन में एक बहुत बड़े क्राइसिस के रूप में आया जिसने उनके सम्पूर्ण व्यक्तित्व को झकझोर डाला। जो आदमी यह तय कर के लिखने बैठा हो कि अपने जीवन की हर घटना को उसके ज्यादा-से-ज्यादा सच्चे रूप में पेश करूँगा, उसके लिए इतना मार्मिक प्रसंग पूरी तरह छोड़ जाना शायद सम्भव भी नहीं था। उचित-अनुचित पर बहस करना इसलिए मुनासिब नहीं होगा क्योंकि बात नाजुक है और बहसतलब हर्गिज नहीं है। आमतौर पर कड़वे प्रसंगों से भरी पुस्तकें लेखक अपने बाद छपने के लिए छोड़ जाते रहे हैं। पर वह भी तो एक प्रकार का पलायन ही है। यह जीवनी लिखते समय शायद बच्चन जी ने सोच लिया था कि नहीं, पलायन नहीं करूँगा, किसी मूल्य पर भी नहीं।

यों शब्दों के माध्यम से निर्वसन हो जाना हिन्दी में कोई नई बात नहीं रह गई है। बल्कि तथ्य तो यह है कि आजकल शब्दों से अधिकतर आत्माभिव्यक्ति का नहीं, निर्वसन हो जाने का ही काम लिया जा रहा है। पर बच्चन जी की निरावरणता आक्रोशी कवियों के फैशनपरस्त नंगेपन से बिल्कुल जुदा चीज है। आक्रोशी कवि की नग्नता चिल्ला-चिल्ला कर यह कहती है कि मुझे देखो और चौंको। मैं तमाशा हूँ, ताली पीटो। और कुछ नहीं कर सकते तो बराये-मेहरबानी मुझे गालियां ही दो। मेरा नोटिस तो लो। या कमेटी वालों से नोटिस दिलवाओ। मुझे पकड़वाओ। अखबारों में मेरी खबरें और मेरी तसवीरें छापो। बच्चन जी की निर्वसनता यह सब नहीं कहती। मजमा

लगाना उसका उद्देश्य नहीं है। वह तो कुछ ऐसी ही है जैसे अकेले कमरे में कोई अपना डॉक्टरी मुआयना स्वयं करने के लिए नग्न हो जाए। अपने पुट्ठों को थपथपाए। अपनी दुखती रगों को दुखा कर अपने अस्वास्थ्य से घबराए। अपनी कविताओं में भी बच्चन अपने को अनावृत्त रूप में ही पेश करते रहे हैं। पर कविता आखिर कविता होती है। स्पष्ट होते हुए भी स्पष्ट नहीं होती। वह 'पीकाबू' फैशन के वस्त्र की तरह होती है और पाठक से कहती है कि झांक कर देखो! जो लोग ताक-झांक में माहिर नहीं होते वे कुछ देख ही नहीं पाते। पर गद्य तो टापलेस की तरह होता है। वहाँ कुछ छिपा नहीं होता, ढंका नहीं होता। वहां इशारों-इशारों में बातचीत नहीं चलती। वहां तो खुलकर वार्तालाप होता है। बच्चन जी ने गद्य के इस खुलेपन और उसकी इस बेबाकी का पूरा-पूरा फायदा उठाया है।

बच्चन जी की कवितायें भावुकता से लबरेज हैं। यह पुस्तक पढ़कर हम उस भावुकता के स्रोत तक पहुंच सकते हैं। ईलियट ने यह माना है कि व्यक्ति, जो भोगता है और कलाकार, जो रचना करता है, दो अलग इकाइयां हैं। आमतौर पर ऐसा होता भी है। कोई जरूरी नहीं है कि हर कवि अपनी कविताओं को जीता ही हो। या जो वह जीता हो, वही लिखता भी हो। लिखते समय वह चुनाव करता है और कल्पनाएं भी करता है। हर व्यक्ति के वास्तविक संसार और काल्पनिक (या आदर्श) संसार में गहरा अंतर होता है। वह जो होता है, वही तो नहीं होता जो होना चाहता है या जो उसने चाहा था। जो उसने होना चाहा, वह उसकी कविताएं हो जाती हैं। यह बहुत संभव है कि कोई व्यक्ति एक ही समय में दो व्यक्तित्व जिए। मगर बच्चन जी ने जो जिया है वही लिखा है और अपने लिखे को जिया है। उन्होंने माना है कि उनमें भोक्ता और स्रष्टा दो अलग इकाइयों के रूप में मौजूद नहीं हैं .... "मैं उन दिनों के अपने सृजन के स्मरण का अनुभव करता हूँ तो मुझे लगता है कि जो व्यक्ति भोग रहा है वह वही व्यक्ति था जो सृजन कर रहा था।"

भोक्ता और स्रष्टा का यह एकात्म्य बच्चन जी की कविता की वह शक्ति बन गया जिसने उन्हें अपूर्व लोकप्रियता प्रदान की। 'मधुशाला' के बराबर, रामचरित मानस को छोड़ कर, हिन्दी की कोई अन्य काव्य-पुस्तक शायद आज तक नहीं बिकी। भोक्ता और स्रष्टा के एकात्म्य के तीव्र अनुभव के कारण ही शायद बच्चन जी को अपनी यह जीवनी लिखने की प्रेरणा मिली और इसमें कोई शक नहीं कि उनकी कविताओं के मर्म तक पहुंचने में यह आत्म-चरित बहुत काम आएगा। 'क्या भूलूं, क्या याद करूं' को बच्चन-काव्य की कुंजी कहा जा सकता है।

इस उपयोगिता से अलग भी इस पुस्तक का अपना एक स्वाद है। बच्चन जी ने अपनी कविताओं को 'कैथारसेस' कहा है, उनकी आत्म-जीवनी कथा-रस से भरपूर

है। कविता लिखने से पहले बच्चन जी ने कहानी पर भी हाथ साफ किया था। यों बहुत-से साहित्यकार कविता पर हाथ साफ करने के बाद कहानीकार बन जाते हैं। बच्चन जी के हाथ में सफाई भी काफी आ गई थी। 1920 की यूनिवर्सिटी प्रतियोगिता में उनकी कहानी को प्रथम पुरस्कार भी मिला था। प्रेमचंद जी ने वह कहानी 'हंस' में छापी भी थी। बच्चन जी ने अपना कहानी-संकलन प्रकाशित कराने की भी सोची थी और डा. धीरेन्द्र वर्मा से भूमिका भी लिखवा ली थी। वह तो 'हिन्दुस्तानी अकादमी' की ही उस पर कृपा न हुई, अन्यथा बच्चन जी आज कहानी के मैदान में जोर-आजमाई कर रहे होते। और 'क्या भूलूं, क्या याद करूं' पढ़कर विश्वास हो जाता है कि इस क्षेत्र में भी उनका जवाब काफी मुश्किल से मिल पाता।

यह जीवनी बच्चन के संघर्षों, उनकी सफलताओं और असफलताओं का पूरा ब्यौरा प्रस्तुत कर देती है। फिर भी न तो उसमें आत्मश्लाघा की प्रवृत्ति ही दृष्टिगत होती है और न ही आत्मदया की। जबकि आत्म-जीवनी लिखते समय इन दोनों से बच पाना बड़ा मुश्किल है। मार्मिक प्रसंग इतनी तन्मयता से लिखे गए हैं कि पढ़ कर बहुत देर तक मन अनमना रहता है। खास तौर से कर्कल और चम्पा वाला प्रसंग तो बहुत ही दर्दनाक और 'हान्टिंग' है। पर व्यर्थ के प्रसंगों की चर्चा भी आ गई है। मैं उन व्यक्तियों के भाग्य की सराहना करना चाहूँगा जिन्हें बच्चन जी से हाथ मिलाने का अवसर भी प्राप्त हुआ। क्योंकि अपनी पुस्तक में वह उन तक का स्मरण करना भूले नहीं हैं। शुरू के पृष्ठों में सामान्य पाठक शायद रुचि न ले सके; उनका महत्त्व बच्चन जी के परिवार वालों के लिए ही अधिक हो सकता है। इस दिशा में उन्होंने मानतेन से प्रेरणा प्राप्त की है। न केवल उन्होंने अपने पुरखों के बारे में ही बेहद विस्तार से लिखा है, वरन कायस्थ-महिमा का भी विस्तार से बखान किया है।

पहले बच्चन जी का यह इरादा था कि वह अपनी आत्म-जीवनी दो खण्डों में लिखेंगे। पर दो खण्डों में बात समा नहीं पाई। अब शायद वह चार खंडों में प्रकाशित हो। दूसरा खण्ड 'नीड़ का निर्माण फिर-फिर' शीघ्र ही प्रकाशित होने वाला है। तीसरे खण्ड का नाम अभी नहीं सोचा गया है। उसमें उनके आक्सफोर्ड-जीवन के संस्मरण होंगे, जब वह ईट्स पर शोध करने के सिलसिले में वहां गए थे। चौथे खण्ड में आक्सफोर्ड से लौटने के बाद की घटनाएं होंगी। चौथे खण्ड का नाम बच्चन जी 'जीवन की आपा-धापी में' रखने की सोच रहे हैं।

□□□

जब कड़ी मारें पड़ीं दिल हिल गया

पिछले दिनों जिक्र आया कि अपोलो-8 की अंतरिक्ष यात्रा का एक नतीजा यह भी निकला है कि 'फ्लैट अर्थ सोसाइटी' खुद फ्लैट हो गई है। यह सिद्ध हो गया है कि पृथ्वी तश्तरी की तरह गोल और चपटी नहीं होकर नारंगी की तरह सिर्फ गोल है। अपोलो-8 की सफल चन्द्र-परिक्रमा वैज्ञानिक उन्नति का प्रतीक है। विज्ञान की चरम उन्नति ने यों तो बहुत-से चमत्कार दिखाए हैं लेकिन उसका एक असर यह भी हुआ है कि वैज्ञानिक लेखकों का, खास तौर पर वैज्ञानिक उपन्यास के लेखकों का, धंधा खूब चमक गया है। आज का पाठक सबसे अधिक रुचि इस तरह के किस्से-कहानियों में लेने लगा है जिनका ताना-बाना वैज्ञानिक प्रयोगों, उपलब्धियों और कल्पनाओं को लेकर बुना गया हो। मतलब यह कि भावुकता भरे मनगढ़न्त किस्से-कहानियों का बाजार ठण्डा हो चला है और तथ्यपूर्ण रचनाओं की मांग बहुत बढ़ गई है।

प्रकृति की रहस्यमयता अभेद्य है और इससे भी अधिक अभेद्य है प्रकृति की सर्वश्रेष्ठ कृति मनुष्य की जटिलता। विज्ञान वाह्यजगत का अन्वेषण करता है और साहित्य मनुष्य के अंतर्जगत का । अभी तक दोनों प्रयोगावस्था में ही हैं। यानी न तो विज्ञान प्रकृति के रहस्य को बेध लेने का दावा कर सकता है और न ही साहित्य यह दावा कर सकता है कि उसने मनुष्य के अन्तर्जगत की छानबीन पूरी कर दिखाई है। मनुष्य संसार की सर्वाधिक जटिल पहेली है और जिस दिन यह पहेली पूरी तरह हल हो जाएगी, उस दिन साहित्य की ज्यादा जरूरत बची नहीं रह जाएगी। आदमी को समझने का काम सर्वाधिक प्रामाणिक रूप में संस्मरण-साहित्य करता है क्योंकि उसीमें कल्पनाओं और रोमानियत को छोड़ आदमी की हू-ब-हू तस्वीर उतारने की मुकम्मल कोशिश की जाती है।

यों तो हिन्दी में पुस्तकें धड़ाधड़ छपती रही हैं और छप रही हैं लेकिन उनमें संस्मरण ग्रंथों का अभाव ज्यों-का-त्यों बना हुआ है। संस्मरण-साहित्य हिन्दी में कुछ उसी तरह दिखाई देता है जैसे बाढ़ में कुछ टूटे हुए दरख्तों के तने बह आए हों। वह मुख्य धारा का अंग नहीं बन सका है। जो थोड़ी-बहुत संस्मरण-पुस्तकें दिखाई भी पड़ती हैं वे आदमी की खोज में कोई खास मददगार साबित नहीं होतीं। उनमें से

अधिकतर साधारण यायावरी यात्राओं के फुटकर नोट्स हैं, मनुष्य का अन्वेषण नहीं। व्यक्ति-संस्मरण की कोई पुस्तक गाहे-बगाहे हाथ भी लगती है तो उसका तेवर ही निराला होता है। किसी अभिनंदन-ग्रंथ से भिन्न रूप में उसे पहचान पाना असंभव हो जाता है। हिन्दी वाले जब व्यक्ति के संस्मरण लिखने बैठते हैं तब किसी ऐसे चश्मे का इस्तेमाल करते हैं जो चर्चित व्यक्ति के व्यक्तित्व को एकदम इन्द्रधनुषी बना देता है। साधारण की असाधारणता का पूरा समां बांध देता है। प्रशस्ति-गायन से अलग आदमी को आदमी के रूप में प्रस्तुत करने की परम्परा अभी हिन्दी-साहित्य में पनप नहीं पाई है। संस्मरण-लेखक यह भूल जाते हैं कि बड़े-से-बड़ा आदमी भी आखिर हाड़-मांस का पुतला ही होता है। छाया और प्रकाश के योग से ही कोई चित्र सजीव बन पाता है। सवाल यह है कि जब हर साल अभिनंदन-ग्रंथ छपते ही रहते हैं, तब अलग से ऐसी संस्मरण-पुस्तकें छपवाने की क्या आवश्यकता है, जिनमें चर्चित व्यक्तित्व की मुस्कराने की भंगिमा से लेकर उसके छींकने-खांसने तक की महिमा का सविस्तार वर्णन किया गया हो? विदेशों में संस्मरण लिखने की परम्परा बड़ी पुरानी और प्रौढ़ है। वहां कभी डायरी के रूप में, कभी जीवनी, कभी आत्मकथा और कभी रिपोर्ताज आदि के रूप में तरह-तरह के संस्मरण लिखे जाते हैं। चरित बखानते समय विदेशी लेखक यह नहीं भूलते कि यह कहानी एक आदमी की है जो सब से पहले आदमी है, सिर्फ आदमी, निरा देवता या निरा पशु नहीं।

यह वाकई खुशी की बात है कि हिन्दी के जाने-माने आलोचक डा. रामविलास शर्मा की दृष्टि हिन्दी साहित्य के इस रेगिस्तान की तरफ गई है। इसे एक सुखद आश्चर्य ही कहा जा सकता है कि समर्थ प्रख्यात आलोचक संस्मरण-साहित्य के अखाड़े में उतरा है। साहित्य की समीक्षा करने वाला व्यक्ति जब व्यक्ति की समीक्षा पर उतरता है तब स्पष्ट है कि स्थिति पर्याप्त रोचक और कुतूहलपूर्ण हो जाती है। कुतूहल इस बात का होता है कि देखें आलोचना के सिद्धांत वह व्यक्ति पर किस रूप में लागू करता है। उद्धरण देने की गुंजाइश तो वहां भी काफी होती है और ऐसी पुस्तक इस तरह के वाक्यों से भी भरी जा सकती है कि संस्मरण-ग्रंथ के नायक के विषय में अमुक व्यक्ति यह कह रहा था और अमुक व्यक्ति की उसके बारे में राय यह थी या चर्चित व्यक्ति पर अपनी राय भी ठीक उसी तरह थोपी जा सकती है जैसे आलोचक अपनी मान्यताएं कृति पर थोप देता है। डा. रामविलास शर्मा क्योंकि कविता पर भी हाथ साफ कर चुके हैं इसलिए यह भी देखने के काबिल बात हो जाती है कि संस्मरण लिखते समय वह कवि हो उठते हैं या आलोचक।

रामविलास जी की संस्मरण-पुस्तिका 'निराला की साहित्य-साधना' में उनके कवि और आलोचक रूप गौण हो गए हैं और उनकी प्रतिभा का एक नया ही पक्ष

उजागर हुआ है। इस ग्रंथ से उन्होंने प्रमाणित कर दिया है कि कहानी के अखाड़े में लंगोटा बांधकर वह उतरे भले ही न हों, लेकिन उसके दांव-पेंचों से नावाकिफ नहीं हैं। तथ्यों के साथ ही महाकवि निराला के इन संस्मरणों में कथा-रस भी भरपूर मात्रा में उपलब्ध हो जाता है। रामविलास जी ने आलोचक की दृष्टि से निराला जी का विश्लेषण किया है, कवि की हैसियत से वातावरण की सृष्टि की है और कथाकार की तरह पात्रों और देश-काल का तालमेल बैठाया है। और इन सब से बढ़-चढ़ कर है सामग्री की प्रामाणिकता और प्रबलता। उन्होंने अपनी कलम का कैमरे की तरह इस्तेमाल किया है। यही वजह है कि इसमें निराला जी के 'क्लोज-अप' भी देखे जा सकते हैं और 'लांग शाट' भी। निराला जी जहां अकेले हैं, अपने से जूझ रहे हैं, अपने को मिटा रहे हैं, या सिरज रहे हैं, वहां वह 'क्लोज-अप' में पेश किये गए हैं। और जहां वह भीड़ से घिरे हैं, लोगों से जूझ रहे हैं या उनके द्वारा सराहे जा रहे हैं वहां 'लांग-शाट' की तकनीक का प्रयोग किया गया है। 'निराला की साहित्य-साधना' का प्रथमांश 'सूर्जकुमार तिवारी' 'आलोचना' में प्रकाशित हो चुका है। पुस्तक राजकमल वाले छाप रहे हैं।

निराला जी के जोरदार व्यक्तित्व के सबल पक्ष को पूरी तरह उभारते हुए भी रामविलास जी ने उन्हें अतिमानव के रूप में प्रस्तुत नहीं किया है। उन्होंने निराला जी की मानवीयता पूरी तरह बनाए रखी है और ऐसे प्रसंगों का बहिष्कार नहीं किया है जिनमें निराला जी को भी मुंह की खानी पड़ी । ऐसे प्रसंगों में सबसे दिलचस्प प्रसंग है 'भावों की भिड़न्त' लेख के प्रकाशन वाला। 'मतवाला' का प्रकाशन श्री महादेव सेठ, श्री नवजादिक लाल, निराला जी तथा शिवपूजन सहाय जी ने मिलकर किया था। 'मतवाला' अपने नाम के अनुरूप अपने समय का एक अनोखा पत्र था। उसमें निराला जी अपनी कविताएं भी छपवाते और टिप्पणियां भी लिखते थे। क्योंकि अधिकांश साहित्यिक सामग्री उन्हें ही जुटानी पड़ती थी इसलिए अलग-अलग रचनाओं के साथ उन्हें अलग-अलग नाम देना पड़ता। उन्हीं अनेक छद्मनाम में से एक नाम था 'निराला'। 'निराला' पं. सूर्यकांत त्रिपाठी का उपनाम नहीं, छद्मनाम ही था। 'मतवाला' में निराला जी और उनके अन्य सहयोगी दूसरी पत्र-पत्रिकाओं की प्रेमपूर्वक घिसाई करते रहते थे। उन्हीं दिनों प्रयाग से एक पत्रिका का प्रकाशन शुरू हुआ। पत्रिका का नाम था 'मनोरमा'। 'मनोरमा' में एक सम्पादकीय नोट प्रकाशित हुआ, जिसमें छायावादी कवियों को आड़े हाथो लिया गया। उन पर यह आरोप लगाया गया कि वे अंग्रेजी और बंगला की नकल मार रहे हैं। इस आरोप का मुख्य लक्ष्य निराला थे। इसलिए जरूरी हो गया कि 'मतवाला' कुछ जवाब दे। नवजादिक लाल जी ने 'मतवाला' में एक लेख छपवाया। शीर्षक था 'अंध परम्परा'। उसमें निराला

जी की मौलिकता की दुन्दुभी बजाते हुए यह चुनौती दी गई कि कोई माई का लाल ऐसा उदाहरण तो खोज कर दिखाए जिसमें निराला जी ने बंगला कविता की नकल मारी हो। निराला जी के आलोचक ऐसे उदाहरण ढूंढ़ने में जुट गए। उन दिनों 'प्रभा' के संपादक नवीन जी थे। उनके पास 'एक भावुक' का लिखा हुआ लेख पहुंच गया 'भावों की भिड़न्त'। लेख में चुटकियां लेते हुए बड़े मनोरंजक और विश्वसनीय ढंग से निराला जी की पोल खोली गई थी और ऐसी कविताओं का पूरा हवाला दिया गया था जिनमें निराला जी ने रवीन्द्रनाथ ठाकुर से सीधे प्रभाव ग्रहण किया था। छान-बीन करने पर पता चला कि यह लेख मुंशी अजमेरी का लिखा हुआ था। लेकिन भाषा उसकी 'भारत-भारती' के लेखक की ही थी। नवजादिक लाल और महादेव सेठ 'प्रभा' में प्रकाशित वह लेख पढ़ कर हक्के-बक्के रह गए। उन्हें यह गुमान भी न था कि निराला की कुछ कविताएं अमौलिक भी हो सकती हैं। लेकिन लेख का जवाब दिया जाना जरूरी था, क्योंकि लाजवाब हो जाने में 'मतवाला' की नाक कटती थी। निराला जी की मौलिकता सिद्ध करने के लिए नवजादिक लाल जी को जो तर्क पेश करने पड़े वे अपने आप में मौलिक थे। एक तर्क यह था कि निराला जी की मौलिकता इसी से प्रमाणित है कि वह पन्द्रह साल की उम्र में संस्कृत कविता करते थे। दूसरा तर्क यह था कि बाबू यामिनी मोहन घोष के दूसरे विवाह में, कहने के साथ ही, निराला जी ने बंगला में कविता लिख दी और बंग-समाज में उसका आशातीत आदर हुआ। निराला जी की मौलिकता सिद्ध करने के लिए अन्य तर्क ये दिए गए थे कि वह द्विवेदी जी महाराज के पवित्र स्नेह के पात्र हैं; अंग्रेजी पर भी उनका उतना ही अधिकार है जितना अवगत अन्य विषयों पर।

जवाबी हमला कामयाब नहीं हो पाया। निराला जी का दबदबा कुछ कम हो गया और 'मतवाला' वाले सहयोगी भी उनसे कुछ उखड़-से गए। 'मतवाला' से हट कर निराला जी गढ़ाकोला लौट गए। कोई सामान्य प्रतिभा का कवि होता तो यह मार उसे तोड़ देती; लेकिन यह घटना भी निराला के व्यक्तित्व की तेजस्विता को कुण्ठित नहीं कर पाई। वह सीधे निस्संकोच नवीन जी के पास पहुंच गए और उनपर उन्होंने अपनी ओजस्विता और मौलिकता की ऐसी धाक जमा दी कि नवीन जी ने उनकी प्रशस्ति में एक टिप्पणी ही लिख डाली।

निराला का जीवन संघर्षों की आग में से होकर गुजरा था, इसलिए विषम से विषम परिस्थितियों में भी वह विचलित नहीं होते थे। उनके व्यक्तिगत जीवन के अनेक प्रसंग दिल हिला देने वाले हैं। सबसे बड़ा धक्का उन्हें अपनी पत्नी मनोहरा देवी के गुजर जाने पर लगा। वह महिषादल में थे कि उन्हें तार मिला—तुम्हारी स्त्री सख्त बीमार है, फौरन आओ। उनके ससुराल पहुंच पाने से पहले ही उनकी पत्नी चिता में

जल चुकी थीं। पत्नी के गुजर जाने के बाद निराला को महसूस हुआ कि वह उससे कितना प्यार करते थे। यह सोच कर उनका हृदय पश्चाताप से भर उठा कि वह अक्सर उसकी आलोचना ही किया करते थे। वह उस स्थान पर, जहां उनकी पत्नी की चिता जली थी, रात-रात भर घूमा करते। मृत्यु का भय अब उनके दिल से निकल चुका था। बहुत दबाव डाले जाने पर भी निराला जी ने दूसरा विवाह करना स्वीकार नहीं किया। उनकी जन्मपत्री में लिखा था कि उनके दो विवाह होंगे। एक बार एक लड़की वाले आए, उन्होंने निराला जी की कुंडली देखी और कल फिर आने के लिए कह कर चल दिए। निराला कुंडली हाथ में लिए मोढ़े पर बैठे थे। तभी सरोज हंसती-खेलती वहां आ निकली। निराला के दिल में यह प्रश्न घुमड़ उठा कि क्या दूसरी मां इसे मां जैसा प्यार दे सकेगी? यह प्रश्न रह-रह कर उन्हें बेचैन किए दे रहा था। वह उठे, उन्होंने सरोज को गोद में लिया और अपनी कुंडली उसके हाथ में थमा दी। कहा—लो इससे खेलो। खेलते-खेलते सरोज ने वह कुंडली फाड़ डाली। दूसरे विवाह का सवाल ही खत्म हो गया। इस तरह निराला ने अपने भाग्य को चुनौती दे दी। निराला का सारा जीवन ही चुनौतियां देने और स्वीकार करने में गुजर गया। इसमें कोई शक नहीं कि निराला हिन्दी के उन गिने-चुने साहित्यकारों में से हैं, जिनके व्यक्तित्व ने भी समाज को उतना ही प्रभावित किया, जितना उनके साहित्य ने।

निराला के संस्मरणों के बाद डा. रामविलास शर्मा निराला के काव्य के मूल्यांकन भी प्रस्तुत करने वाले हैं।

❑❑❑

निराला की कुछ निराली कविताएं

हाल ही में निराला जी की अन्तिम अप्रकाशित कविताओं का संकलन प्रकाशित हुआ है–'सांध्यकाकली'। संपादक हैं श्री श्रीनारायण चतुर्वेदी। संग्रह में अड़सठ पूर्ण-अपूर्ण कविताएं संकलित हैं। तीन कविताएं 'फुटकर रचनायें' शीर्षक से छापी गई हैं। संकलन के प्रकाशन का उद्‌देश्य स्पष्ट करते हुए संपादक की ओर से कहा गया है–"निराला जी की ये अन्तिम कवितायें अनेक दृष्टियों से अत्यन्त महत्त्वपूर्ण हैं। उनके विचारों, आस्थाओं और विचारों के ही सम्बन्ध में नहीं, उनके मानसिक असन्तुलन की उग्रता के सम्बन्ध में भी लोगों में बड़ा मतभेद है। समर्थ और अधिकारी विद्वानों एवं आलोचकों को उनकी इन अंतिम कविताओं से उन विवादग्रस्त विषयों पर विचार करने में सहायता मिलेगी।"

(उद्धरण के प्रथम वाक्य में 'विचार' दो बार पुस्तक में छपा है।)

महाकवि निराला उन कवियों में से हैं जिन्होंने अपने जीवन-काल में ही सम्पूर्ण हिन्दी-जगत का ध्यान अपनी ओर खींच लिया था। कुछ लोग उनकी कविताओं का लोहा मान कर उनकी ओर खिंचे और कुछ लोग उनके फक्कड़ हेकड़ी भरे व्यक्तित्व के कबीराना ठाठ के कारण उनके भक्त बन गए। उनके भक्तों में ऐसे लोगों की कमी नहीं है जो उनके संघर्षमय जीवन और प्रचण्ड व्यक्तित्व से ही रौब में आ गये, उनका साहित्य पढ़ने की जरूरत ही उन्हें महसूस नहीं हुई। यह कोई नई या अजीब बात है भी नहीं। कोई कलाकार अपनी कला-कृतियों के कारण उतना लोकप्रिय नहीं होता, जितना अपने संस्मरणों के कारण। लोग कला और साहित्य से अधिक रुचि कलाकारों और साहित्यकारों के संस्मरण सुनने में लेते हैं। साहित्यकार व्यथा, संघर्ष और विद्रोह का प्रतीक होता है। आम आदमी उसी साहित्यकार से अधिक चमत्कृत होता है जिसका जीवन अभावों में गुजरा हो, जो संघर्ष की तपती धूप में पला हो और जिसने सत्ता-प्रतिष्ठान को चुनौती दी हो। ऐसा इसलिए होता है क्योंकि कलाकार के संघर्ष और विद्रोह के रूप में साधारण व्यक्ति अपनी महत्त्वाकांक्षायें प्रतिफलित होते हुए देखता है। कलाकार की निर्धनता और असहायता से उसे एक प्रकार की मनोवैज्ञानिक सान्त्वना-सी मिलती है। यह समुदाय का मनोविज्ञान है। भीड़ या तो कवि के प्रति सहानुभूति प्रकट कर सकती है या आदर। साधारणीकरण के स्तर पर गिने-चुने

व्यक्ति ही उसकी सराहना कर पाते हैं। यही कारण है कि कवि की अहम्मन्यता प्रकट करने वाली कविताओं पर ज्यादा जोर से तालियां बजती हैं।

हिन्दी के कवियों में निराला जी के जितने किस्से-कहानियाँ प्रकाशित हुए हैं उतने शायद ही किसी और आधुनिक कवि के हुए हों। बच्चन जैसे लोकप्रिय कवि तक के बारे में उतनी कहानियां कही-सुनी नहीं जातीं। ये जरूरी नहीं है कि निराला के बारे में जितने संस्मरण प्रचारित हैं वे सब सही ही हों। हो सकता है कुछ यार लोगों ने खुद ही गढ़ लिए हों। फिर भी यह तो कहा ही जा सकता है कि उनका सम्मोहन और तेजस्वी व्यक्तित्व अद्भुत रूप से संस्मरणकारी था। एक ओर उनका व्यथापूर्ण जीवन करुणा जाग्रत करता है, दूसरी ओर उनका दबंग और दानवीर रूप चमत्कृत कर देता है। वह ओजस्विता के प्रतीक-से बन गए थे। जिसने उन्हें अपनी विशाल बांहें उठा-उठा कर करारी आवाज में 'राम की शक्तिपूजा' पढ़ते हुए सुना है, वही उनके व्यक्तित्व के जादू को पूरी तरह समझ सकता है। कवि-सम्मेलन के मंच से उनकी गर्जना सुन कर श्रोता मंत्रमुग्ध हो जाते थे। उखाड़ने वालों के पांव खुद उखड़ जाते थे। शायद एकाध जगह ही उनकी कविता अनसुनी की गई हो। उत्तरप्रदेश के एक कॉलेज के छात्र अपनी कवि-उखाड़न कला पर नाज करते हुए छाती फुलाकर अवश्य यह कहते हुये सुने गए हैं कि हमारे कॉलेज का मंच वह जबर्दस्त मंच है जहां से निराला जी भी अपने जूते छोड़-छाड़ कर भाग खड़े हुए थे। मतलब यह कि जहां निराला जम नहीं पाए, वहां भी उन्होंने संस्मरण की छाप छोड़ दी।

निराला प्रसिद्ध अमेरिकी कवि एजरा पाउंड से काफी साम्य रखते हैं। जिस तरह एजरा पाउंड ने अंग्रेजी में नई कविता को जन्म दिया, उसी तरह निराला भी हिन्दी की आधुनिक कविता के जनक माने जाते हैं। अपने जीवन के उतार-चढ़ाव में एजरा पाउंड पागल हो गए हैं। निराला भी अपने जीवन के उतार में विक्षिप्त-से हो गऐ थे। किन्तु अपनी शारीरिक और मानसिक रुग्णता के दौरान भी निराला का काव्य-सृजन रुका नहीं। लेकिन उनकी रुग्णता ने उनके कवि-व्यक्तित्व की प्रखरता काफी क्षीण कर दी थी। दिनकर के शब्दों में, "निराला के चेतन और अवचेतन के बीच की दीवार टूट गई थी। निराला उन व्यक्तियों में से थे जो झुकते नहीं हैं, टूट भले ही जायें। निराला जी की कुछ कविताओं में उनके मानसिक असन्तुलन का प्रभाव झलक मार जाता है।"

प्रस्तुत संकलन में कुछ कविताएं ऐसी हैं जो शायद निराला जी के मानसिक अस्वास्थ्य के कारण अस्पष्ट-सी हो गई हैं। कविता में दुरूहता होने में कोई हर्ज नहीं है, और निराला जी की बहुत-सी कविताएं दुरूह हैं भी, लेकिन अस्पष्टता के कारण कविता का पूर्ण प्रभाव पाठक तक नहीं पहुंच पाता। इस संकलन की चौंसठवीं कविता

एक ऐसी ही कविता है जिसका अर्थ कुछ अस्पष्ट-सा हो गया है। कविता इस प्रकार है :–

मेटिनी वाली वारी दे वारी धना;
मुझे तार दे ताली से तारी धना।
तुझे गुल की खबर, मेरी बुलबुल समर;
आया डाली से डाली से नीचे उतर।
तेरे कांपे में आ कर फंसाए हैं पर,
कहीं कोई तो होता जो ऐसा बना।
नाची क्या अप्सरा कोई जैसा कि तू,
भाव के हाथ-पांवों के चासे तलू,
चली गरदन कमर कैसी, कैसी भी रन,
कोई रह न गया न हुआ जो सना।
बंसी बाजी, विराजी जो तू स्टेज पर,
तबले ठेके-परन के सुढर से सुढर,
साज ने बाज में और छोड़ा न घर,
गीत में गाया तू ने जो, क्या वन्दना।

कुछ कविताएं ऐसी हैं जिनमें अनुप्रास का लटका इस्तेमाल है। जैसे :–

वारि वन वन वारि,
वनवारि वनवारि;
वारिज विपुलवारि
फुलवारि कुलवारि
द्रुमलता तुलवारि,
कुलकलि कुलवारि;
आकुल मुकुल वारि,
विहग संकुल वारि।

निराला जी संगीत के अच्छे ज्ञाता थे। कुछ रचनायें उन्होंने केवल संगीत-मोह के कारण रच दी लगती हैं। जैसेः–

इमन बजा
स, रि, ग, म, प, ध, नि, स सजा सजा।

निराला जी बहुत से ऐसे चमत्कारी काम भी कर गए हैं, जिनके बानी होने का सेहरा मुद्राराक्षस जैसे कुछ नए कवि पहन लेना चाहते हैं। उनकी एक 'ध्वनि-कविता' की बानगी मुलाहजा हो :–

ताक कमसिनवारि,
ताक कम सिन वारि,
ताक कम सिन वारि,
सिनवारि, सिनवारि।
ता ककमसि नवारि,
ताक कमसि नवारि,
ताक कमसिन वारि,
कमसिन कमसिननारि।

इराबनि समक कात्,
इराबनि सम ककात्,
इराब निसम ककात्
सम ककात् सिनवारि।

यह निश्चयपूर्वक कह सकना कठिन है कि निराला जी ने ऐसी कवितायें गंभीरतापूर्वक लिखी होंगी या झोंक में। कुछ नए कवि इस तरह की कविताएं जरूर पूरे होश में लिख रहे हैं।

इस संग्रह के आयोजन की महत्ता के प्रति अनाश्वस्त हम नहीं हैं, लेकिन एक सवाल जरूर उठाना चाहेंगे। वह यह कि इस संकलन में निराला जी की निरर्थकप्राय कविताएं भी छाप देने के पीछे क्या तर्क है? कोई कवि आर्थिक दबाव के कारण अपनी ऊटपटांग रचनाएं भी छपवाने पर मजबूर हो सकता है। लेकिन जब किसी दिवंगत कवि की अप्रकाशित रचनाओं की बात चले, तब क्या यह सोचना जरूरी नहीं हो जाता कि ये कविताएं क्यों छपवाई जा रही हैं? यदि कुछ कविताएं कवि की कीर्ति के अनुकूल न हों, तो उनका प्रकाशन अनावश्यक भी तो हो सकता है। पाठकों और आलोचकों के सामने हर प्रतिष्ठित कवि का एक बिम्ब होता है। यदि कुछ कमजोर रचनाएं उस बिम्ब को खण्डित करती हों तो उनका प्रकाश में न आना ही श्रेयस्कर होगा। 'सांध्यकाकली' में संग्रहीत कुछ कवितायें निराला जी की काव्य-गरिमा के अनुकूल नहीं हैं। उनका इस संकलन में शामिल न किया जाना ही बेहतर होता। बड़े-से-बड़े कवि की हर रचना का प्रकाश में आना कोई जरूरी नहीं है। प्रारम्भिक रचनायें कुछ कमजोर होने के बावजूद प्रकाश में आने की अधिकारिणी हो सकती हैं, क्योंकि वे किसी कवि के विकास को सूचित कर सकती हैं। किन्तु प्रतिष्ठित कवि की

बाद की अर्थहीन रचनाएं कोई उपयोगिता नहीं रखतीं। वे कवि के यश को धूमिल ही करती हैं, चमकाती नहीं।

निराला जी कुछ अजूबे करते रहने के शौकीन थे। अपने जीवन-काल में भी उन्होंने बहुत-सी ऐसी कविताएं छपवाईं जिन्होंने पाठकों को चक्कर में डाल दिया। नई पीढ़ी के कई कवि निराला के इस फार्मूले को आजमा रहे हैं। इस संकलन में संकलित विचित्र कविताएं निराला जी को ऊलजलूल कविताओं का प्रवर्तक भी बना देती हैं।

इस संकलन में ऐसी कविताओं की कमी नहीं है जो निराला-काव्य के प्रेमियों को परितोष देंगी। एक दस्तावेज के रूप में इस संकलन का महत्त्व असन्दिग्ध है। पुस्तक के प्रकाशक हैं वसुमती, इलाहाबाद।

❑❑❑

मेरी लिखी हुई रचनाएं मेरी नहीं हैं

उपन्यासकार कुज्नेत्सोव ने जब लेनिन के सम्बन्ध में वृत्तात्मक रचना के लिए सामग्री जुटाने की खातिर लंदन जाने की अनुमति मांगी तब सोवियत अधिकारियों को इस बात का तनिक भी संदेह नहीं हुआ कि स्वेतलाना के सनसनीखेज पलायन की टक्कर का एक और कांड होने वाला है। आखिर कुज्नेत्सोव 'डाक्यूमेंट्री' शैली के उपन्यास लिखने के लिए मशहूर थे (नाजियों द्वारा रूसी यहूदियों के संहार के तथ्यों पर आधारित उनकी कृति 'बाबी यार' विश्वविख्यात है), और लंदन में लेनिन 1902 में प्रवासी की हैसियत से रह चुके थे। इसके अलावा कुज्नेत्सोव की गणना पार्टी के प्रति वफादार लेखकों में होती रही थी। कुज्नेत्सोव को अधिकारियों द्वारा अपनी रचनाओं में संशोधन-परिवर्द्धन किया जाना कभी नामंजूर नहीं हुआ था। सोल्झेनित्सिन, वोज्नेसेंस्की और एव्तुशेंको जैसे 'विद्रोही' लेखकों से वह अपने को दूर ही दूर रखते आए थे और सोवियत साहित्य के मठाधीशों के खिलाफ जबान हिलाने की गलती उन्होंने कभी नहीं की थी। कुल मिलाकर सोवियत अधिकारी उनसे इतने प्रसन्न थे कि हाल ही में एक युवा पत्रिका के संपादन-मण्डल में एव्तुशेंको की जगह उन्होंने बगैर किसी हिचक के उन्हें दे दी थी। शायद यह कहना गलत न होगा कि पाश्चात्य साहित्य की 'आधुनिकता' में रंगे हुए सोवियत लेखकों में से बस कुज्नेत्सोव ही सोवियत अधिकारियों को भरोसे लायक मालूम होते थे।

लेकिन कुज्नेत्सोव ने कुछ और ही ठानी थी। वह लेनिन के लंदन-प्रवास की सामग्री जुटाने के बहाने अपने चिर-प्रवास की सामग्री जुटाने में व्यस्त रहे। सबसे पहले उन्होंने अपनी रायल्टी का खाता पत्नी के नाम करने के कागजात भरे। फिर अपने कमरे के फर्श और दीवारों में दबाकर छिपाई हुई पांडुलिपियां निकालीं। हजारों पृष्ठ, जिन पर वह साहित्य लिखा पड़ा था जिसके सोवियत संघ में प्रकाशित हो सकने की कुज्नेत्सोव को कभी कोई उम्मीद नहीं रही थी। एक खास ढंग के कैमरे से कुज्नेत्सोव ने चोरी-छिपे उन पाण्डुलिपियों के एक-एक पृष्ठ की फिल्म उतारी। इस फिल्म को अपने कोट के अस्तर के भीतर सी दिया। इराके बाद अपने प्रकाशित और प्रकाशन के लिए विचाराधीन साहित्य के नमूने एक सूट केस में भरे। चिर-प्रवास की तैयारी पूरी हुई।

लंदन पहुंचकर कुज्नेत्सोव ने अपने रूसी-अंग्रेजी दुभाषिए के साथ, जो शायद खुफिया विभाग का आदमी था, आदर्श बालक वाले अंदाज में भ्रमण-अध्ययन किया। पांचवें दिन शाम को सोहो बाजार की बदनाम गलियों में सैर-सपाटा करते समय कुज्नेत्सोव ने वेश्याओं का कोई अड्डा देखने की इच्छा व्यक्त की। दुभाषिया इस कलाकारोचित सनक में शामिल होने को तैयार नहीं हुआ। दूर-ही-दूर से उसने नजर रखने का फैसला किया। कुज्नेत्सोव को इसी मौके की तलाश थी। भगोड़े बन चुकने के बाद उन्हें याद आया कि जिस कोट के अस्तर में पाण्डुलिपियों की फिल्म है उसे तो होटल में ही छोड़ आए हैं। यह भूल भी सर्वथा कलाकारोचित थी। जोखिम उठाकर होटल पहुंचे और दुभाषिए द्वारा पकड़ लिए जाने से बाल-बाल बचे। ब्रिटेन में गृह-मंत्रालय ने जब कुज्नेत्सोव को राजनीतिक शरण देने के फैसले का ऐलान किया तब सोवियत दूतावास के अधिकारियों ने यह मांग की कि उन्हें लेखक से मिलने दिया जाए। लेकिन लेखक ने न सिर्फ मिलने से, बल्कि अपने को वह लेखक मानने से भी इनकार कर दिया जो अभी कुछ दिन पहले रूस से इंग्लैण्ड आया था और जिसकी किताबें रूस में बेहद लोकप्रिय थीं।

पाठकों के नाम एक पत्र में कुज्नेत्सोव ने लिखा– "मैं प्रार्थना करना चाहता हूं कि मेरे नाम से प्रकाशित एक-एक कृति नष्ट कर दी जाए। वे उस रूप में नहीं छपी हैं जिस रूप में मैंने उन्हें लिखा था। मैं उनमें अपने पाठकों से वह नहीं कह पाया हूं जो मैं कहना चाहता था, इसलिए उन्हें अपनी किताबें मानना मुझे बेतुका मालूम होता है। मैं कहना चाहता हूं कि मेरा उनसे कोई वास्ता नहीं है। इसलिए मैं सार्वजनिक रूप से और निश्चयात्मक स्वर में यह घोषणा करना चाहता हूं कि सोवियत संघ में मूल रूप में और विदेशों में अनुवाद के रूप में 'कुज्नेत्सोव' के नाम से जो कुछ छपा है उसे मेरा लिखा हुआ न माना जाए। मैं बता देना चाहता हूं कि 'कुज्नेत्सोव' मक्कार, दब्बू और डरपोक लेखक है। मैं इस नाम को तिलांजलि देता हूं। देर से ही सही, मैं अब एक ईमानदार आदमी और ईमानदार लेखक बनना चाहता हूं। आइन्दा मेरी रचनाएं ए. आनातोल के नाम से ही छपेंगी। मेरा अनुरोध है कि आप उन्हें ही मेरी रचनाएं मानें।"

पाठकों के नाम यह पत्र एक तरह से ए. आनातोल के आत्म-प्रवासन का घोषणा-पत्र था। इसमें सोवियत साहित्य के मठाधीशों के विरुद्ध कुज्नेत्सोव ने विस्तार से वही सब लिखा है जो कई सोवियत लेखक प्रवासी हुए बगैर भी कह चुके थे। उपन्यासकार सोल्झेनित्सिन ने इससे कहीं ज्यादा शक्तिशाली और युक्तियुक्त पत्र सोवियत संघ में रहते हुए सोवियत लेखकों के सम्मेलन के नाम लिख भेजा था। कुज्नेत्सोव उर्फ ए. आनातोल के पत्र से अगर कुछ प्रकट होता है तो यही कि वह

वास्तव में कायर और दब्बू लेखक था। उसने न सिर्फ अपनी रचनाओं में पार्टी के निर्देशानुसार काट-छांट होने दी, बल्कि उन रचनाओं को तो प्रकाशन के लिए कभी दिया ही नहीं जिनके आपत्तिजनक समझे जाने की आशंका हो सकती थी। कुल मिलाकर कुज्नेत्सोव एक कमजोर लेखक की कहानी का हीरो मालूम होता है जिसके पत्र में यहां से वहां तक आत्म-करुणा के स्वर आक्रोश के स्वर पर हावी हैं। ए. आनातोल द्वारा कुज्नेत्सोव का लतियाया जाना भी मनोविश्लेषण के माहिरों के लिए दिलचस्प सामग्री प्रस्तुत करता है।

बहरहाल, यहां मन की गांठों की विस्तार से चर्चा करने की गुंजाइश नहीं है। साहित्यिक राजनीति की दृष्टि से यही तथ्य ज्यादा महत्त्वपूर्ण माना जाएगा कि दूसरे विश्वयुद्ध के बाद पहली बार सोवियत संघ का कोई महत्त्वपूर्ण लेखक पश्चिम-प्रवासी हो गया है। इस पलायन का सम्बन्ध चेकोस्लोवाकिया के विरुद्ध सोवियत कार्रवाई से रूसी लेखकों में उपजे मोहभंग से भी जोड़ा जाएगा। इधर सोवियत अधिकारियों ने भी इस बात के कई संकेत दिए हैं कि साहित्यिकों की इस मोह-भंग मुद्रा से उन्हें काफी कष्ट हो रहा है और काफी से ज्यादा क्रोध आ रहा है। महत्त्वपूर्ण पत्रिकाओं के संपादन-मण्डल में परिवर्तन किए जा रहे हैं। पत्रिका 'नोवी मीर' नई धारा के लेखकों को प्रोत्साहित करती रही है। अन्य पत्रिकाओं में 'नोवी मीर' की साहित्यिक 'कुरुचि' के विरुद्ध बाकायदा अभियान छेड़ दिया गया है। युवा विद्रोही लेखकों का सोवियत संघ के नए उदार वातावरण के नुमाइशी नमूनों के रूप में विदेश यात्राओं पर भेजे जाने की प्रथा पर रोक लगा दी गई है। दरअसल खुश्चेव द्वारा स्तालिन-विरोधी अभियान शुरू किये जाने के बाद से लेकर अब तक सोवियत अधिकारी साहित्य और कला के सम्बन्ध में अपनी कोई दृष्टि निश्चित कर नहीं पाए हैं। उनका रवैया कभी-नरम-तो-कभी-गरम रहता आया है। एक ओर तो वे यह जताना चाहते हैं कि सोवियत संघ भी पश्चिम के औद्योगिक देशों जैसा ही उन्नत तथा उदार है और दूसरी ओर वे यह प्रमाणित करना चाहते हैं कि सोवियत संघ क्रांतिकारी देश है। दूसरे तथ्य की याद आते ही वे नये सिरे से सख्ती शुरू कर देते हैं। उन्हें इस बात का बहुत खतरा महसूस होता है कि 'क्रांतिकारिता' के मामले में चीन उस्ताद मान लिया जाएगा और सोवियत संघ तथा अमेरिका को एक ही थैली के चट्टे - बट्टे ठहराने वाला चीनी आरोप अल्पविकसित देशों द्वारा सही मान लिया जाएगा। चीनी आरोप राजनीतिक दृष्टि से कितना ही निराधार हो, सामाजिक-आर्थिक दृष्टि से काफी दमदार है। सोवियत संघ लगभग अमेरिका जितना उन्नत औद्योगिक देश है और अन्तर्राष्ट्रीय राजनीति में वह भी 'बड़ी शक्ति' के रूप में उतना ही उलझा हुआ है, जितना अमेरिका। क्रांति के बरसों बाद समाज में 'क्रांतिकारिता' बनाए रखना सोवियत

अधिकारियों के लिए उतना ही कठिन सिद्ध हो रहा है जितना अमेरिकी सत्ताधारियों के लिए अमेरिकी प्यूरिटिन आदर्शों की नए सिरे से समाज में प्रतिष्ठा करा सकना। लेकिन अमेरिकी सत्ता-वर्ग साहित्य और संस्कृति में अपने आदर्श मानकों के खंडित होते जाने से विशेष चिंतित नहीं होता। साहित्यकारों और कलाकारों का सत्ता की राजनीति का विरोध ही उसे कोई खास परेशान करने वाला मामला प्रतीत नहीं हुआ है। पश्चिम के उन्नत औद्योगिक देशों का समाज कलाकारों और साहित्यिकों को गालियां बुदबुदाने के लिए बहुत खुशी से बख्शीश देता है! जो जितना अधिक विद्रोही होता है वह उतना ही वरेण्य हो जाता है। इसका अर्थ शायद यह है कि उन्नत औद्योगिक समाज साहित्य-कला-संस्कृति को उतना शक्तिशाली नहीं मानता जितना अगले रोमानपरवर जमाने में उन्हें माना जाता था। इस दृष्टि से सोवियत संघ कुछ पिछड़ा हुआ ही समझा जाएगा कि वहां आज भी लेखकों की आजादी पर जारशाही प्रतिबंध लगाना जरूरी समझा जाता है। आजादी पर प्रतिबंध लगाने वाले पिछड़ेपन से आजादी को महत्त्वहीन समझने वाली प्रगतिशीलता तक कैसी विडम्बनामयी यात्रा पूरी की है एक लेखक ने कुज्नेत्सोव से ए. आनातोल बन जाने में!

❑❑❑

आत्मयात्री सेमुअल बैकेट

'तो? अब चलें?'
'हां, चलो!'
(दोनों खड़े रहते हैं और पर्दा गिर जाता है।)

इस तरह प्रतीक्षा की पूर्णाहुति होती है सेमुअल बैकेट के विश्वविख्यात नाटक 'वेटिंग फार गोदो' में। बैकेट का संसार खांटी अंधकार है जिसे किसी नए प्रकाश-प्रभु की प्रतीक्षा है मगर जो जानता है कि प्रतीक्षा अनन्त है; क्योंकि निष्क्रियता ही उच्चतर बुद्धिमत्ता है और कर्म अधैर्य का सूचक। अपनी लगभग सभी रचनाओं में बैकेट नाउम्मीदी के अंधेरे में खोया हुआ नजर आता है। उस अंधेरे में अगर वह किसी की तलाश कर रहा है तो सिर्फ अपनी। अपने को ढूँढ़ता-ढूँढ़ता वह बाहरी दुनिया से बहुत दूर निकल जाता है। वह अपने भीतर पैठता ही चला जाता है। और अपने में पैठ कर अपनी खोज कुछ इस तरह करता है जैसे वह कोई व्यक्ति न हो, एक महाद्वीप हो। कवि स्टीफन स्पेन्डर के शब्दों में 'अंधान्वेषण में लीन आत्म-चेतना के बाहर हर व्यक्ति और हर वस्तु के प्रति वह वैमनस्यपूर्ण है।' यहां वह अपने मंत्रदाता जेम्स जायस से भी छिटक जाता है। जेम्स जायस ने यह मंत्र उसे दिया था– 'यहां जीवन ईश्वरविहीन है। जरा इसे देखो तो सही।' जेम्स जायस की रचनाएं परिवेश की चेतना से मुक्त नहीं हैं, जबकि बैकेट ने बाह्य संसार से प्रभावित या सम्मोहित होने से साफ इनकार कर दिया है। बैकेट के लिए आत्ममंथन की प्रक्रिया स्वयं को ही दण्डित करने और यातना-सहने की प्रक्रिया है। 'दि अननेमेबल' में वह कहता है– 'नहीं जानता कि मैं कहां हूं, जान भी नहीं सकूंगा, चुप्पी में तुम जान ही नहीं सकते, तुम्हें तो बस चलते जाना है, मैं चलता नहीं जा सकता, मैं चलता जाऊंगा।'

बैकेट के अनुसार मनोरंजक या हास्योत्पादक संसार में कुछ नहीं है। अगर कुछ है तो सिर्फ विदूषक। केवल उसी पर हँसा जा सकता है। वही हंसा सकता है अपना अपमान स्वयं करके। इसीलिए बैकेट ने यही अंतिम निष्कर्ष निकाला है कि संसार के मंच पर मनुष्य की स्थिति एक विदूषक की स्थिति है। पर मनुष्य के विदूषकीय चेहरे पर बैकेट हँस नहीं पाता, रो पड़ता है। और उसे रोता हुआ देखकर ही लगता है कि इस आत्मसीमित, हताश और क्रूर व्यक्ति में भी कहीं करुणा की एक किरण अब भी

जीवित है। तिरसठ वर्ष की उम्र में इस बार का नोबल पुरस्कार उसे मिला है। किन्तु उसे इस बात की रत्ती भर परवाह नहीं है कि दुनिया उसके बारे में, उसकी कृतियों के बारे में, क्या सोचती है। उसका जन्म आयरलैण्ड में हुआ था, पर वह एक लंबे समय से फ्रांस में रह रहा था। जब उसने यह चर्चा सुनी कि नोबल पुरस्कार के लिए आंद्रे मार्लो के साथ ही उसके नाम पर भी गंभीरतापूर्वक विचार किया जा रहा है तो वह पेरिस से भाग खड़ा हुआ और एक छोटे-से गांव में जा छिपा। पुरस्कार घोषित हो जाने पर जब वहां भी पत्रकारों ने उसे जा पकड़ा तो उसने कहा—"अगर स्वीडिश अकादमी के कुछ महानुभावों ने मुझे यह पुरस्कार देने का निर्णय कर लिया है तो मैं इसमें क्या कर सकता हूँ? मैं सचमुच कुछ करूँगा।" वह शायद कुछ न करना इसलिए स्वीकार कर रहा हो, क्योंकि वह मानता है कि कुछ करने की उत्सुकता अधैर्य की निशानी है।

पेरिस में रह कर भी वह आयरिश गुणों से सर्वथा मुक्त नहीं हो पाया। उसकी रचनाओं में आयरिश साहित्य की विशेषताएं मौजूद हैं। शब्दों से खिलवाड़ उसका एक प्रिय मनोरंजन है। पिछले दिनों अपनी विवादास्पद रचना 'पिंग' में उसने अपनी इस क्रीड़ा-वृत्ति का भरपूर परिचय दिया था। शब्दों से खेलते रहने के बावजूद वह अपने गुरू जेम्स जायस की तरह ही लेखन को एक पवित्र कार्य मानता है। वह मूल रूप से नाटककार के रूप में ही जाना-माना जाता है; पर उसकी रचनाएं और उपन्यास-माला ('मौलौय', 'मैलोन डाइज' और 'दि अननेमेबल') भी उसकी प्रतिभा की पूरी छाप लिए हुए है!

❑❑❑

बलि-देवता की बलिवेदी पर आक्टेवियो पाज

भारत में मैक्सिको के भूतपूर्व राजदूत, इस्पहानी के प्रतिष्ठित कवि आक्टेवियो पाज को उनकी जिस कविता के लिए बर्खास्त किया गया वह मैक्सिको के बलि-देवता 'ह्विवजीपांस्ले' को समर्पित है। मैक्सिको के छात्रों पर पुलिस द्वारा की गई गोलाबारी के विरुद्ध लिखी गई यह कविता 'मैक्सिको ओलम्पिक 1968' की साहित्य-समिति को भेजी गई थी। मैक्सिको सरकार के लिये यह कविता विस्फोटक साबित हुई। छात्रों ने इस कविता को अपने नारे के रूप में स्वीकार किया और पुलिस तथा फौज की लांछना हुई। एक कवि अपनी छोटी-सी कविता से किस तरह समूचे देश को हिला सकता है, यह इस की एक मिसाल थी।

अपने प्रकाशन के साथ ही कविता ने मैक्सिको सरकार का ध्यान आकृष्ट किया और कविता पर आपत्ति करते हुए आक्टेवियो पाज की बर्खास्तगी का फरमान जारी किया गया।

'मैक्सिको ओलम्पिक 1968' शीर्षक अपनी इस कविता में आक्टेवियो पाज ने गोलीकाण्ड को मैक्सिको के स्वच्छ इतिहास पर खून के छींटे घोषित किया है और यह कहा है कि इस से सारा राष्ट्र कलंकित हो गया है। कविता में आगे कहा गया है कि मैक्सिको का जो चौमुहाना (प्लाजा ऑफ थ्री कल्चर्स) उस की संस्कृति और सभ्यता का प्रतीक था आज वह हत्या का प्रतीक हो गया है : 'नगरपालिका के कर्मचारी संस्कृति के चौमुहाने पर खून के छींटे धो रहे हैं।' 'बलि-देवता' को समर्पित इस कविता ने 'राजबलि' के रूप में आक्टेवियो पाज को स्वीकार किया : उनके इस्तीफे को ठुकरा कर उन्हें विदेश सेवा से बर्खास्त कर दिया गया।

अक्टूबर 1968 के पहले हफ्ते में श्री आक्टेवियो पाज ने छात्रों पर हुए जुल्म के प्रति रोष प्रकट करते हुए अपना इस्तीफा मैक्सिको सरकार को भेजा था। इसके पहले भी वह एक पत्र लिख कर मैक्सिको सरकार से कह चुके थे कि छात्रों पर जिस तरह गोलियां बरसाई जा रही हैं, इससे उन्हें संताप है। आक्टेवियो पाज मैक्सिको के विदेश विभाग के पुराने कर्मचारी हैं और वहां उनकी बहुत इज्जत है। विदेश विभाग में उनके सहयोगियों और दोस्तों ने उनसे इस्तीफा वापस लेने का अनुरोध किया। लेकिन यह श्री पाज को मान्य नहीं था।

विदेश विभाग में श्री पाज की नियुक्ति मैक्सिको के भूतपूर्व राष्ट्रपतिं ने की थी। कुछ साल पहले जब मैक्सिको में सत्ता-परिवर्तन हुआ तब श्री पाज ने नए राष्ट्रपति को पत्र लिखा था कि यदि आप अनुचित न समझें तो मैं अपना त्यागपत्र दे दूं। पत्र लिखने का कारण यह था कि श्री आक्टेवियो पाज नए राष्ट्रपति के राजनीतिक तौर-तरीकों से सहमत नहीं थे। उनकी धारणा थी कि नए राष्ट्रपति का राजनीतिक दृष्टिकोण एकछत्रता को समर्थन प्रदान करता है। इस्पहानी भाषा-भाषी संसार और मैक्सिको में श्री पाज को जो असाधारण प्रतिष्ठा प्राप्त है, उसे दृष्टि में रखते हुए मैक्सिको के राष्ट्रपति ने उनसे कहा कि इस्तीफे की कोई जरूरत नहीं। मैं आपके काम से संतुष्ट हूं। लेकिन मैक्सिको के राष्ट्रपति और आक्टेवियो पाज के बीच कभी राजनीतिक समझौता नहीं हो सका। दोनों के बीच तनाव बढ़ता ही गया जिसकी परिणति पिछले महीने श्री आक्टेवियो पाज के इस्तीफे में हुई।

कहा जाता है कि विदेश विभाग और स्वयं मैक्सिको के राष्ट्रपति ने आक्टेवियो पाज के इस्तीफे को सामान्य इस्तीफे के रूप में स्वीकार कर लिया होता। राष्ट्रपति को कविता पर बहुत आपत्ति नहीं थी। उनका कहना था कि कविता और कला में दखल देना उचित नहीं। पर मैक्सिको के सैन्य विभाग का तर्क था कि छात्रों के समर्थन और फौज की कार्रवाई के विरोध में इस्तीफा देकर और कविता लिखकर श्री पाज ने 'उपद्रव' करने के लिए प्रोत्साहित किया है तथा फौज एवं पुलिस के मनोबल को गिराया है। कुछ अन्य लातीनी अमेरिकी देशों की तरह मैक्सिको की सरकार को भी 'सेना के तर्क' के आगे झुकना पड़ा और श्री आक्टेवियो पाज को बर्खास्त करने का राजपत्र जारी करना पड़ा।

भारत में राजदूत के पद पर श्री आक्टेवियो पाज की नियुक्ति 1962 में हुई थी। इस के पहले भी वह थोड़े-से समय के लिए मैक्सिको के सांस्कृतिक अधिकारी के पद पर भारत में रह चुके थे। जापान और फ्रांस में प्रथम सचिव के पद पर काम कर चुकने के बाद राजदूत की हैसियत से वह भारत में दूसरी बार आए और थोड़े ही दिनों में यहां के सांस्कृतिक जीवन में घुल-मिल गए। उन्होंने भारतीय चित्रकला, स्थापत्य कला और लोक-संस्कृति का अध्ययन किया और जैसा कि नई दिल्ली में अपनी विदाई के पहले एक भाषण में उन्होंने कहा, वह यहां की प्राचीन संस्कृति और लोक-कला से अत्यधिक प्रभावित हुए। उन्होंने अपने जापान प्रवास काल में जापान की संस्कृति पर एक पुस्तक लिखी थी जो पश्चिम में बहुत प्रतिष्ठित हुई है। भारत में रह कर उन्होंने भारतीय संस्कृति और बौद्ध दर्शन पर नोट्स तैयार किए हैं, जिन्हें वह पुस्तक का रूप देना चाहते हैं।

इस्पहानी भाषा लगभग सोलह देशों में बोली जाती है। आज इस्पहानी भाषा में

दो महान कवि माने जाते हैं : कम्युनिस्ट पाब्लो नेरुदा और कम्युनिस्ट-विरोधी आक्टेवियो पाज। पाब्लो नेरुदा की लोकप्रियता कुछ-कुछ राजनीतिक कारणों से भी है जबकि आक्टेवियो पाज की लोकप्रियता केवल उनकी कविता के कारण है। इस्पहानी दुनिया का कोई भी चित्रकार, बुद्धिजीवी या कवि, इस्पहानी संस्कृति की आकांक्षाओं को व्यक्त करते समय आक्टेवियो पाज का उल्लेख किये बिना नहीं रह सकता। वास्तव में आक्टेवियो पाज की वास्तविक लोकप्रियता इस्पहानी कवियों, कलाकारों और छात्रों में है। वह कवियों और कलाकारों के कवि हैं। पाठ्य-पुस्तकों को बेमानी मानने वाले मैक्सिको के छात्रों ने पिछले दिनों व्यवस्था से विद्रोह करते हुए सबसे अधिक आक्टेवियो पाज की उन कविताओं को अपनी प्रेरणा का स्रोत बनाया जो कि उनके बारह काव्य-ग्रंथों में बिखरी हुई हैं।

आक्टेवियो पाज स्वभाव से तो विद्रोही हैं ही, उनका दर्शन भी विद्रोह का दर्शन है। उनके इसी दर्शन ने मैक्सिको के छात्रों को उनकी ओर आकृष्ट किया। आज मैक्सिको की राजनीति में उनका वही स्थान हो गया है जो फ्रांस की राजनीति मे लेखक और दार्शनिक ज्यां पाल सार्त्र का है। दोनों ही सक्रिय राजनीति में नहीं हैं लेकिन दोनों अपने देश की राजनीति के लिए सबसे बड़ी चुनौती हैं।

आक्टेवियो पाज की सबसे प्रख्यात कविता है 'सूर्य पत्थर' और प्रसिद्ध ग्रंथ है 'अकेलेपन का यमलोक'। 'सूर्य पत्थर' हजार पंक्तियों की एक लंबी कविता है, जिसमें मैक्सिको के पौराणिक प्रतीकों और रूपकों के जरिए जीवन और सौन्दर्य की अनन्तता तथा मनुष्य के अधूरेपन को अर्थ दिया गया है। 'अकेलेपन का यमलोक' मैक्सिको की तीन संस्कृतियों का अनोखा अध्ययन है। प्रचलित कला-रूपों और कविताओं के माध्यम से सभ्यता के उत्थान और पतन को समझने का इस तरह का प्रयत्न कुछ ही लोगों ने किया है।

आक्टेवियो पाज नव रोमांटिक कवि हैं, हालांकि उनकी पसंद इसके विपरीत है। उन्हें सेण्ट जान पर्स, टी.एस. एलियट और रीनर मारिया रिल्के जैसे नव क्लासिकी कवि प्रिय हैं। इन तीनों में उनके मनपसंद कवि हैं सेण्ट जान पर्स जो एक जमाने में उन्हीं की तरह विदेश सेवा में थे।

उनकी छोटी-छोटी कविताएं मैक्सिको के रंग और गंध का अहसास कराती हैं। शायद यह उनका अभीष्ट भी है। उनकी एक अल्प प्रख्यात कविता 'कवि का जीवन' इस ओर संकेत भी करती है :

'शब्द? हां', हवा में पैदा हो, हवा में
बदलते हुए
मुझको खो जाने दो, शब्दों में।

बन जाने दो सजीव दो अक्षरों के लिए
हवा,
सांस, जो कि सब कुछ को लांघ गुजर जाती है
हवा में खो जाती है गंध
एक क्षण की
कितना भी हल्का हो, अपने में खोना ही
अपनी नियति।

इन समस्त छोटी कविताओं का संसार मांसल और ऐंद्रिय है, मैक्सिको निवासियों के उद्दाम और इच्छा भरे जीवन को अर्थपूर्ण अभिव्यक्ति देता है। लेकिन आक्टेवियो पाज की वास्तविक ख्याति उनकी लंबी कविताओं के कारण है। ये कविताएं सौन्दर्य और संघर्ष को सैकड़ों भंगिमाओं में प्रस्तुत करती हैं। उनकी शक्ति उनका अनोखा, आवेग तथा नाटकीयता है। पौराणिक संदर्भों और प्रसंगों को आलोकित करने वाली इन कविताओं का अदृश्य नायक बीसवीं सदी का वह मनुष्य है जो संसार के भविष्य के लिए लड़ रहा है। उनके पास कविता को छोड़ कोई हथियार नहीं है। परमाणुग्रस्त सदी में स्वयं श्री पाज के मुहावरे में कविता किस तरह 'जीवन का समारोह और जीवन की आलोचना' बन जाती है, यह उनकी लंबी कविताओं में देखा जा सकता है। बिम्बों के अछूतेपन में उनकी लंबी कविताओं 'एल रिओ' और 'एल कन्तारो रोतो' ने सेण्ट जान पर्स के 'एनबासिस' को मीलों पछाड़ दिया है। 'एल रिओ' (नदी) का आरम्भ कुछ इस तरह होता है :

''चक्कर काटता है मधुमक्खी की तरह उनींदा नगर मेरे रक्त में
वायुयान हवा में 'एस' का आकार बनाता हुआ मुड़ता है गुर्राता,
सड़कों के कोनों पर, दूर, चरमराती हैं ट्रालियां
अपमानों से लदे हुए वृक्ष, आधी रात, कोई
हिलाता है जिनको चौराहों पर,
शोर जो उठता है, टूट-फूट गिरता है
और शोर जो कि हम से कतराता है
कान में हमारे
फुसफुसाता है रहस्य जो कि रेंगता है
खोलता है अंधकार, 'ए' और 'ओ' की परिणतियां
स्वरों की सुरंगें,
मैं भागता हूँ ऊपर से होकर गैलरियों के अंधाधुंध
स्याही की नदी की तरह

उनींदी वर्णमालाएं गिरती हैं खड्ड में
और आता और जाता है गुजरता है नगर का
पत्थरी शरीर मेरे रक्त से,
मेरी कनपटियों के पास टूट-टूट गिरता है
सारी रात, एक-एक कर, मूर्ति-दर-मूर्ति,
झरना-दर-झरना, पत्थर-दर-पत्थर सारी रात
टोहते हैं मेरे दिमाग को टुकड़े-टुकड़े उसके,
रात भर नगर अपनी नींद में
मेरी जबान बड़बड़ाता है–
हांफते अस्फुट प्रलाप और आपस में
टकराते पानी और पत्थर की अनंत हकलाहट में
उसका बयान।''

आक्टेवियो पाज का वास्तविक बयान उनकी कविता है जिसकी रक्षा के लिए उन्हें राजदूत के पद से इस्तीफा देना पड़ा।

□□□

एक और आजाद कलम बर्बादी की राह पर

रूस के भूतपूर्व प्रधानमंत्री खुश्चेव के विशेष आग्रह पर प्रेसीडियम की एक आवश्यक गोष्ठी बुलाई गई थी। एक लम्बी मेज के सामने सदस्य बैठे थे और सभी के सामने एक उपन्यास की एक-एक प्रति रखी हुई थी। खुश्चेव दाखिल हुए एक मौन स्वागत के बीच।

"कामरेड्स, यह एक अच्छी पुस्तक है। है न?"

किसी ने कोई जवाब नहीं दिया।

"एक रूसी कहावत है 'मौन स्वीकृति का सूचक है'।"

और प्रेसीडियम के विरोध के बावजूद खुश्चेव ने 'नोवी मीर' के नवम्बर 1968 के अंक में अपनी जिम्मेदारी पर वह उपन्यास छपवा दिया। पच्चानवे हजार प्रतियां कुछ ही दिनों में बिक गईं। उसके बाद एक लाख प्रतियां छपीं, पुस्तकाकार जो हाथों-हाथ बिक गईं। यद्यपि अब यह उपन्यास रूसी पुस्तकालयों और बुकस्टालों से गायब हो चुका है, तथापि लाखों रूसी इसे पढ़ चुके हैं।

इस विवादास्पद उपन्यास का नाम है 'वन डे इन द लाइफ ऑफ इवान देनिसओविच' और इसके लेखक हैं महानतम समकालीन रूसी लेखक एल. क्सान्द्र सोल्झेनित्सिन। यह उपन्यास 'नोवी मीर' के संपादक को एक सहयोगी द्वारा विचारार्थ दिया गया था। वह अन्य पाण्डुलिपियों के साथ इसे भी आराम से पढ़ने के लिए घर ले गया। इसकी दस पंक्तियां पढ़ते ही वह चौंक कर बैठ गया। बाद में अपने एक मित्र को उसने बताया, "अचानक मुझे महसूस हुआ कि मैं इसे इस तरह नहीं पढ़ सकता। मुझे अवसरानुकूल कुछ करना पड़ेगा। अतः मैं उठ बैठा। मैंने अपना बेहतरीन काला सूट, कलफदार कालर वाली सफेद कमीज, टाई और अपने अच्छे वाले जूते पहने। फिर मैं अपनी मेज पर बैठ गया और मैंने एक शाश्वत कृति (क्लासिक) पढ़ी।" 'नोवी मीर' के प्रधान संपादक ने ही यह उपन्यास खुश्चेव के पास भिजवाया था।

हाल ही में सोल्झेनित्सिन का एक और उपन्यास 'कैंसर वार्ड' का पहला भाग अंग्रेजी में अनुदित होकर पश्चिम में छपा है। इस उपन्यास में एक प्रांतीय अस्पताल में चिकित्साधीन निर्वासितों तथा भूतपूर्व कैदियों का मार्मिक चित्र प्रस्तुत किया गया

है। सोल्झेनित्सिन स्वयं आठ साल तक लेबर कैंपों में रह चुके हैं और प्रान्तीय अस्पताल में कैंसर की चिकित्सा करा चुके हैं। जाहिर है कि उपन्यास में वर्णित अनुभव और निरीक्षण सर्वथा प्रामाणिक हैं। यह उपन्यास एक रूसी प्रकाशक द्वारा प्रकाशनार्थ स्वीकार कर लिया गया था, किन्तु स्वयं ब्रेझनेव ने इसके प्रकाशन पर प्रतिबंध लगा दिया। अपने इस प्रतिबंधित उपन्यास के पश्चिम में प्रकाशन पर लेखक ने ब्रिटिश प्रकाशक बौडलेहैड का नाम लेकर विरोध किया है। मास्को के साहित्यिक गजेट और कुछ फ्रांसीसी तथा इतालवी पत्र-पत्रिकाओं में सोल्झेनित्सिन ने अपना एक विरोध-पत्र भी प्रकाशित कराया है। पत्र में उन्होंने लिखा है : "मैं पहले ही देख चुका हूं कि जल्दी के मारे 'वेन डे' के अनुवाद का कैसा सत्यानाश कर दिया गया था। स्पष्टतया 'कैंसर वार्ड' की भी यही दुर्दशा होनी है। लेकिन पैसे के ऊपर भी कोई चीज होती है और वह है साहित्य।"

साहित्य के प्रति प्रारम्भ से ही सोल्झेनित्सिन की गहरी निष्ठा रही है। साहित्य के प्रति सच्ची दायित्वशीलता के कारण ही वह स्तालिनवाद के विरुद्ध बौद्धिकों के आंदोलनों के प्रतिनिधि बन गए हैं। सोल्झेनित्सिन का जन्म सन् 1918 में हुआ था। तब बोल्शेविक क्रांति का सूत्रपात हुए एक साल ही बीता था और रूस में गृह-युद्ध चल रहा था। दफ्तर में काम करनेवाले कर्मचारी पिता की मृत्यु के समय सोल्झेनित्सिन केवल बारह वर्ष के थे। स्तालिन के अत्याचार शुरू हो चुके थे। अपने उपन्यास 'द फ्वर्स्ट सर्कल' के एक पात्र, जो बहुत कुछ सोल्झेनित्सिन का प्रतिनिधि है, द्वारा उन दिनों की लोमहर्षक याद ताजा करते हुए उसने लिखा है : "वह बारह साल का ही था जब उसने इज्वेस्तिया के भारी-भरकम पन्ने उलटते-पलटते कुछ ऐसे इंजीनियरों के बारे में एक समाचार पढ़ा जिन पर तोड़-फोड़ की कार्रवाई करने का आरोप था। किशोर ग्लैब इसके एक शब्द पर भी विश्वास नहीं कर सका। वह नहीं जानता था कि क्यों? किन्तु उसे साफ दिखाई दे रहा था कि वह समाचार झूठ का बंडल मात्र था। उसके पिता के अनेक मित्र इंजीनियर थे और वह इसकी कल्पना तक नहीं कर सकता था कि उस तरह के लोग तोड़-फोड़ की कार्रवाई भी कर सकते हैं। उनका काम तो निर्माण करना था।"

सोल्झेनित्सिन ने 1941 में गणित और भौतिक शास्त्र में रोस्तोव विश्वविद्यालय से उपाधि प्राप्त की। अपने विश्वविद्यालय-काल के अंतिम दो वर्षों में उसने पत्राचार पाठ्यक्रम द्वारा दर्शन तथा साहित्य का भी अध्ययन किया। कभी उसने एक अभिनेता बनना चाहा था, फिर एक नाट्य-लेखक। किन्तु इन दोनों ही दिशाओं में उसे कोई खास कामयाबी नसीब नहीं हुई।

जंग छिड़ जाने पर वह फौज मे भरती हो गए और 1942 में मोर्चे पर भेज दिए

गए। शौर्यपूर्ण सैन्य नेतृत्व के लिए दो बार उन्हें सम्मानित किया गया। युद्ध समाप्ति के निकट वह और उनका एक अन्य सैनिक मित्र यह चर्चा किया करते थे कि स्तालिन युद्ध का कितना खराब संचालन कर रहा है और वह कितनी खराब रूसी भाषा लिखता है। उन्होंने अपने पत्रों में भी यह चर्चा जारी रखी और उसका जो नतीजा निकलना था निकला। गुप्तचर विभाग ने उनके पत्र पढ़ लिए। 1945 में उन्हें पकड़ लिया गया और मारपीट कर मास्को की एक जेल में ठूँस दिया गया। उस जेल में उन्हें जो नारकीय यातना भोगनी पड़ी, वह उनके उपन्यासों में उतर आई है। स्तालिन के रूस में केवल वे ही लोग मुक्त थे और एक-दूसरे के प्रति ईमानदार हो सकते थे जो कैद थे। सोल्झेनित्सिन का तर्क यह है कि 'आखिरी चीज तक लूट लिए जाने पर कोई व्यक्ति दास नहीं रह जाता—वह फिर मुक्त हो जाता है'।

सोल्झेनित्सिन उस मुक्ति-संग्राम के प्रतिनिधि योद्धा हैं, जो रूस का बुद्धिजीवी-वर्ग कई सालों से रूस में लड़ रहा है। उन्होंने बड़ी गहराई से यह महसूस किया कि स्तालिन-शासन के दौरान अत्याचारों का जो चक्र चला था और जो अब तक पूरी तरह रुक नहीं पाया है, उसने व्यक्ति-स्वातन्त्र्य को कुचल कर रख दिया है। रूसी मानस पूरी तरह मुक्त और जाग्रत नहीं हो पाता क्योंकि अब तक उस पर से स्तालिन के अपराधों की छाप मिटी नहीं है। इस दमन-चक्र के कारण अन्तर्राष्ट्रीय क्षेत्र में रूसी कला और साहित्य की साख ढहती जा रही है। अधिकांश रूसी साहित्यकार व्यवस्था के अंग बन कर रह गए हैं। वे राज्यसत्ता की महान उपलब्धियों के ढिंढोरची बन गए हैं। और अगर रूस में कोई सच्चा साहित्यकार है तो वह जेल में सड़ रहा है; और अगर कहीं कोई सच्ची रूसी साहित्य-कृति है तो वह प्रतिबंधित है। यदि कोई पुस्तक प्रकाशन के लिए रूस के बाहर भेज दी जाती है तो उसके लेखक को दमन-चक्र का शिकार होना पड़ता है, जैसा कि दो उपन्यासकारों—आन्द्रे सिन्याव्स्की और यूली डेनियल—के साथ हो चुका है। दासता और सैंसरशिप का अभिशाप भोगते-भोगते रूसी लेखकों की आत्मा पर झूठ की अनेक परतें जम चुकी हैं। खुदा न खास्ता अगर किसी लेखक की आत्मा जाग्रत हो जाये तो शासन के फौलादी पंजे उसे दबोच लेते हैं। आत्मा के हनन का विरोध करने वालों के लिए आत्महनन की परिस्थितियां पैदा कर दी जाती हैं।

लेकिन यह तो है रूस का अन्दरूनी मामला। इससे हट कर इस बात की चर्चा कर लेना भी जरूरी है कि रूसी लेखक की कृति बिना उसकी इच्छा और अनुमति के यदि कोई विदेशी प्रकाशक छाप देता है तो उसके इस काम को कितना नैतिक और मानवीय माना जा सकता है? जाहिर है कि जब रूस में प्रतिबंधित कोई पुस्तक रूस के बाहर छपती है तब उसके लेखक की गरदन पर फन्दा मंडराने लगता है। क्या

किसी लेखक की हत्या कर उसकी कृति का सम्मान किया जा सकता है? ऐसी पुस्तकों के विदेशी प्रकाशक प्रायः यह तर्क देते हैं कि रूसी लेखक दिखावे के तौर पर ही अनिच्छा प्रकट करते हैं; भीतर से तो वह चाहते हैं कि उनकी किताब विदेश में छपे ताकि उनके आजाद विचार कैद से बाहर आएं। लेकिन क्या यह तर्क एक फर्जी तर्क मालूम नहीं पड़ता? क्या सिर्फ पैसे कमाने की खातिर किसी साहित्यकार को सूली की तरफ धकेल देना अमानुषिक नहीं है? रूस तक में आजाद विचार कैद में रह नहीं पाते। वे पुस्तकें भी, जो प्रकाशित नहीं हो पातीं, प्रचारित-प्रसारित हो ही जाती हैं। प्रतिबंधित पुस्तकों के चोरी-छिपे वितरण का कार्य करती है वहां की संस्था सामिज दात (अर्थात् स्वप्रकाशन)। सामिज दात पाठकों की ओर से जबाव है रूसी सैंसरशिप का। प्रतिबंधित पुस्तकें बड़ी मेहनत से टाइप की जाती हैं और उनकी प्रतिलिपियां दूर-दूर तक पहुंच जाती हैं।

सोल्झेनित्सिन के विदेशी प्रकाशक उनकी जान के लिए खतरा पैदा कर रहे हैं। वह स्वयं भी जानते हैं कि उन पर ऊल-जलूल अभियोग लगाकर उन्हें खत्म किया जा सकता है। फिर भी जाग्रत आत्मा के इस लेखक ने स्तालिनवाद को इन शब्दों में सभी जागरूक रूसी बुद्धिजीवियों की ओर से ललकारा है : "मेरे मन में कोई ग्रन्थि नहीं है, क्योंकि मैंने एक लेखक के रूप में सभी परिस्थितियों में अपनी जिम्मेदारी निभाई है। और मैं उसे और भी सफलता तथा विवादहीनता के साथ निभाऊंगा जब मैं जीवित नहीं रहूँगा। कोई भी सच्चाई का रास्ता रोक नहीं सकता। मैं इस आन्दोलन के लिए अपनी जान तक दे सकता हूँ। लेकिन यह सीखने के लिए हमें कितने सबक पढ़ने होंगे कि किसी भी लेखक की कलम पर पाबन्दी नहीं होनी चाहिए, जब तक वह जिन्दा है।"

मगर ऐसे जिम्मेदार लेखक की रचनाएं जब विदेश में छपती हैं तब उन का सही साहित्यिक मूल्यांकन हो कहां पाता है? होता यह है कि उन पर राजनीतिक रंग चढ़ाया जाता है और साहित्यिक श्रेष्ठता विस्मृत कर दी जाती है। उनके अनुवाद भी सही नहीं हो पाते। सोल्झेनित्सिन विशुद्धतः रूसी हैं और उन्होंने अपनी कृतियाँ रूसियों के लिये ही लिखी हैं। उनके उपन्यासों की यातना से अपरिचित होने के कारण विदेशी पाठक उनका सही मूल्यांकन कर ही नहीं सकते।

एक सवाल यह भी है कि प्रतिबंधित पुस्तकों की पाण्डुलिपियां बाहर कैसे पहुंच जाती हैं? कुछ पाश्चात्य पत्रकारों की घुसपैठ रूस में है। यह अनुमान भी किया जाता है कि रूसी सरकार जिस लेखक को दण्डित करना चाहती है उन पत्रकारों के द्वारा उन की पुस्तकें स्वयं बाहर भिजवा देती है। यदि यह अनुमान सही है तो कम-से-कम विदेशियों को तो इस षड्यंत्र में हिस्सेदार नहीं ही होना चाहिए।

❑❑❑

उपन्यास-लेखन को मूर्खता मानने वाला उपन्यासकार बोर्जे

दक्षिणी अमेरिका का एक मामूली देश है अर्जेन्टीना जहां एक गैर-मामूली लेखक पैदा हुआ है होर्जे लुई बोर्जे। बोर्जे के बारे में एक प्रसिद्ध आलोचक का कहना है—"सवाल यह है कि बोर्जे स्वयं किसकी कल्पना की उपज हैं? थोक के भाव जिस तरह आदमी बनाए जाते हैं, वैसे तो वह बने नहीं। उनके व्यक्तित्व का नक्शा ऐसा है जो किसी और से मेल नही खाता। उनके बारे में सिर्फ इतना ही कह देना काफी होगा कि वह वाकई लाजवाब हैं। भीड़ का हिस्सा या मशीन का पुर्जा नहीं, इकाई हैं।"

बोर्जे की अद्वितीयता के एक-से-एक बढ़ कर लक्षण और प्रमाण हैं। सबसे पहला लक्षण तो यह है कि वह बुनियादी तौर पर विद्वान हैं। उन्हीं ने इस मिथ को तोड़ दिया है कि अतिशय विद्वत्ता और मौलिक रचनात्मक प्रतिभा का सह-अस्तित्व संदिग्ध है। जैसे इस मिथ को हिन्दी में पं. राहुल सांकृत्यायन या डा. हजारी प्रसाद द्विवेदी ने तोड़ दिया है। दूसरी बात यह कि वह गणितज्ञ हैं। गणित उनका प्रिय विषय रहा है। उच्चतर दर्शन के वह विद्यार्थी रहे हैं। वह उन लोगों में से हैं जिन्होंने हमेशा लिखने की अपेक्षा पढ़ने को तरहीज दी है। वह शायद इस सिद्धान्त को नहीं मानते कि 'पढ़ना तो जीवन की पुस्तक का है, पुस्तकों में क्या रखा है?' दर्शन, गणित और साहित्य के प्रगाढ़ अध्येता होने के साथ ही वह भाषा की नब्ज को भी पहचानते हैं। किसी भी भाषा के साहित्य की प्रमुख प्रवृत्तियों और उपलब्धियों के सार से वह परिचित हैं। वह भाषा चाहे जीवित भाषा हो चाहे शिलालेखों की भाषा। विलुप्त भाषा।

होर्जे लुई बोर्जे का जन्म 1899 में हुआ था। वह समकालीन लेखकों के अंतरंग परिचय में रहे हैं, किन्तु फिर भी उन्होंने अपनी लेखकीय सक्रियता को स्थगित ही रखा। शुरू से ही प्रमुख रचनाकारों के साथ उठते-बैठते रहने पर भी एक लम्बे समय तक उन्होंने कलम नहीं उठाई। उनकी विद्वत्ता और कृतित्व के प्रति आदर प्रकट करने के लिए उन्हें आर्जेन्टीना के राष्ट्रीय पुस्तकालय का निदेशक बना दिया गया है।

यद्यपि उनकी दृष्टि खो चुकी है, तथापि उनका साहित्य-प्रेम यथावत बना हुआ है। वह पुस्तकें पढ़ नहीं पाते, इसलिए सुनते हैं। हाल में उन्होंने फिर विवाह किया है।

उनका साहित्यिक जीवन अभिव्यंजनावादी लेखक के रूप में शुरू हुआ। फिर वह सामाजिक विद्रोह के लेखक बन गए। धीरे-धीरे उन्होंने उपन्यास लेखन की एक ऐसी शैली को जन्म दिया जो न किसी का अनुकरण है, और न ही जिसका अनुकरण किया जा सकता है। उनकी इस लेखन-शैली को 'जादू, पहेली और धर्म के निकटतर' माना गया है। आज तक बड़ी भाषाओं—जैसे अंग्रेजी, फ्रांसीसी, अमेरिकी के रचनाकार ही लोगों के दिलो-दिमाग पर छाये रहे हैं। जैसे किसी समस्या-नाटककार की प्रशंसा करनी हुई तो उसे इब्सन कह दिया गया या किसी ऐतिहासिक उपन्यासकार की तारीफ करनी हुई तो उसकी तुलना स्कॉट से कर दी गई। जैसे निराला जी की तारीफ करने वाले उन्हें हिन्दी का एजरा पाउंड कह देते हैं और प्रेमचंद को गोर्की । मतलब यह कि छोटे देश और छोटी भाषा का साहित्यकार उपमेय बन कर रह जाता है, उपमा नहीं बन पाता। बोर्जे ने इस रूढ़ि को तोड़ दिखाया है। स्पेनिश जैसी 'पिछड़ी' भाषा के लेखक होते हुए भी अन्तरराष्ट्रीय मंच पर उनकी धूम मची हुई है। जब 1961 में बड़े-बड़े लोगों का एक सम्मेलन इसलिए बुलाया गया कि वह संसार के दो समर्थतम लेखको को चुनें, तब सेमुएल बैकेट के साथ उन्हीं का नाम लिया गया। सेमुएल बैकेट का नाम लिया जाना तो आश्चर्यकारी नहीं माना जा सकता, क्योंकि बैकेट तब तक अंतरराष्ट्रीय ख्याति अर्जित कर चुके थे, लेकिन बोर्जे का नाम सुनकर काफी लोग हैरान रह गए होंगे। बोर्जे तब तक राष्ट्रीय ख्याति की दीवार लांघ नहीं पाए थे। अंग्रेजी के लिए उनका नाम तक अपरिचित था। एक बार उनकी रचना अंग्रेजी में आईं तो बड़े-बड़े महारथी लोहा मान गए।

बोर्जे उपन्यासकार होने के बावजूद उपन्यास लिखने को महज एक बेवकूफी ही मानते हैं। उनका कहना है कि 500-600 सफों का उपन्यास पढ़ने का समय किस समझदार के पास है? और गैर-समझदार के पास इतना धैर्य नहीं होता कि वह पूरा उपन्यास ध्यान से पढ़े। पढ़ भी जाए तो उसके पल्ले क्या पड़ेगा? इसी तरह यदि कोई विद्वान किसी तरह समय निकाल कर 500-600 पृष्ठ पढ़ भी डाले तो भी निराश ही होगा। क्योंकि समझदार लोग इशारा ही समझ जाते हैं। पूरा उपन्यास पढ़ जाने पर उन्हें यह शिकायत होगी कि 'इतनी-सी बात' को इतने विस्तार से कहने की क्या जरूरत थी? इन सब बातों के मद्देनजर बोर्जे ने उपन्यास लिखने का एक नया ही तरीका निकाला। वह यह कि उन्होंने उपन्यास लिखा ही नहीं। उपन्यास के नाम पर लिखी उपन्यास की टीका। कुछ अजीब बात मालूम पड़ती है न! पूछा जा सकता है कि जब वह उपन्यास लिखते ही नहीं, तब टीका किसकी लिखते हैं? टीका तो वह

उपन्यास की ही लिखते हैं। हां, वह उपन्यास होता फर्जी है। मतलब यह कि वह कल्पना कर लेते हैं एक उपन्यास की और फिर उस पर एक टिप्पणी लिख देते हैं। इतनी गंभीरता से जैसे वास्तव में कोई उपन्यास हो ही! उनके अध्ययन और परिचय का दायरा बड़ा व्यापक है। उपन्यास की टीका लिखते हुए वह बीच-बीच में पत्र-पत्रिकाओं और लेखकों आदि के नाम डालकर अपनी टीका को और भी प्रामाणिक तथा विश्वसनीय बना देते हैं। उस टिप्पणी में वह उस कल्पित उपन्यास के बारे में अनेक सम्मतियां उद्धृत करते हैं, फिर उसका कथासार बताते हैं और अंत में अपनी प्रतिक्रिया भी जोड़ देते हैं। और यह सब चमत्कार करते हुए वह ऐसा समां बांध देते हैं कि बता दिए जाने पर भी कोई विश्वास नहीं कर सकता कि जिस उपन्यास के बारे में यह सब नाटक रचा गया है, वह उपन्यास कहीं है ही नही। वह सिर्फ उनके दिमाग की उपज है। दिमागी उपज को वह उपन्यास के लिए बड़ा महत्त्वपूर्ण मानते हैं। वह उपन्यास ही क्या जिसमें कल्पना की खिलवाड़ न हो? जो उपन्यासकार आविष्कार नहीं कर सकता, कुछ नया, कुछ अद्भुत गढ़ नहीं सकता, वह उपन्यासकार ही क्या? इसी आविष्कार की भावना से प्रेरित होकर उन्होंने अपनी रचनाओं को 'स्टोरी' या 'नावेल' की संज्ञा न देकर 'फिक्शन' ही कहा है और 'फिक्शन' के लिए संपादक के नाम पत्र की, दन्तकथा की, जासूसी कहानी की, गणित के प्रमेय की, प्राचीन गूढ़ साहित्य की शैलियां बखूबी आजमाई हैं। कल्पना के अद्भुत चमत्कार दिखाते हुए भी उन्होंने बहुत कुछ पाठकों की कल्पना पर छोड़ देना पसंद किया है। उनकी शैली की विलक्षणता और परस्पर-विरोधी संस्कृतियों को एक साथ प्रस्तुत करने के उनके चमत्कार से उबर कर पाठक सहसा यह पाता है कि वह एक गंभीर दार्शनिक कृति पढ़ रहा है। बोर्जे मसीही धर्म और प्रगति विश्वासी पाश्चात्य जीवन-दर्शन के आगे यह प्रश्न-चिन्ह लगा रहे हैं कि सारे ज्ञान-विज्ञान के बावजूद घूम-फिर कर हम उसी बिन्दु पर पहुंचते हैं जहां से मानव ने अपनी विकास-यात्रा शुरू की थी।

बोर्जे का नारा है—हर आदमी एक आदमी है और हर किताब एक किताब। भाषा कोई हो, लेखक कोई हो, समय कोई हो, लेखन नहीं बदलता। बदलती हैं केवल लेखनियां। सभी व्यक्तियों में एक व्यक्ति और सभी पुस्तकों में एक पुस्तक की खोज के कारण ही शायद बोर्जे के कृतित्व को 'अंतराष्ट्रीय साहित्यिक रूपक की एक बानगी' माना गया है।

❑❑❑

जापान की शान के लिए मैं कुर्बान

शीर्ष-पंक्ति के रूप में यहां जो वाक्य दिया गया है वह आधुनिकता के प्रेमियों को सस्ती भावुकता का महंगा नमूना मालूम हो सकता है। आश्चर्य कि जापान के अत्यंत आधुनिक लेखक यूकियो मिशिमा ने न सिर्फ यह नारा बुलंद किया बल्कि इसकी बुलंदियों के आसरे मौत की गहराइयों में उतर गए। जापानी भाषा का एक विश्वविख्यात शब्द 'हाराकीरी' (वीरोचित आत्महत्या), जो इधर एक अर्से से नहीं सुनाई दिया था, नाटक-लेखन और नाटकीय जीवन दोनों के लिए मशहूर मिशिमा के नाटकीय अंत के कारण फिर संसार भर के समाचार-पत्रों में गूंजा। आत्महत्या जापान में कोई अनहोनी चीज नहीं है लेकिन हाराकीरी को, यानी अपनी आन के लिए सबके सामने अपने खंजर से अपना पेट फाड़ कर जान दे देने की प्राचीन-परम्परा को, जापानी तक भूल चुके थे। सदियों से 'हाराकीरी' प्राचीन कथानकों पर आधारित 'काबूकी' नाटकों में देखी जाने वाली चीज रही थी। इधर की सदियों में एकमात्र 'हाराकीरी' 1912 में हुई थी। सन् 1970 के आधुनिक जापान में कोई आधुनिक लेखक वीरों की इस प्राचीन परम्परा का पुनरुद्धार करेगा यह बात उतनी ही कल्पनातीत थी जितनी भारत में किसी फैशनपरस्त आधुनिका द्वारा सती हो जाने की बात हो सकती है। लेकिन मिशिमा ने, जो जापान की नई पीढ़ी के हीरो माने जाते थे, यह कल्पनातीत काम किया। जापानी सेनापति को उनके कार्यालय में जाकर लानत भेजते हुए, अनुयायियों और तमाशाइयों की भीड़ को जापान की गौरवशाली सैन्य-परम्परा का स्मरण कराते हुए, सार्वजनिक मंच पर सार्वजनिक रूप से किया। आनन-फानन टेलीविजन वाले भी आ पहुंचे और मिशिमा की मृत्यु-यंत्रणा दूर-दराज बैठे हुए दर्शकों तक भी पहुंची।

मिशिमा जिनका असली नाम हीराओका कीमीताके था, एक सरकारी अफसर के सुपुत्र थे और 1947 में विश्वविद्यालय में शिक्षा पूरी करने के बाद वह भी परिवार की परम्परा के अनुसार सिविल सर्विस की प्रतियोगिता में बैठे और वित्त मंत्रलाय में एक अच्छे पद पर नियुक्त किये गए। स्कूली छात्र के रूप में ही वह अपना साहित्यिक जीवन शुरू कर चुके थे। अपना पहला उपन्यास 'पल्लवित वन' उन्होंने सोलह वर्ष

की उम्र में लिखा और तीन वर्ष बाद प्रकाशित कराया था। उनकी कई कहानियां भी इस बीच छप चुकी थीं और उन्हें 'निप्पोन रोमान-हा' (जापानी स्वच्छन्दतावादी) परम्परा का प्रतिभाशाली लेखक माना जाने लगा था। साहित्यिक प्रवृत्ति और सरकारी चाकरी में तालमेल बैठ नहीं पाया और कुछ बुजुर्ग लेखकों की सलाह पर मिशिमा वित्त मंत्रालय से विदा लेकर साहित्य-साधना में जुट गए। उन्होंने 'कामेन नो कोकूहाकू' (एक मुखौटे की स्वीकारोक्ति) नामक उपन्यास लिखा जो आत्मचरित था। इसमें लेखक ने अपने यौन-विकारों का वर्णन ऐसी शैली में किया जिससे जापानी साहित्य तब तक अपरिचित रहा था। शालीनता को एक और सदमा मिशिमा के उपन्यास 'किजीकी' (निषिद्ध विलास) से पहुंचा। बुजुर्ग पीढ़ी के लिए मिशिमा का अगला उपन्यास 'आओ नो जिदाई' (नील-युग) भी अप्रसन्नता का विषय बना क्योंकि उसमें युवा वर्ग की 'उच्छृंखलता' को आदर्श और सत्ताधारियों के 'आदर्श' को उच्छृंखल ठहराया गया था। इस उपन्यास में टोक्यो विश्वविद्यालय के उन छात्रों का यशोगान किया गया है जिन्होंने अपना अलग बैंक खोला और बैंक के विफल हो जाने पर आत्महत्या कर ली। ध्वंस, विद्रोह, वासना और मृत्यु का मिशिमा ने अपने आरंभिक लेखन में मुख्य मसालों के तौर पर इस्तेमाल किया। इसके लिए उसे बुजुर्गों ने कोसा, अधेड़ों ने जापान का सबसे अधिक अमेरिकी लेखक ठहराया और नौजवानों ने अपना हमदम माना। अमेरिकी लेखक की पदवी तो इस कदर चिपकी कि मिशिमा को जापान का हेंमिग्वे कहा जाने लगा। इसमें कोई शक नहीं कि हेंमिग्वे की तरह मिशिमा भी निहायत ही निजी तौर से सार्वजनिक मंच पर बराबर बने रहने के लिए सतत प्रयत्नशील व्यक्ति था। यही नहीं वह हेंमिग्वे की तरह जनता के सामने मर्दाना सीरत और सूरत प्रस्तुत करने के विषय में सचेत था और खूब कमाने तथा छक कर जीने में विश्वास करता था। यह कहना शायद गलत न हो कि वह जापान का पहला साहित्यिक था जो आर्थिक सफलता और लोकप्रियता में सिनेमा की हस्तियों से टक्कर ले सका। उसकी हर किताब के कई-कई संस्करण हुए और युद्धोपरान्त युवा पीढ़ी ने उस पर ढेरों प्यार निछावर किया।

गहराई से देखने पर यह पता चलता है कि मिशिमा शुरू से ही जापान का सबसे कम आधुनिक या अमेरिकी लेखक रहा। आधुनिकता की 'उदार-मानवीयता' के आगे उसने सदा प्रश्नचिन्ह लगाया और उपन्यास का पश्चिमी शिल्प शुरू से ही अस्वीकार किया। पश्चिमी उपन्यासकारों की तरह सामाजिक-नैतिक विश्लेषण करने वाले जापानी लेखकों की उसने हमेशा खिल्ली उड़ाई। उसने समसामयिक घटनाओं से प्रेरित कई उपन्यास लिखे लेकिन साहित्य की समसामयिक दृष्टि को बेमतलब ठहराया। स्व

का हो या समाज का, इतिहास लेखन उसे मंजूर नहीं हुआ। जीवन और मृत्यु का दार्शनिक विवेचन ही उसके निकट साहित्यकार का सनातन धर्म ठहरा। विश्व के लिए सारी प्रेरणा उसने परम्परागत जापानी विधाओं से, खास कर 'जोरूरी' कहलाई जाने वाली वीरगाथापरक नाटिकाओं से ग्रहण की। इसीलिए मिशिमा की निंदा करने वालों को भी यह मानना पड़ा कि मिशिमा के लेखन में सड़ांध और सनसनी के अतिरिक्त भी कुछ है और यह 'कुछ' उसे महत्त्वपूर्ण लेखकों की पंक्ति में शामिल करके रहेगा।

मिशिमा को 1954 में 'लहरों की आवाज' नामक उपन्यास के लिए जापान का सर्वोच्च साहित्यिक पुरस्कार प्राप्त हुआ। दो ही वर्ष बाद 'किंकाकुजी' (स्वर्ण मण्डप) के प्रकाशन के साथ मिशिमा की उपन्यास-कला का सिक्का पूरी तरह जम गया। 'किंकाकुजी' एक ज़ेन मंदिर था जिसे जला दिए जाने के समाचार से सारे जापान मे सनसनी मची थी, क्षोभ फैला था। इस घटना पर आधारित उपन्यास में मिशिमा ने आगजनी को सौन्दर्यबोध का नमूना बना डाला। मिशिमा के अनुसार आग लगाने वाला विकलांग और अस्थिर मन साधक कला का ध्वंस करके अपनी भीतरी कलात्मकता का परिचय दे रहा था। यह पागलपन नहीं, एक उच्चतर संतुलन का संधान था। प्रेत की तरह सिर पर सवार रहने वाले अपने आराध्य सौन्दर्य को आग दिखा देना अहेतु था और अहेतु ही आध्यात्मिक जिजीविषा का अंतिम हेतु है। कथानक का ताना-बाना मिशिमा ने कुछ इस तरह बुना है कि जेन मंदिर के जलाए जाने की यह कहानी जापानी बौद्धों के ज़ेन सम्प्रदाय की पहेलीनुमां प्राचीन नीति-कथाओं की याद दिला देती है।

ज़ेन चिंतन के प्रति मिशिमा के अनुराग का प्रमाण इस बात से भी मिलता है कि उसने 'नो' नाटक लिखे हैं। 'नो' जापान का शास्त्रीय संगीत-नृत्य-नाट्य है जिसके रचनाकार ज़ेन के अनुयायी थे। ज़ेन की दृष्टि भावुकता और बौद्धिकता दोनों के विरुद्ध पड़ती है और तर्कातीत चरम सत्य की खोज के लिए तर्क और विवेक को तिलांजलि देना जरूरी समझती है। इसलिए 'नो' नाटक में नाटकीय प्रभावोत्पादन के जाने-माने लटके सिरे से गायब होते हैं। दर्शक को उसे अमूर्त संगीत के स्तर पर ग्रहण करना पड़ता है। इस पद्धति के पुराने नाटकों के कथानकों के समान्तर समसामयिक कथानक गढ़ कर मिशिमा ने नए रंगमंच की आवश्यकताओं को ध्यान में रखते हुए आधुनिक 'नो' नाटकों की रचना की। इस के अतिरिक्त उसने आधुनिक पद्धति के भी कई नाटक लिखे जिन्हें जापानी मंच पर सफलता प्राप्त हुई। फिल्म और टेलीविजन के क्षेत्र में भी मिशिमा लेखक और अभिनेता के रूप में सक्रिय रहे। उनके कई

कहानी-संग्रह, निबन्ध-संग्रह और यात्रा-संस्मरण भी प्रकाशित हुए। इतनी धूम मचने और मचाने के बाद मिशिमा की 'मर्दानगी' को सहसा जापान के पुरानी समुराई-परम्परा की याद आ गई। प्राचीन जापान में पेशेवर सैनिकों की एक बिरादरी 'समुराई' कहलाती थी। इसका कुछ वैसा ही मान था और इसकी कुछ वैसी ही शान थी, जैसी हमारे यहाँ क्षत्रियों की रही है। तो मिशिमा ने रायल्टी से मिलने वाली लम्बी-चौड़ी रकमें अपनी अलग समुराई सेना संगठित करने और जापान को जापानी शौर्य की याद दिलाने में उड़ा दी। शुरू में इसे भी प्रचार का एक हथकण्डा समझा गया लेकिन जब वर्ष-प्रतिवर्ष मिशिमा अपनी इस सेना को पुरानी शस्त्र-विद्याओं और सैनिक अनुष्ठानों का प्रशिक्षण दिलाने और वेतन, मकान, खाना तथा कपड़ा-लत्ता देने पर अपनी गाढ़ी कमाई बरबाद करते रहे तो इसे एक खब्त की संज्ञा देनी पड़ी।

हाराकीरी करके मिशिमा ने यह जता दिया कि उनका खब्त एक मिशन की हद तक पहुँचा हुआ था। उस नैतिक-धार्मिक ध्येय की विफलता का तकाजा था कि वह हाराकीरी कर ले। समुराई संहिता में स्पष्ट कहा गया है कि भूल, गलती, हार और नाकामयाबी की शर्म हाराकीरी से ही धोई जा सकती है। हाराकीरी की नौबत कभी भी आ सकती थी इसलिए हर समुराई अपने साथ हर समय बड़ी तलवार के अलावा एक खंजर भी रखता था। शास्त्रीय पद्धति के अनुसार हाराकीरी करने के लिए समुराई एक चौकी पर खंजर रख कर घुटनों के बल उसके सामने बैठ जाता था। फिर वह खंजर को उठा कर पेट में बाईं तरफ आखिरी पसली के नीचे घोपता था और उसे बगैर बाहर निकाले खींचता हुआ पेट के दांए सिरे तक ले जाता था। इसके बाद एक झटके से उसे नब्बे अंश के कोण में घुमा कर ऊपर की ओर पेट फाड़ता और अँतड़ियां निकालता हुआ ले जाता था। और इस घोर यन्त्रणा में बगैर उफ् किए प्राण दे देता था। हाराकीरी का, जिसे सेप्पुको भी कहते हैं, पहला वर्णन बारहवीं सदी के जापानी ग्रंथों में मिलता है। तेरहवीं सदी में समुराई-बिरादरी ने लाज रखने के लिए जान देने का यह तरीका बड़े पैमाने पर अपनाया। अक्सर अपने स्वामी-सामन्त की कहीं हार या मृत्यु होने पर भी समुराई हाराकीरी करने लगे। आगे चल कर हाराकीरी को सामन्तों द्वारा दी जाने वाली सजा का रूप मिला। जब वह आत्महत्या के वीरोचित संस्करण के रूप में फिर से प्रतिष्ठित हुई तब उसमें कुछ संशोधन कर दिए गए। क्योंकि शास्त्रीय पद्धति से हाराकीरी करना बहुत ही कष्टप्रद है। प्राण आसानी से निकलते नहीं और तड़प-तड़प कर मरना होता है। इसलिए यह विधान हुआ कि पेट फाड़ देने के बाद समुराई उसी खंजर से गर्दन के दाएं स्थित मुख्य धमनी काट दे। जो

यह भी न करना चाहते हों वे खंजर को पेट पर बाएं से दाएं तक ही जायें और अपने सहायक 'काईशाकु' से कहें कि कुल्हाड़ी से गर्दन काट दे। हाराकीरी का प्रचलन धीरे-धीरे कम होता चला गया। आधुनिक जापान में केवल जनरल मारेसुके नोगी ने सम्राट मेइजी के निधन पर 1912 में विधिवत हाराकीरी की। बगल के कमरे में उनकी पत्नी ने स्त्रियों के लिए निर्दिष्ट विधि के अनुसार, यानी तलवार से गर्दन काट कर, हाराकीरी की। यह सुना गया कि पिछले विश्वयुद्ध में भी कई जापानी वीरों ने समर्पण करने से हाराकीरी करना बेहतर समझा। लेकिन विधिवत हाराकीरी किए जाने की सर्वविदित घटना इधर नाटकीय लेखक मिशिमा के नाटकीय अन्त में ही देखने में आई।

□□□

जो प्राणवान सो भगवान

जीवन और जिजीविषा की जयकार जान स्टीनबैक के साहित्य का वादी स्वर है। इसे विडम्बना ही कहिए कि अमेरिकी साहित्य-जगत में स्टीनबैक के इस प्रीतिकार जीवन-पूजन-वाद की चर्चा वर्षों की उपेक्षा के बाद पिछले दिनों तब हुई जब तीसरे दशक के इस समर्थ उपन्यासकार की न्यूयार्क में हृदय-रोग से मृत्यु हो गई। इससे पहले 1962 में नोबेल पुरस्कार मिलने पर स्टीनबैक की थोड़ी-बहुत सुनवाई हुई थी। लेकिन तब शायद स्टीनबैक को कुल मिलाकर सुनना ही ज्यादा पड़ा था। आम राय यह थी कि इस बार एक अयोग्य व्यक्ति को पुरस्कार दे दिया गया है। नोबेल समिति ने स्टीनबैक के 1961 में प्रकाशित 'द विन्टर ऑफ डिस्कन्टेन्ट' नामक साधारण से उपन्यास की असाधारण प्रशंसा करके अपने निर्णय के आगे मानो खुद ही प्रश्न-चिन्ह लगा दिया। स्टीनबैक से जब एक सम्वाददाता ने तकल्लुफ ताक पर रख कर पूछा, "क्या आप इस सम्मान के अधिकारी थे?" तब अपनी कई पिछली कृतियों की साहित्यिक और व्यावसायिक दोहरी विफलता का स्मरण करते हुए उन्हें उत्तर देना पड़ा, "जी, कतई नहीं।"

1962 में ही स्टीनबैक ने 'अपने देश और देशवासियों से नए सिरे से परिचित होने के लिए' अपने कुत्ते चार्ली के साथ एक पुरानी मोटरगाड़ी पर सवार होकर अमेरिका के आर-पार यात्रा की। इस यात्रा का वर्णन उन्होंने 'ट्रेवल्स विद चार्ली' नामक एक पुस्तक में किया जो व्यावसायिक दृष्टि से बहुत सफल रही। लेकिन इस पुस्तक में अमेरिकी जनसाधारण के महास्वप्न के प्रति जो रीडर्स-डासजेस्टी आस्था व्यक्त हुई थी वह साठोत्तरी साहित्यिक वातावरण में कोई गूंज पैदा नहीं कर सकी। इसके बाद स्टीनबैक वियतनाम के युद्ध-स्थल की यात्रा करने गए और वहां से उन्होंने युद्ध-समर्थक संवाद भेजे वे उन्हें युद्ध-विरोधी नई पीढ़ी की नजरों में कुछ और भी गिरा गए। यानी स्टीनबैक अपने देश के युवा समुदाय के लिए नए सिरे से परिचित होते ही अपने देश के युवा समुदाय के लिये नये सिरे से अपरिचित बन गए।

स्टीनबैक का जन्म 1902 मे सेलिनास (कैलिफोर्निया) कस्बे के एक साधारण

मध्यवर्गीय परिवार में हुआ। वह कस्बा और उसके साधारण आमदनी वाले साधारण निवासी स्टीनबैक के कई उपन्यासों में मौजूद हैं। इस तरह की 'आंचलिकता' का आग्रह आमतौर से सभी अमेरिकी उपन्यासकारों में थोड़ा-बहुत रहा है। स्टीनबैक के यहां इसकी मिकदार कुछ ज्यादा ही थी। अपने दूसरे ही उपन्यास 'द पास्चर्ज आफ हेवन' में उन्होंने कई परस्पर संबंद्ध कथाओं के माध्यम से अपने कस्बे के पास के एक गांव का समूचा और भरा-पूरा चित्र प्रस्तुत करने का प्रयोग किया। स्टीनबैक ने कालेज में पढ़ाई कई बार शुरू की और छोड़ी। पांच वर्ष इस क्रम में बिताने के बावजूद वह कोई डिग्री प्राप्त नहीं कर सके। हां, जीवशास्त्र के प्रति अनुराग उन्हें जरूर मिल सका। इसके चलते उन्होंने कैलिफोर्निया के आसपास के सागर-जीवन का अध्ययन करने वाले अभियान दल के साथ भी काफी समय बिताया। जीवन को बहुत ही बुनियादी स्तर पर देखने-दिखाने का रवैया स्टीनबैक को जीवशास्त्र से दिलचस्पी होने के कारण मिला होगा। अक्सर आलोचकों ने उनकी मानव को साधारण जीव बना डालने की अति-सरलीकरण वृत्ति पर आपत्ति की है।

स्टीनबैक के साहित्यकार ने अमेरिकी अर्थ-व्यवस्था की महामंदी में होश संभाला। यह मंदी अमेरिकी बुद्धिजीवियों के लिए राष्ट्रीय स्वप्नभंग की सूचक थी। इसकी प्रतिक्रिया में कई लेखकों ने यूरोप-प्रवास या वामपंथी राजनीति में शरण ले ली। स्टीनबैक ने ऐसा क्रांतिकारी कदम नहीं उठाया। उन्होंने अमेरिकी स्वप्न के प्रति आस्था बनाए रखी और जीवशास्त्र में वामपंथी समाजशास्त्र का थोड़ा-सा पुट देकर जीवन की सनातन लय-ताल से जुड़े हुए 'जीवशास्त्रीय मानव' को, बौद्धिकता के दुराग्रह से अछूते श्रमजीवी सर्वहारा को, खरे मानवीय मूल्यों का असली संरक्षक और महान अमेरिकी स्वप्न का सच्चा संवाहक घोषित किया। यह कुछ रूमानी-सा जनतावाद तीसरे दशक के आर्थिक और राजनीतिक अंधेरे में सुदूर टिमटिमाते किसी दीप-सा आश्वासनप्रद सिद्ध हुआ और स्टीनबैक की गणना अग्रणी उपन्यासकारों में होने लगी। पत्रकारिता में विफल होने के बाद स्टीनबैक ने एक पहाड़ी बंगले में चौकीदारी और लेखन का क्रम शुरू किया था। उनका पहला उपन्यास 1929 में प्रकाशित हुआ। लेकिन सफलता 1935 में चौथे उपन्यास 'टार्टिला फ्लैट' के प्रकाशन पर मिली जिसमें 'उस हंसी-खुशी, भाईचारे और रहस्यमयी उदासी' की अभिव्यक्ति हुई, 'जिस का नाम जिन्दगी है'। इस सर्वहारा जीवन की और भी सशक्त अभिव्यक्ति स्टीनबैक ने 1939 में प्रकाशित अपने आठवें उपन्यास 'द ग्रेप्स आफ रैथ' में की। कर्ज के बोझ से दबकर, अकाल से असहाय होकर, अपनी पुश्तैनी जमीन से बेदखल

हुए ओकल होमा के किसान उन दिनों रोजी-रोटी की तलाश में कैलिफोर्निया जा रहे थे जहां अंगूर आदि के बागान में खेतिहर मजदूरों की भरती हो रही थी। स्टीनबैक ने विस्थापित किसानों के एक जत्थे के साथ यात्रा की और इस अनुभव के आधार पर 'द ग्रेप्स आफ रैथ' लिखा। किसान जोड और उसके परिवार की खेत-खलियान से बेदखली, लम्बी यात्रा की परेशानी और बागान में शोषण की यह कहानी सारे सरलीकरण और भावुक स्वरों के बावजूद एक श्रेष्ठ साहित्यिक कृति बन सकी। इस ऊंचाई को स्टीनबैक फिर कभी नहीं पा सके, यद्यपि उन्होंने अपनी ओर से बहुत जोर मारा, बहुत कागज रंगे। दरअसल वह कष्ट और संघर्ष के बीच सरल और मृदुल रह सकने वाले जिस समाज का चित्रण कर रहे थे वही अगले दो दशकों में उनकी लेखनी से दगा कर गया। बाद में स्टीनबैक ने नए समृद्ध उच्च-मध्यवर्गीय अमेरिका का चित्रण करने के लिए जो उपन्यास लिखे वे नई दुनिया को पुरानी निगाहों से देखने की एक बेकार कोशिश के ही परिचायक हैं। गरीबी से जूझते हुए किसानों की दुनिया की जगह अमीरी से मुंह मोड़ते हिप्पियों और बीटनिकों की दुनिया ने ले ली थी और इस दुनिया में 'द ग्रेप्स आफ रैथ' का वह पादरी अजूबा मालूम होने लगा था जो कहता है, "कोई मुझे बता रिया था कि कोई' क्या नाम कहते हैं, कवि यह कह गया है कि जिसमें जान सो भगवान!"

❑❑❑

कला का जो हर पेचो-ख़म जानते हैं, कला को वो क्योंकर बला मानते हैं

पुरानी पीढ़ी के बारे में नई पीढ़ी अक्सर यह घोषित करती हुई पाई जाती है कि वह तो चूक गई, अब उससे जीवन्त साहित्य की आशा करना व्यर्थ है। यह सही है कि नई पीढ़ी ऐसी घोषणा करने में जरा जल्दबाजी से काम लेती है लेकिन यह भी सही है कि बहुत-से लेखक प्रौढ़ हो जाने पर लेखन का मैदान छोड़ देते हैं। लेकिन उस वक्त वाकई हैरान रह जाना पड़ता है जब कोई नई उम्र का लेखक अथवा कलाकार अपनी कला के उत्कर्ष-बिन्दु पर पहुंचकर अचानक साहित्य अथवा कला से सन्यास ले लेता है और वाक़ायदा त्यागपत्र दे देता है। यह बात और भी विस्मयकारी हो जाती है अगर वह सन्यस्त पेंशन-प्राप्त लेखक या कलाकार अपनी विधा के विरुद्ध विधिवत मोर्चाबंदी कर दे और उसका मजाक गंभीरतापूर्वक उड़ाने लगे।

मगर ऐसी घटनाएं साहित्य और कला के क्षेत्र में घटित होती ही रहती हैं। प्रसिद्ध फ्रांसीसी प्रतीकवादी कवि रिम्बो ने 15-16 साल की उम्र से कविता पर हाथ साफ करना शुरू कर दिया था और बहुत कम उम्र में ही वह बेहद मशहूर भी हो गया। लोग उसे देहात से आया जीनियस कहने लगे। प्रसिद्ध कवि पाल वर्ले भी उसकी ओर आकर्षित हुआ था। लेकिन इधर वह बालिग हुआ और उधर उसने कविता को नाबालिगों का काम करार दे दिया। उसका विद्रोह इस पराकाष्ठा तक पहुँचा कि वह कविता के गौरव के प्रति ही अनाश्वस्त हो गया। फ्रांसीसी कविता से ही नहीं, फ्रांस से भी सारे रिश्ते तोड़ कर वह एबीसीनिया चला गया और वहाँ गुलामों के व्यापारी की हैसियत से जीवन के भौतिक मूल्यों को कहीं अधिक महत्त्व देने लगा।

हमारी सदी में ऐसा ही उदाहरण विश्वविख्यात कलाकार मार्सल दुशां ने पेश किया जिसका कुछ सप्ताह पूर्व इक्यासी वर्ष की आयु में पेरिस में देहान्त हुआ। दुशां एक महान कलाकार ही नहीं, बेजोड़ सनकी भी थे। रिम्बो की तरह उन्होंने भी बड़ी छोटी उम्र मे ही शोहरत हासिल कर ली। बहुत जल्द उनकी प्रसिद्धि सारे विश्व के क़ला-जगत में फैल गई और उनके प्रयोगों की आने वाली पीढ़ी पर गहरी छाप पड़ी। दुशां ने कला के क्षेत्र में बहुत से अजीबो-गरीब प्रयोग किए। उन्होंने शीशों पर

चित्रकारी की, मुड़-तुड़ जाने वाली कलाकृतियां बनाईं और 'प्राप्त कला' का नारा दिया। दिलचस्प बात तो यह है कि उन्होंने जो बातें मजाक-मजाक में शुरू कीं, आने वाली पीढ़ियों ने उन्हें गंभीरतापूर्वक कला-आन्दोलनों के रूप में चलाया।

1917 में न्यूयार्क की 'सोसाइटी ऑफ इन्डिपेन्डेन्ट आर्टिस्ट्स' द्वारा आयोजित एक कला प्रदर्शनी में उन्होंने एक ऐसी कलाकृति भेजी, जिसे देखकर उसके संयोजक चित्त हो गए। वे उस कलाकृति को प्रदर्शनी में शामिल ही नहीं कर पाए। वह कलाकृति थी एक मूत्रपात जिसका शीर्षक दुशां ने फव्वारा रखा था। दुशां ने उसे 'आर॰मट्ट' की कला-रचना बताया था। 1913 में उन्होंने अपनी एक कलाकृति 'न्यूड डीसेंडिंग ए स्टेअरकेस' (सीढ़ियां उतरती नग्न स्त्री) प्रदर्शित की जिस ने कला-जगत में एक तहलका मचा दिया। उसमें 'फ्यूचरिस्ट' और 'क्यूविस्ट' (घनवादी) शैली का प्रयोग किया गया था जो बाद में खूब चली। बीसवीं शताब्दी की विलक्षण चित्र-रचनाओं में इसका महत्त्वपूर्ण स्थान है। इस कलाकृति का वहन बड़ा कठिन है क्योंकि यह इतनी भारी है कि आसानी से कहीं ले जाई नहीं जा सकती।

दुशां ने अपनी कला के उत्कर्ष-काल में, जब उनकी उम्र तीस साल से भी कम थी, कला-जगत से त्यागपत्र दे दिया। वह शतरंज खेलने को कलाकृति बनाने पर तरजीह देने लगे। उनके बारे में कहा गया है कि उन्होंने कला का प्रयोग कला के सामने प्रश्न-चिन्ह लगाने में किया। वह अपने समय के सबसे बड़े और सर्वाधिक प्रभावकारी प्रश्नकर्त्ता थे। वह एक ऐसे गम्भीर विचारक थे जो गम्भीरता, चिंतन और कला को मजाक की चीज समझते थे।

सवाल यह है कि ऐसे साहित्यकार अथवा कलाकार साहित्य या कला से अकस्मात विमुख क्यों हो जाते हैं? असफल हो जाने पर दुखी होकर मैदान छोड़ जाना अलग बात है। लेकिन सफलता के शिखर पर पहुंच कर उदासीन हो जाना विस्मयकारी मालूम दे सकता है। लेकिन हकीकत में यह इतना अजीब है नहीं। कला से विमुख हो जाने का स्पष्टीकरण करते हुए दुशां ने कहा था—"वास्तविकता अथवा सत्य के रूप में कला का कोई अस्तित्व नहीं है। दवा के रूप में शायद वह कुछ लोगों के लिए लाभदायक हो सकती है, किन्तु धर्म के रूप में वह उतनी भी अच्छी नहीं है, जितना कि ईश्वर।" रिम्बो को भी कला की व्यर्थता का कुछ ऐसा ही अहसास हुआ था। उसने भी महसूस किया था कि सारी कविता, उसकी कविता सहित, व्यर्थ और अनुपयोगी है, झूठी है, बकवास है।

कला और साहित्य की व्यर्थता की अनुभूति इस शती के उदय के साथ ही उभरने लगी थी। मध्य युग में कलाकार का सम्मान था, वह आधुनिक युग तक आते-आते समाप्त हो चला है। बर्टेंड रसल का कहना है कि हम कलाकार का सम्मान अब भी

करते हैं, किन्तु उसे अलग कर देते हैं। जब से कला ने पैगम्बरी का लबादा उतार कर फेंका है तभी से उसका चेहरा बिल्कुल सपाट और प्रभावहीन दिखाई देने लगा है। विज्ञान और गणित के प्रचार ने उसका सारा जादू और वैभव ध्वस्त कर दिया है। वैज्ञानिक सिद्धांत यदि लोगों की समझ में न भी आए तब भी वे उसके प्रति आदर भाव रखते हैं और यह कह कर टाल देते हैं कि वह उनकी समझ से परे है। वैज्ञानिक सूत्रों के प्रति आम आदमी इसलिए अश्रद्धावान नहीं हो पाता क्योंकि वह उनकी उपलब्धियां अपने दैनिक जीवन मे देखता रहता है।

कला का जादू टूट जाने पर भी कलाकार की गरिमा अभी पूरी तरह नष्ट नहीं हुई है। कला के प्रति समाज भले ही उदासीन हो गया हो, कलाकार के प्रति उसका कौतुक थोड़ा-बहुत बना हुआ है। दुशां ने भी कहा था कि–"मैं कला में तो विश्वास नहीं करता, किन्तु कलाकार में करता हूं।" कलाकार में विश्वास करने का क्या अर्थ हुआ? बात कुछ पेंचीदा मालूम पड़ती है। लेकिन गौर से देखने पर काफी हद तक साफ हो जाती है। कलाकार के प्रति जनता का आकर्षण पैदा करता है कलाकार का प्रचार, उसकी ऊल-जलूल चौंकाने वाली हरकतों का समाचार-मूल्य। आजकल महत्त्व साहित्य का नहीं, साहित्यकार के प्रचार का है। या यों कहें कि उसके पद, उसकी प्रभुता और उसकी सामाजिक प्रतिष्ठा या उसकी विलक्षणता का है। उस साहित्यकार के बारे में चर्चा करना जरूरी हो जाता है जो किसी प्रमुख पत्र का संपादक हो, चाहे उस की लेखनी कई वर्षों से विश्राम कर रही हो। यह महत्वहीन है कि कोई क्या लिखता है, महत्त्व है तो इस बात का कि वह एम.पी. है, या रेडियो में उच्चाधिकारी है, या फिल्म में लिखता है। वर्तमान समाज में लेखन नहीं, लेखक महत्त्वपूर्ण हो गया है। और लेखक वही महत्त्वपूर्ण होता है जिसका गुट हो, जिसके हमदम और दोस्त उसे जीनियस प्रमाणित कर दें, जो प्रमुख पत्रों मे अपने ऊपर लेख छपवा सकता हो, जो पुरस्कृत हो जाए और जिसके नाटक खूब खेले जाएं। यदि कोई अपने ऊपर पुस्तक छपवा ले जाए तो कहना ही क्या।

एक आस्ट्रेलियन कवियित्री की एक सज्जन से भेंट हुई। उन्होंने उससे उसका काम पूछा। उसने बताया–कविता करना। फिर उन्होंने उसका नाम पूछा। उसने अपना नाम बताया तो वह गौर से उसका मुंह ताकने लगे। फिर बोले–"आपकी तस्वीर मैंने अमुक पत्रिका में देखी थी।" यानी महत्त्व है किसी बड़े अखबार में तस्वीर छप जाने का, रचना छप जाने का नहीं। विडम्बना यह है कि कला और साहित्य जितने 'अनुपयोगी' ठहराए जाते हैं उतने ही वे स्वयं 'दुरूह' होते जाते हैं। इस तरह दोहरे अलगाव का सिलसिला शुरू हो जाता है। कलाकार साधारण रूप से जो कुछ कह सकता है वह ज्ञान-विज्ञान और पत्रकारिता के युग में असाधारण का, यानी कला का,

स्थान पा ही नहीं सकता और असाधारण रूप से वह जो कुछ कह सकता है उसका जनसाधारण से कोई तादात्म्य स्थापित हो नहीं सकता। कला के विषय में यह भविष्यवाणी काफी पहले ही की जा चुकी है कि वह या तो बौद्धिकों का खिलवाड़ बन जायेगी या 'चालू' को ही महान का दर्जा दे दिया जाएगा। पहली स्थिति तो अब बीत चली है क्योंकि यह साफ जाहिर हो गया है कि बौद्धिकता की अति अबौद्धिकता की शुरुआत है। फिलहाल स्थिति यह है कि निहायत अगम्भीर मामूली चीजें कला की महान उपलब्धियों के रूप में प्रचारित-प्रसारित की जा रही हैं। ओर्सेगा ई गास्से ने कला की मानवीयता के सामने प्रश्नचिन्ह लगाते हुए 'डीह्यूमनाइजेशन' (अमानवीयकरण) की बात उठाई थी। तर्क यह दिया गया था कि यदि यह मान जाए कि कला मनुष्य को समझने में सहायता करती है, तो भी उसकी उपयोगिता असिद्ध ही रह जाती है। क्योंकि मनुष्य को समझने के और भी कई तरीके आदमी ने निकाल लिए हैं—जैसे मनोविज्ञान, पत्रकारिता या तथ्य-लेखन। इन सब माध्यमों के रहते हुए कला की उपयोगिता के सामने एक बड़ा-सा प्रश्न-चिन्ह लगा देने के अतिरिक्त चारा भी क्या है?

❑❑❑

परिसंवाद का पचड़ा छोड़िए, चलिए कुछ बतकही हो जाए!

सर्वश्री उमाशंकर जोशी और पुटप्पा को लखटकिया पुरस्कार दिए जाने के अवसर पर भारतीय ज्ञानपीठ ने 'द इम्पैक्ट ऑफ टैक्नॉलॉजी ऑन इमेजिनेटिव राइटिंग' विषय में एक परिसंवाद का आयोजन किया जिसमें लेखक बंधुओं ने दो दिनों तक एक-दूसरे को बोर किया और स्वयं भी पर्याप्त मात्रा में बोर हुए। जिसने भी इस परिसंवाद को सुना होगा उसके समक्ष यह रहस्योद्घाटन हो गया होगा कि टैक्नॉलॉजी के अभाव में भी हमारे साहित्य में ऊब और संत्रास की पैथोलॉजी कैसे आ पहुंची? हिन्दी लेखक परिसंवादों से संत्रास-सुख प्राप्त करता रहा है । यहीं वह आधुनिकता की भयावह ऊब से साक्षात्कार करता-कराता है। और उसके आधुनिकता-प्रेम का इससे बड़ा प्रमाण क्या हो सकता है कि परिसंवाद में हिस्सा लेने के लिए वह कहीं भी जाने को , किसी भी विषय पर भाषण करने को सहर्ष तत्पर हो जाता है। जब तक और बोलते रहते हैं तब तक वह बराबर यही बुदबुदाता रहता है, "क्या बोर कर रहा है! अनपढ़ है, गंवार है बिल्कुल!" और जब वह खुद बोलता होता है तब अपनी आवाज के आकर्षण में इतना खोया होता है कि दूसरों के बुदबुदाए हुए जुमलों की भनक उसके कानों में नहीं पड़ती। यही गनीमत है—या खुदा तेरा शुक्रिया इन छोटी-मोटी मेहरबानियों के लिए!

अब तक हिन्दी साहित्य के इन परिसंवादों की एक रूपरेखा निश्चित हो चुकी है। विषय-प्रवर्तन में परम्परा-निर्वाह किया जाता है और लोग-बाग कुछ इस अंदाज से भाषण करते हैं जैसे बी.ए. (ऑनर्स) की छात्राओं को बहैसियत विजिटिंग प्रोफेसर कुछ नोट्स डिक्टेट करा रहे हों। उसके बाद बोलने वाला हर व्यक्ति विषय प्रवर्तन के बाद विषयान्तर को अनिवार्य मानता है। कुछ बुजुर्गवार अपनी भारतीयता का परिचय देने के लिए परिसंवाद को शास्त्रार्थ की शक्ल देने का प्रयास करते हैं। मसलन भारतीय ज्ञानपीठ परिसंवाद में 'इमेजिनेटिव' और 'क्रिएटिव' के सूक्ष्म अंतर के विषय में काफी समय तक स्थूल बहस होती रही। हमने एक अन्य परिसंवाद में, जो रेडियो से प्रसारित होने के कारण निश्चित अवधि तक ही चल सकता था, सारा समय

यही तय करने में बीतता हुआ देखा कि 'आधुनिक हिन्दी काव्य किसे कहा जाए।' विषय था 'आधुनिक हिन्दी काव्य में प्रकृति-चित्रण'। बेचारी प्रकृति! क्षेपक रूप में यहां यह भी बता दिया जाए कि आधुनिक को आधुनिक क्यों लिखा गया है? परिसंवाद तब तक पूरा नहीं माना जाता जब तक कोई अवधी—बेहतर हो ठेठ बैसवाड़ी—लहजे में तीन-चार बार विषयोच्चार न कर दे! इति क्षेपक!

परिसंवादों में गई-नई पीढ़ी के वक्ता भी दो दृष्टियों से परम्परा-निर्वाह करना आवश्यक मानते हैं। एक तो तर्क के समर्थन में विद्वानों की सम्मति उद्धृत करना- कुछ इस अंदाज से जिसे अंग्रेजी में 'नेम-ड्रापिंग' कहा जाता है। भाव कुछ इस प्रकार रहता है कि हे मूर्ख श्रोता, तूने तो शायद इस विद्वान का नाम तक नहीं सुना हो। फिर इसी विचार से आश्वस्त होकर वक्ता महोदय कुछ और पश्चिमी विद्वानों की उक्तियां अपनी मौलिक सूझों के रूप में प्रस्तुत कर जाते हैं। गई-नई पीढ़ी द्वारा परम्परा-निर्वाह का दूसरा आग्रह साहित्य-समाज-का-दर्पण-है-वाद को लेकर किया जाता है। हर साहित्यिक वृत्ति-प्रवृत्ति के निहायत पण्डिताऊ ढंग से सामाजिक-ऐतिहासिक कारण ढूँढ़ निकाले और पेश कर दिए जाते हैं। जैसे यह सारा व्यापार किसी रासायनिक फार्मूले से नियंत्रित होता हो!

गई-गई पीढ़ी के प्रतिष्ठित महानुभाव ऐसे परिसंवादों में 'एब्सेंट माइन्डेड प्रोफेसर' की भूमिका अदा करते हैं। प्रस्तुत विषय कुछ भी हो, वह अपने प्रिय विषय की ही चर्चा कर के रहते हैं—चाहे वह रवि ठाकुर हों, चाहे तुलसीदास। मूल विषय की अव्वल तो वे चर्चा ही नहीं करते और अगर करते भी हैं तो उसे आवश्यकता से अधिक सरल, आया-गया और गौण बनाते हुए। यही वह अवसर होता है जब नई-नई पीढ़ी का कोई प्रवक्ता धृष्टता को क्रांतिकारिता का पर्याय मान कर आदरणीयों का निरादर करते हुए कुछ तेज-तर्रार बातें कह डालता है। इस तेजी का भी मूल विषय से कोई संबंध नहीं होता लेकिन यह सर्वथा ध्यान देने योग्य मानी जाती है। वह इसलिए कि नई-नई पीढ़ी की ओर से चुनौती भरे स्वरों में बात करने वाला लेखक शीघ्र ही प्रतिष्ठित होकर नई-नई पीढ़ी का सदस्य बनने वाला होनहार बिरवान माना जाता है।

इन परिसंवादों में जमाने भर के विषय गंभीर विचार-विमर्श के लिए प्रस्तुत किए जाते हैं और विचारक वही गिने-चुने सम्मानित सांस्कृतिक जन और उदीयमान लेखक होते हैं। यह भी जरूरी नहीं कि सम्मानित व्यक्ति और लेखक अच्छे विचारक और वक्ता भी हों। प्रस्तावित विषय में अगर इन परिसंवादों का स्तर किसी कस्बे के इन्टर कालेज की डिबेट से भी गया-गुजरा हो जाता हो तो कोई आश्चर्य नहीं! भारतीय ज्ञानपीठ के इस परिसंवाद में डॉक्टर देवराज ही शायद एक ऐसे व्यक्ति थे जो प्रस्तावित विषय पर अधिकारपूर्वक कुछ बोलने के लिए तैयार होकर आए थे। शेष तो परिसंवाद भोगने और भुगवाने के आजूमदा अंदाज में तशरीफ ले आए हुए जान

पड़ते थे। इस अंदाज का दूसरा नाम 'अपनी-अपनी डफली' है। इसके चलते परिसंवाद आत्म-प्रेक्षण का एक सामाजिक अवसर बन जाता है और बौद्धिक अभ्यास या अनुशासन से उसका कोई संबंध नहीं रह जाता। आखिर हिन्दी लेखक इतने तमाम मोर्चों पर भी अपनी प्रतिभा लगाए और कुछ थोड़ा-बहुत लिखते रहने के लिए भी बचा रख सके यह कैसे मुमकिन है? इसलिए वह अपनी प्रतिभा का पलस्तर हर कहीं हल्का-पतला लगाता है। यहां तक कि लेखन में भी!

सेक्सेस, नेक्सेस, प्लेक्सेस

पिछले दिनों राजधानी में अश्लील पुस्तकों और पत्रिकाओं के विषय में नए सिरे से चिन्ता की अभिव्यक्ति शुरू हुई। बताया गया कि हिन्दी में भी कुछ आवश्यकता से अधिक रंगीली पत्रिकायें प्रकाशित होने लगी हैं जो पश्चिम की सनसनीखेज सेक्स सनी पत्रिकाओं की तरह 'अनैतिकता का पर्दाफाश' करने का दम भरती हैं, लेकिन यह 'मिशन' दरअसल अश्लील सामग्री परोसने की शुद्ध व्यावसायिक वृत्ति की पर्दादारी के लिए होता है। पश्चिम में इस तरह की पत्रिकाओं की संख्या पहले ही बहुत ज्यादा थी, दूसरे शब्दों में यह कि अश्लील पत्रकारिता का समाज द्वारा मान्य एक व्यवसाय बन चुका था। ये पत्रिकायें लाखों की संख्या में बिकती थीं और अब भी बिक रही हैं। इनमें कामोत्तेजना को घोर अश्लीलता से इधर-ही-इधर रखने का भरसक यत्न किया जाता है और अश्लील सामग्री को चुहलबाजी या अस्वस्थ प्रवृत्तियों के विरुद्ध स्वस्थ आक्रोश के अन्दाज में पेश कर के दबी-ढकी शक्ल दी जाती है।

भारत में फिलहाल पश्चिम की इसी परम्परागत कामोत्तेजक पत्रकारिता की भौंडी नकलें प्रस्तुत की जा रही हैं। यहाँ भी हम, खुदा का शुक्र, पीछे हैं। पश्चिम में इस तरह के साहित्य ने इधर दो नए मोड़ ले लिए हैं। पहला तो हिप्पी-आन्दोलन के प्रभाव से आया है। 'उपभोक्ताओं के समाज' से 'ड्राप-आउट' (अलग) हो जाने वाले इन हिप्पियों ने अपने उपभोग के लिए अलग ही पत्र-पत्रिकाओं का प्रकाशन शुरू कर दिया है। हिप्पियों के इस 'अंडर ग्राउंड प्रेस' ने सेक्स के प्रति एक निहायत आया-गया अन्दाज अपनाया है जो पुराने ढंग की कामोत्तेजक पत्रकारिता के प्रेमियों को भी आपत्तिजनक प्रतीत होता है। हिप्पी-पत्रिकाएं 'उपभोक्ता समाज' की नीति और अनीति दोनों का समान रूप से अनादर करती जान पड़ती हैं। अश्लील मालूम होने वाली सामग्री को उनका दो-टूक अन्दाज से पेश करना उन्हें चौकाने वाला मालूम होता है जो इस तरह की सामग्री को चुहलबाजी या नैतिक फतवेबाजी के आवरण में ग्रहण करके अपना दामन पाक रखने के आदी हैं। पश्चिम की 'पीली पत्रकारिता' में दूसरा मोड़ अश्लीलता सम्बन्धी कानून को पश्चिम के सर्वोच्च न्यायालयों में अग्रणी प्रकाशकों और लेखकों द्वारा चुनौती दिए जाने के बाद आया। अश्लीलता कानून

उतना ही अस्पष्ट है जितनी अश्लीलता की परिभाषा। उसमें 'भ्रष्ट करने की नीयत' को कसौटी माना गया है। अग्रणी प्रकाशकों और लेखकों ने पुलिस द्वारा लारेंस की 'लेडी चैटरलीज लवर' जैसी साहित्यिक कृतियों और अनाम लेखकों-प्रकाशकों की अश्लील व्यावसायिक कृतियों को एक ही कोटि की रचनाएं ठहराए जाने पर आपत्ति की। अधिकतर बुद्धिजीवियों ने इस तरह के मुकद्दमों में प्रकाशकों के पक्ष में गवाही दी। प्रकाशकों ने अमेरिका और इंग्लैण्ड में एक के बाद एक कई मुकद्दमे जीते। पुलिस में 'अश्लील' पुस्तकों के विरुद्ध कानूनी कार्रवाई करने का उत्साह तेजी से घटता गया। प्रकाशन-स्वातंत्र्य के नए वातारण में वात्स्यायन के 'कामसूत्र' से ले कर हेनरी मिलर के 'द रोजी क्रूसिफिकेशन' तक ऐसी कई पुस्तकें खुलेआम धड़ल्ले से छपने लगीं जो अब तक बौद्धिक वर्ग में मान्य होते हुए भी कानून द्वारा अमान्य ठहराई जाती रही थीं। इसके अलावा जान अपडाइक के 'द कपल्स' जैसे उपन्यास भी प्रकाशित हुए जो साहित्यिकता और अश्लीलता दोनों के समान रूप से दावेदार हैं। नई आजादी का साहित्यिक मिलावट से बरी शुद्ध अश्लीलता के साधकों ने भी पूरा-पूरा लाभ उठाया। ऐसी पुस्तकें और पत्रिकायें प्रकाशित होने लगीं जिनके सामने पिछले दौर का मान्य व्यावसायिक कामोत्तेजक साहित्य दूध का धुला नजर आता है।

इस नई आजादी से सबसे ज्यादा खुशी शायद उपन्यासकार हेनरी मिलर को हुई होगी। पिछले प्रतिबंधों से सबसे ज्यादा पीड़ित भी वही थे। अश्लीलता के अभियोग में उन पर कुल मिलाकर तीन सौ मुकदमे हो चुके थे और उनका कहना था कि जितनी यातना मैंने अपने धर्म के प्रचार के लिए सही उतनी तो मसीहा को भी नहीं सहनी पड़ी थी। हेनरी मिलर की किताबें फ्रांस में छाप कर चोरी-छिपे आंग्ल-भाषी देशों को पहुंचाई जाती थीं।अब उनका अमेरिका में धड़ल्ले से प्रकाशन होने लगा है। उनके आत्मचरितात्मक उपन्यास-त्रय 'द रोजी क्रूसिफिकेशन' का पहला और अघोरतम खंड 'सेक्सेस' भी अब प्रकाशित हो गया है। अंतिम दो खंड 'नेक्सेस' और 'प्लेक्सेस' पहले ही प्रकाशित हो चुके थे। इस उपन्यास-त्रय में मिलर ने 1923 से 1928 तक के अपने जीवन की गाथा सुनाई है। मिलर ने 1923 में 31 वर्ष की उम्र में घर-परिवार से संन्यास ले लिया। तब वह एक तार-कंपनी के परसोनेल आफिसर थे। छोटे तार बाबू के पद पर नियुक्त होने के बाद तरक्की करते हुए वह इस ऊंचे आसन पर पहुंचे थे। लेकिन इसे लात मार कर वह अपनी पत्नी और बच्चों से नाता तोड़कर 'सेक्स-पंथ के साधक' बन गए।

हेनरी मिलर ने 'ड्राप-आउट' होने का यह करिश्मा उस दौर में दिखाया जिसमें चारों ओर श्रम और सफलता का यशोगान हो रहा था। आज की तरह तब अमेरिका में बीटनिक या हिप्पी बन जाना फैशन में शुमार नहीं था। यही वजह है कि मिलर का नेकी से मुंह मोड़ कर स्वेच्छा से बदी की राह पकड़ लेना अमेरिकी साहित्यिक जगत

में प्रशंसा का विषय नहीं माना गया। मिलर ने मशीनी समाज के सफलता कामी सदाचार के विरुद्ध जो जीवन और जीवन-दर्शन अपनाया वह फ्रांस में ही कुछ दाद पा सका। मिलर पेरिस में जा बसे। उन्होंने 'ट्रापिक आफ केंसर' और 'ट्रापिक आफ कैपरीकार्न' नाम से आवारा जिन्दगी के दो उपन्यास लिखे। इनमें यौनाचार एक ऐसी शैली में प्रस्तुत किया गया है जिसमें वन्दना और विडम्बना के स्वर वादी-संवादी हैं। मूल मंत्र है : मानव अपने नरक से बच कर नहीं, उसमें आकंठ डूब कर ही मुक्ति पा सकेगा।

मिलर ने मुक्त यौनाचार को मानव योनि की मुक्ति का पर्याय बनाया। उसने मशीनी समाज की सारी मान्यतायें अपने साहित्य में उलट दीं। समाज ने जिसे अच्छाई कहा, मिलर ने उसे बुराई ठहराया। समाज ने जिसे बुराई ठहराया, मिलर साहित्य ने उसे अच्छाई की संज्ञा दी। इसीलिए आज के हिप्पी और बीटनिक हेनरी मिलर को अपना लकड़दादा मानते हैं। मिलर अब अमेरिका में आ बसे हैं और कैलिफोर्निया राज्य के एक शांत सुरम्य स्थल में उन्होंने अपना 'प्रेमाश्रम' स्थापित कर लिया है। यहां कई हिप्पी इस बूढ़े उस्ताद से मुक्त प्रेम का गुरुमंत्र लेने के लिए आते हैं। हेनरी मिलर उन्हें 'कुचर्चा की राजनीति' और 'भड़काने की राजनीति' सिखाते-समझाते हैं। उनका कहना है कि इस तथाकथित सभ्य समाज, के अस्त्र से ध्वस्त करके सच्चे मायने में मुक्त मानवीय समाज की स्थापना करनी होगी। द्रष्टव्य है कि मिलर अश्लीलत्ता, कामुकता आदि के विषय में बहुत गंभीर हैं। वह अपने को वाममार्गी सिद्धपुरुष का दर्जा देना चाहते हैं। इस सिद्धिकामना के पीछे से उनके परिवार और देश की सिद्धि-धर्मी प्यूरिटिन मत झांकता हुआ नजर आता है। कठमुल्लापन के खिलाफ उनकी बगावत में भी कठमुल्लापन ही कठमुल्लापन है। अपने देश के नए 'क्रांतिकारियों' के लिए मिलर भी गिंसबर्ग के गुरू होने के नाते वरेण्य होंगे। विडम्बना यह है कि भारत के शिक्षित मध्यवर्ग ने पहले तो सारी विक्टोरियाई प्यूरिटन मान्यताओं को खुद ओढ़ लिया और अब वह उसके प्रति विद्रोह की बात करता है। काम हमारे जन-मानस के लिए कभी निषिद्ध विषय नहीं रहा।

अंग्रेजी शिक्षा-दीक्षा के प्रसार के साथ हमारे नवोदित मध्यवर्ग में काम के विषय मे वह निषेध-भाव प्रचलित हुआ जो प्यूरिटन जीवन-दर्शन का आधार-स्तम्भ था। धीरे-धीरे शिक्षित मध्यमवर्ग के लिए यही 'भारतीय' दृष्टिकोण बन चला और अब वह पश्चिम के विद्रोहियों के पदचिन्हों पर चलते हुए इस 'भारतीय' दृष्टिकोण के खिलाफ बगावत करना चाहता है! खरे भारतीय जीवन-दर्शन के मानकों के अनुसार वह निषेध और यह विद्रोह दोनों ही विचित्र सिद्ध होते हैं। किसी के भी द्वारा काम को निषेध या प्रश्रय सम्बन्धी विशेष महत्त्व दिया जाना इस जीवन-दर्शन को स्वीकार्य नहीं है।

❑❑❑

अपनी पुस्तक, अपना पैसा

राजधानी में एक रेस्तरां है। यों तो यहां बहुत-से रेस्तरां हैं लेकिन हम एक खास रेस्तरां की चर्चा यहां कर रहे हैं। खासियत उस रेस्तरां की यह है कि वह बना तो काफी मौके की जगह है मगर रश वहां 'न' के बराबर ही रहता है। यह देख कर हम काफी हैरान हुए। हमारे साथ जयप्रकाश भारती जी भी थे, वह भी काफी हैरान हुए। दिल्ली जैसी भीड़-भड़क्के वाली जगह में कोई रेस्तरां मौके की जगह हो और वहाँ भीड़ न हो, हैरानी की बात तो है ही। जयप्रकाश भारती जी हैरान हो चुके तो खुश हुए। उनके एक मित्र को किसी ऐसी ही जगह की तलाश थी अपना व्यापार और जमाने के लिए। जयप्रकाश जी ने कहा कि चलो, रेस्तरां के मालिक से बात हो जाए। रेस्तरां उसका कुछ चल-चला तो रहा नहीं है, शायद वह यह जगह देने के लिए तैयार हो जाए। रेस्तरां के मालिक शर्मा जी से बातचीत काफी दिलचस्प रही। बातचीत तो दिलचस्प रही लेकिन कोई काम नहीं बना। उन्होंने वह जगह देने से साफ इन्कार कर दिया। शर्मा जी ने इन्कार करते हुए कहा—"जनाब कैसे छोड़ दूं यह दुकान? ज्यादा भीड़ नहीं रहती है तो क्या, बाल-बच्चे यहां लड्डू-कचौड़ियां तो खा जाते हैं। और सब से बड़ी बात यह है कि इस दुकान की वजह से चार आदमी शर्माजी-शर्माजी पूछते यहां आते हैं। जैसे आप आए हैं।"

तर्क ठोस था, हमसे कोई जबाव देते नहीं बना। अपना-सा मुंह लिए लौट आए। चार आदमियों के पूछते हुए आने वाली बात वाकई लाजबाव थी। कौन नहीं चाहता कि दूसरों की महफिल में उसकी चर्चा हो, देश-विदेश में उसके नाम की धूम मचे? लेखक लोग क्योंकि कुछ अधिक संवेदनशील, अधिक महत्त्वाकांक्षी और अधिक घमंडी होते हैं इसलिए अमरता पर नजर रखते हैं। चार आदमियों द्वारा जाने जाने की भूख आदमी से कितने शीर्षासन करवाती है। पुराने जमाने में प्रचार के साधन सीमित थे, अतः सीमित लोग ही उधर ध्यान देते थे। जब से छापेखाने का अविष्कार हुआ है तब से कीर्तिकन्या के कुंवारी रह जाने का प्रश्न ही गायब हो गया। कहा जाता था कि कीर्तिकन्या सदा कुंवारी ही रहती है, क्योंकि जो उस के पीछे भागता है वह उसके आगे भागती है और जिसके पीछे वह भागती है, वह उसकी ओर दृष्टि उठा कर भी नहीं देखता। लेकिन अब स्थिति काफी बदल गई है। हर प्रकाशन-गृह से अमरता के

सर्टिफिकेट बांटे जाने लगे हैं। लेकिन गड़बड़ यह है कि प्रकाशक अपनी इस गौरवपूर्ण स्थिति के प्रति सचेत हो गए हैं और ऐरे-गेरे लेखकों को कोई लिफ्ट नहीं देते। गिफ्ट देने का सवाल ही कहां उठता है? अब सवाल यह है कि बड़े-बड़े लोगों की किताबें तो बड़े-बड़े प्रकाशकों द्वारा धड़ल्ले से प्रकाशित और प्रचारित हो जाती हैं; मगर ऐरे-गेरे लेखक क्या करें? ऐसे लेखक क्या करें जिनकी रचनाएं सब प्रकाशन द्वारा अस्वीकृत की जा चुकी हैं? क्या वे अपने को लेखकीय प्रतिभा से चुका मान लें? प्रकाशकों के निर्णय के सामने घुटने टेक दें?

जब बड़े-बड़े लेखकों को अपने समय में अपना समानधर्मा खोज निकालने में जेम्स बांड की भूमिका निभानी पड़ी तब भला आज के युग में छोटे-मोटे लेखकों को तो पूछता ही कान है? लेकिन छोटे-मोटे लेखक यह कैसे मान लें कि उन्हें कोई समानधर्मा मिल ही नहीं सकता? दुनिया में कोई ऐसा है ही नहीं जो उनके दिल की बात समझ सके। दिक्कत यह है कि छोटे लेखक और उसके पाठक के बीच बड़ा प्रकाशक दीवार बन कर खड़ा है। दो दिलों को ये दुनिया मिलने ही नहीं देती। ऐसे लेखकों ने बड़े प्रकाशकों को मुंहतोड़ जबाव देने के लिए अपनी पुस्तकें अपने पैसे से छपवानी शुरू कर दी हैं। उनका नारा है 'अपनी पुस्तक : अपना पैसा'। हिन्दी में अपनी पुस्तकें अपने पैसे से ही छपवाने का रिवाज खूब चल निकला है। राजधानी में तो ऐसे प्रकाशकों और लेखकों की जोर-शोर से छन रही है।

छपास की प्यास के मारे लेखकों की विदेश में कोई कमी नहीं है। वहां तो आजकल 'अपनी पुस्तक : अपना पैसा' वाले हिसाब ने बाकायदा व्यवसाय का रूप धारण कर लिया है। वहां इस नारे के अनुयायी आम तौर पर चार तरह के लोग होते हैं। एक तो वे सीधी-सादी बूढ़ी महिलाएं जो अपने पीछे एक साहित्य-परम्परा छोड़ जाना चाहती हैं। दूसरे वे करोड़पति जो किसी आदर्श अथवा सिद्धांत विशेष के प्रचार-प्रसार के इच्छुक होते हैं। तीसरे वे व्यापारी जो छपे अक्षरों में अपने गुनाह कबूल करना चाहते हैं। चौथे वर्ग में वे बुजुर्गवार आते हैं जो आने वाली पीढ़ियों को यह बताना चाहते हैं कि उनके जमाने में क्या नक्शे थे। लेखक बनने के इन उम्मीदवारों में संपन्न लोगों के अलावा ऐसे लोगों की संख्या कम नहीं होती जो अपनी किताब छपवाने के लिए अपने जीवन की कुल जमापूंजी दांव पर लगा देते हैं। पिछले सालों में अस्वीकृत पुस्तकों के प्रकाशन का धंधा खूब चल निकला है और अनेक प्रकाशक अंधाधुंध कमा रहे हैं। यह व्यवसाय वहां घमंडी प्रेस (बैनिटी प्रेस) के नाम से प्रसिद्ध हो गया है।

अमेरिका में घमंड़ी प्रेस द्वारा प्रकाशित पुस्तकों की संख्या कुछ कम नहीं है। वहां तीस प्रकाशनों में से एक प्रकाशन इस घमंड़ी प्रेस का ही होता है। ऐरे-गैरे लेखकों की रचनाएं पैसे लेकर छापने वाले कुछ प्रमुख प्रकाशक हैं— वैन्टेज प्रेस, एक्सपोजीशन,

प्रेजेन्ट, कार्लटन और डोरेन्स। मनुष्य की छपास की प्यास के बल पर ही इन प्रकाशन-गृहों का धंधा चलता है। आमतौर पर लेखक को बीस डालर प्रति पृष्ठ के हिसाब से प्रकाशन का खर्च चुकाना पड़ता है। इन प्रकाशकों द्वारा केवल वे पुस्तकें ही लौटाई जाती हैं जिन पर यह कहावत लागू हो जाए–लिखे ईसा, पढे मूसा। घोर अश्लील और जातिवाद से ग्रस्त पुस्तकें भी वापस कर दी जाती हैं।

विदेश में भी दो दिलों के बीच आने वालों की कोई कमी नहीं है। कुछ आलोचक तो बड़े कड़े शब्दों में इस तरह के प्रकाशकों की आलोचना कर रहे हैं। इनके एक कट्टर विरोधी हैं 'सैटरडे रिव्यू' के एक स्तम्भ-लेखक डेविड डैम्पसी। घमंडी प्रकाशन की धज्जियां उड़ाते हुए उन्होंने लिखा है–"घमंडी प्रकाशन की सब से खराब बात तो यह है कि लोगों को यह समझा कर बुद्धू बनाया जाता है कि उनमें लिखने की योग्यता है। प्रतिभाहीन व्यक्तियों को इस भ्रम में डालना एक क्रूर मजाक है। वे बेचारे उपहास के पात्र बन जाते हैं। वे अपने छोटे-छोटे काव्य-संकलन प्रकाशित करा डालते हैं जब कि उनके दोस्त तक यह जानते हैं कि उनका और लेखन का तीन-तेरह का नाता है।"

इस तरह के आरोप सुनकर घमंडी प्रकाशन वाले क्यों चुप बैठे रहें? वे भी अपने व्यवसाय को तरह-तरह की दलीलों द्वारा मुनासिब और वाजिब करार देने मे जुटे रहते हैं। एक्सपोजीशन प्रेस के मुखिया अपने धंधे का औचित्य प्रमाणित करते हुए फरमाते हैं–"लोग हम पर लेखकों को मूर्ख बनाने का आरोप लगाते हैं। लेकिन हम तो उन्हें पहले से ही बता देते हैं कि हम पुस्तक की एक प्रति तक बेचने की गारंटी नहीं देते। बहुत-से लोग मूर्ख बनना ही चाहें तो हम क्या कर सकते हैं? वे तुरन्त प्रतिष्ठा और अमरता पा लेना चाहते हैं। और वही तो मैं बेच रहा हूं–अमरता।" घमंडी प्रकाशन वालों का यह दावा सही नहीं है कि वे लेखकों को कोई सब्जबाग नहीं दिखाते। वैन्टेज प्रकाशन वाले तो लेखकों को 3093 डालर तक के चैक दे चुकने का प्रचार करते हैं। जबकि वास्तव में लेखक को 13 डालर से लेकर 20 डालर तक की ही प्राप्ति होती है। और इतना पैसा तो उन्हें एक पृष्ठ की छपाई के लिए ही देना पड़ जाता है।

घमंडी प्रकाशन वालों के प्रचार-पत्र बड़े प्रेरणादायक और उकसाऊ होते हैं। उनमें प्रुस्त, टामस हार्डी, बायरन, शेली, पोप, ह्विटमैन, थोरो और किपलिंग जैसे बड़े लेखकों का जिक्र भी होता है जिन्हें अपनी कुछ पुस्तकें खुद पैसे देकर छपवानी पड़ी थीं। यह नहीं कि इन प्रकाशकों द्वारा प्रकाशित सारी पुस्तकें फ्लाप ही जाती हों; कुछ पुस्तकें नाम और दाम दोनों ही कमा लेती हैं। कुछ की बड़े पत्रों में समीक्षा भी हो जाती है। मार्ले कोले की पुस्तक 'जेहोवाज बिटनैसेज' ऐसे ही छपी थी और उसकी एक लाख प्रतियां बिक गईं। लेकिन ऐसी सौभाग्यशाली पुस्तकें गिनी-चुनी ही होती हैं। एक्सपोजीशन प्रेस के मुखिया ने न्यूयार्क शहर की लेखिका डोरोथी बैनवी को उनके काव्य-संकलन की प्रशस्ति में पत्र लिखा–"...... आपका पद्य गतिमय है और

मुक्त निर्झर की तरह मधुर-मधुर बहता है...... मैं स्थापित कवियों से आपके काव्य की तुलना नहीं कर रहा लेकिन मुझे कहना पड़ेगा कि आपकी काव्य सामग्री में बाजाब्ता स्थापित होने के अंश हैं।" रायल्टी के नाम पर श्रीमती बैनवी को लगभग साढ़े दस डॉलर का चैक मिला जबकि अपनी पुस्तक के प्रकाशन के लिए 1,600 डालर अदा करने पड़े।

घमंडी प्रकाशन वाले अधिकतर लेखकों को एक कांट्रेक्ट भेजते हैं जिसमें उनसे खर्च की रकम की तीन किस्तों में अदायगी की मांग की जाती है। अपनी ओर से वे पहले संस्करण के रूप में 2,500 पुस्तकें छापने का आश्वासन देते हैं। लेकिन घमंडी प्रकाशन वाले केवल उतनी ही पुस्तकों की जिल्द बंधवाने के लिए उत्तरदायी होते हैं जितनी पुस्तकों के सीधे आर्डर प्राप्त हो जायें। आम तौर पर 650 किताबों की ही जिल्दबंदी होती है। बाकी किताबें गोदामों मे पड़ी प्रकाश में आने को तरसती रहती हैं। पुस्तकों के जिल्द बंधकर आ जाने पर ये प्रकाशक कान्ट्रेक्ट के अनुसार छोटी-बड़ी पत्र-पत्रिकाओं में विज्ञापन देते हैं और लगभग पचहत्तर पुस्तकें समीक्षार्थ भिजवा देते हैं। अधिकतर समीक्षक इन पुस्तकों को उलट-पुलट कर फेंक देते हैं। इन किताबों के बिक न पाने पर प्रकाशक उन्हें घटी हुई दर पर लेखक को ही बेच देता है। वह लेखक को यह समझाता है कि यदि उसने इन पुस्तकों को मुक्ति नहीं दिलाई तो इनका हश्र बहुत बुरा होगा। और इस तरह कुछ लेखकों को अपनी पुस्तकें दुबारा खरीदनी पड़ जाती हैं।

लिखने की धत आदमी से जो कुछ करवाए उसे थोड़ा समझिए। नाम कमाने का चक्कर ही कुछ ऐसा होता है। इस सिलसिले मे एक यशःप्रार्थी कवि की कहानी हमें याद हो आई है। हुआ यह कि उनमें छपास की प्यास जगी तो उन्होंने कविता पर हाथ साफ करना शुरू किया। एक संकलन छप गया पर कुछ नहीं हुआ। मित्रों ने उन्हें समझाया कि काहे को हिन्दी में लिख कर अपनी जान खपा रहे हो? अंग्रेजी में लिखो तो नाम चमके। उन्होंने शुभचिंतकों का परामर्श शिरोधार्य कर अंग्रेजी में प्रतिभा आजमाई मगर इस बार भी कुछ नहीं हुआ। मित्रों ने फिर समझाया कि अपनी रचनायें इंग्लैंड भेजो, चमत्कार हो जाएगा। उन्होंने ऐसा ही किया। फिर भी कुछ नहीं हुआ। लेकिन नाम कमाने की हबस तो दिल में ज्यों-की-त्यों बनी थी। उन्होंने कविताई को नमस्कार कर साइकिल अपनाई। साइकिल चलाने में उन्होंने रिकार्ड तोड़ दिया। छोटे पत्रों में समाचार छपे, बड़े पत्रों मे भी चार पंक्तियां छप गईं। धीरे-धीरे नाम हो गया। नाम हो गया तो उन्हें फिर अपना असली काम याद आया। फिर उनमें छपास की प्यास जगी। उन्होंने आव देखा न ताव, आत्मचरित लिख मारा—"मेरे पिता गुड़ खाते थे, मैं भी गुड़ खाता हूं।" आदि-आदि। छपास का मर्ज वाकई लाजवाब होता है।

❑❑❑

कुलदीप नायर का कुल-बता पत्रकारिता का एक और फायर

अविभाजित कांग्रेस के अध्यक्ष श्री निजलिंगप्पा ने 25 अप्रैल 1969 को अपनी डायरी में लिखा कि आज मोरारजी देसाई से इंदिरा गांधी को प्रधानमंत्री पद से हटाने के संबंध में बातचीत हुई। यह इंदराज डॉक्टर जाकिर हुसैन की मृत्यु के आठ दिन पहले की है। इसका मतलब यह हुआ कि सिण्डीकेट इंदिरा गांधी को हटाने का फैसला नए राष्ट्रपति का चुनाव होने और उस सिलसिले में झगड़ा उठने से बहुत पहले ही कर चुकी थी। लेकिन निजलिंगप्पा जी की निजी डायरी सार्वजनिक चर्चा में आई कैसे कि हम उसके संबंध में 'गपशप' लड़ाने बैठ गए? विकास पब्लिकेशन्स की कृपा से, जिन्होंने राजधनी के वरिष्ठ पत्रकार कुलदीप नायर की नई पुस्तक 'इण्डिया द क्रिटिकल ईयर्स' भारत में छापी है।

नायर साहब ने निजलिंगप्पा जी की डायरी का अपनी पुस्तक के पहले अध्याय में, जो कांग्रेस की फूट के बारे में है, यत्र-तत्र-सर्वत्र हवाला दिया है। सवाल यह है कि उन्होंने यह डायरी कहां और कैसे देखी? क्या निजलिंगप्पा जी ने स्वयं कभी उत्साह में आकर उन्हें दिखा दी? यह सवाल 'गुप्त मंत्रणाओं' के विषय में दी गई विस्तृत जानकारी के संदर्भ में भी उठता है। पत्रकार की हैसियत से लेखक अपना 'स्रोत' बताने के लिए बाध्य नहीं। इसमें कोई शक नहीं कि नायर साहब की पिछली किताब 'बिटबीन द लाइन्स' की तरह इसके संदर्भ में भी कई खण्डनात्मक वक्तव्य जारी किए जायेंगे। लेकिन घोटालों के शासन और उठा-पटक की राजनीति के संदर्भ में आम जनता को कुलदीप नायर की बतायी हुई 'पर्दे के पीछे' की बातें नेताओं की आदर्शवादी सर्वाजनिक सूरत से शायद अधिक विश्वसनीय मालूम हों। कुलदीप नायर की कुल-बता पत्रकारिता को देश का सत्ता-प्रतिष्ठान कुलीन मानने से इन्कार कर दे तो कोई आश्चर्य नहीं। छपना और चर्चा का विषय बनना इस बात का प्रमाण है कि सत्ता-प्रतिष्ठान की ओढ़ी हुई गरिमा के अब परखचे उड़ने लगे हैं।

इस पुस्तक में पिछले दशक के भारत की कहानी कही गई है। जाहिर है कि कांग्रेस का विभाजन उसका खास नुक्ता है। पहले अध्याय में ही नहीं , अन्यत्र भी

उसकी चर्चा की गई है। लेखक के अनुसार कामराज ने एक बार नेहरू जी से यह आग्रह किया था कि इंदिरा को मंत्रिमंडल में ले लिया जाये। इसके जबाव में नेहरू जी ने कहा था, "नहीं। इंदु को अभी नहीं, शायद बाद में कभी।" कामराज ने उसी दिन मन में यह फैसला किया कि बाद में कभी नेहरू की बेटी को नेहरू की गद्दी दिलवाऊंगा।

उनका और उनके कुछ मित्रों का यह ख्याल था कि पहले शास्त्री जी को प्रधानमंत्री बनवाना होगा और फिर इन्दिरा जी को। स्वयं शास्त्री जी इस बात को जानते थे और उन्होंने लेखक से नेहरू जी के सन्दर्भ में कहा था, "उनके दिल में सिर्फ उनकी लड़की है।" बाद में उन्होंने इन्दिरा गांधी को प्रतिद्वन्द्वी मानते हुए मन्त्रिमण्डल में कोई महत्तवपूर्ण पद नहीं दिया। एक बार लेखक से उन्होंने कहा, "अगर मैं दो-एक वर्ष में ही मर गया तो इन्दिरा प्रधानमंत्री बनेगी। अगर अभी चार-पांच वर्ष जिन्दा रहा तो यह पद चव्हाण साहब को मिलेगा।"

बहरहाल, नेहरू जी के गुजर जाने के बाद सिंडिकेट ने शास्त्री जी को प्रधानमंत्री पद दिलवा कर मोरारजी भाई को एक बार फिर 'कामराज योजना' का शिकार बनाया और कांग्रेस संगठन में स्वयं को 'प्रधानमंत्री निर्माता' का पद दिलवाया। शास्त्री जी के निधन के बाद कामराज ने जब इन्दिरा जी को प्रधानमंत्री बनाने का चक्कर चलाया तब सिंडीकेट के अन्य सदस्यों ने विशेष उत्साह नहीं दिखलाया। और तो और, कृष्ण मेनन जैसे वाम्पंथी भी मोरारजी भाई के पक्ष में थे। लेकिन कामराज अपनी योजना पर दृढ़ रहे। उन्होंने इस बार भी 'पंचों की राय जान कर' प्रधानमंत्री चुनने का फार्मूला अपनाना चाहा, लेकिन मोरारजी भाई इस फार्मूले के लिए तैयार नहीं हुए। उनका कहना था कि इसी नुस्खे के नाम पर कामराज ने धोखाधड़ी करके शास्त्री जी को प्रधान्मन्त्री बनवा दिया था। लिहाजा वोट लिए गये और सिंडीकेट के प्रताप से इन्दिरा गांधी जीत गईं।

1967 के चुनाव तक सिंडीकेट और इन्दिरा गांधी के सम्बन्ध खासे कटु हो चले थे क्योंकि प्रधानमन्त्री ने उसका परामर्श लेना बन्द कर के अपनी अलग हस्ती बनानी शुरू कर दी थी। चुनाव अभियान में इन्दिरा गांधी ने यह जता दिया कि कुछ दमखम है तो उनमें ही है। चुनाव में सिंडीकेट के सभी दिग्गज हार गये और कांग्रेस की हालत कुल मिला कर बहुत पतली हो गई। इस बात की सम्भावना प्रबल हुई कि लोकसभा में भी दल-बदल हो और गैर-कांग्रेसी सरकार बन जाए। प्रतिपक्ष ने श्री जगजीवन राम को प्रधानमंत्री बन जाने के लिए कांग्रेस छोड़ने का न्यौता भी दिया। इन हालात में इन्दिरा गांधी को हटा सकना सिंडीकेट को असंम्भव मालूम हुआ। फिर भी उसने अपना महत्त्व जताने कि कोशिश की और अब मोरारजी भाई को उप-प्रधानमंत्री

बनवा कर बगैर वोट डलवाए इन्दिरा जी को प्रधानमंत्री पद दिलवाने का फैसला किया। लेकिन मोरारजी भाई ने साथ में गृह मंत्रालय भी दिए जाने कि मांग की जिससे चव्हाण साहब उखड़ने लगे। तब मोरारजी को वित्त मंत्रालय दिलाने का प्रस्ताव हुआ जो मान लिया गया। उधर चव्हाण साहब मोरारजी भाई को उप-प्रधानमंत्री बनाये जाने से रुष्ट हुए और उन्हें आश्वस्त करने के लिए प्रधानमंत्री ने यह कहा और जता दिया कि उप-प्रधानमंत्री का पद नाममात्र का पद है। इस बात से मोरारजी भाई दुखी हुए। सिंडीकेट ने यह तय पाया कि चव्हाण और मोरारजी में मित्र-संबंध स्थापित किए बगैर और कामराज तथा पाटिल को फिर लोकसभा में पहुंचाए बगैर काम चलेगा नहीं। पाटिल ने चव्हाण और मोरारजी को निकट लाने के काम में मदद दी। मोरारजी भाई स्वयं भी इस गठबंधन के लिए प्रस्तुत हुए। उधर प्रधानमंत्री ने इस बात की पूरी कोशिश की कि पाटिल लोकसभा का उपचुनाव न जीत सकें। जब पाटिल और कामराज लोकसभा में आ पहुंचे तब इंदिरा विरोध की तैयारी पूरी हुई। प्रधानमंत्री ने फौरन 'वामपंथी' भंगिमा अपनाई जिससे कामराज और चव्हाण जैसे वामपंथी लोग धर्मसंकट में पड़ सकते थे। यहीं नहीं, उन्होंने युवा तुर्कों को मोरारजी भाई और अन्य 'दक्षिणपंथी' नेताओं पर प्रहार करने के लिए प्रेरित किया। अगस्त 1968 में यह तय पाया गया कि कामराज, पाटिल, रामसुभग सिंह और सुखाड़िया जाकर इंदिरा गांधी से त्यागपत्र देने की मांग करें। मोरारजी भाई ने नायर को बताया कि इन्हें अन्ततः मेरे पास आना होगा। क्योंकि और किसी के विषय में ये सहमत हो नहीं सकते। लेकिन ऐन मौके पर कामराज बिदक गए।

सिंडीकेट को प्रधानमंत्री को नीचा दिखाने का उपयुक्त अवसर नहीं मिल पा रहा था। डॉक्टर जाकिर हुसैन की मृत्यु पर नए राष्ट्रपति के चुनाव का प्रश्न प्रस्तुत होने पर शक्ति परीक्षा का समय मिला। मोरारजी भाई, कामराज और निजलिंगप्पा ने यह तय पाया कि जो हो, राष्ट्रपति पद के लिए प्रधानमंत्री का बताया उम्मीदवार न खड़ा किया जाये। प्रधानमंत्री ने इस स्थान के लिए जगजीवनराम और मोरारजी देसाई के नाम सुझाये और श्री गिरि की बात भी आए-गए ढंग से की। मोरारजी भाई ने तीनों ही प्रस्तावों का विरोध किया। उन्होंने संजीव रेड्डी का नाम सुझाया। प्रधानमंत्री ने 'मुझे कोई आपत्ति नहीं है' वाला रुख अपनाया। उन्होंने निजलिंगप्पा से फिर कहा कि मोरारजी भाई को राष्ट्रपति बना दिया जाए। वह समझती थीं कि मोरारजी भाई प्रधानमंत्री बनने की कोशिश में हैं। यद्यपि मोरारजी भाई तब अकेले कोई बगावत करने की स्थिति में नहीं थे। उधर मोरारजी भाई भी यह कहते थे कि राष्ट्रपति बनकर वह कुछ अधिक असहाय हो जायेंगे। प्रधानमंत्री ने कहा कि नाम तय करना मुझपर छोड़ दिया जाए, लेकिन निजलिंगप्पा ने कहा कि हाई कमान इसका फैसला करे।

प्रधानमंत्री अन्ततः इसके लिए राजी हो गईं, क्योंकि उन्हें चव्हाण के समर्थन का आश्वासन था। लेकिन चव्हाण, जो मोरारजी भाई के उप-प्रधानमंत्री बनाये जाने से नाखुश हुए थे, इधर दिनेश सिंह को बहुत महत्त्व दिए जाने के कारण प्रधानमंत्री से खिंचे-खिंचे हुए थे। प्रधानमंत्री ने इस बात को भांपते हुए दिनेश सिंह का अवमूल्यन शुरू कर दिया था और उन्हें राष्ट्रपति के चुनाव के समय देश से बाहर ही रहने दिया। सिंडीकेट ने श्री चव्हाण को 1972 तक उप-प्रधानमंत्री बनाने और 72 में प्रधानमंत्री पद दे देने का प्रस्ताव कर डाला। जब इससे भी बात बनती नजर नहीं आई तब उन्हें तुरन्त प्रधानमंत्री बनाने का प्रस्ताव भी रखा गया जिसे सुन कर मोरारजी खफा हुए।

प्रधानमंत्री ने वामपंथ का हथियार फिर इस्तेमाल किया और अखिल भारतीय कांग्रेस कमेटी के सामने समाजवादी कार्यक्रम के संबंध में कुछ विचार प्रस्तुत करवाए। कामराज इस पैंतरे से बहुत नाराज हुए और उन्होंने कहा कि हमें इससे क्या लेना-देना है? सरकार जिसके हाथ में है वह लागू करता रहे समाजवाद। लेकिन साथ ही उन्होंने यह जरूरी समझा कि इस प्रस्ताव को लेकर कोई लड़ाई न की जाए, ताकि प्रधानमंत्री को संजीव रेड्डी के राष्ट्रपति पद के लिए उम्मीदवार बनाए जाने पर लड़ाई कर सकने का कोई बहाना न रहे। संसदीय बोर्ड की बैठक में प्रधानमंत्री ने राष्ट्रपति पद के लिए जगजीवन राम का नाम प्रस्तुत किया और सादोबा पाटिल ने संजीव रेड्डी का। जब वोट लिए गए और चव्हाण ने रेड्डी के पक्ष में हाथ उठा दिया तो प्रधानमंत्री का चेहरा सफेद पड़ गया। उन्होंने कहा आप लोगों को इसका नतीजा भुगतना पड़ेगा। मोरारजी भाई ने कहा कि दो बार राष्ट्रपति पद के विषय में नेहरू जी के प्रस्ताव भी अस्वीकृत हुए थे। श्रीमती तारकेश्वरी सिन्हा ने इस आशय की विज्ञप्ति जारी करने की पेशकश की कि अगर प्रधानमंत्री संसदीय बोर्ड के निर्णय से खफा हैं तो उनके लिए बाइज्जत बात यही होगी कि वह संसद में कांग्रेसी दल का नेतृत्व करने से इंकार कर दें। झगड़ा बढ़ते देखकर प्रधानमंत्री समर्थक भी कुछ बदहवास से होने लगे। एक द्वारकाप्रसाद मिश्र ही स्थितप्रज्ञ नजर आए। अब मैदान उनकी चाणक्य नीति के लिए साफ था। उन्होंने प्रधानमंत्री को समझाया कि यह मौका चव्हाण से लड़ने का नहीं है। पहले मोरारजी पर ध्यान दिया जाना चाहिए। सारी लड़ाई समाजवाद और समाजवाद विरोध की मालूम हो तो ठीक होगा। इसलिए अपने जवाबी हमले में सबसे पहले मोरारजी भाई से वित्तमंत्री पद छीन लेना चाहिए। इंदिरा गांधी के समर्थकों को डर था कि ऐसा किये जाने पर शायद चव्हाण भी इस्तीफा दे जायें। लेकिन मिश्र जी ने कहा कि इस बात का कोई खतरा नहीं है और अगर ऐसा हो भी तो प्रधानमंत्री बेधड़क इस्तीफा मंजूर कर लें। मिश्र जी का अनुमान सही निकला। सिंडीकेट ने फैसला किया कि राष्ट्रपति का चुनााव हो जाने के बाद ही अगला कदम उठाया जाएगा। चव्हाण

साहब ने उन्हें वचन दिया कि राष्ट्रपति के चुनाव के बाद मैं खुले तौर पर आपके साथ आ जाऊंगा। इधर मोरारजी भाई ने त्यागपत्र दे दिया, उधर प्रधानमंत्री ने बैंकों का राष्ट्रीयकरण करके अपनी समाजवादी सूरत को संवारा और सिंडीकेट को किंकिर्त्तव्य-विमूढ़ कर दिया। चव्हाण भी पसोपेश में पड़ गए और उन्होंने मध्यस्थ की भूमिका आजमाई। सिंडीकेट के नर्म रवैये के कारण प्रधानमंत्री के लिए अपने दल के उम्मीदवार संजीव रेड्डी की नामजदगी के कागज दाखिल न करना असंभव हो गया। उन्हें कुछ इसलिए भी झुकना पड़ा कि उपराष्ट्रपति पद के लिए उनके उम्मीदवार गोपालस्वरूप पाठक का सिंडीकेट समर्थन करने को तैयार हो गई। मिश्र जी उन दिनों राजधानी से बाहर थे। जब वह लौट कर आए तब उन्होंने कहा कि यह आपने गलती की। अधूरी लड़ाई से कोई फायदा नहीं। उधर राजधानी में यह अफवाह गर्म थी कि ज्यों ही संजीव रेड्डी राष्ट्रपति चुन लिए जायेंगे' त्यों ही कांग्रेस के कुछ संसद सदस्य उन्हें लिखेंगे कि हमारे दल को श्रीमती गांधी के नेतृत्व में आस्था नहीं रही है। फिर नये प्रधानमंत्री का चुनाव होगा। लेकिन संविधान के अनुसार राष्ट्रपति के लिए ऐसा कर सकना संभव नहीं था और अफवाह को खत्म करने लिए संजीव रेड्डी ने इस आशय का एक बयान भी निकलवाया। लेकिन प्रधानमंत्री को अपने खुफिया अधिकारियों से यह सूचना मिली थी कि राष्ट्रपति का चुनाव जीतने के बाद सिंडीकेट वाले किसी-न-किसी तरह कुछ-न-कुछ गुल जरूर खिलाएंगे। श्रीमती तारकेश्वरी सिन्हा ने अपने एक लेख में स्पष्ट ही संकेत दे दिया कि राष्ट्रपति का चुनाव होने के बाद असली शक्ति परीक्षण होगा।

प्रधानमंत्री ने श्री रेड्डी के पक्ष में कहीं एक शब्द भी नहीं कहा और उधर विद्याचरण शुक्ल के निवासस्थान पर प्रधानमंत्री के समर्थक दो सौ पचास संसद-सदस्यों ने संजीव रेड्डी को हराने के विषय में मंत्रणा कर डाली। यह आवश्यक था कि अपने ही दल के नुमाइन्दे का विरोध करने के लिए कोई अच्छा तर्क मिल सके। निजलिंगप्पा चाल में आ गए। कांग्रेस की कार्यकारिणी ने यह फैसला किया कि श्री रेड्डी के समर्थन के लिए जनसंघ और स्वतंत्र दल के नेताओं से बातचीत की जाये। बगावत के लिए सिंडीकेट के विरोधियों को एक ठोस बहाना मिल गया। दोनों ही पक्षों ने रात देर गए एक-दूसरे के नाम पर पत्र प्रेस को भेजना शुरू किया ताकि दूसरे पक्ष का जवाब अखबारों में साथ न छप सके। इस प्रचार युद्ध में जब प्रधानमंत्री का पलड़ा भारी पड़ने लगा तब सिंडीकेट ने यह प्रस्ताव रख दिया कि हम विधिवत घोषणा कर देंगे कि श्रीमती इंदिरा गांधी 1972 तक प्रधानमंत्री पद पर बनी रहेंगी। लेकिन प्रधानमंत्री पूरी लड़ाई वाले मंत्र को पूरी तरह अपनाए रहीं और यह स्पष्ट हो गया कि उनके समर्थक श्री रेड्डी के विरोध में वोट डालेंगे। दोनों पक्षों में समझौता कराने की

कोशिश अंत तक की गई मगर समझौता हो नहीं सका। ज्यों ही श्री गिरि राष्ट्रपति चुन लिए गए त्यों ही संजीव रेड्डी के कई कांग्रेसी समर्थक प्रधानमंत्री के साथ हो लिए। श्री निजलिंगप्पा कामराज से बहुत नाराज हुए कि उन्होंने अव्वल तो श्रीमती इंदिरा गांधी को प्रधानमंत्री बनाने की सलाह ही क्यों दी? और दी भी थी तो राष्ट्रपति के चुनाव से पहले ही प्रधानमंत्री के समर्थकों के खिलाफ कार्रवाई करने से हमें रोका क्यों? बहरहाल! अब अनुशासनात्मक कार्रवाई शुरू हुई और खुलेआम यह कहा जाने लगा कि प्रधानमंत्री कम्युनिस्ट हैं। जवाब में प्रधानमंत्री ने यह कहा कि मटाधीशों की मेहरबानी से ही कम्युनिस्ट केरल और पश्चिम बंगाल में शक्तिशाली हो सके। इसमें कोई शक नहीं कि केरल कामराज की गलती से और पश्चिम बंगाल अतुल्य घोष की गलती से कांग्रेस के हाथ से निकला था।

श्री चव्हाण ने राष्ट्रपति के चुनाव में सिंडीकेट का साथ दिया था। लेकिन अब वह फिर मध्यस्थ बन गए। उन्होंने इस बात की पूरी कोशिश की कि कोई समझौता हो जाये। उन्होंने एकता का प्रस्ताव रखा जो पाटिल के समर्थन के कारण मान लिया गया। एक मोरारजी ही लड़ाई जारी रखने के पक्ष में थे। प्रधानमंत्री और उनके समर्थकों के खिलाफ कोई कार्रवाई न करने और एकता प्रस्ताव पास हो जाने से, सिंडीकेट को यह महसूस हुआ कि चव्हाण साहब हमसे चाल कर गए। उधर मिश्र जी ने यह कहा कि पूरी लड़ाई वाली मुद्रा छोड़ना बिल्कुल गलत होगा। वह इस बात से नाराज हुए कि श्रीमती गांधी ने श्री निजलिंगप्पा पर जनसंघ और स्वतंत्र के साथ मिल कर षड़यंत्र रचने का आरोप वापस लेना क्यों मंजूर किया? उन्होंने सलाह दी कि प्रधानमंत्री कांग्रेस संगठन को भी अपने हाथ में लें और श्री निजलिंगप्पा को कांग्रेस की अध्यक्षता से हटायें। मिश्र जी ने चव्हाण को प्रधानमंत्री के पक्ष में पूरी तरह लेने का अभियान छेड़ा।

चव्हाण साहब ने फोन पर मिश्र जी से कहा कि मैं कांग्रेस छोड़ना नहीं चाहता क्योंकि जिसने भी कांग्रेस छोड़ी है वह भारतीय राजनीति में नगण्य होकर रह गया है। मिश्र जी ने दक्षिण भारत से श्री सुब्रह्मण्यम को बुलवाया और उनसे कहा कि चव्हाण साहब से जाकर मिलो और यह समझाओ कि अगर आप इसी तरह दुविधा में पड़े रहे तो श्री दिनेश सिंह जैसे आपके प्रतिद्वन्द्वी इंदिरा जी पर हावी हो जायेंगे। अगर आप चाहते हैं कि इंदिरा जी आप की बात को अहमियत दें तो आप को पूरी तरह उनके साथ होना चाहिए। यह तर्क काम कर गया। जब चव्हाण साथ आ गए तब आगे का रास्ता साफ हो गया। श्री निजलिंगप्पा ने कांग्रेस कार्यकारिणी से प्रधानमंत्री के ऐसे समर्थकों को हटाने का फैसला किया जो पार्टी के संविधान के अनुसार हटाए जा सकते थे। श्री निजलिंगप्पा ने यह फैसला महामंत्री शंकरदयाल शर्मा द्वारा इस आशय

का एक नोट प्रस्तुत किए जाने पर किया। एक बार फिर वह चाल में आ गए। उन्हें पता नहीं था कि महामंत्री महोदय इंदिरा समर्थकों के साथ हैं। अभी कांग्रेस अध्यक्ष ने सम्बद्ध व्यक्तियों को पत्र भेजे भी नहीं थे कि प्रधानमंत्री को पूरी खबर मिल गई और उनके समर्थकों ने रात देर गए एक विरोध-पत्र कांग्रेस अध्यक्ष को भेज दिया। इसमें यह मांग की गई कि अखिल भारतीय कांग्रेस कमेटी की बैठक बुलाई जाये। चव्हाण साहब ने पत्र पर हस्ताक्षर किए थे लेकिन अगले दिन उन्होंने बैठक बुलाने की मांग से अपना नाता तोड़ लिया। इससे प्रधानमंत्री के समर्थक कुछ परेशान हुए। मिश्र जी का कहना था कि अगर उस समय चव्हाण सिंडीकेट के साथ चले जाते तो प्रधानमंत्री हार जातीं। स्थिति को संभालने के लिए श्री सुब्रह्मण्यम ने इस रहस्य का उद्घाटन कर दिया कि कामराज ने चव्हाण को प्रधानमंत्री बनाने का प्रस्तााव किया।

चव्हाण साहब ने महसूस किया कि ढुलमुल रहने पर वह बदनाम हो सकते हैं। उधर प्रधानमंत्री ने सिंडीकेट के समर्थक चार कनिष्ठ मंत्रियों के इस्तीफे लेकर और श्री रामसुभग सिंह से इस्तीफा मांग कर यह जता दिया कि लड़ाई अब अंतिम दांव तक पहुंच चुकी है।

इस दौर में पाटिल के एक सहायक से सिंडीकेट की सारी खबरें प्रधानमंत्री को मिलती रहीं। श्री निजलिंगप्पा काफी नरम पड़ रहे थे मगर मोरारजी भाई उन्हें गरम रहने को बाध्य किए हुए थे। प्रधानमंत्री के नाम कांग्रेस अध्यक्ष का कड़ी भाषा में लिखा हुआ एक पत्र, जिसका मसविदा गरम दल ने तैयार किया था, असमय एक समाचार एजेंसी को दे दिए जाने से गड़बड़ हो गई। कहते हैं कि इस पत्र के प्रकाशन में कामराज का हाथ था। कांग्रेस का विभाजन होने के बाद भी एकता प्रयास चलता रहा। इस संबंध में श्री कामराज और मिश्र जी में बातचीत हुई। जब इस बात की कुछ संभावना थी कि सर्वोच्च न्यायालय श्री गिरि के चुनाव को रद्द कर दे तब श्री कामराज ने कहा था कि उस दशा में समझौता वार्त्ता फिर से शुरू हो सकती है। मिश्र जी का अनुमान था कि श्री कामराज स्वयं राष्ट्रपति बनने को राजी हो जाते। कामराज की कोशिशों का अखबारों से पता चल जाने और सर्वोच्च न्यायालय द्वारा श्री गिरि का चुनाव वैध ठहराए जाने से यह बातचीत खत्म हो गई। लेकिन श्री संजीव रेड्डी ने फिर यह प्रस्ताव किया कि अगर प्रधानमंत्री श्री निजलिंगप्पा को संयुक्त कांग्रेस का अध्यक्ष बना लें तो दक्षिण भारत के सभी कांग्रेसी सदस्य उनके साथ हो जाएंगे। एकता के संबंध में अध्यक्ष में नरम और गरम दल में मतभेद रहा।

इंडीकेट में भी श्री जगजीवनराम, चव्हाण साहब और युवा तुर्कों के अलग-अलग गुट रहे। अन्ततः उधर मोरारजी भाई और कामराज की नीति चली और इधर मिश्र जी की। जब कामराज से पूछा गया कि आप प्रिवीपर्स जैसे मामलों पर कांग्रेस-विरोधी

रवैया क्यों अपना रहे हैं तब उन्होंने कहा, "हमारा एक-सूत्री कार्यक्रम है–इंदिरा हटाओ, और इंदिरा का भी एक-सूत्री कार्यक्रम है किसी तरह सत्ता बनाए रखो"। लेकिन प्रचार और लोक प्रतिभा निर्माण के अभियान में इंदिरा अधिक सफल रहीं। इस हद तक कि उन्होंने समय से पूर्व चुनाव करा के जुआ खेल डाला। नई कांग्रेस के उम्मीदवार चुनने में विभिन्न गुटों में काफी खींच-तान हुई लेकिन कुल मिलाकर इंदिरा गांधी हावी रहीं। प्रधानमंत्री के साहसिक तेवरों और पैंतरों से निजलिंगप्पा तक इतने प्रभावित हुए कि उन्होंने 27 जनवरी 1971 को कुलदीप नायर से कहा, "अगर यह औरत हमारे साथ रह जाती तो हम देश के विकास में कमाल ही कर दिखाते।" मोरारजी भाई के आग्रह से सिंडीकेट जनसंघ और स्वतंत्र के अधिक निकट गई जिससे प्रचार युद्ध में इंडिकेट को लाभ हुआ।

कुलदीप नायर ने पुस्तक के दूसरे अध्याय में भारतीय राजनीतिज्ञों के समाजवाद की बखिया उधेड़ी है। मंत्रियों और राज्यपालों की शानो-शौकत कम करने के लिए कब क्या कोशिश हुई और कैसे वह विफल रही इसके संबंध में मंत्रियों और दफ्तरशाहों की नोंक-झोंक की भी कुछ झांकियां पेश की गई है। कुल मिला कर 'राजनीति' में व्यस्त ऐसे व्यक्तियों की तस्वीर उभरती है जो किसी भी परिवर्तन के लिए नैतिक साहस नहीं जुटा पाते। विकास योजनाओं का भी नायर साहब ने अच्छा खाका खींचा है। तीसरे अध्याय में चीनी आक्रमण और भारत-पाक युद्ध का वर्णन है। इसमें रूस की कूटनीति शास्त्री जी के साहस, संकल्प और भारत-पाक युद्ध में दोनों ओर के सेनापतियों की रणनीति का वर्णन है। इस अध्याय मे लेफ्ट. जनरल हरबख्श सिंह की रिपोर्ट जगह-जगह उद्धृत की गई है जिसमें जनरल चौधरी की सूझ-बूझ और कई भारतीय कमाण्डरों के साहस के आगे प्रश्न-चिन्ह लगाया गया है। निष्कर्ष यह निकलता है कि अगर पाकिस्तानी सेनापतियों ने कुछ भूलें न की होतीं तो भारतीय सेना संकट में पड़ सकती थी। हरबख्श सिंह की ये टिप्पणियां बहुत ही सनसनीखेज हैं और विवाद का विषय बन सकती है।

इसी अध्याय में शास्त्री जी की मृत्यु का ऐसा ब्यौरा दिया गया है जो शास्त्री जी की मृत्यु को रहस्यमय ठहराने वालों को निश्चय ही नागवार गुजरेगा। नायर के अनुसार शास्त्री जी ताशकंद समझौते की प्रतिक्रिया के विषय में बहुत चिंतित थे। उन्होंने भारतीय पत्रकारों से कहा, "मेरा भविष्य आपके हाथों में है। आप समर्थन में लिखेंगे तो देश भी स्वीकार कर लेगा।" अयूब ने उन्हें रावलपिंडी में चाय-पानी के लिए रुकने का न्योता दिया था जिसके विषय में उन्होंने अपने सहायकों से बात की और फिर खाना मंगवाया। जान मोहम्मद ज्यादातर मांसाहारियों के लिए खाना बनाता था। रसोई में शास्त्री जी के लिए तैयार हुई हर चीज, यहां तक कि उनके पीने का पानी भी, गुप्तचर विभाग के लोगों के द्वारा पहले चखा जाता था। शास्त्री जी ने सरसों

का साग, आलू और कढ़ी खाई। वह भोजन कर रहे थे कि नई दिल्ली से उनके सहायक वेंकटरमण का फोन आया। उसने शास्त्री जी के निजी सचिव सहाय को बताया कि ताशकंद समझौते की प्रसोपा और जनसंघ के नेताओं ने आलोचना की है। कुल मिला कर प्रतिक्रिया अच्छी ही रही है लेकिन शास्त्री जी के परिवार वाले नाखुश हैं। सहाय ने शास्त्री जी से पूछा कि आप घर वालों से बात करना चाहेंगे? पहले तो उन्होंने मना कर दिया मगर बाद में उनके कहने पर फिर फोन मिलाया गया। पहले शास्त्री जी की अपने दामाद से बात हुई। फिर अपनी सबसे बड़ी और लाड़ली बिटिया कुसुम से। उन्होंने पूछा, "तुम को कैसा लगा?" उत्तर मिला, "बाबू जी, हमें अच्छा नहीं लगा।" शास्त्री जी ने अम्मा (ललिता जी) की प्रतिक्रिया जाननी चाही और उत्तर मिला कि उन्हें ताशकंद समझौता अच्छा नहीं लगा। तब शास्त्री जी ने कहा, "अगर घर वालों को अच्छा नहीं लगा तो बाहर वाले क्या कहेंगे?" शास्त्री जी ने बिटिया कुसुम से फोन अम्मा को दे देने को कहा मगर जवाब मिला कि अम्मा बात नहीं करना चाहतीं। तब शास्त्री जी ने कहा कि सबेरे के अखबार काबुल भिजवा दिए जायें।

सहाय का कहना है कि इस बातचीत के बाद शास्त्री जी व्यग्र हो उठे। वह कमरे में इधर-से-उधर चहलकदमी करते ही चले गए। रामनाथ ने उन्हें दूध ला कर दिया। उसे ग्रहण करने के बाद भी वह सोए नहीं, टहलते रहे। फिर पानी मांगा। बारह बज गए तब उन्होंने रामनाथ से कहा कि जाओ अपने कमरे में आराम करो। रामनाथ ने कहा कि मैं यहां बाहर लेट जाता हूं। लेकिन शास्त्री जी माने नहीं। कोई डेढ़ घंटे बाद जब सहाय वगैरह सामान बांध कर लेटे ही थे कि शास्त्री जी उनके पास आकर बोले, "डॉक्टर साहब कहां हैं?" डॉक्टर चुग सोए हुए थे। सहाय ने उन्हें जगाया और शर्मा तथा भारतीय सुरक्षा कर्मचारी शास्त्री जी को सहारा देकर बिस्तरे तक ले गए। शर्मा ने उन्हें पानी दिया और आश्वस्त करने की कोशिश की। शास्त्री जी अपने सीने पर हाथ रखकर अचेत हो गए। डॉक्टर चुग ने नाड़ी टटोली और रोते हुए कहा, "बाबूजी, आपने हमें जरा भी समय नहीं दिया?" डॉक्टर चुग ने पहले बांह पर और फिर सीधे हृदय में इंजेक्शन लगाया। मुंह से मुंह में साँस देकर चेतना लौटाने की कोशिश भी की। फिर सोवियत डॉक्टर आए और उन्होंने भी प्रयास जारी रखे, मगर व्यर्थ। शास्त्री जी के परिवार वालों को मृत्यु शुरू से ही रहस्यमय मालूम हुई। बताया जाता है कि वे शास्त्री जी के साथ ताशकंद गये उन सहायकों से नाराज हुए जिन्होंने शास्त्री जी की मृत्यु के रहस्यमय होने के संबंध में एक वक्तव्य पर हस्ताक्षर करने से इंकार कर दिया। नायर के अनुसार जान मोहम्मद के ताशकंद बुलाए जाने को रहस्य से जोड़ना विचित्र है, क्योंकि इसी व्यक्ति ने 1965 में मास्को में शास्त्री जी के लिए खाना बनाया था। जब पुरानी कांग्रेस ने शास्त्री जी की मृत्यु की जांच की मांग उठाई तब नायर ने मोरारजी भाई से पूछा कि क्या आप सचमुच यह मानते हैं कि शास्त्री जी को मारा

गया? उन्होंने जवाब दिया कि "यह तो सब राजनीति है। मुझे पक्का विश्वास है कि शास्त्री जी दिल का दौरा पड़ने से मरे।"

पुस्तक के अंतिम अध्याय में भाषा, प्रान्त, धर्म, जाति तथा 'सिद्धांतों' के नाम पर नित नए बखेड़े खड़ी करने वाली भारतीय राजनीति का चित्रण है, जिसने देश को 'राष्ट्र' नहीं बनने दिया। नक्सलवादियों के उदय और कांग्रेस के विघटन से राजनीति में हुई उथल-पुथल के संबंध में भी कई दिलचस्प तथ्य दिए गए हैं। पिछले चुनाव में विदेशी धन के प्रभाव की जानकारी प्रस्तुत करने के साथ-साथ लेखक ने वर्तमान चुनाव के संदर्भ में हुई जोड़-तोड़ का भी विस्तार से वर्णन किया है। लेखक ने भारतीय मतदाता के लोकतंत्र-विश्वास पर आस्था व्यक्त की है और उपसंहारस्वरूप ठीक ही लिखा है कि लोकतंत्र बना रहेगा कि नहीं यह इस पर उतना निर्भर नहीं करता कि चुनाव में कौन जीतेगा, जितना इसपर कि जीत कर वह क्या करता है?

□□□

अविश्वस्त सूत्रों से ज्ञात हुआ है कि विश्वस्त सूत्रों ने बताया है...

आदमी अगर अविश्वास करने बैठे तो उसका जीना दूभर हो जाए। उसका ही नहीं, उसके स्वजनों और साथियों का भी। उसके सम्पर्क में आने वाले अजनबी भी कम परेशान न हों। सुबह से शाम तक जो हर बात पर पुष्ट आश्वासन और पक्के सबूत की मांग करता फिरे, समाज उसे सिर-फिरा घोषित करने के लिए बाध्य हो जाएगा। मनोवैज्ञानिक उसे भय और भ्रांति का शिकार करार देंगे। लिहाजा आदमी ने अपने विकास के लम्बे क्रम में अपार और अगाध विश्वास का सबक सीख डाला है। अगर बस पर फाइव-बी लिखा हो तो वह यह मान कर चलता है कि यह आज भी रोज के ही रास्ते से रोज की ही मंजिल पर पहुंचेगी। 'क्यों साहब, फाइव-बी ही है ना? ग्रेटर कैलाश ही जाएगी ना?' पूछ कर वह अपने को हास्यास्पदेषु नहीं बनाना चाहता। पत्नी को अगर उसने कोई चीज आलमारी में संभाल कर रख देने को दी हो और पत्नी बता चुकी हो कि चीज संभाल दी गई है तो वह बार-बार चीज के सुरक्षित रख दिए जाने का आश्वासन मांग कर शक्की-झक्की घोषित कर दिए जाने का खतरा नही उठाना चाहता। बच्चे के स्कूल इम्तहान की रिपोर्ट आती है तो वह मान लेता है कि उसमें जो भी नंबर बताए गए हैं सो ठीक ही होंगे। यह नहीं कि हेडमास्टर के पास जा धमके और पूछने लगे कि बताइए मेरे बेटे को नंबर किस हिसाब से दिए गए हैं? अगर अखबार में खबर छपती है कि इस-इस वजह से सारे देश में सरकारी कार्यालय बंद रहेंगे तो वह दफ्तर तक जाकर देखना जरूरी नहीं समझता कि वह सचमुच बंद है कि नहीं।

किस्सा कोताह यह कि चंद शक्की और झक्की लोगों की बात और है, आम आदमी तो विश्वास करके चलता है और विश्वास पर ही जीता है। लेकिन विकास के क्रम में इंसान ने एक सबक और भी सीखा है। वह यह कि एक सीमा से आगे विश्वास करना खतरनाक है। अगर अविश्वास शक्की-झक्की कहलाए जाने का पात्र बनाता है तो अतिविश्वास बुद्धू, भोला, गैर-दुनियादार जैसे विशेषणों से विभूषित कराता है। लिहाजा अगर कोई अजनबी आपसे कहे कि लाइए दस का एक नोट

दीजिए, मैं उसे सौ का बना दूंगा तो आप विश्वास न करने में ही खैरियत समझते हैं। कुल मिलाकर यह कि आम आदमी छाछ को भी फूंक-फूंक कर पीने का कायल तो नहीं होना चाहता, मगर गरम दूध का बगैर आजमाए सुड़क जाना भी गलत मानता है। उसने विश्वास-अविश्वास की कुछ सीमाएं बना रखी हैं और इन सीमाओं के निर्धारण में वह अपने अनुभव का, समाज के प्रचलित धारणाओं का, और चंद प्रतीकों का सहारा लेता है। फर्ज कीजिए कि वह किसी अनजान नगर में किसी अजनबी से रास्ता पूछता है तो उस पर विश्वास करने का फैसला वह उसकी शक्ल-सूरत, चाल-ढाल के आधार पर उसके स्वभाव और चरित्र का फैसला करने के बाद करता है। 'अजनबी' अगर गंभीर और 'सज्जन' किस्म का मालूम हुआ तो उसपर भरोसा किया जायेगा 'मसखरा और लफंगा' टाइप नजर आया तो उसे विश्वसनीय नहीं ठहराया जायेगा। अगर वह किसी ऐसी बर्दी या चीज से लैस हुआ जो इन मामलों में विश्वास का प्रतीक हो तो उसका भरोसा फौरन कर लिया जायेगा। मसलन ट्रैफिक पुलिस वाले या डाकिए या दूधिए या अखबार वाले को आप रास्तों और मकानों का विश्वास जानकार मानेंगे।

आज की दुनिया के आदमी को सब से अधिक विश्वास छपे हुए शब्द में है। कोई बात छपी है और भरोसे-लायक अखबार में छपी है इसलिए वह सही होनी चाहिए। जो खबर, खबर की तरह छपी हो उसके बारे में ऐसे भरोसे पर एतराज केवल शक्की आदमी को हो सकता है। लेकिन जिस खबर के आगे 'विश्वस्त सूत्रों से ज्ञात हुआ है,' 'बताया जाता है,' 'सुना गया है,' 'कहते हैं,' 'कहा गया है,' 'एक प्रवक्ता का विचार था', 'एक नेता ने, जो अपना नाम नही देना चाहते, कहा' जैसे मुछल्ले-पुछल्ले लगे हों उसे 'जो मुद्रित सो सत्य' के सिद्धांत के अनुसार खरा माना जाए कि नहीं? चंद सनसनीखेज अखबारों को छोड़ और कहीं भी इस तरह की खबर छपने पर आम तौर से उसे सही मान लिया जाता है। ऐसे मौकों पर संबंद्ध व्यक्ति या संस्था द्वारा खबर का खण्डन किए जाने से भी खबर की 'पुष्टि' होती जाती है। पाठक यह मानने को मजबूर होता है कि कुछ तो है जिसकी पर्दादारी है। मिसाल के लिए हाल ही में 'बताया जाता है' मार्का एक समाचार यह छपा था कि श्री चरणसिंह 'महागठबंधन' में इसी शर्त पर शामिल होंगे कि उन्हें प्रधानमंत्री बनाने का फैसला कर लिया जाये। श्री चरण सिंह ने इस समाचार का जोरदार शब्दों में खन्डन किया और वह भी समाचार पत्रों में प्रकाशित हुआ। बाद में हमने बहुत से लोगों की राय मांगी। लगभग बयासी प्रतिशत ने समाचार को सही ठहराया, चौदह प्रतिशत ने कहा कि यह नहीं तो ऐसी ही कुछ सौदेबाजी जरूर रही होगी और चार प्रतिशत ने यह कहा कि समाचार सरासर झूठ है और श्री चरणसिंह को बदनाम करने के लिए छापा गया है।

यह दिल्ली की पड़ताल थी—संभव है कि पश्चिमी उत्तर-प्रदेश में ये आंकड़े बिल्कुल ही उलट जाते।

हो सकता है कि इन चार प्रतिशत व्यक्तियों की राय ही सही हो। लेकिन शेष छियानबे प्रतिशत इन्हें श्री चरण सिंह के तरफदार ठहराकर अमान्य कर देंगे। उधर इन लोगों के बारे में यह कहा जाएगा कि वे इस खबर को महज इसलिए सही मान बैठे हैं कि श्री चरण सिंह गठबंधनों के परिणाम से दो बार मुख्यमंत्री बने थे। संक्षेप में यह कहा जा सकता है कि अपुष्ट या खण्डित किए गए समाचार के बारे में पाठक अपनी धारणा के अनुसार सच-झूठ का फैसला करता है। यहां जरा इस बात पर भी गौर कर लीजिए कि यह निजी धारणा भी बहुत हद तक समाचार-पत्रों और सार्वजनिक संप्रेषण के अन्य साधनों द्वारा जो कुछ प्रकाशित-प्रसारित किया जाता है वह व्यक्तियों और संस्थाओं की 'लोक-प्रतिमाएं' निर्मित करता है। उसी प्रतिमा के अनुसार आम आदमी अपुष्ट समाचारों के झूठ-सच का फैसला करता है। चीनी आक्रमण के समय नेहरू जी ने अमेरिका में अपने हवाई-जहाजों द्वारा भारत के बचाव के लिए 'ढाल' प्रस्तुत करने का अनुरोध किया। इस आशय का अपुष्ट समाचार आम लोगों ने सही नहीं माना क्योंकि यह नेहरू जी की गुट-निरपेक्ष (और किसी हद तक अमेरिका विरोधी भी) लोक-प्रतिमा से मेल नहीं खाता था। लेकिन इसी अपुष्ट समाचार द्वारा नेहरू जी की लोकप्रतिमा किसी हद तक बिगड़ी भी हो तो कोई आश्चर्य नहीं।

अमेरिका के प्रतिष्ठित समाचार -पत्र 'वाल स्ट्रीट जर्नल' ने पिछले वर्ष अप्रैल में 'अप्रैल फूल' बनाने के मूड में अपने दो संस्करणों में महज चार पंक्तियों का एक समाचार कोने में दबा कर छाप दिया। इसमें 'बताया जाता है' वाली शैली में यह सूचना दी गई थी कि समस्याओं का समाधान प्रस्तुत करने वाले विशेषज्ञों की संस्था रैण्ड कार्पोरेशन से राष्ट्रपति निक्सन ने यह पूछा है कि अगर उग्रपंथी दल द्वारा गड़बड़ी किए जाने की आशंका हो तो सन् 1972 के आम चुनाव रद्द करने के लिए क्या कुछ करना ठीक रहेगा? रैण्ड कार्पोरेशन को अमेरिका का प्रतिरक्षा विभाग अक्सर रणनीति, आयोजन और जनसंपर्क की समस्याएं सौंपता रहता है। इसलिए सन् 1972 के चुनाव के रद्द किए जाने की संभावना भले ही अविश्वसनीय रही हो, रैण्ड कार्पोरेशन से उसके बारे में परामर्श किए जाने की खबर पर विश्वास जरूर किया जा सकता था। और हुआ भी यही। सभी समाचार-पत्रों के कार्यालयों में एक नियम यह होता है कि प्रतिद्वंद्वी समाचार-पत्रों के हर संस्करण का पारायण किया जाये, यह देखने के लिये कि कहीं कोई ऐसा समाचार तो नहीं जो उन्होंने दिया हो और हमें न मिला हो। 'बाल स्ट्रीट जर्नल' के दो संस्करणों के भीतरी पृष्ठों के कोने में दबा पड़ा यह सनसनीखेज

समाचार जो नजर आया तो अन्य समाचार-पत्रों के संपादक कुर्सी से उछल पड़े। उन्होंने 'बाल स्ट्रीट जर्नल' का मन-ही-मन धन्यवाद किया कि उसने इतना महत्त्वपूर्ण समाचार इतने कम स्थान में और इतने महत्त्वहीन ढंग से छाप दिया है। फौरन सबने वाशिंगटन स्थित अपने विशेष संवाददाताओं को टेलीफोन से लानत भेजी कि इतनी बड़ी खबर थी और तुम सोए रह गए? फौरन इसका ब्यौरा पता लगाओ। ब्यौरा कुछ होता तो पता लगता ! कुछ न पता लगने पर संवाददाताओं ने लिख भेजा कि 'वाशिंगटन में आज इस सनसनीखेज समाचार की पुष्टि नहीं हो सकी कि राष्ट्रपति निक्सन ने रैण्ड कार्पोरेशन से सन् 1992 के चुनाव रद्द करने की युक्ति सुझाने को कहा है। बताया जाता है कि यह जिज्ञासा उग्र तत्त्वों द्वारा गड़बड़ी किए जाने की आशंका के संदर्भ में की गई है।'

जाहिर है कि वाशिंगटन स्थित विशेष संवाददाताओं की भेजी हुई यह 'खबर' समाचार-पत्रों के पहले पृष्ठ पर ही छप सकती थी। 'खबर' इस प्रकार छपी कि सनसनी मच गई। युवा विद्रोहियों की पत्र-पत्रिकाओं ने इस पर संपादकीय लिख मारे। लोगों ने अपने-अपने इलाके के नेताओं और इन नेताओं ने रैण्ड कार्पोरेशन और राष्ट्रपति कार्यालय को फोन पर फोन कर-करके परेशान कर दिया। रैण्ड कार्पोरेशन ने तुरन्त एक वक्तव्य देकर इस खबर का खण्डन किया और समाचार पत्रों ने पहले पृष्ठ पर खंडन प्रकाशित किया। जाहिर है कि खंडन के साथ-साथ उस खबर का भी उल्लेख हुआ जिसका खंडन किया जा रहा था। जब राष्ट्रपति के कार्यालय के एक प्रवक्ता ने इस खबर का खंडन किया तब फिर उसे समाचार-पत्रों पर पहले पृष्ठ पर स्थान मिला। इस प्रकार 'वाल स्ट्रीट जर्नल' के किसी कोने में दबी पड़ी एक अफवाह तीन बार राष्ट्रीय समाचार पत्रों के पहले पृष्ठ पर प्रकट हुई। अनन्तर राष्ट्रपति के एक सलाहकार ने कहीं भाषण देते हुए इस 'अफवाह' का जिक्र किया और कहा कि इसको सच मान लिया जाना यह बताता है कि समाज अब सरकार के विषय में अनास्थावान होना ही बुद्धिमानी का लक्षण मान बैठा है। लीजिए इस भाषण के मारे फिर यह अफवाह पत्र-पत्रिकाओं में, रेडियो कार्यक्रमों में घुस आई। जितना ही खंडन हुआ उतना ही यह माना गया कि कहीं तो कुछ सच्चाई है।

इसी तरह का एक कांड तब हुआ जब अमेरिका के एक प्रमुख स्तंभ लेखक ने किसी लघु-पत्रिका में यह पढ़ा कि हिटलर ने सत्ता में आने से पहले कहीं एक भाषण में 'न्याय और व्यवस्था' के दिन-ब-दिन खराब होते जाने, देश को 'बाहर से ज्यादा भीतर से' खतरा होने और विश्वविद्यालयों और बुद्धिजीवी वर्गों में उग्रवादियों के घुसपैठ किये जाने का जिक्र किया था। भाषण का यह पूरा अंश राष्ट्रपति निक्सन और उपराष्ट्रपति एग्न्यू द्वारा दिए गए चुनाव-भाषणों से मिलता-जुलता था। लिहाजा उसने अपने स्तम्भ में पूरा अंश उद्धृत करके इस साम्य की ओर पाठकों का ध्यान

दिलाया। आनन-फानन निक्सन के सब विरोधियों ने अपने भाषणों, रेडियो-टेलीविजन कार्यक्रमों और पत्र-पत्रिकाओं में हिटलर के ये वचन उद्धृत कर के निक्सन-एग्न्यू को हिटलर का अवतार सिद्ध करना शुरू किया। आरम्भ में तो वक्ताओं और लेखकों ने स्तम्भ लेखक का हवाला दिया लेकिन आगे चलकर वे इस उद्धरण का इस प्रकार इस्तेमाल करने लग गए जैसे कि अभी-अभी हिटलर के भाषणों की किसी पोथी से पढ़ कर आए हों। हद यह कि एक नेता ने अमेरिकी संसद की हिंसा संबंधी समिति के समक्ष हलफ उठाकर गवाही देते हुए इस उद्धरण को हिटलर का बताया।

राष्ट्रपति कार्यालय खासा परेशान हुआ। उसने जानकारों से हिटलर के प्रकाशित भाषणों का अध्ययन कराया लेकिन कहीं भी यह उद्धारण नहीं मिला। लिहाजा यह समाचार छपा कि हिटलर के मुंह में निक्सन की बातें डालने वाला उद्धारण गलत है और निक्सन विरोधियों की जालसाजी का नमूना है। अब निक्सन विरोधियों के लिए जरूरी हो गया कि वे इस उद्धारण को सही साबित करें। उन्हें भी यह कहीं प्रकाशित नहीं मिला। स्तम्भ लेखक से पूछा गया। उसने उस लघु-पत्रिका के सम्पादक को खटखटाया जिसने यह उद्धारण छाया था लघु-पत्रिका वालों ने एक विख्यात प्राध्यापक का हवाला दिया। विख्यात प्राध्यापक ने कहा कि एक जर्मन शोधकर्त्ता ने उन्हें बताया था। जर्मन शोधकर्त्ता ने कहा कि उन्हें एक बुजुर्ग से यह सूचना मिली थी और बुजुर्ग ने कहा कि मैंने हिटलर के भाषण का यह अंश अपने शहर के नोटिस बोर्ड पर पढ़ा था। बहरहाल स्तम्भ-लेखक ने यह स्वीकार किया कि उद्धारण अपुष्ट है, स्रोत अज्ञात है लेकिन इससे भी कोई बात नहीं बनी और इस उद्धारण का अमेरिका के प्रमुख व्यक्तियों द्वारा राजनीतिक खंडन-मंडन के लिए इस्तेमाल किया जाता रहा। इसलिए कि वह एक बार नहीं, बार-बार छप चुका था।

मुद्रण सत्यापन का सबसे बड़ा प्रतीक है। वह अफवाह को समाचार का दर्जा देता है और अफवाह हमेशा किसी व्यक्ति या संस्था द्वारा अपनी सार्वजनिक सूरत संवारने या दूसरे की सार्वजनिक सूरत बिगड़ने के लिए फैलाई जाती है। समाचार का सांचा ही ऐसा है कि उसमें मढ़ी हुई हर खुशफहमी और गलतफहमी आमफहम सच्चाई का दर्जा हासिल कर लेती है। इसीलिए आज के संसार में जन-संपर्क का बड़ा महत्त्व है, यों अगले जमाने में भी जन-संपर्क मार्का सच्चाई 'ऐतिहासिक तथ्य' बनती रही थी। मसलन 'ब्लैक होल आफ कैलकटा' की कहानी। समाचार के सांचे की महिमा का एक मशहूर उदाहरण है आरोसन वेल्स द्वारा प्रसारित 'द वार आफ द वर्ल्ड्स' का रेडियो रूपान्तर। इसमें मंगल ग्रह और पृथ्वी के निवासियों की लड़ाई का वर्णन करने वाले उपन्यास के कथानक को समाचार-बुलेटिनों और 'आंखों-देखे-हाल' के रूप में प्रस्तुत किया गया। यह बता दिए जाने के बावजूद कि आप 'वार आफ द वर्ल्ड्स' का रेडियो-रूपान्तर सुन रहे हैं, अमेरिकी श्रोता लगभग पगला उठे और सारे

देश में आतंक छा गया! इसी तरह आकाशवाणी ने जब एक प्रेमकथा रेडियो-रूपान्तर में 'भूतहा मकान से आंखों-देखा-हाल' प्रसारित किया तो श्रोताओं ने यह मान लिया कि रेडियो वाले सचमुच भुतहा मकान में गए हुए हैं।

विश्वास के कई और भी प्रतीक हैं—मसलन माइक्रोफोन। न्यूयार्क में एक शख्स ने माइक्रोफोन और टेप-रिकार्ड लेकर सैकड़ों आदमियों से सैकड़ों किस्म के बेतुके और बेहूदे सवाल कर डाले। हर आदमी ने यह माना कि किसी रेडियो-कार्यक्रम या महत्त्वपूर्ण सर्वेक्षण के लिए यह काम हो रहा होगा। विश्वास के प्रतीकों में वर्दियों और पेशों से संबंधी उपकरणों का विशिष्ट स्थान है। जिसके गले में स्टेट्थस्कोप हो उसे डॉक्टर मानने में किसी को कोई हिचक नहीं। इसी तथ्य के सहारे एक बेरोजगार व्यक्ति अमेरिका के सबसे बड़े अस्पताल में महीनों तक डॉक्टरों को मिलने वाला भोजन वगैरह ग्रहण करता रहा। वह पकड़ा गया तो इसी स्टेट्थस्कोप के मारे। भोजनकक्ष के बेयरे ने गौर किया कि यह शख्स खाने के लिए बैठ जाने के बाद भी स्टेट्थस्कोप गले से नहीं उतारता, जब कि सामान्यतः डॉक्टर लोग राउण्ड पूरा हो जाने पर उसे जेब में रख लेते हैं। उसने पूछताछ शुरू की और पाया कि यह एक ऐसा डॉक्टर है जिसे अस्पताल का और कोई डॉक्टर नहीं जानता।

पेशेवर उपकरणों और वर्दियों से नटवरलाल ने हमारे देश में जो कमाल दिखाए हैं सो किसी को भूले नहीं होंगे। यों नटवरलाल बिना किसी उपकरण के भी कमाल दिखा सकता है। कहते हैं—जरा इस कहते हैं पर ध्यान दीजिए—कि एक बार किसी मैजिस्ट्रेट ने नटवरलाल से यह पूछा कि तुम बड़े-बड़े होशियार लोगों को ठग कैसे लेते हो? नटवरलाल ने कहा कि साहब अब आप को यहां क्या बताऊं और कैसे बताऊं। मेरे पास कुछ भी तो नहीं है, आप अठन्नी दें तो कुछ तमाशा करूं । मजिस्ट्रेट साहब ने अठन्नी दे दी और नटवरलाल ने अपनी जेब में रख ली और कहा कि खुदा का शुक्र कीजिए कि किसी चीज की उम्मीद दिलाकर नटवर लाल ने आप से आठ ही आने ठगे। यह 'किस्सा' खुद मनगढ़न्त हो सकता है लेकिन इसके सौ-फीसदी सही मान लिए जाने की पूरी गुंजाइश है। जिन लोगों ने 'किस्सों' और 'संस्मरणों' का अध्ययन किया है उन्होंने इस ओर ध्यान दिलाया है कि हर देशकाल में कुछ खास तरह के 'किस्से' प्रचलित रहे हैं और प्रकाशित संस्मरणों में तथ्य-कथ्य के रूप में सम्मान प्राप्त करते रहे हैं। मसलन यह कि अमुक बादशाह-तबीयत आदमी ने नोट जलाकर चाय तैयार करवाई, या अमुक डाकू ने आकर अमुक गरीब कन्या का खुद विवाह करवाया या अमुक गोली खाने के बाद अमुक शीत पेय ग्रहण करने से नशा आ गया। इस तरह के 'किस्सों' का हर देशकाल में प्रचलित होना यह बताता है कि इतिहास अपने को ही नहीं, अपनी झूठों को भी दोहराता है। यह भी कि वही झूठ सच बन सकती है जो नाटकीय हो और किस्सागोई के सिद्धांतों पर खरी उतरती हो।

❑❑❑

नया सिनेमा : सेक्स का सिनेमा (1)

प्रसिद्ध विचारक पियोत्र सोरोकिन साहब का फरमाना है कि हर समाज अपने विकास की प्रक्रिया में तीन दौरों से गुजरता है। पहले दौर को उन्होंने आदर्शवादी, दूसरे को स्वच्छंदतावादी और तीसरे को ऐन्द्रिक कहा है। आदर्शवादी दौर में समाज अनुशासित और पूर्णतः मर्यादित होता है। इस दौर में उसकी बड़ी तरक्की होती है और वह खुशहाली की ओर बढ़ता है। एक बिन्दु पर पहुंच जाने के बाद उसकी प्रतिक्रिया प्रारंभ हो जाती है और रोमेंटिसिज्म (स्वच्छन्दतावाद) सुगबुगाने लगता है। कड़े अनुशासन, रूढ़ नियम, विधि-विधान से लोग ऊबने लगते हैं और खुली हवा में सांस लेने लगते हैं। इस दौर में रूढ़ नैतिक मूल्यों, सामाजिक मान्यताओं आदि के सामने प्रश्नचिन्ह लगाए जाते हैं और हर प्रतिबंध, सीमा तथा मर्यादा को चुनौती दी जाती है। सामाजिक विकास के तीसरे चरण में ऐन्द्रिकता का बोलबाला हो जाता है। सब विधि-विधान चरमरा कर टूट जाते हैं और मनुष्य पशु के स्तर से केवल बित्ता-भर ऊंचा रह जाता है। समाज मूल्यहीनता के शाप से ग्रस्त हो जाता है और अधिकतर नागरिक उन्मुक्त ऐन्द्रिक आनन्द को जीवन का पहला तथा अंतिम उद्देश्य मानने लगते हैं। शरीर के अलावा किसी को कुछ नहीं सूझता। आत्मा ही नहीं, मन तक गौण हो जाता है। इस तरह की 'अति-सभ्यता' के लिए क्षयी, ह्रासोन्मुखी या मरणोन्मुखी आदि विशेषणों का प्रयोग होता है।

लगता है कि पश्चिमी औद्योगिक सभ्यता का तीसरा चरण प्रारम्भ हो चुका है। दूसरे विश्वयुद्ध के बाद वहां 'आर्थिक चमत्कार' और 'कम्प्यूटरी जादू' से जो सम्पन्नता पैदा हुई है वह मर्यादायें तोड़ने के नाम पर समाज को नव-बर्बरता की ओर ले जा रही है। पहले जो अपराध था, वह 'विद्रोह' की सूची में शामिल हुआ और आज मर्यादा के उल्लंघन को व्यक्ति का 'अधिकार' माना जाता है। किसी भी क्षेत्र में सामान्य व्यक्ति किसी तरह का बंधन या किसी तरह की सीमा स्वीकार करने के लिए तैयार नहीं है। साहित्य और सिनेमा के क्षेत्रों में इस तरह के बंधन को सेंसर कहा जाता है। आज लगभग सभी देशों में या तो सेंसर के विरुद्ध आवाज उठाई जा रही है या उसकी मांग की जा रही है। हालात इतने बदल चुके हैं कि कपड़े पहनने से ज्यादा कपड़े उतारने में कलात्मकता मानी जा रही है। कभी डी. एच.लारेंस के प्रसिद्ध

उपन्यास 'लेडी चैटरलीज लवर' तक को अश्लील मान कर उस पर मुकदमा चलाया गया था; आज अश्लील साहित्य की 'शाश्वत' कृति 'फैनी हिल' तक धड़ल्ले से बिक रही है। इसी तरह सिनेमा में कभी नग्न वक्ष की हल्की-सी झलक दिखा देने पर ही बावेला मच जाता था; आज हालात यह है कि पूरा शरीर नग्न दिखा देने पर भी किसी को कोई ऐतराज नहीं होता। बल्कि उसे देखने के लिए लोग मीलों लंबी क्यू लगा देते हैं और मुंह-मांगे दाम देकर टिकट खरीदते हैं। हमारे यहां हुए अन्तर्राष्ट्रीय फिल्म समारोह ने यह तथ्य बिल्कुल ही निरावृत्त ही कर दिया है। एक तरफ तो चुम्बन और नग्नता-प्रदर्शन (कलात्मक संदर्भ में) की खोसला समिति की सिफारिशों पर हाय-तोबा मचती है और दूसरी तरफ नग्न दृश्यों वाले विदेशी चित्र देखने के लिए सम्भ्रान्त से सम्भान्त नागरिक अभूतपूर्व उत्साह का प्रदर्शन करता है।

पश्चिम में स्थिति जरा भिन्न है। भिन्न केवल इस अर्थ में कि वहां नग्न शरीर के प्रदर्शन पर लोगों को विशेष आपत्ति नहीं होती। लेकिन सेक्सी फिल्में देखने के लिए लाइन वहां भी कम लंबी नहीं लगती। आधुनिक विदेशी समाज आश्चर्यजनक रूप में उदार ('परमिसिव') हो चुका है। वहां मुक्त यौनाचार या यौनाचार के खुले प्रदर्शन पर कोई विस्मय प्रकट नहीं किया जाता और खास नाक-भौंहें भी नहीं सिकोड़ी जातीं। वहां की फिल्म में बात सिर्फ नग्न प्रदर्शन तक पहुंच कर ही रुक नहीं गई है, बल्कि ऐसी भी फिल्में बड़ी संख्या में बनने लगी हैं जिनमें रति-क्रिया अपनी संपूर्ण सूक्ष्मताओं के साथ पूरी बेबाकी से अंकित की गई हैं। यह ही नहीं, बहुत-सी फिल्मों में रति के विकृत रूप—आत्मरति, समलैंगिक रति, क्रूरतापूर्ण रति आदि—के दृश्य निस्संकोच फिल्माए गए हैं। ये काम-प्रधान फिल्में आम तौर पर तीन तरह की होती हैं। पहली तरह की फिल्में विशुद्ध रूप में आनन्दवादी फिल्में कही जा सकती हैं। इन फिल्मों का उद्‌देश्य होता है सेक्स का मनोरंजनात्मक चित्रण। इस तरह की फिल्में आम तौर पर पुराने कथानकों पर फिल्माई जाती हैं और उनमें मध्ययुगीन सामन्तों, नाइट्स, राजाओं-महाराजाओं आदि की रंगरेलियां पेश की जाती हैं। इन फिल्मों में शुरू से आखिर तक मस्ती का आलम छाया रहता है और मौज-बहार की धूमधाम रहती है। 'टॉम जोन्स' और 'बेंजेमिन' जैसी फिल्में इसी वर्ग के अन्तर्गत आती हैं। इन्हें ऐय्याशी की फिल्में कहा जा सकता है। दूसरे वर्ग में वे चलचित्र आते हैं जिनका विषय तो 'काम' है किन्तु उनमें उसे भोगात्मक रूप में नहीं, व्यंग्यात्मक रूप में प्रदर्शित किया जाता है। इन फिल्मों का स्तर पहली फिल्मों से कुछ बेहतर होता है और वे किंचित जागरूक दर्शकों को संबोधित करती हैं। वे सैक्सी होने के बावजूद सिर्फ सैक्सी नहीं होतीं और दर्शक या तो उनसे असंतुष्ट हो जाते हैं या कुछ सोचने पर मजबूर हो जाते हैं। इस वर्ग में 'दि गर्ल ऑन द मोटरसाइकल', 'हेरोनस मरकिन',

'हंटिंग फ्लाइज' और 'वैडिंग स्वीडिश स्टाइल' जैसी फिल्मों को रखा जा सकता है। तीसरी तरह की काम-प्रधान फिल्में बौद्धिकों के मतलब की होती हैं। उनमें काम से भी अधिक प्रमुख रहता है प्रयोग। इन फिल्मों के निर्माता, लेखक, निर्देशक और छविकार वगैरह सुलझे हुए, समझदार, जिद्दी, प्रयोगशील और प्रतिभा सम्पन्न लोग होते हैं। आम दर्शक के लिए ऐसी फिल्में कुछ उबा देने वाली हो सकती हैं। इन फिल्मों के माध्यम से कुछ कहने की कोशिश की जाती है और वह बात काफी बारीक किस्म की होती है। बौद्धिकता से परिपूर्ण ऐसी फिल्में आम तौर पर अश्लील या आपत्तिजनक नहीं मानी जातीं। कभी-कभी वे किसी प्रसिद्ध उपन्यास को लेकर बनाई जाती हैं और कभी किसी 'आफ ब्रौडवे' नाटक को लेकर। वे केवल समाज के बौद्धिक, कलाप्रिय और विचारशील नागरिकों को सम्बोधित करती हैं। इस वर्ग के अन्तर्गत व्यावसायिक समझे जाने वाले दिग्दर्शकों की 'इफ', 'लव्ज ऑफ इसेडोरा डंकन' और 'स्टेयरकेस' जैसी फिल्में आती हैं तो कला-विशारद समझे जाने वाले दिग्दर्शकों की 'टियोरामा' 'द डैम्ड' और 'सायलेंस' जैसी फिल्में भी शामिल की जा सकती हैं। लेकिन इसमें जरा भी संदेह नहीं कि साधारण दर्शक इनकी 'कलात्मकता' और 'बौद्धिकता' से नहीं, शुद्ध 'कामुकता' से ही आकर्षित होकर टिकट खरीदने के लिए लाइन में लगता है।

मौज-मेले के लिए बनाई गई सेक्सी फिल्मों के निर्माताओं का कहना है कि वे वैसी ही फिल्में बनाते हैं जैसी फिल्में समाज देखना चाहता है। अगर समाज गंदी फिल्में ही देखना चाहता है तो वे इसमें क्या कर सकते हैं? कोई भी व्यावसायिक फिल्म 'बाक्स-ऑफिस' को नजरअंदाज करके नहीं बनाई जा सकती। फिल्म कैसी हो इसका फैसला चंद सिने-आलोचक या विश्वविद्यालय के प्राध्यापक नहीं कर सकते। इसका फैसला तो सिर्फ टिकट खरीदने वाला ही कर सकता है। आज फिल्म खरीदने वाला चूल्हे-चक्की की फिल्मों से अघा गया है। अब वह कुल्हे वाली फिल्में देखना चाहता है। और कुल्हे भी दबे-ढंके नहीं, खुले हुए। बल्कि इससे भी बहुत ज्यादा देखना चाहता है। और देखते समय कोई तकल्लुफ या संकोच भी नहीं बरतता। यह सच है कि हमेशा से ही आदमी सेक्स में गहरी दिलचस्पी लेता रहा है। हमारे यहां भी 'काम' के आनन्द को 'ब्रह्मानन्द सहोदर' माना गया है। इसीलिए जब अंतरराष्ट्रीय फिल्म समारोह में भाग लेने आई एक विदेशी फिल्मी हस्ती के सामने फिल्मों में सेक्स के खुले प्रदर्शन पर आपत्ति की गई तो उसने कहा, "अपने मंदिरों को तो देखो"। दरअसल सवाल सेक्स में दिलचस्पी होने या न होने का कतई नहीं है। सवाल तो सिर्फ उसके खुले प्रदर्शन का है। सेक्स शयन-कक्ष की चीज है, बाजार की नहीं। सेक्स के बेबाक चित्रण पर भले ही आज अमेरिका जैसे सम्पन्न औद्योगिक देशों में किसी की

भौंहें नहीं चढ़ती हों, पर हो-हल्ला अब भी हो जाता है। इसीलिए व्यावसायिकता का गढ़ हालीवुड सेक्स-अपील के उपयोग से खुले सेक्स-प्रदर्शन तक की छलांग मारने में काफी हिचकिचाता रहा। अब उसने जो कामवासनापूर्ण चित्र बनाए हैं वे भी जोरदार विवाद के विषय बने हुए हैं। कानूनी कार्रवाई का सहारा भी लिया गया है। फ्रांस और जापान के कुछ दिग्दर्शकों ने क्रमशः कला और व्यवसाय के नाम पर दूसरे विश्वयुद्ध के बाद कुछ फिल्मों में खुला सेक्स थोड़ा-बहुत रखा। इटली के नव-यथार्थवादियों ने भी अपने नाम को सार्थक करने के लिए इस तरह की कुछ कोशिशें कीं। लेकिन सेक्स को पूरे साहस और पूरी सनसनी के साथ सिनेमा के पर्दे पर लाये स्वीडन वाले। स्वीडन इस शताब्दी के आरम्भ से ही उदार, लोकतंत्रात्मक समाजवादी विचारधारा का देश रहा है। व्यक्ति-स्वाधीनता के आदर्शवाद को चरितार्थ करने में इस छोटे-से देश ने पहल की है। कानूनी गर्भपात, गर्भ-निरोध, जारज संतान के पालन-पोषण-संरक्षण की सरकारी व्यवस्था जैसे प्रगतिशील कदम वहां बहुत पहले उठा लिए गए थे।

यह एक दिलचस्प तथ्य है कि 'छूट' की 'ऊब' और 'सम्पन्नता' की 'विपन्नता' का अनुभव भी सबसे पहले स्वीडन के समाज ने किया। इसी अनुभव को व्यक्त करने के लिए वहां के फिल्मकारों ने सेक्स का खुला प्रदर्शन किया। समाज को इस पर विशेष आपत्ति भी नहीं हुई। इन फिल्मों में सेक्स आधुनिक मानव की व्यक्तित्वहीनता, ईश्वरहीनता और संप्रेषणहीनता के प्रतीक के रूप में इस्तेमाल किया गया। 'काम' ऊब का पर्याय बना। विश्वविख्यात दिग्दर्शक बर्गमान की फिल्म 'सायलेंस' इस तरह की प्रतिनिधि फिल्म मानी जा सकती है। इसमें रति का इतना खुला चित्रण है कि लगभग सेंसर-हीन स्वीडन तक में खासा हो-हल्ला मच गया। 'सायलेंस' यात्रा पर निकली हुई दो बहनों की कहानी है—एक भ्रष्ट तजुर्बेकार, दूसरी नादान। वे एक ऐसे देश में पहुंच गई हैं जिसकी भाषा उन्हें नहीं आती। एक होटल में ठहरी हुई हैं। वहां का अधेड़ मुख्य बैरा और एक मासूम किशोर उनके जीवन में प्रविष्ट होते हैं। भाषा का अज्ञान मौन को जन्म देता है। और अब केवल शरीर से ही बात की जा सकती है। शरीर की भाषा एक ही वाक्य दुहराए जा रही है—अपने पतित मन की गहराइयों तक डूब। बड़ी बहन छोटी बहन और मासूम किशोर को भ्रष्ट करके इस भाषाग्रह का पालन करती है। लेकिन अधेड़ बैरा शरीर की भाषा के एक और पक्ष से भी परिचित है—हमें क्षमा करो, हम दयनीय हैं, करुणा ही हमें उबारेगी। लेकिन इस प्रतीकात्मकता को कौन पूछता है? देखने वाले को तो यही दिखा कि हर तरह की रति पर्दे पर दिखाई जा रही है। स्वीडन की दिग्दर्शिका माइ जैटरलिंग ने बर्गमान की बौद्धिकता को भुलाकर और स्त्री सुलभ भावुकता को बढ़ाकर 'अबला जीवन' के विषय में एक ऐसी फिल्म बनाई जो 'आंचल के दूध और आंखों के पानी के अलावा अंधेरे की नादानियों

की भी कहानी सुनाती है। एक पुराने उपन्यास पर आधारित इस फिल्म के साहसिक रति-चित्रण की भी अन्य देशों में बहुत धूम मची। इस धूम से प्रोत्साहित होकर बो विल्डबर्ग जैसे कुछ स्वीडी दिग्दर्शकों ने बौद्धिकता को बिल्कुल ही भुलाकर विदेशी, खास कर अमेरिकी, मंडी के लिए सनसनीखेज फिल्मों का निर्माण शुरू किया। इस कड़ी की सबसे ताजा फिल्म है, 'आइ एम क्यूरियम' (यैलो), जो अमेरिका में बाक्स आफिस के रिकार्ड तोड़ रही है।

अमेरिका में उसके बारे में अनेक अफवाहें फैली हैं और वह कानून की वक्र दृष्टि का शिकार भी हुई। उसके बारे में यह जोर-शोर से प्रचार किया गया कि वह आज तक बनी फिल्मों में सर्वाधिक वासनात्मक है, अन्डरग्राउंड फिल्मों की बात और है। लेकिन प्रचार सिर्फ प्रचार ही निकला और ज्यादातर लोग देखकर निराश ही हुए। अमेरिकी अदालत ने भी उसे बिना काटे दिखाए जाने की अनुमति दे दी। इस फिल्म की शूटिंग शुरू करने से पहले ही इसके निर्देशक विल्गोट शियोमान ने इसकी नायिका से कह दिया था—"चाहे जितनी फिल्म लग जाए, हम इसमें पूरा स्वीडन उतार देंगे"। और मामला यहीं गड़बड़ा भी गया। बहुत सारी चीजें एक ही फिल्म में ठूंसने की कोशिश में असली नुक्ता खो-सा गया। राजनीति और सेक्स को मिला कर कुछ ऐसा चूं-चूं का मुरब्बा तैयार किया गया है जो किसी के गले नहीं उतर पाता। अगर इसमें वासनात्मक दृश्यों की भरमार न होती, तो शायद कोई इसको देखने के लिए 'उत्सुक' ही न होता। इसकी नायिका लीना राजनीति में सक्रिय भाग लेती है और सब तरह के प्रदर्शनों में शामिल होती रहती है। प्रदर्शनों में वह इतनी सक्रिय है कि स्टाकहोम रायल पैलेस के सामने अपने मित्र के साथ न जाने क्या-क्या प्रदर्शित कर डालती है। फिर वह भाग कर देहात में चली जाती है। उसका मित्र उसका पीछा करता है और उसकी 'ध्यान-साधना' खण्डित कर देता है। वह उस पर बिगड़ पड़ती है और आखिरकार एक क्लिनिक में जाकर उनका समझौता हो जाता है। अन्य दृश्यों की भांति इसके प्रणय-दृश्य भी आवेगहीन हैं।

स्वीडन की देखा-देखी अन्य यूरोपीय देशों ने भी सेक्स-प्रधान-सिनेमा की मंडी में कदम रखा। विभिन्न देशों की कामोत्तेजक फिल्मों के बारे में एक मजाक यों चलता है : फ्रांसीसी फिल्म-निर्माता यौन को प्रायः प्रहसन के रूप में चित्रित करते हैं और स्वीडन वाले उत्सव के रूप में; मगर जर्मनी वालों के लिए यौन एक व्याख्येय विषय है। इस मजाक को प्रचलित होने का कारण यह है कि वहां बने काम-चित्रों में प्रणय के दृश्य इतनी बारीकी और गंभीरता से फिल्माए जाते हैं कि देखने वाले को ऐसा महसूस होता है जैसे वह स्वास्थ्य-विज्ञान की किसी कक्ष में बैठा हो। इसीलिए जर्मनी द्वारा निर्मित यौन-चित्रों को 'ज्ञानदान मार्का' फिल्में कहा जाता है। यशपाल जी की

'ज्ञानदान' वासी कहानी के सन्दर्भ में यह नामकरण काफी सार्थक भी हो जाता है। यों वे यह 'ज्ञानदान' प्रचुर नग्न दृश्यों के माध्यम से करते है। 'ज्ञानदान' मार्का पहली जर्मन फिल्म 'हेल्गा' अमेरिका में प्रदर्शित हुई तो वहां तहलका मच गया। 'हेल्गा' में एक दृश्य इस तरह का था : एक सुगठित तरुण मां फव्वारे के नीचे नहा कर निकलती ही है कि उसका लड़का आकर उससे पूछ बैठता है–"बच्चे कहां से आते हैं?" तौलिया लपेटती हुई वह मां जो उत्तर देती है वह काफी 'ज्ञानदायक' है। लड़का संतुष्ट हो जाता है उसके उत्तर से, या कुछ देखकर। 'हेल्गा' जब अमेरिका में प्रदर्शित हुई तब वहां 'दि बोस्टन स्ट्रेंगलर' और 'पेपर लायन' जैसी हिट फिल्में चल रही थीं। फिर भी 'हेल्गा' को देखने के लिए लोग टूट पड़े। इसके विज्ञापन में यह नारा दिया गया था–'मां-बापो! कुछ आंख-खोलू दृश्यों के लिए आपको पहले 'हेल्गा' देखनी चाहिए। 'हेल्गा' में यौन-दृश्यों के अलावा शिशु-जन्म का दृश्य भी वास्तविक रूप में दिखाया गया था। यह दृश्य एक विश्वविद्यालय के क्लिनिक में फिल्माया गया था। इस दृश्य को देखकर दर्शक आंखें फेर लेते हैं, और कुछ तो बेहोश तक हो जाते हैं। 'हेल्गा' जर्मन फिल्म-वितरक हेन्स एकेलकैम्प ने महज दो लाख डॉलर के बजट से बनाई थी। सिर्फ जर्मनी में ही इस फिल्म ने पैंतीस लाख डालर कमाए। 'हेल्गा' की चमत्कारी सफलता से प्रोत्साहित होकर जर्मनी के सिने-निर्माताओं ने इस तरह की फिल्मों की झड़ी लगा दी। प्रमुख फिल्में है–'मिरेकल आफ लव', 'दि परफैक्ट मैरिज', 'यू' । 'हेल्गा' में निस्संकोची मां की भूमिका रूथ गैसमान ने निभाई थी। उसे फौरन दो और फिल्मों के लिए अनुबंधित कर लिया गया–'हेल्गा एण्ड माइखेल' तथा 'सेक्सुअल रेवोल्यूशन'। 'हेल्गा एण्ड माइखेल' में प्रथम चुम्बन से लेकर चरम अनुभूति तक के सारे प्रणय-दृश्य अंकित किए गए हैं।

❑❑❑

नया सिनेमा : सेक्स का सिनेमा (2)

सिनेमा में सेक्स और नग्नता की लहर स्वीडन से चलकर यूरोप के अन्य देशों और अमेरिका तक जा पहुंची। हालीवुड पर एक तरह से छा-सी गई। पहले तो हालीवुड अर्द्धनग्नता और दबे-ढंके सेक्स से आगे बढ़ने में झिझकता रहा; मगर इस अखाड़े में कूदते ही उसने बहुत-से देशों को पटखनी दे दी। और तो और साम्यवादी देश चेकोस्लोवाकिया तक इस नई लहर के प्रवाह से बच नहीं पाया। सिने-कला के प्रशिक्षण में प्राग की फामू अकादमी का बड़ा दबदबा है। इस अकादमी ने 'नई धारा' के कई ऐसे निर्देशक तैयार किए जिन्होंने चेकोस्लोवाकिया की सिने-कला की अन्तर्राष्ट्रीय फिल्म जगत में धूम मचा दी। 1954 तक ही चेक निर्देशक पैंतीस प्रमुख अन्तर्राष्ट्रीय पुरस्कार मार चुके थे। निर्देशिका वीरा चाइटीलोवा और निर्देशक मिलोस फोरमैन ने चेकास्लो-वाकिया की सिने-निर्माण प्रतिभा की धाक बहुत बढा दी है। फोरमैन की 'लव्ज आफ ए ब्लौंड' और वीरा की 'डेजीज' फिल्में सिने-जगत में तहलका मचा चुकी हैं। 'डेजीज' एक कथानकविहीन फिल्म है जो दो किशोरियों के गिर्द घूमती है। उन किशोरियों की धमाचौकड़ी में कंचुकी के स्थान पर तितलियों के नमूने धारण करना भी शामिल है। चेक सिनेमा में नग्नता-प्रदर्शन का सिलसिला इकत्तीस साल पहले बनी फिल्म 'एक्सटेसी' मे हैडी लामार नंगी नहाती हुई दिखाई गई थी। अगरचे वह कैमरे से काफी दूर थी, फिर भी उस समय की सामाजिक-सांस्कृतिक परिस्थितियों को देखते हुए इतना भी बहुत था। हैडी की इस बेबाकी से उसका पहला करोड़पति पति फ्रिट्ज मैंडूल इतना हत्प्रभ हो गया था कि उसने हजारों पौण्ड लुटा कर फिल्म की सारी कापियां खरीदने की कोशिश की थी। उस समय सिनेमा के पर्दे पर नग्न नारी को देखकर दर्शकों को इतना गहरा धक्का लगा कि यह कहा जाने लगा कि अब वे दिन दूर नहीं जब सिनेमा के पर्दे पर रति के दृश्य भी दिखाए जाने लगेंगे, और वे दिन सभ्यता के विनाश के दिन होंगे। रति-दृश्य सिनेमा में दिखाए जाने लगे हैं, लेकिन सभ्यता तो विनष्ट होती कहीं दिखाई नहीं देती।

अमेरिकी फिल्में अपने ग्लैमर, साहसिकता और खुलेपन के लिए मशहूर रही हैं। लेकिन अमेरिकी सिनेमा में भी पूर्ण नग्न शरीरों के प्रदर्शन की परम्परा बहुत पुरानी नहीं है। 'नेशनल लीजन आफ डीसेंसी' जैसी संस्थाओं के दबाव के कारण अमेरिकी

सिने-निर्माता पूर्ण नग्नता का प्रदर्शन करने में हिचकिचाते रहे। अमेरिकी दर्शकों को 1917 में पहले-पहल नग्नता का हल्का-सा मजा चखने को मिला था। फिल्म थी 'क्लियोपेट्रा'। 'क्लियोपेट्रा' के एक दृश्य में दर्शकों को थेडा बारा के नग्न शाही वक्ष की एक झलक देखने को मिली थी। मगर 1950 के उत्तरार्द्ध तक अमेरिकी सिने-निर्माता अपनी फिल्मों में नग्न दृश्य डालने से बचते रहे। 'रूम एट दि टॉप' और 'नैवर ऑन सन्डे' जैसी फिल्मों की रिकार्ड-तोड़ सफलता ने ही वासनात्मक फिल्मों के निर्माण का सिलसिला शुरू कराया। अब वहां पर कामोत्तेजक फिल्में धड़ाधड़ बन रही हैं। रास्ता यह निकाला गया है कि ऐसी ज्यादातर फिल्में 'एम' के चिन्ह के साथ प्रदर्शित की जायें। 'एम' का अर्थ है 'फार मेच्योर आडिएन्स' (केवल परिपक्व दर्शकों के लिए)। 'दि लिबरटाईन', 'थेरेसे एडं इसाबेले' इसी तरह की बेबाक फिल्में हैं। इस तरह की फिल्मों में 'कमिंग एपार्ट' सबसे अधिक वासनात्मक है। अंडरग्राउंड जगत में तो ऐसी फिल्मों का निर्माण काफी पहले से चल ही रहा था। ऐसे फिल्म-निर्माताओं में एन्डी वारहोल अगुआ की हैसियत रखते हैं। हाल ही में वारहोल ने नब्बे मिनट की एक ऐसी कामोत्तेजक फिल्म बनाई है जिसमें पैंतालीस मिनट तक रति-दृश्य चलता रहता है। निर्देशक रस मेयर की 'विक्सन' और रेडले मेजगर की 'द डर्टी गर्ल्स' देखने के लिए दर्शक टूटे पड़ते हैं। ऐसी फिल्में दिखाने वाले सिनेमा-हाउसों में कम-से-कम तीन डालर का टिकट होता हैं, फिर भी हाउस फुल जाते हैं।

बात सिर्फ प्राकृतिक रति के दृश्यों तक ही आकर रुक नहीं गई है। अब ज्यादातर फिल्मों में अप्राकृतिक रति के दृश्य भी रखे जा रहे हैं। समलैंगिक रति को लेकर कई फिल्में बन चुकी हैं और कई निर्माणाधीन हैं। इन दिनों इस तरह की फिल्में बाक्स ऑफिस पर सबसे ज्यादा हिट हो रही हैं। फिल्म 'ला डोल्चा वीटा' में यह घोषणा थी कि '1970 तक पहुंचते-पहुंचते सारा संसार समलिंगभोगी हो जाएगा।' इस तरह के पात्र आजकल हालीवुड की फिल्मों में आम होते जा रहे हैं। गैर-अमेरिकी फिल्में भी अप्राकृतिक काम-संबंधों से बची हुई नहीं हैं। 'बूम', 'दि फाक्स' और 'दि प्रोडयूसर्ज' इसी विषय को लेकर बनाई गई फिल्में हैं। 'दि क्वीन' में भी यही विषय फिल्माया गया है। समलैंगिक काम-सम्बन्ध को लेकर बनाई गई फिल्मों मे सबसे ज्यादा मशहूर हुई 'दि स्टेअरकेस' और 'दि किलिंग आफ सिस्टर जार्ज।' स्टेअरकेस में दो पुरुषों के और 'सिस्टर जार्ज' में दो नारियों के काम-संबंध पूरे उत्साह के साथ दिखाए गए हैं। 'दि स्टेअरकेस' पिछले दिनों हुए अन्तर्राष्ट्रीय फिल्म-समारोह में प्रदर्शित भी हुई थी। जब इस फिल्म के निर्माण की घोषणा हुई तब लोग यह सोच कर दंग रह गए कि यह एक स्टंट है, अभिनय को चुनौती है या वर्जित क्षेत्र में एक और साहसिक कदम है? इस हैरानी का एक कारण यह भी था कि इस फिल्म के लिए

रिचर्ड बर्टन और रेक्स हैरीसन जैसे नामवर अभिनेता अनुबंधित किए गए थे। जिन दिनों 'द स्टेअरकेस' की शूटिंग चल रही थी, उन्हीं दिनों 'दि ओनली गेम इन टाउन' भी फिल्माई जा रही थी, जिसमें नायिका की भूमिका बर्टन की पत्नी एलिजाबेथ टेलर निभा रही थी। दोनों फिल्मों की शूटिंग पड़ोसी स्टूडियो में हो रही थी। 'दि ओनली गेम इन टाउन' का नायक है वारेन बीटी। जब बीटी और लिज टेलर के बीच प्रेम-व्यापार के पहले दृश्य की शूटिंग शुरू हुई तब बीटी ने मजाक किया—"अपनी आत्मा को तंग मत करने दो। यहां मैं तुम्हारा चुम्बन ले रहा हूं तो क्या, वहां अगले सेट पर तुम्हारा पति (रिचर्ड बर्टन) रेक्स हैरीसन के साथ प्रेम संबंध स्थापित करने में लगा हुआ है।" अप्राकृतिक विषय को लेकर चलने के बावजूद 'दि स्टेअरकेस' की सबसे बड़ी विशेषता यह है कि उसके विकृत रुचि वाले दोनों पात्र पूर्णतः अस्वाभाविक नहीं हो उठते। उन दोनों को वासना नहीं, अकेले होने की अनुभूति एक-दूसरे से जोड़ती है। दोनों व्यक्ति जीवन में लगभग असफल हो चुके हैं। वे लंदन के एक कस्बे में नाई की दुकान चला रहे हैं। उन दोनों के कामों का बंटवारा भी कुछ ऐसा है कि उनमें इस तरह का काम-संबंध हो जाना अस्वाभाविक नहीं लगता। वे दोनों एक-दूसरे के लिए सांत्वना की तरह हैं। रेक्स हैरीसन क्योंकि खाना पकाने का काम करता है इसलिए वह गृहिणी की हैसियत पा जाता है। 'स्टेअरकेस' में करुणा अन्तर्धारा के रूप में आद्यन्त प्रवाहित है। अंत में दोनों के बीच आ जाता है कानून। फिल्म बनने से पहले 'स्टेअरकेस' इसी नाम से मंच पर भी खेला जा चुका था।

चार्ल्स ड्येर ने अपने नाटक पर फिल्म बनाते समय छविकार के चमत्कार पर नहीं, महान अभिनेताओं की अभिनय-प्रतिभा पर निर्भर किया है। और इसमें कोई शक नहीं कि दोनों अभिनेताओं ने अभिनय की इस चुनौती को पूरे मनोयोग के साथ स्वीकार किया है। यहां तक कि बर्टन ने इस फिल्म में स्वयं को भुला-सा दिया है। अन्यथा रिचर्ड बर्टन की फिल्म देखते समय दर्शक यह कभी भूल नहीं पाता कि वह बर्टन की फिल्म देख रहा है। बर्टन का व्यक्तित्व अपनी हर फिल्म पर छाया रहता है। केवल यही एक फिल्म इसका अपवाद है। हैरीसन ने भी बड़ा जानदार अभिनय किया है। लगता है जैसे वह कैमरे के सामने नहीं, किसी टूटे दर्पण के सामने खड़ा हो। यह फिल्म बहुत सूझभरी नहीं है, भव्य भी नहीं है; फिर भी अपने विनम्र ढंग से भी अच्छा-खासा असर दर्शक पर छोड़ जाती है।

राबर्ट आल्ड्रिच की फिल्म 'दि किलिंग आफ सिस्टर जार्ज' नारी और नारी के बीच काम-संबंध दिखाने वाली फिल्मों में सबसे अधिक चर्चित है। इसके निर्माता एक प्रसिद्ध निर्माता हैं जो 'ह्वाटऐवर हैपंड टू बेबी जॉन' और 'दि डर्टी डजन' जैसी बाक्स आफिस पर सफल फिल्में बना चुके हैं। राबर्ट का दावा है कि यह आज तक बनी

वासनात्मक फिल्मों मे सबसे ज्यादा उत्तेजक है। 'सिस्टर जार्ज' में काम-संबंध का दृश्य क्लाइमेक्स के रूप में सबसे अंत में रखा गया है; इसलिए दर्शकों को उसे देखने के लिए काफी इंतजार करना पड़ता है। यह दृश्य बैरिल रीड और सुसानाह यार्क के बीच फिल्माया गया है। बैरिल रीड पुरुषों जैसे सूट पहनती है, सिगार पीती है और पुरुषों की तरह उठती-बैठती है। यार्क ने उसकी प्रेमिका की भूमिका निभाई है। दोनों के बीच के काम-संबंध के दृश्य में कोमलता या शालीनता नहीं है। जोर प्रेम पर नहीं, इस बात पर है कि दोनों व्यक्ति एक दूसरे का इस्तेमाल कर रहे हैं। यह दृश्य बेहद बेबाकी और खुलेपन के साथ फिल्माया गया है । यह फिल्म भी एक नाटक पर आधारित है जो लंदन और न्यूयार्क में लम्बे समय तक सफलतापूर्वक दिखाया जाता रहा। मगर नाटक में शरीर-संबंध पर इतना जोर नहीं था।

सवाल यह उठता है कि क्या इस तरह के अप्राकृतिक काम-संबंध दिखाने के पीछे रुपया कमाने के अलावा और कोई उद्देश्य भी है? इस तरह की फिल्में बनाने वालों का कहना है कि इस तरह के काम-संबंध अप्राकृतिक या दुर्लभ नहीं हैं। अपने पक्ष में वे किन्से की रिपोर्ट का हवाला देते हैं। किन्से के सर्वेक्षण के अनुसार पचीस प्रतिशत महिलाओं और पचास प्रतिशत पुरुषों ने यह स्वीकार किया कि कभी-न-कभी उनके इस प्रकार के काम-संबंध स्थापित हुए हैं। अमेरिका में एक वर्ष में लगभग तीन सौ फिल्में बनती हैं। इस साल बारह फिल्में इसी विषय को लेकर बनाई जा रही हैं । 1968 से पहले अमेरिका में इस विषय पर कोई फिल्म नहीं बनी थी। जब रिचर्ड ब्रुक्स ने 'इन कोल्ड ब्लड' पर फिल्म बनाई थी तब उसमें समलैंगिक काम-संबंध के प्रसंगों को बहुत दबा दिया था। 'बोनी एंड क्लाइड' के निर्माता ने भी क्लाइड बैरो और सी. डब्ल्यू. मौस के अप्राकृतिक काम-संबंध वाले प्रसंग को उड़ा दिया था। फिर यह नई प्रवृत्ति एकाएक प्रचलित कैसे हो गई? इस का जवाव देते हुए 'मिडनाइट काउबॉय' (जो एक पुरुष वेश्या के बारे में है) के निर्देशक ने कहा है—"आजकल हर आदमी जो चाहता है, कमोवेश कर गुजरता है और कोई कुछ नहीं कहता। फिल्में इसी प्रवृत्ति का प्रतिबिम्ब हैं, और समलैंगिक काम-संबंध इस पूरे परिवेश का एक अंश मात्र है।" शिलें मैक्लीन ने भी इस नए मोड़ को स्वस्थ और वांछनीय घोषित करते हुए कहा है— "हम सभी उभयलिंगी हैं।" और यह सच भी है। शरीर-शास्त्रविदों ने भी सिद्ध कर दिया है कि कोई पुरुष पुरुष नहीं होता और कोई नारी पूर्णतः नारी नहीं होती। हारमोनों का अनुपात ही लिंग-निर्धारण करता है। और यौन-परिवर्तन की घटना भी आए-दिन होती रहती है। लेकिन ज्यादातर फिल्में इस वस्तुस्थिति की समस्या या जटिलता को उभार नहीं रहीं, इसे आमदनी का जरिया बना रही हैं। यही कारण है कि एक प्रसिद्ध समलिंगभोगी संस्था के निदेशक डिक लेश ने इस प्रवृत्ति की

घोर भर्त्सना की है—"ऐसी ज्यादातर फिल्में काम-शोषण (सेक्सप्लौइटेशन) से अधिक कुछ नहीं करतीं। वे समलिंगभोगी का बड़ी हृदयहीनता से शोषण करती है।" कुछ अभिनेता और अभिनेत्रियां भी स्थिति से इस कदर असंतुष्ट हैं कि वे कुछ लेखकों, निर्माताओं तथा निदेशकों पर समलिंग भोगी होने का आरोप लगाने लगे हैं। प्रसिद्ध अभिनेत्री वर्जीनिया मायो का कहना है—"जाहिर है कि ये लोग चाहते हैं कि समाज उनकी अस्वाभाविकता को तिरस्कृत करने के बजाय स्वीकार कर ले। मैं इस तरह की भूमिका कभी नहीं करूंगी और ऐसी अभिनेत्रियों की कमी नहीं है जो मुझसे सहमत होंगी।" यह नहीं कि वहां के अभिनेता ही इस परिस्थिति से परेशान हों, वहां के दर्शक भी इस तरह के चलचित्रों से उकता चले हैं। असलियत तो यह मालूम देती है कि स्वाभाविक प्रेम दिखाने के लिए विदेशी निर्माताओं के पास कुछ रह ही नहीं गया है।

स्वाभाविक प्रेम और सेक्स पर फिल्में बना सकने में असमर्थ हो जाने के कारण पाश्चात्य सिने-निर्देशक 'बार बैरेला' जैसी अजीबो-गरीब और 'कैन्डी' जैसे फूहड़ फिल्में बनाने पर उतर आए हैं। राजर बादिम ने अपनी अनोखी फिल्म 'बार बैरेला' में हास्यास्पद ख्याली पुलाव पकाए हैं। बतर्ज 'स्पेस ओडिसी' इस फिल्म को 'सेक्स ओडिसी' कहा गया है। इस फिल्म में वादिम साहब ने सन् चालीस हजार के विश्व की अपनी परिकल्पना चित्रित की है। वादिम के इस कल्पना-जगत में मनुष्य की सब आक्रामक प्रवृत्तियां काम द्वारा शमित हो चुकी हैं। हर व्यक्ति बिना किसी तनाव या हिचक के कामेच्छा तृप्त करता है और सारे खेत नंगी लड़कियों के जंगल में बदल गए हैं। वादिम साहब ने एक ऐसी मशीन की कल्पना भी की है जो रति-सुख से मर्दों को मार डालती है। भारतीय मुहावरे के हिसाब से उसे विषकन्या जैसी कहा जा सकता है। 'बार बैरेला' की नायिका जेन फौंडा एक गुलाबी अंतरिक्षयान में यात्रा कर रही है। रास्ते में उसकी अनेक प्रसिद्ध अभिनेताओं से मुलाकात होती है जो अंतरिक्ष में खो गए हैं। डेविड हेंमिंग्स से भी उसकी भेंट होती है जो उससे पुराने लौकिक तरीके से काम-संबंध स्थापित करना चाहते हैं। वादिम साहब दिखाना चाहते हैं कि 1960 में प्रचलित तरीके बहुत पुराने पड़ जाने के कारण कभी के छोड़ दिए जा चुके हैं। जेन फौंडा घातक विषकन्या रूपी मशीन को नष्ट कर देती है और उसकी चालिका से पूछती है—"क्या तुम्हें जरा भी शरम नहीं आती?" यही प्रश्न दर्शक इस चित्र के निर्माता से भी तो कर सकता है?

'कैन्डी' एक बेहद फूहड़ और लचर फिल्म है। यह एक ऐसी मानसिक रूप से अस्वस्थ लड़की के बारे में है जो अनेक गन्दे बूढ़े लोगों द्वारा शीलभ्रष्ट की जाती है। आश्चर्य की बात तो यह है कि इस बेहूदा फिल्म में एवा आलिन, रिंगो स्टार (बीटलों में से एक) रिचर्ड बर्टन, मारलन ब्रैंडो जैसे नामी-गिरामी लोगों ने अभिनय किया है।

'बेन्जामिन' और 'हेरोनीमस मरकिन', जो अन्तर्राष्ट्रीय फिल्म-समारोह में प्रदर्शित होकर यहां भी चर्चा का विषय बन चुकी है, में भी वासनात्मकता की कोई कमी नहीं है, लेकिन कम-से-कम 'बेंजामिन' को गन्दी नहीं कहा जा सकता। बेंजामिन अठारहवीं शताब्दी के एक ऐसे सत्रह वर्षीय खूबसूरत किशोर की कहानी है जो दुनियादारी से अपरिचय के कारण अपनी आंटी के महल में नौकरानियों से लेकर काउन्टेसों तक की प्रणय-वर्षा का पात्र बन जाता है। वह अपने से पूछता है—"प्यार कैसे किया जाता है?" पर शायद निर्देशक के सामने सवाल यह है कि नायक का कुमारत्व बनाए रखते हुए भी दर्शक की रुचि कैसे बनाई रखी जाये? नग्न दृश्यों और प्रणय-व्यापारों से भरी होने के बावजूद यह फिल्म दर्शक की सुरुचि को ठेस नहीं पहुंचाती, बल्कि उल्लसित ही करती है। यह एक ऐसी फिल्म है जो प्राकृतिक काम-संबंधों तक ही अपने को सीमित रखती है।

'हेरोनीमस मरकिन' (जिसका नाम इससे कहीं ज्यादा लंबा है) के निर्देशक, लेखक और अभिनेता एन्थोनी न्यूली ने इसे 'अहम् की यात्रा' कहा है। यह सचमुच न्यूली के अहम् की यात्रा है भी, किन्तु यह यात्रा उसे काफी महंगी पड़ी होगी। इस फिल्म के निर्माण में 1,25,000 डालर खर्च हुए थे। कहानी यह है कि अपनी नौजवानी में मरकिन शैतान द्वारा आकर्षित हो जाता है। फिर क्या है, उसके सामने लड़कियों की लाइन लग जाती है। लड़कियां कुछ उसी रंग-ढंग की हैं जैसी जेम्स बांड की फिल्मों में होती हैं । यह मजाकिया फिल्म दर्शक की रुचि का मजाक उड़ाती है और न्यूली की बदमजाकी का पर्दाफाश कर देती है। न्यूली ने स्वयं भी यह बात स्वीकार की है कि वह नारी-विरोधी है, अगर वह नारी-विरोधी नहीं होता तो उनके प्रति कुछ अधिक आदर प्रदर्शित करता।

एक ओर तो है 'मरकिन' की फूहड़ता जो नारी को निरी भोग्या के रूप में पेश करती है और दूसरी ओर है 'इसाडोरा' जो अपने नग्न दृश्य के बावजूद नारी को एक चुनौती के रूप में सुरुचिपूर्वक पेश करती है।

अब देखना यह है कि नया सिनेमा साहस के नाम पर अश्लीलता और फूहड़ता की ओर झुकता है या सुरुचि और कलात्मकता की ओर। फूहड़ता की ओर उसका झुकाव यह सिद्ध कर देगा कि पश्चिम में सभ्यता के पतन का दौर शुरू हो चुका है।

❑❑❑

प्रेमनगर में बनाऊंगी घर मैं

जब एक तरह से यह तय हो चुका था कि भावुकता का जमाना लद चुका है प्यार-मोहब्बत की रूमानी दास्तानें अतीत की कब्र में दफन हो चुकी हैं, मन के सत्य के विरुद्ध तन का तथ्य बाजी जीत चुका है, मानव-संबंधों के सभी कोमल तन्तु टूट चुके हैं, वे सभी आइने चटख चुके हैं जिनमें कभी हम अपना चेहरा देखा करते थे : तभी एक हादसा ऐसा घटित हो गया है जिसने निर्णयों के सामने फिर प्रश्नचिन्ह लगा दिया है। सभी निष्कर्ष फिर खटाई में पड़ गए हैं। बहुत-से तयशुदा मसले फिर बहस-मुवाहिसे के लिए खुल गए हैं।

हाल ही में अमेरिका में एक फिल्म रिलीज हुई है जिसका नाम है 'लव स्टोरी' (प्रेम कहानी)। यह फिल्म इतनी हिट हुई है कि उसका टिकट प्राप्त कर सकना एक अच्छी-खासी कामयाबी समझा जा सकता है। तीन दिनों के प्रदर्शन ने ही फिल्म की पूरी लागत निकाल ली है। विशेषज्ञों का अनुमान है कि यदि यह इतनी ही सफलता के साथ चलती रही तो इसकी आमदनी 'दी ग्रेजुएट' और 'दी ईजी राइडर' जैसी हिट फिल्मों से भी बाजी मार ले जाएगी। हो सकता है कि धन कमाने में वह 'दी साउण्ड आफ म्यूजिक' जैसी सदाबहार फिल्म से टक्कर ले जाए। फिल्म देखने जाने वालों को कुछ इस तरह का दृश्य देखने को मिलता हैः

एक लड़का और उसकी प्रेमिका फिल्म देखने आये हैं। लड़की फिल्म के नायक ओ' नील को देखना चाहती है और लड़का नायिका अली मैकग्रो का 'फैन' है। दोनों ही 'लव स्टोरी' उपन्यास पढ़ चुके हैं और पढ़ते-पढ़ते रो चुके हैं। पैंतालीस मिनट बाद शो खत्म होता है। वे अचरज भरी आंखों से देखते हैं कि हाल से सिर्फ बीस-पच्चीस दर्शक ही बाहर निकले हैं। उनकी नम आंखें नम नहीं हैं। उन्हें हैरानी होती है कि क्या सिर्फ इतने ही दर्शक यह फिल्म देखने आए होंगे? यह फिल्म, जिसे न्यूयार्क टाइम्स ने 'हर दृष्टि से श्रेष्ठ' बताया है। लड़का बेचैन होकर अपनी टाई ठीक-ठाक करने लगता है और लड़की बोर होकर फिर फिल्म का पोस्टर पढ़ने लगती है। शायद यह निश्चिय करने के लिए कि वहां सही फिल्म ही चल रही है न! फिर दस मिनट बाद शेष पच्चानबे प्रतिशत दर्शक हाल से बाहर निकलते हैं। उन्हें देखकर लगता है कि यहां 'लव स्टोरी' ही चल रही है। पुरुषों की आंखें सजल हैं और वे चुपचाप बिना

इधर-उधर देखे चले जा रहे हैं। महिलाओं के हाथों में पुरुषों के रूमाल हैं। उनकी आंखों का मेकअप धुल चुका है। असल में ये दर्शक पिक्चर देखकर इतने रुआंसे और कातर हो गए थे कि उन्हें अपने को संभालने में आठ-दस मिनट लग गए।

तो साहब कुछ ऐसा हाल हो जाता है यह फिल्म देखने वालों का। पुस्तक रूप में भी 'लव स्टोरी'अपार लोकप्रियता प्राप्त कर चुकी है। इसकी लगभग दस लाख प्रतियां पक्की जिल्द में छप चुकी हैं। पेपरबैक में इसका पहला संस्करण ही रिकार्ड-तोड़ संख्या (साढे तैंतालीस लाख) में छपा। पुस्तक-विक्रेताओं की जोरदार मांग के कारण चौबीस घंटे के भीतर इसका दूसरा संस्करण (साढ़े छः लाख प्रतियां) छापना पड़ा। पाठकों की प्रतिक्रिया की एक मिसाल विदेशी पत्रिकाओं में यों आई है :

खिलाड़ियों की एक टीम (न्यूयार्क जायंट्स) वायुयान में न्यूयार्क से बोस्टन जा रही थी। उसके एक प्रसिद्ध खिलाड़ी फ्रान टार्केनटन को खेलकूद-लेखक डिक शाप ने एक छोटी-सी पुस्तक वक्त काटने के लिए थमा दी। टार्केनटन ने शुरू के पृष्ठों पर सरसरी नजर डाली। अंतिम तीन अध्याय पढ़ते-पढ़ते वह रो दिया। अगले दिन मैच था। रात को सारी टीम उपन्यास पढ़-पढ़कर रोती रही। टार्केनटन ने शाम को फोन किया—"सुनो, उस पुस्तक ने सारी टीम का बुरा हाल कर दिया है। हमें तो कोई ऐसी चीज चाहिए जो हमारे हौसले बुलंद कर देती!" बहरहाल, उस टीम का अंजाम अच्छा ही रहा। वह 16-0 से जीत गई।

आखिर 'लव-स्टोरी' में ऐसी कौन-सी स्टोरी कही गई है जो पाठक को इस तरह रुला देती है? शायद अब तक आप में काफी उत्सुकता जग गई हो और आप सोच रहे हों कि कहानी बड़ी चमत्कारी रही होगी। कहानी में चमत्कार जैसी कोई खास चीज नहीं है। एक साधारण-सी कहानी है। लड़का लड़की से मिलता है और प्रेम हो जाता है। लड़का बड़े घर का है, उसका बाप बेहद अमीर है। लड़की साधारण घराने की है। जाहिर है कि लड़के का बाप लड़के और लड़की के बीच दीवार बन जाता है। लड़का विद्रोह कर लड़की से शादी कर लेता है। कुछ दिन बड़े सुख में व्यतीत होते है। फिर लड़की बीमार पड़ जाती है और लड़के की बांहों में दम तोड़ देती है। अंत में लड़का अपने घर पेरिस लौटता हुआ दिखाया गया है। उसके पास सिर्फ एक टिकट है, चंद मीठी-कड़वी यादें और पिता की बेइन्तहां दौलत। पिता ने विवाह की स्वीकृति प्रदान कर दी है, तब जब कि लड़की मर चुकी है।

'लव स्टोरी' का लेखक एरिक सेगेल पहले येल में एसोसिएट प्रोफेसर था। वह वहां क्लासिकों का अध्यापन करता था। वह अपना विषय मार्लन ब्रैंडो के स्टाइल में बड़े उत्साह से पढ़ाता था। फिर उसने आफ-ब्राडवे के लिए लेखन पर अपना हाथ आजमाया। बात बन गई। यहां तक कि बीटलों की कार्टून फिल्म—'येली सबमैरीन'—की

स्क्रिप्ट को अंतिम रूप देने का काम उसीको सौंपा गया। यह और बात है कि वह फिल्म पिट गई। फिर एरिक के दिमाग में 'लव स्टोरी' की रूपरेखा उभर आई। उसने एक परिचित लड़की को उपन्यास की नायिका के रूप में चुना। फिर उसके साथ अपने एक विद्यार्थी की कहानी चिपका दी। 'लव स्टोरी' की फिल्म पाण्डुलिपि तैयार हो गई। कहानी पढ़ कर उसके एजेंट तक चकरा गए। यह भी कोई कहानी हुई कि कालेज के एक छोकरे और एक छोकरी की शादी हो गई? पाण्डुलिपि छह निर्माताओं को दिखाई गई, मगर सब ने उसे लौटा दिया। आखिर एरिक ने अपनी पाण्डुलिपि अपनी पुरानी परिचिता प्रसिद्ध अभिनेत्री अली मैकग्रौ के पास भेज दी। अली ने उसे ध्यान से पढ़ा और रो दी। उसने 'लव स्टोरी' को 'सीधी, बुनियादी और स्वच्छ भावना से भरी' माना। उन दिनों अली का पैरामाउंट के निर्माण-अधिकारी से रोमांस चल रहा था। पैरामाउंट ने 'लव स्टोरी' को फिल्मीकरण के लिए चुन लिया। फिल्म बनने से पहले कहानी का तीस बार पुनर्लेखन हुआ । पात्रों की काफी काट-छांट की गई, दृश्य लिखे और काटे गए। कई बार निर्देशक बदले गए। अन्ततः फिल्म बन कर तैंयार हो ही गई। 'लव स्टोरी' बड़े हिसाब-किताब से तैयार की गई फिल्म है मगर उसके बनाने वालों को उम्मीद नहीं थी कि वह इस कदर हिट हो जाएगी।

'लव स्टोरी' पुस्तक रूप में आई तो उसके सामने 'दी सैलिंग आफ दी प्रजीडेंट' की बिक्री भी फीकी पड़ गई। 'लव स्टोरी' का विज्ञापन भी मौलिक ढंग से किया गया। एरिक ने प्रमुख दैनिकों मे पूरा पृष्ठ बुक करा लिया। पृष्ठ लगभग कोरा छोड़ दिया गया। सिर्फ कोने में लिखा गया 'सेंटीमेंटल ट्रैश' (भावुकतापूर्ण कचरा) यानी 'लव स्टोरी', या 'शीअर नानसेंस' (विशुद्ध बकवास) या इसी तरह की कोई और बात। प्रभाव यह हुआ कि बाजार में पुस्तक मिलना मुहाल हो गया।

सवाल यह पैदा होता है कि 'लव स्टोरी' की इस 'न भूतो न भविष्यति' लोकप्रियता का कारण क्या है? इसका एक कारण तो यह है कि अमेरिकी समाज यौन-स्वच्छन्दता वाली देह-संस्कृति से ऊब चुका है। वहां प्रदर्शित अधिकतर फिल्में 'एक्स' सर्टिफिकेट (यानी सिर्फ बालिगों के लिए) वाली ही होती है। उनमें या तो सेक्स का खुला रूप होता है या मार-कुटाई के दृश्य। पिछले दो सालों में वहां की फिल्म कंपनियां अखबार की सुर्खियों पर ही फिल्में बनाती रहीं। युवा-विद्रोह का दौर-दौरा हुआ तो 'ईजी राइडर' बन गई। युवा पीढ़ी के लोग निर्देशन करने के लिए हालीवुड बुला लिए गए। प्रयोगशील निर्देशकों की बन आई। अर्थ केंद्रित व्यवस्था और यंत्र सभ्यता का मजाक उड़ाने वाली जटिल बौद्धिक फिल्मों का सिलसिला शुरू हुआ। 'न्यू' फिल्में बनीं और फिर 'नाऊ' फिल्में। शुरू में युवक-वर्ग उनमें गहरी दिलचस्पी लेता रहा फिर वह भी उदासीन हो गया। समकालीन दर्शक बड़े चतुर हैं। उन्हें यदि किसी फिल्म का विरोध करना होता तो किसी विवाद या प्रदर्शन में नहीं

पड़ते। बस, उसे देखते नहीं। हालीवुड में संकट की स्थिति उत्पन्न हो गई। हाहाकार मच गया। निर्माता उलझन में पड़ गए कि हालीवुड के भारी-भरकम जलयान को घाटे के समन्दर में डूबने से कैसे बचाया जाए? तभी 'लव स्टोरी' के रूप में एक सीधी-सादी, भावुकता भरी प्रेम कहानी उनके हाथ लग गई और डूबते को तिनके का सहारा मिल गया। 'लव स्टोरी' कुछ वैसी ही सरल और जज्बाती फिल्म है जैसी 1930 और 1940 के दशकों में बना करती थीं। हमारे यहां बनी 'कंगन', 'बंधन', 'बैजू बावरा' जैसी। इस फिल्म की अभूतपूर्व सफलता से व्यक्त होता है कि अमेरिका फिर रोमानियत और स्वच्छन्दतावाद की ओर वापसी के लिए छटपटा रहा है। खास-तौर पर अमेरिका की नई पीढ़ी। सिमौन एण्ड शुसटर के विज्ञापन-निर्देशक स्ट्रोम लेमोन ने नई पीढ़ी की नब्ज पर अंगुलियां रखते हुए कहा है—"छोकरे रोमांस चाहते हैं। वे फिर से यह महसूस करने लगे हैं कि कालिज की छोटी-सी दुनिया बड़ी रंगीन और दिलचस्प होती है।" वास्तविकता यह है कि 'ड्रग्स' और जातिभेद के बारे में पढ़-पढ़ कर लोग ऊब चुके हैं और कुछ सीधी-सादी सच्ची चीज चाहते हैं।

बुनियादी बात यह है कि दुनिया फिर बुनियादी बातों की तरफ लौटना चाह रही है। बुद्धि के दाव-पेंच बहुत चल चुके, अब वह दिल की बात सुनना चाहती है। क्योंकि 'इल्म से शायरी नहीं होती।' सभ्यता का चक्र घूमता रहता है। क्रिया-प्रतिक्रिया को जन्म देती है। घूम-फिर कर सभ्यता का चक्र फिर सहज वृत्ति के बिन्दु पर लौट आना चाह रहा है। भावुकता इतने वर्षों तक दबाई जाती रही है कि अब वह फिर पूरे वेग से उभर आना चाहती है। नाथाली सार्रोत और रोब्ब ग्रिए जैसे नव-उपन्यासवादियों तक ने यह महसूस किया है कि कामू ने अपने पात्रों को जिस जड़ता और भाव-शून्यता की स्थिति तक पहुंचा दिया उससे आगे जाने की कोई राह नहीं है। यौन-प्रदर्शन और सदमा पहुंचाने के जितने टोटके थे, अमेरिका के लेखक और फिल्म-निर्माता उन्हें आजमा चुके हैं। वे सब अब अपना जादू खो चुके हैं। अमेरिकी समाज अब उनके प्रति संवेदनशून्य हो चला है। अब कोई चीज उसमें फिर संवेदना उत्पन्न कर सकती है तो वह है सहजता, भावुकता और रोमानियत। इसीलिए वहां की नई पीढ़ी पुकार उठी है—"प्रेम-नगर में बनाऊंगी घर मैं...!"

प्रेम-नगर में घर बनाने की कल्पना हमारे लिए अब भी सर्वथा अजनबी नहीं हो सकी है। भावुकता का जादू पूरी तरह भारतीय समाज में कभी नहीं टूटा। शरतचन्द्र ने इसे समझा था और अपने पात्रों को पूरी भावुकता के साथ सिरजा था। भारतीय साहित्य के आधुनिकीकरण के बावजूद यहां के पाठकों ने भावुकता का दामन कभी नहीं छोड़ा। यही वजह है कि आज भी शिवानी के उपन्यास हिट होते हैं। लगता ऐसा है कि भारतीय लेखक अभी भाव-शून्यता की यात्रा पर और भागे जाएंगे, मगर पाठक भावुकता के छोर पर खड़ा उनकी वापसी की प्रतीक्षा करता रहेगा।

□□□

वासना के प्रदेश में भावना का प्रवेश वर्जित

एक जमाना था कि लोग सेक्स की चर्चा खुलेआम करते हुये घबराते थे। प्रेम का स्थान सबसे ऊंचा था, वासना उसकी अभिव्यक्ति का केवल एक 'प्रकार' थी। और इस 'प्रकार' को कोई विशेष गरिमा नहीं दी जाती थी। वासना एक स्थूल सीढ़ी की तरह थी सूक्ष्म तक पहुंचने के लिए । और तो और दिल्लगी तक के लिए मनोरंजन का ही सहारा लिया जाता था, मनोरंजन की चर्चा कहीं सुनाई नहीं देती थी। वासनात्मक चर्चायें अन्धेरे कोनों और सीमित उपस्थिति की तलाश में रहती थीं। ऐसा भी नहीं कि यह हालात सिर्फ हिन्दुस्तानियों की ही हो, आधुनिकता के अलम्बरदार पाश्चात्य देशों का रवैया भी कभी ऐसा ही था। जरा कल्पना कीजिए विक्टोरिया के जमाने के इंग्लिस्तान की। क्या उस समय कोई व्यक्ति सार्वजनिक रूप से वासना-प्रदर्शन या कामुकता की चर्चा का साहस कर सकता था? सेक्स पति-पत्नी के बीच घरेलू मामला माना जाता था। प्रसिद्ध दार्शनिक और मनोवैज्ञानिक विलियम जेम्स ने अपनी प्रसिद्ध पुस्तक 'मनोविज्ञान के सिद्धांत' (प्रिन्सिपल्स ऑफ साइकालॉजी) की रचना की तो वह भी अपने इस महाग्रंथ में सेक्स के बारे में केवल एक-डेढ़ पन्ना ही लिख पाए। इतना-सा लिखने पर भी उन्हें अंत में यह जोड़ना पड़ा कि ये बारीकियां जरा अप्रिय हैं। मजे की बात यह है कि विलियम जेम्स को अपने समय से बहुत आगे का माना गया। सेक्स की खुलकर चर्चा की सबसे पहले फ्रायड ने। प्रथम विश्वयुद्ध के बाद तो जमाना ही बदल गया, और इस तरह बदला कि वासना के शमन को नहीं, वासना के दमन को वर्जित माना जाने लगा। तेजी के साथ यौन-स्वच्छन्दता एक सर्वव्यापी प्रवृत्ति बनती गई । किन्तु मुक्त यौन के पाश्चात्य समाज में अब यह प्रश्न बहुत जोर-शोर से सिर उठाने लगा है कि यौन की इस मुक्ति से सुखी कौन है?

बहुत शोर सुनते थे सेक्स का

'इरोस' (काम) और सेक्स (यौन) के बीच जो द्वन्द्व पिछले चार-पांच दशकों में चलता रहा है, उसमें 'इरोस' को मुंह की खानी पड़ी है। 'इरोस' तो यह कभी नहीं भूला है कि मन से अलग शरीर की सत्ता कोई अर्थ नहीं रखती। मन की अतृप्ति के रहते शरीर की तृप्ति का कोई उपयोग नहीं है। और मानसिक तृप्ति व्यक्ति को तभी प्राप्त

होती है जब वह दूसरे के सुख को अपने सुख पर तरजीह देने लगता है। भारत में तो काम की प्रतिष्ठा अद्वितीय है। कामानन्द को 'बह्मानंद सहोदर भू' तक कहा गया है। काम केवल भोग तक सीमित न रहकर सृजन की सीमाएं छू लेता है। वह दो व्यक्तियों के बीच का सारा द्वैत नष्ट करके उन्हें एकप्राण, एकात्म कर देता है। जब कि यौन की सीमा शारीरिक भूख का निराकरण है। सभ्यता के विकास में पश्चिम से जो अनेक गलतियां हुई हैं, उनमें से एक बहुत बड़ी गलती यह भी है कि उसने यंत्रों के बीच जीते-जीते अपने शरीर को भी यंत्र ही मान लिया है। यह बह्मानन्द सहोदरम् को भी यंत्रवत ही भोगना चाहता है। और अपनी इस गलती का हश्र उसके सामने बड़ी तेजी से आता जा रहा है। वासना के दमन ने बहुत-सी समस्यायें खड़ी कर दी थीं, लेकिन वासना की मुक्ति ने वे सारी समस्यायें सुलझा नहीं दी हैं। हकीकत तो यह है कि बहुत-सी नई समस्यायें खड़ी कर दी हैं। पहलू में दिल का शोर सुनने वाले शायर को जैसे उसे चीर कर बड़ी नाउम्मीदी हुई थी, उसी तरह सेक्स का तिलिस्म टूट जाने पर भी पश्चिम का आदमी हक्का-बक्का रह गया है। सेक्स भी अब आधुनिक मनुष्य के अन्य व्यापारों की भांति हिसाब-किताब की जद में आ गया है। प्रेम-व्यापार में भी आंकड़े अपना करिश्मा दिखाने लगे हैं। आत्मीयता और अन्तरंगता औपचारिकता तथा दिखावे का रूप लेती जा रही है। अब यह सवाल लोगों के दिमाग मे रह-रह कर उठने लगा है कि यदि जमाने की रफ्तार यही रही तो सेक्स की अनायासता कितने दिन और जीवित रह सकेगी? कभी मनुष्य इस अपराध भाव से दबा हुआ था कि कहीं मैं अति तो नहीं कर रहा हूं, आज उसके मन में यह चिंता है कि मैं अपनी वासना को पूर्ण अभिव्यक्ति दे पा रहा हूं कि नहीं? एक जमाना था जब प्यार के संदर्भ में वासना की चर्चा से लोग परहेज करते थे, और एक जमाना यह है कि वासना के संदर्भ में प्रेम की चर्चा अप्रासांगिक ही नहीं, वर्जित भी मानी जाने लगी है। आज के मनुष्य ने भावना को वासना के क्षेत्र से बहिष्कृत कर एक जबर्दस्त खतरा मोल ले लिया है।

अति की अति

काम के क्षेत्र से भावना के निष्कासन की सबसे ताजी मिसाल अमेरिका की 'स्विंगर्स' है। 'स्विंगर्स' वे लोग कहलाते हैं जो सेक्स के सामूहिक भोग में विश्वास रखते हैं। इस समूह-भोग में अनेक दम्पत्ति भाग लेते हैं और बिना झिझक मनचाहा साथी चुनकर रंगरेलियां मनाते हैं। कभी उन्मुक्त काम-व्यापार अभिजात वर्ग की देन माना जाता था, किन्तु इस नई प्रणय-धारा में भाग लेने वाले दम्पत्ति अधिकांशतः मध्यवर्ग से संबंधित हैं। यों इसका दायरा बड़ा व्यापक है—उसमें सेल्समैन, वकील, एकाउन्टेन्ट

वगैरह सभी आ जाते हैं। सहयोगियों का एक प्रसिद्ध अड्डा है अमेरिका का क्लब 101। क्लब के एक खुर्राट सदस्य मार्क मैलन्सन का कहना है–"इस क्लब में भी वैसी ही नियमित पार्टियां चलती हैं जैसी कि स्विंगर्स की अन्य सामूहिक भोग वाली संस्थाओं में। फर्क सिर्फ इतना है कि दूसरी किसी संस्था में वांछित साथी का फोन नम्बर पूछ कर काम चला लिया जाता है, यहां उस से सीधे यह पूछा जाता है कि क्या तुम मेरे साथ दूसरे कमरे मे चलकर सेक्स का मजा लूटना चाहोगी? क्लब के साथ वाले कमरों में हंसी-ठट्ठे, छेड़खानी और बनावटी नखरों की आवाजें गूंजती रहती हैं। वहां लोग या तो जोड़ों में या सामूहिक रूप से यौन-तृप्ति में व्यस्त रहते हैं। वहां के अंधेरे गलियारे एक अर्ध प्रकाशित कमरे, जिसे गुफा (केव) कहा जाता है, तक भी पहुंचते हैं। 'केव' में तैरने वाले बिस्तर बने हुये हैं। उसीसे एक कमरा और जुड़ा हुआ है जो अनन्त कक्ष('इन्फिनिटी रूम') कहलाता है। इस कमरे में चारों ओर शीशे ही शीशे जड़े हुये हैं और प्रकाश की भी विशेष व्यवस्था है। ऐसे वातावरण में एक घंटे पहले तक एक-दूसरे से अजनबी लोग ऐसे घुल-मिल जाते हैं जैसे युग-युगों से एक-दूसरे को जानते हों। सेक्स का यह नाटक ऐसे मनोयोग से खेला जाता है जैसे वह उनकी जिन्दगी की सबसे बड़ी हकीकत हो। ताज्जुब यह है कि ऐसे माहौल में न किसी का दम घुटता है, न किसी को उबकाई आती है। सेक्स के इस वीभत्स नाटक में केवल विलासी नव-धनाढ्य ही भाग लेते हैं जो धर्मपरायण हैं और बाकायदा चर्च जाते हैं। स्विंगर्स पर लिखी गई पहली विस्तृत प्रमाणिक पुस्तक 'ग्रुप सेक्स' (सामूहिक भोग) के लेखक प्रसिद्ध नृतत्वशास्त्री गिलबर्ट बारटैल के अनुसार यौन स्वेच्छाचार की यह धारा राष्ट्रव्यापी रूप लेती जा रही है और बीस लाख के करीब मध्यवर्गीय अमेरिकी इसमें सम्मिलित है। गिलबर्ट के अनुसार केवल ग्रेटर शिकागो में ही आठ हजार दम्पत्ति सामूहिक भोग के आयोजनों में नियमित रूप से भाग लेते हैं। कैलिफोर्निया के एक मनोवैज्ञानिक एल. जेम्स ग्रोल्ड का कहना है कि वे सम्मानित मध्यवर्गीय व्यक्ति जो सिर्फ कुछ साल पहले इस ख्याल तक से दहल जाते, अब उन क्रियाकलापों में खुलकर भाग लेने लगे हैं जो पहले ऐय्याश रईसों के चोंचले समझे जाते थे।

आवश्यकता है

समूह-भोगों में शामिल होने वाले दम्पत्ति किसी बंधन को स्वीकार नहीं करते सिवाय इसके कि भावना को भोग के क्षेत्र में किसी भी तरह घुसपैठ नहीं करने देना है। स्विंगर्स के अपने क्लब और बार ही नहीं, पत्र-पत्रिकाएं भी हैं। पचास पत्र-पत्रिकाओं में इस तरह के विज्ञापन नियमित रूप से प्रकाशित होते रहते हैं : 'वह 27 वर्षीय युवक और वह 23 वर्षीया सुन्दरी, साहसिक और मैत्रीपूर्ण। रंगीन दम्पत्तियों की आवश्यकता है। फोटो भेज सकें तो बेहतर। यात्रा कर सकते हैं।' सामूहिक विलास

में अकेले पुरुषों, समलिंग भोगियों और कहीं-कहीं हब्शियों को शामिल होने की इजाजत नहीं है। अकेले पुरुषों को इसलिए शामिल होने की अनुमति नहीं दी जाती कि कहीं वे भावुकता और लगाव का बखेड़ा खड़ा न कर दें।

वैवाहिक जीवन बचाने का अनोखा तरीका

सबसे दिलचस्प बात यह है कि यह सब किया जाता है विवाहित जीवन बचाने के लिए। अक्सर किसी दम्पत्ति का स्विंगिंग का चक्र तब चलना शुरू होता है जब पति महोदय यह सोचने लगते हैं कि स्विंगिंग द्वारा अपनी वासनात्मक कल्पनाओं को रूप देकर वह अपनी घर-गृहस्थी उजड़ने से बचा लेंगे। पति-पत्नी के बीच अब और एकरसता से उत्पन्न होने वाली तलाक की सम्भावना को टालने का बेहतरीन तरीका उन्हें यही सुझाई देता है। सान फ्रांसिस्को की एक गृहस्थन का कहना है कि स्विंगिंग ने हमारे वैवाहिक जीवन की दरारें भर दीं, क्योंकि इसने हमारे बीच बात-चीत का एक सिलसिला दिया। स्विंगर्स के एक प्रमुख केंद्र 'दी स्विंग' के मालिक ग्रैग मैक्ल्योर के अनुसार चाहे स्विंगिंग हमेशा शादी को बचाने वाली साबित न हो, मगर हमारे वैवाहिक जीवन पर तो इसका असर अच्छा ही पड़ा है। ग्रैग की पत्नी जॉयस का कहना है कि दस वर्ष के विवाहित जीवन के बाद हर कोई यह सोचने लगता है कि विपरीत सेक्स वाले अब जाने उसे आकर्षण की दृष्टि से देखते भी हैं कि नहीं।

अब सवाल यह पैदा होता है कि क्या स्विंगर्स में कभी ईर्ष्या का जन्म नहीं होता? मतलब यह कि पति की मांग अधिक देख कर क्या पत्नी ईष्यालु नहीं हो उठती? मगर यह सब तो तब हो न जब वे अपनी भावनायें तो साथ लेकर क्लब में आयें। भावनायें तो वे घर में हेंगर्स पर ही टांग आते हैं। इस सवाल से भी ज्यादा जरूरी सवाल यह है कि आने वाली पीढ़ी पर नई पीढ़ी के इन तौर-तरीकों का क्या असर पड़ेगा? ऐय्यासी की इस हद के बाद ऐय्यासी की और कौन-सी हद ईजाद की जायेगी?

नई पीढ़ी की ट्रेनिंग

नई किशोर पीढ़ी दो-तीन दशक पहले की पीढ़ी के किशोरों की तरह भोली-भाली और नादान नहीं है। मामला कोई भी हो, वह बुजुर्गों के कान कतरने के लिए हमेशा तैयार रहती है। बुजुर्गवार भी उसे ट्रेन करने में कम जोशो-खरोश नहीं दिखा रहे हैं। हाल ही में अमेरिका और यूरोप में किशोर-किशोरियों की यौन-शिक्षा के लिए कई किताबें प्रकाशित हुई हैं। उनमें से एक प्रमुख प्रकाशन है 'दी सेक्स बुक'। 'दिखाओ-बताओ' शैली में रचा गया यह ज्ञानकोश किशोर-किशोरियों के चक्षु खोल देता है। जर्मनी में इसका प्रकाशन हो चुका है और इसकी तीस हजार प्रतियां बिक भी चुकी हैं। पश्चिमी जर्मनी के लूथरल युवा-केन्द्रों में यह पाठ्य-पुस्तक के रूप में पढ़ा जाता है। इसका

अमेरिकी संस्करण एरविन जे. हबरले ने तैयार किया है। बिल मैकब्राइड ने इसे चित्रों से सजाया है। अधिकतर लोंगों का यह ख्याल है कि यह ज्ञान-कोश माता-पिताओं को किशोरों की जिज्ञासाओं से त्राण दिला सकेगा। यौन जीवन के गुप्त रहस्य बच्चे इस पुस्तक द्वारा आसानी से और सही ढंग से जान सकेंगे। किन्तु इस के आलोचकों का आरोप है कि यह पुस्तक, खास तौर पर इस के बेबाक चित्र, बच्चों को जरूरत से ज्यादा जानकारी देने वाले हैं। इन चित्रों में रति के चित्र भी शामिल हैं। आत्मरति के बारे में तो इस में विस्तार से चर्चा की ही गई है। इसमें दी गई कुछ परिभाषायें काफी दिलचस्प है। मिशाल के तौर पर वेश्यालय की परिभाषा इसमें इस प्रकार की गई है : 'वह स्थान जहां लोग यौन-संगी किराए पर ले सकते है।' नग्नता की परिभाषा 'यौन-दृष्टि से आकर्षक' के रूप में की गई है। कौमार्य की परिभाषा : 'यौन-संगी के प्रति सुविधानुसार इस्तेमाल की जाने वाली यौन-वस्तु के रूप में नहीं, इकाई के रूप में आदर-भाव।' इस ज्ञानकोश में समलिंगभोग पर समुचित प्रकाश डाला गया है। कुछ आलोचकों ने इस तरह के वाक्यों पर भी आपत्ति उठाई है : 'केवल कुछ भावनात्मक रूप से उखड़े हुये लोग ही सेक्स के रूप में कभी नहीं सोचते।' अब आप खुद ही फैसला कर सकते हैं कि इसमें किशोर-किशोरियों के लिए कितने कारआमद नुस्खे दिये गये हैं।

आदर्श छात्र की आदर्श कल्पना

ऐसी ही एक और आवश्यकता से अधिक उपयोगी पुस्तक है 'दी लिटिल रैड स्कूल बुक।' क्रान्ति से पहले के जमाने में चीन में ईसाई मिशनरी धर्मोपदेश के सूत्रमय गुटके लाखों की संख्या में बांटा करते थे। माओ त्से तुंग ने उनसे प्रेरणा लेकर 'थॉट्स ऑफ चेयरमैन माओ' पुस्तक प्रकाशित कराई, जो 'दी लिटिल रैड बुक' के रूप में प्रसिद्ध हुई। विचार-प्रचार का यह तरीका दो डेन वासियों को भी बहुत उत्साहप्रद प्रतीत हुआ और उन्होंने भी इसी तर्ज पर बच्चों के लिए यौन-ज्ञानप्रद गुटका प्रकाशित करा दिया। इस पुस्तिका का अनेक पाश्चात्य भाषाओं में अनुवाद हो चुका है। भावना को सेक्स से पृथक करने की साजिश इस पुस्तक में भी उभर कर आई है। सेक्स सम्बन्धी अध्याय का प्रारम्भ ही इस पंक्ति से होता है–'यह अंश प्रेम के बारे में कुछ नहीं और भावनाओं के बारे में बहुत कम कहता है।' अश्लील साहित्य से सम्बन्धित अंश का समापन होता है इस आह्वान के साथ–'अश्लीलता एक हानि-रहित आनन्द है, यदि उसे गम्भीरतापूर्वक न लिया जाये और वास्तविक न मान लिया जाये। यदि कोई उसे वास्तविक मान बैठेगा तो उसके हाथ घोर निराशा आयेगी। किन्तु यह नितान्त सम्भव है कि तुम्हें इससे कुछ अच्छे विचार मिल जायें और तुम कुछ ऐसा पा सको जो तुम्हें रोचक लगे और जो तुमने उस से पहले कभी न आजमाया हो।' पॉल

जानसन के अनुसार लिटिल रैड बुक से जिस आदर्श छात्र की छाया उभरती है वह कुछ ऐसा होगा : 'वह पुस्तकालय से शिक्षण-पद्धति की पुस्तकें प्राप्त कर कक्षा में अपने अध्यापक के पढ़ाने के ढंग की आलोचना करता है। वह कक्षा के फर्नीचर को निरन्तर इधर-उधर करता रहता है। चटाइयां घसीट कर बरामदे में ले जाता है। वह दीवारों पर पोस्टर, दीवारी साधारण पत्र चिपकाता है और नारे लिखता है। यौन-शिक्षा सम्बन्धी सामग्री नोटिस बोर्ड पर टांगता है। वह शौचालयों के बारे में शिकायत करता है।('यह एक ऐसी चीज है, जिस पर तुम्हें अवश्य अड़ जाना चाहिए।'), उत्तर-पुस्तिकायें कोरी लौटा देता है, खेल के मैदान में शीतल पेय बेचता है, गर्भ निरोधकों की अपनी फैक्टरी खोल लेता है ('उनका विद्युत-परीक्षण करना कभी न भूलना'), गैर-कानूनी पत्रिकायें प्रकाशित करता है, पुस्तकालय में यौन-पुस्तकें मंगाने का आग्रह करता है, अपने अध्यापकों की हेडमास्टर से शिकायत करता है... ।' कहिए, आदर्श छात्र का यह नक्शा आप को कैसा लगा?

अमेरिका और यूरोप की फिल्मों में तो वासना की धारा बहुत पहले से ही बहती आ रही है। अब तो सिनेमा के पर्दे पर सेक्स के ऐसे-ऐसे जलवे दिखाए जाने लगे हैं कि उस उन्मुक्त समाज के विचारक भी तिलमिला गये हैं। 'न्यू स्टेट्समैन' में प्रकाशित अपने एक पत्र में डेविड होलब्रुक ने सेक्स के सार्वजनिक प्रदर्शन पर गहरी चिन्ता और दुःख व्यक्त करते हुये लिखा है—"यह किसी व्यक्ति के प्राइवेट 'अस्तित्व' में भयंकर दखलअन्दाजी है कि उसे मंच अथवा पर्दे पर रति करते हुये दिखाया जाये।" इस वासनाप्रधान सभ्यता में सेक्स की भावशून्यता का उन्होंने प्रबल विरोध किया है। किन्तु क्या इस विरोध का कोई असर भी हो रहा है? अब भी वहां 'ओह कैलकटा' जैसा नाटक खेला जाता है जिसमें नग्नता का भरपूर प्रदर्शन होता है। वासना में बहते हुये आधुनिक व्यक्ति द्वारा भावना का यह तिरस्कार उसे किस खतरनाक मोड़ पर ले जायेगा, यह एक गौरतलब मसला है। और इस मसले का हल पाश्चात्य संस्कृति और अधिक टाल नहीं सकेगी।

हमारे देश में काम को सदैव उचित स्थान और सम्मान दिया जाता रहा है। जीवन के अन्य प्रयोजनों के समक्ष उस का महत्त्व सर्वथा उपेक्षणीय नहीं माना गया है, न ही उसे केवल वासना तक सीमित किया गया है। यह कितने आश्चर्य की बात है कि पाश्चात्य संस्कृति ओढ़ते समय अपनी स्वस्थ परम्पराओं तक की अवहेलना करना हमारी आदत बनती जा रही है। सेक्स की मुक्ति का आन्दोलन धीरे-धीरे हमारी पीढ़ी का नारा भी बनता जा रहा है। दूसरों की गलती दुहराने से कोई फायदा नहीं है। यह नारा अपनाने से पहले क्या हमें उसके अंजाम पर नजर नहीं डाल लेनी चाहिए?

❑❑❑

अकेलेपन के आतंक से जन्मी अश्लीलता

पश्चिम की संस्कृति में इधर अश्लीलता ने अन्यतम स्थान प्राप्त कर लिया है। इस सदी के छठे दशक तक औद्योगिक देशों में विज्ञान से उपजी शुष्क तर्क और निस्संग बौद्धिकता की परम्परा तथा विज्ञान से विद्रोह करने वाली रूमानी धारा दोनों साहित्य-कला-संस्कृति में पूरे वेग से प्रवाहित थी। सहसा छठे दशक के बाद कामुकता हर विधा पर छा गई। उसे भी अमानवीय और यांत्रिक विज्ञान के प्रति स्वच्छंदतावादी विद्रोह की नई कड़ी के रूप में प्रस्तुत किया जा रहा है, लेकिन यह किसी से छिपा नहीं है कि वह स्वयं अमानवीय और यांत्रिक अश्लीलता है। लुत्फ की बात यह है कि अश्लीलता उन देशों में अधिक पनपी है जिन्हें लुत्फ-अंदोजी में कभी यकीन नहीं रहा। पश्चिम के परम्परागत 'रंगीले' देश, जो सबके सब कैथलिक हैं यानी मनुष्य को पाप का पुतला मानते हैं, आज दबे-ढके नजर आ रहे हैं। उधर प्यूरेटिन देश, जिन्होंने व्यक्ति को सृष्टि के केन्द्र में रख कर मानव को ईश्वर बनाना चाहा और इस भ्रम में विज्ञान और व्यवसाय की समृद्ध संस्कृति को जन्म दिया, आज अनैतिकता की कीचड़ में लोट लगा रहे हैं। देह से इंकार करने वाला त्यागी-परिश्रमी प्यूरेटिन समाज देह की संस्कृति और भोग के व्यवसाय की मंजिल पर आ पहुंचा है।

यह सिलसिला स्कैंडिनेवियाई देशों में शुरू हुआ जो अपेक्षाकृत अधिक समृद्ध, अधिक स्वच्छन्द और तर्क-पूजक रहे हैं। स्वीडन में स्त्री-पुरुष के संबंध और पारिवारिक बंधन के प्रति सबसे अधिक 'वैज्ञानिक', 'मुक्त' और 'मानवीय' दृष्टि अपनाई गई। गर्भनिरोध, गर्भपात, अविवाहित मातृत्व, तलाक आदि के संबंध में उदारतम व्यवस्था की गई। क्या कहां लिखा और दिखाया जा सकता है इस विषय में बहुत ही कम प्रतिबंध रहने दिए गए। मनुष्य की इस युक्ति ने ईश्वर को मूक कर दिया—ईश्वर को ही नहीं, मानवीयता को भी। दिग्दर्शक बर्गमान ने अपनी फिल्म 'साइलेंस' (मौन) में उस भयावह स्थिति का चित्रण किया है जिसमें संप्रेषण का एकमात्र साधन सेक्स बच रहा है। बोली जो भी है सो देह की है। 'साइलेंस' में बर्गमान की तमाम बौद्धिकता के बावजूद कथा-निर्वाह के लिए रति के ऐसे दृश्य प्रस्तुत किए गए थे जो उदार सेंसर व्यवस्था वाले देशों में भी अश्लील और आपत्तिजनक माने जा सकते थे। इसे लेकर स्कैंड़िनेवियाई देशों में भी काफी हो-हल्ला

हुआ। अंत में 'उदार-तत्वों' की विजय हुई और रहा-सहा सेंसर भी समाप्त हो गया। स्वीडन से भी एक कदम आगे बढ़कर डेनमार्क ने अश्लीलता संबंधी सब कानून रद्द कर दिए। इसके बाद वहां विलास के व्यवसाय ने पहली अंतर्राष्ट्रीय अश्लीलता प्रदर्शनी का आयोजन किया जिसमें हर देश-काल की अश्लीलता के नायाब नमूने जुगुप्सा की जिज्ञासु आंखों के सामने प्रस्तुत हुए। इसके बाद तो अश्लीलता डेनमार्क की प्रमुख निर्यात सामग्री में शुमार हो गई और सैलानियों के लिए भी जबर्दस्त आकर्षण बन गई। शीघ्र ही दूसरे अंतर्राष्ट्रीय अश्लीलता मेले का आयोजन हुआ, जिसमें अश्लील साहित्य, चित्र, मूर्त्तियां और फिल्में ही नहीं, जीते-जागते जोड़े भी दर्शकों के सामने प्रस्तुत किए गए और दर्शक ज़ोड़ों से इस मेले के अनुरूप स्वयं दर्शनीय बन जाने का सफल अनुरोध भी किया गया।

स्कैंडिनेवियाई देशों से अश्लीलता का निर्यात मुख्य रूप से अमेरिका को हो रहा है जो कभी प्यूरेटिन जीवन-दर्शन का कर्म-क्षेत्र माना जाता था। जिनके पूर्वजों को मेज के पाए नंगे रखने में संकोच होता था उन्होंने न्यूयार्क, लास ऐंजेलिस और शिकागो जैसे नगरों में नग्नता के आयात और विक्रय की व्यवस्था की। पिछले तीन वर्षों में न्यूयार्क के टाइम्स स्क्वायर में अश्लीलता का अच्छा-खासा बाजार बन गया है। अनेक दुकानें ऐसी हैं जिनमें अश्लील पुस्तकों, चित्रों और मूर्त्तियों के अतिरिक्त 'ब्लू फिल्में' भी उपलब्ध हैं। दुकान के बाहर तख्ती पर लिखा रहता है, "केवल वयस्क पुरुष ही प्रवेश कर सकते हैं।" दुकानों पर लगी हुई भीड़ यह प्रमाणित करती है कि वयस्कता और पौरुष दोनों का अकाल पड़ गया है। 'पोर्नो शाप' कहलाने वाली इन दुकानों में किसी भूखे किशोर की बीमार कल्पना का संसार प्रस्तुत किया जाता है जिसे देखने जाने वाले इक्कीस वर्ष से बड़े भले ही हों, सयाने हरगिज नहीं हो सकते। इन दुकानों में देसी अश्लील सामग्री खुले तौर से और डेनमार्क से आयात की गई अश्लील सामग्री छिपे तौर से बेची जाती हैं। देसी सामग्री में देसी कानून की मर्यादाओं का पालन करना पड़ता है। डेनमार्क में ऐसी कोई रोक नही है, इसलिए चित्रण अधिक यथार्थवादी रहता है। डेनमार्क से अश्लील फिल्में 'पोर्नो-शाप' के पिछवाड़े बनी दड़बानुमां कोठरियों में देखी जा सकती है। दड़बे में जाइए, पर्दा खींच दीजिए, मशीन में क्वार्टर का सिक्का डालिए और पहली रील शुरू। पांच-छह रील वाली पूरी फिल्म देखने के लिए कुल मिला कर ड़ेढ डालर खर्च होते हैं। यही फिल्में आठ से दस डालर प्रति रील के हिसाब से बेची भी जाती है।

अमेरिकी निर्माताओं ने देसी सामग्री को डेनमार्क की सामग्री जितना आकर्षक बनाने के लिए कानून की आखों मे धूल झोंकने के कई तरीके निकाले हैं। कानून उसे अश्लील नही मानता जो ज्ञान-प्रसारण के लिए आवश्यक हो। अथवा जिसमें सामाजिक

हित की कोई बात हो। लिहाजा अधिकतर अश्लील सामग्री केवल 'डॉक्टरों और शोध-छात्रों के लिए' जैसे लटकों के सहारे बेची जाती है। उसका 'स्वास्थ्य और व्यायाम' जैसे विषयों से भी नाता जोड़ा जाता है। इस क्षेत्र में कानून को सबसे ज्यादा मूर्ख बनाया मैट किम्बर नामक एक फिल्म-निर्माता ने। उनकी डाक्यूमेंटरी फिल्म 'मेन एण्ड वाइफ' (पति-पत्नी) एक नव-विवाहित युगल के विषय में है जो सुखी दाम्पत्य के रहस्य जानने के लिए डॉक्टरी और मनोविज्ञान के विशेषज्ञ के पास जाता है। विशेषज्ञ महोदय नितांत पारिभाषिक शब्दावली और औपचारिक शैली में वात्स्यायन से लेकर फ्रायड तक सभी विशेषज्ञों का हवाला देते हुए सब कुछ समझाते चलते हैं और जो कुछ समझाया जाता है सो पर्दे पर दिखता जाता है। इस प्रकार डाक्यूमेंटरी 'चलचित्र कामशास्त्र' बन गई है। मगर मैट किम्बर का कहना है कि यह अश्लील नहीं क्योंकि इसमें ज्ञान-प्रसारण मात्र किया गया है। डाक्यूमेंटरी चूँकि सुखी दाम्पत्य को समर्पित है इसलिए सामाजिक हित की सिद्धि करती है। कोई छियासी हजार डालर की लागत से बनी यह फिल्म इस समय अमेरिका के सौ से अधिक सिनेमा घरों में चल रही है और पचीस लाख डालर कमा चुकी है। कोई आश्चर्य नहीं जो किम्बर अब 'ही एण्ड शी', 'पोर्नोग्राफी यू.एस.ए.' जैसी और 'डाक्यूमेंटरियां' धड़ाधड़ बनाते जा रहे हैं। किम्बर से सवा सेर साबित हुए हैं एलेक्स द रेजी। डेनमार्क में निर्मित अश्लील सामग्री को, जिसका यथार्थवादी पद्धति अमेरिकी सेंसर नापास करता है, अमेरिका में खुलेआम दिखाने की उन्होंने एक बहुत ही चतुर युक्ति निकाली। डेनमार्क जाकर वह सामान्य और विकृत हर तरह की रति का प्रदर्शन करने वाली फिल्मों की फुटेज खरीद लाए। उनके बारे में सेंसर, कानून, समाजशास्त्र और मनोविज्ञान के विशेषज्ञों की राय उन्होंने फिल्म-इण्टरव्यू के रूप में उतारी। डेनमार्क की अन्तर्राष्ट्रीय अश्लीलता प्रदर्शनी के दृश्य भी उन्होंने शूट किए और प्रदर्शनी देखने वालों से अपनी बातचीत भी फिल्म पर उतारी। इस सारी सामग्री को संपादित कर के उन्होंने 'डेनमार्क में सेंसर के प्रति नई दृष्टि' नामक एक डाक्यूमेंटरी के रूप में प्रस्तुत किया। यह भी 'सूचना-प्रद' और 'सामाजिक हित' को समर्पित सिद्ध हुई। कोई 15 हजार डालर की लागत से बनी यह फिल्म आठ लाख डालर अर्जित कर चुकी है। इन फिल्मों की सफलता ने हालीवुड को भी ललचा दिया है और अब कुछ प्रमुख स्टूडियो 'ब्लू फिल्मों' के दिग्दर्शकों को अपने यहां बुला रहे हैं। इनमें से एक 'वियाण्ड द वैली आफ डाल्स' नामक फिल्म बहुत तेजी से पूरी की जा रही है।

स्टूडियो-प्रबंधकों का तर्क यह है कि जब इस तरह की फिल्में लोग देख ही रहे हैं तब क्यों न हम इन्हें अधिक सुघड़ रूप से बनायें? कुछ ऐसा ही तर्क उपन्यास 'द स्टोरी आफ ओ' की भूमिका में उपन्यासकार ग्राहम ग्रीन ने प्रस्तुत किया है। उनका

कहना है कि 'कलात्मक और सुरुचिपूर्ण अश्लीलता' दुर्लभ है लिहाजा इस कृति का स्वागत किया जाना चाहिए! 'द स्टोरी आफ ओ' एक ऐसी लड़की की कहानी है जिसका प्रेमी उसे एक पुराने महल में कैद कर देता है और रति को अत्याचार तथा अत्याचार को रति बताते हुए उससे प्रेम करता है। इस उपन्यास के बारे में साहित्यिकों में जबरदस्त विवाद छिड़ गया है। आलोचक जे.जी. बालार्ड ने इसे प्रेम के जादू से रौद्र और वीभत्स को सर्वथा निर्दोष एवं मानवीय बनाने वाले 'नैतिक प्रवचन' की संज्ञा दी है तो पामेला हांसफोर्ड जान्सन ने इसकी अश्लीलता को इसलिए और भी अक्षम्य ठहराया है कि वह साहित्यिकता का बाना धारण करके आई है। इसके प्रकाशक का कहना है कि अभिव्यक्ति स्वातन्त्र्य के लिए मैं शुरू से लड़ता आया हूँ और आखिरी दम तक लड़ता रहूँगा। दिक्कत यह है कि कलात्मक अभिव्यक्ति के नाम पर जो स्वतंत्रता प्राप्त की जाती है उसका शीघ्र ही भौंडा व्यावसायिक उपयोग होने लग जाता है। और तब 'कलात्मकता' उस भौंडेपन को अपनाने के लिए लालायित हो उठती है। हालीवुड और ब्लू फिल्मों के दिग्दर्शकों के प्रसंग में इस ओर इशारा किया जा चुका है। और होते-होते डेनमार्क की तरह सारे प्रतिबंध ही समाप्त कर देने पड़ते हैं और तब व्यावसायिकता इस क्षेत्र में भी कलात्मकता पर पूरी तरह हावी हो जाती है।

उपभोग की समृद्ध संस्कृति विलास को चंद बिगड़े रईसों के दायरे से निकाल कर भीड़ में प्रसारित कर रही है। यह भीड़ उन लोगों की है जिनके प्रगतिशील तर्क ने जन-जीवन को कुछ ही दशकों मे इतना बदल दिया है जितना वह पिछली तमाम सदियों में नहीं बदला था। इस बदले हुए माहौल में आदमी की जीवन-नैया के सब पुराने लंगर या तो बह गए हैं या बेकार हो चले हैं। यही नहीं, जीवन-ज्ञान इतना जटिल हो गया है कि हर व्यक्ति, विशेषज्ञता की अपनी विशिष्ट परिधि के बाहर भीड़ की भेड़-चाल को समर्पित होने के लिए बाध्य है। तर्क की अंतिम परिणति तर्कहीनता में हो रही है—केप कैनेडी से मानव को चांद पर पहुंचाने वाले वैज्ञानिक और इंजीनियर भीड़ के रूप में फलित ज्योतिष, गांजा-शराब और विकृत यौनाचार में मुक्ति की खोज कर रहे हैं। सम्पन्नता के मध्य सर्वत्र अकेलेपन का आतंक व्याप्त है और भीड़ बनने को अभिशप्त मानव ऐन्द्रिक सुख के सामूहिक संधान में अपने को पाने और खोने की एक बेचैन और बेबुनियाद कोशिश कर रहा है। अमेरिकी उपन्यासकार जान अपडाइक ने अपने विवादास्पद उपन्यास 'द कपल्स' में इसी छटपटाहट की तस्वीर पेश की है।

'द कपल्स' मध्य-वित्त मध्य-वय और मध्य-मार्ग वाले उन चंद जोड़ों की कहानी है जो टारबाक्स नामक एक उपनगर में रहते हैं। सब अच्छी नौकरियों में हैं, लेकिन नौकरी और रुपए-पैसे का उनके लिए कोई महत्त्व या आकर्षण नहीं रह गया है। बाल-बच्चे वाले हैं लेकिन बच्चे उनके लिए उतने ही अजनबी हैं जितने कि अपने

माता-पिता। परिवार उनके लिए बेकार है लेकिन किसी तरह उसे चलाए जा रहे हैं। सामाजिक रीति और राजनीति के प्रति उनके मन में जितनी जिज्ञासा है उतनी ही अनास्था भी है। इस या उस लोक में केंद्रित कोई भी धर्म उनके मर्म को छू नहीं पाता। कुछ शेष रह गया है तो मृत्यु और एकाकीपन का आतंक। इसे झुठलाने के लिए, प्रगति की दुर्गति से आहत मन को बहलाने के लिए, वे आदिम नैतिकता और किशोर कामुकता ओढ़े घूम रहे हैं। टारबाक्स के जोड़ों को सारे जोड़-बाकी के बाद स्वच्छन्द और सामूहिक रूप से एक-दूसरे से जोड़े बांधते रहने का क्रम ही हांसिल हुआ है। सेक्स ही उनका इहलोक-परलोक, खिलौना-डरौना और व्याधि-उपचार है। और तो और, राष्ट्रपति की हत्या का समाचार मिलने पर भी ये जोड़े सामूहिक नैशोत्सव का अपना कार्यक्रम रद्द नहीं करते।

देह के अस्वीकार से और व्यक्ति-गरिमा के प्रसार से जो संस्कृति शुरू हुई थी वह आज देह और भीड़ के अतिरिक्त कुछ नहीं जानती। इस प्रसंग में यह उल्लेखनीय है कि सम्पन्न देशों के इधर के अश्लील साहित्य और कला में सारा जोर सामूहिक भोग पर है। दिग्दर्शक आन्तोनिओनी ने अमेरिका के संबंध में अपनी फिल्म 'जेब्रबास्की पाइण्ट' के चरमोत्कर्ष में भी सामुदायिक भोग का दृश्य रखा है। जान अपडाइक ने 'द कपल्स' में ईश्वर-हीन मनुष्यों के इस भीड़-भोग का प्रभावशाली चित्रण किया है, लेकिन स्वयं यह रचना उसी भीड़-भोग से प्रभावित हैं। उपन्यासकार अपडाइक मध्यवर्गीय अमेरिका की अस्थिर आत्मा का चित्रण पहले भी सफलतापूर्वक कर चुके थे। 'द कपल्स' में उन्होंने अश्लीलता को दर्शाने के लिए अश्लीलता का सहारा लिया है। शायद ही किसी साहित्यिक कृति में इतनी गंदी भाषा में इतने गंदे प्रसंगों का वर्णन किया गया हो। इसीलिए यह अपडाइक की व्यावसायिक दृष्टि से सर्वाधिक सफल कृति सिद्ध हुई है।

❑❑❑

पत्नियों को शिकायत है कि उनके पत्नियां नहीं हैं

हाल ही में प्रसिद्ध नृतत्वशास्त्री लायनल टाइगर ने भविष्यवाणी की है कि महिलाओं का आम विद्रोह शुरू होने वाला है। यह विद्रोह जीव-शास्त्रीय और आर्थिक दोनों ही क्षेत्रों में मूलभूत मानव-परिस्थितियों पर इतना सीधा प्रभाव डालेगा कि इसके सामने वर्ण भेद की समस्या तक आसानी से सुलझाई जा सकने वाली मालूम पड़ने लगेगी।

दरअसल यह विद्रोह अमेरिका में शुरू भी हो चुका है। वहां की बहुत-सी महिलाएं पूरी तरह और बाकायदा बगावत पर उतर आई हैं। उनका यह विद्रोह अमेरिकी पुरुष-सत्तात्मक समाज के विरुद्ध है और उनका नारा है–'यौनवाद, मुर्दाबाद!' विद्रोही अमेरिकी महिलाओं का कहना है कि पुरुष और महिलाओं के समान अधिकारों का शोर तो बहुत मचाया जाता है पर असलियत यह है कि पुरुष महिलाओं पर हावी रहते हैं। उनकी शिकायत है कि पुरुष महिलाओं को अपने पैर की जूती समझते हैं और उनकी तरक्की के सब दरवाजे बंद ही रखना चाहते हैं । वे नहीं चाहते कि महिलाएं खुली हवा में सांस लें और जीवन को उन्हीं की तरह आत्मसम्मानपूर्वक और पूरी स्वतंत्रता के साथ जियें। नारी मुक्ति आंदोलन की प्रवक्ताओं ने आधुनिक युग पर 'यौनवादी' होने का आरोप लगाया है। उनके अनुसार आज का पुरुष नारी को काम-तृप्ति का साधन मात्र मानता है। वह नारी को भोग्या के रूप में ही ग्रहण करता तथा प्रदर्शित करता है। यही वजह है कि जिस दीवार की तरफ नजर उठाइए अर्द्धनग्न नारी का पोस्टर चिपका हुआ दिखाई देगा। जिस अखबार को उठाइए उस में ऐसे अनेक विज्ञापन छपे होंगे जिसमें नारी उत्तेजक रूपों में पेश की गई होगी। नारीवाद के आन्दोलन की प्रवक्ताओं को सबसे जबर्दस्त गिला है काम-साहित्य के प्रणेताओं से। उनका रोना है कि काम-साहित्य में महिलाओं को बड़े विकृत रूप में चित्रित किया जाता है। वे वहाँ केवल विलास और मनोरंजन के लिये ही होती हैं, जैसे उनका इसके अलावा कोई कार्य या महत्त्व ही न हो। काम-साहित्य की अमर कृतियां महिलाओं के भद्दे चित्रों और बेहूदे काम-वर्णनों से भरी रहती हैं। ऐसी किताबें नारी-जाति के लिए अपमानजनक हैं और उनकी होली जला दी जानी चाहिए।

एक जोरदार झगड़ा काम-साहित्य को लेकर हो भी गया। बात सान फ्रांसिस्को की है। कोई ढाई-तीन महीने पहले की। एक नवयुवक 'डैक आफ दि वे' नाम से एक अण्डरग्राउंड पत्रिका निकालना चाहता था। मगर समस्या यह थी कि पूंजी उसके पास थी नहीं। कुछ पैसे इकट्ठे करने के उद्देश्य से उसने एक यौन-पत्रक तैयार किया। उसके प्रकाशन के अवसर पर एक हंगामा खड़ा हो गया। विद्रोही महिलाओं ने उसका घेराव कर दिया। वे घंटों उससे बहस-मुबाहिसा करती रहीं और आखिरकार वे यह बात उसके दिमाग में बैठा कर ही रहीं कि अश्लील साहित्य नारी को विकृत रूप में पेश करता है इसलिए उसे काम-पत्रिका प्रकाशित करने की योजना रद्द कर देनी चाहिए। उन्होंने सब अश्लील चित्र और कामोत्तेजक सामग्री उससे हथिया ली और बाद में उसे जला डाला। किसी ने उनसे पूछा कि आप यह क्या कर रही हैं तो उन्होंने कहा—"कुछ नहीं, तरकारी भून रही हैं"। 'डैक ऑफ दि वे' काण्ड के नाम से यह घटना काफी प्रसिद्ध हो चुकी है और इसने महिलाओं में दहकती विद्रोह की चिनगारी को और भी धधका दिया है।

अपना विद्रोह प्रकट करने के लिए इन आक्रोशी महिलाओं ने कई रास्ते अख्तियार किए हैं जिनमें से कुछ तो काफी मजेदार हैं। वे 'मिस अमेरिका' के चुनाव के विरुद्ध प्रदर्शन करती हैं और उन सभी उपकरणों का त्याग कर रही हैं, चाहे वे परिधान हों या श्रृंगार-प्रसाधन, जो उन्हें नारी होने के कारण धारण करने पड़ते हैं। मिसाल के तौर पर उन्होंने कंचुकियां उतार फेंकने का निर्णय किया है और वे नकली पलकों आदि की होली जला रही हैं। एक बार उन्होंने यह सोचा कि 'मिस अमेरिका' प्रतियोगिता का प्रतियोगिता में भाग लेकर पर्दाफाश करना चाहिए। एक लड़की उसमें शामिल भी हो गई, मगर उनकी योजना रंग नहीं ला पाई। उन्होंने एक बोर्ड पर यह नारा लिख कर मिस अमेरिका को सावधान किया—"पुरुष तुम्हारे शरीर-प्रदर्शन से भी पैसा कमाते हैं।" लेकिन दिक्कत यह है कि बहुत-सी महिलाएं उनकी आक्रोशी विचार-धारा से सहमत नहीं है, खास तौर पर प्रौढ़ महिलाएं। और उनमें मान्यताओं को लेकर आपसी मतभेद भी काफी गहरा है। इस सबके बावजूद नारीवाद का यह आंदोलन हर रोज जोर पकड़ता जा रहा है। पिछले तीन वर्षों में ही अमेरिका में लगभग दस हजार महिलायें इस मुक्ति-संघर्ष में शामिल हो चुकी हैं।

नवयुवतियों में यह आग कुछ ज्यादा जोर से फैलती जा रही है। इसका एक कारण है परिवार-नियोजन। पहले औरतों की सारी जिन्दगी बच्चों की परवरिश और उनकी देखभाल में गुजर जाती थी। परिवार-नियोजन के प्रचलन के कारण अब परिवार सीमित होने लगे हैं और अपने बारे में सोचने या नौकरी करने के लिए महिलाओं के पास काफी वक्त बच जाता है। नई पीढ़ी की विद्रोही महिलाएं काफी

समय तक और ठाठ से जीना चाहती हैं। वे चाहती हैं कि समाज में उनका दर्जा पुरुषों के वाकई बराबर हो और उन्हें पुरुषों के समान ही तरक्की करने और अपना भविष्य बनाने का मौका मिले। पहले नौकरी करने की दिशा में महिलाएं ज्यादा उत्साही नहीं होती थीं। शादी के लिए अगर पसंद का लड़का उन्हें मिल जाए, तो वे पूरी तरह संतुष्ट हो जाती थीं। मगर अब हालात बदल चुके हैं। एक सर्वेक्षण के आधार पर यह नतीजा निकला है कि पिछले दशक की अधिकांश ग्रेजुएट लड़कियां शादी करना चाहती थीं, नौकरी मिले या न मिले। इस दशक की लड़कियों की तमन्ना यह है कि अच्छी नौकरी मिल जाए, शादी हो या न हो। सिर्फ विवाह के प्रति ही नई पीढ़ी की ये लड़कियां उदासीन नहीं हैं, कुछ तो प्यार और सेक्स से भी कतराने लगी हैं। कुछ जोशीली पुरुष-विरोधी महिलाएं तो सेक्स के पूरी तरह बायकाट पर ही आमादा हैं। उनका तर्क यह है कि 'प्यार का शिकार हो जाने का मतलब है यौनवादी समाज का समर्थन कर देना'। वे यहां तक मानती हैं कि पुरुष और नारी के बीच का प्रणय-व्यापार प्रतिक्रियावाद की निशानी है।

अमेरिकी महिलाओं का मुक्ति-आंदोलन मुक्त यौनाचार के पक्ष में हरगिज नहीं हैं। बल्कि वे तो एक हद तक यौन-संबंधों के नियंत्रण के ही पक्ष में हैं। उनका मत है कि यौन-स्वतंत्रता से तो नारी की जान और मुसीबत में ही फंसती है। यदि वह सेक्स के बारे में सतर्क न रहे तो वह ज्यादती का शिकार हो सकती है; और यदि वह ज्यादा सतर्क रहे तो उसका आदमी उसके प्रति उदासीन हो सकता है। इसलिए पुरुष विरोधी मोर्चे की अधिक सक्रिय महिलाओं ने सेक्स के खिलाफ भी मोर्चाबन्दी कर रखी है। उनका नारा है—'सेक्स तो सिर्फ एक सौदा है।' कुछ महिलाएं पुरुषों और सेक्स का विरोध करते-करते कुछ ज्यादा ही जोश में आ गईं हैं। उनमें से कुछ तो क्रांतिकारी फ्रांज फेनौन का यह उद्धरण भी जोश-खरोश के साथ देती सुनी गई हैं—'दमित व्यक्ति तब तक अपने को स्वतंत्र अनुभव नहीं कर सकता जब तक वह दमनकारियों में से किसी एक का खून नहीं कर देता'। इस तरह की आक्रमक महिलाओं को कोई खास समर्थन प्राप्त नहीं हो पाया है, बल्कि उनकी आलोचना ही अधिक हुई है।

आइए, अब जरा इस पहलू की चर्चा कर लें कि यह मुक्ति-संघर्ष चलाया किस तरह जा रहा है। 1966 में कुछ क्रांतिकारी महिलाओं ने मिल कर गोष्ठियाँ करने का कार्यक्रम शुरू किया। धीरे-धीरे उन गोष्ठियों का एक ऐसा रूप विकसित हो गया जो आज भी जारी हैं। वे आठ-दस की संख्या में एक जगह इकट्ठी होती हैं और वहां बैठ कर अपनी अन्तरात्माएं जाग्रत करती हैं। वहां वे अपनी हीनावस्था, पुरुष-पराधीनता और अपनी प्राकृतिक विवशताओं का दुखड़ा आपस में कहती हैं। सारी चर्चाओं के

बाद एक ही निष्कर्ष निकाला जाता है—पुरुष मौज मार रहे हैं, हम यातना भोग रही हैं। और इसका कारण है हमारी हीन ग्रंथि। उनका आह्वान है—अपनी आत्मा को जाग्रत करो, हीन-भाव से मुक्ति पाओ, आत्मसम्मान पैदा करो और कर दो बगावत का झंडा बुलन्द। इस तरह की गोष्ठियां कई जगह चलती रहती हैं और जगह-जगह ग्रुप बने हुए हैं, जैसे न्यूयार्क में पचास, सान फ्रांसिस्को में पैंतीस, शिकागो में तीस, बोस्टन में पच्चीस। ये ग्रुप प्रायः नामहीन हैं मगर कुछ का नामकरण भी हो चुका है। कुछ नाम बड़े दिलचस्प हैं, जैसे एक ग्रुप का नाम है- 'विच' (वीमेन्स इंटरनेशनल टेररिस्ट कान्स्पीरेसी फ्राम हैल!)

पुरुष-विरोधी 'अन्तरात्मा जगाऊ' गोष्ठियों में पहले तो अधिकतर छात्रायें, ग्रेजुएट लड़कियां या तलाकशुदा महिलायें ही भाग लेती थीं, अब उनमें कारखानों में काम करने वाली महिलायें, हाई स्कूल की छात्रायें, कुछ असंतुष्ट पत्नियां और दो-चार दादी मायें भी हिस्सा लेने लगी हैं। अब इस आन्दोलन को हब्शियों की आन्दोलन-पद्धतियों के अनुसार चलाया जा रहा है। विद्रोही महिलाओं का कहना है कि जिस तरह अमेरिका में काले लोग समान अधिकारों से वंचित हैं, उसी तरह महिलाएं भी। सभी नौकरियों में पुरुषों को ही तरजीह दी जाती है और कुछ नौकरियों में तो सिर्फ पुरुषों की ही नियुक्तियां होती हैं। साथ ही, एक ही पद पर कार्य करने वाले पुरुषों और स्त्रियों के वेतनमान भी समान नहीं होते। अपनी स्थिति में सुधार करने के लिए महिलायें कानून की शरण में भी गई हैं। 1964 में एक नागरिक अधिकार अधिनियम अमेरिका में पेश हुआ था जिसमें 'जाति, रंग, धर्म और राष्ट्रीयता' के आधार पर भेद करने को गैरकानूनी करार दे देने की मांग की गई थी। हावर्ड डब्लू स्मिथ ने यह सिफारिश की थी कि उसमें जाति, रंग, धर्म और राष्ट्रीयता के साथ 'सेक्स' और जोड़ देना चाहिए। अर्थात् स्त्री और पुरुष में भेद-भाव बरतना भी विधि-विरोधी माना जाना चाहिए। एक अट्टहास के बीच यह सुझाव स्वीकार भी हो गया। हो सकता है अगले दशक में अमेरिकी महिलायें ऐसे पदों पर भी नौकरी करती दिखाई दें जो अब तक पुरुषों के लिए सुरक्षित रहे हैं। आक्रोशी महिलाओं ने सबसे ज्यादा विरोध किया है फ्रायड का। कारण स्पष्ट ही है : फ्रायड ने ही शुरू में काम को मानव-व्यवहार में सर्वाधिक महत्त्व दिया है। वर्त्तमान शिक्षा-पद्धति से भी वे बहुत नाराज हैं। उनका आग्रह है कि सब विश्वविद्यालयों मे नारी-अधिकार का इतिहास भी पढ़ाया जाना चाहिए। वहां की प्रसिद्ध बुद्धिजीवी एलिजाबेथ कैडी स्टैन्टन ने प्रचलित बाइबल से असन्तुष्ट होकर महिलाओं की एक अलग बाइबल ही रच दी है। अब तक महिलाओं को यह समझाया जाता रहा है कि 'शरीर-रचना ही नियति' है। अब वे यह सिद्ध करने पर उतारू हैं कि उनकी शरीर रचना उनके विकास में बाधक नहीं बन सकती। वे भी

पुरुषों के समान ही सब कुछ कर सकती हैं। 'पुरुषोचित्त' शब्द आधुनिक शब्दकोश के लिए व्यर्थ हो गया है।

सारे पुरुष नारियों के इस विद्रोह के विरुद्ध नहीं हैं। अब उन्हें अपनी श्रेष्ठता प्रमाणित करने के लिए रूढ़ि और संस्कार पर नहीं, अपनी उपलब्धियों पर निर्भर करना पड़ेगा। महिलाओं का कहना यह है कि वे इसलिए तरक्की में पुरुषों से टक्कर नहीं ले पाईं क्योंकि 'उनके पत्नियां नहीं हैं'। पति अपनी पत्नियों की कीमत पर ही तो तरक्की करते हैं।

□□□

अब 'शी' और 'ही' के लिए एक-से वस्त्र

फैशन की दुनिया भी बड़ी अनोखी और दिलचस्प होती है। इतिहास अपने को दुराहए, न दुहराए; फैशन अपने को अक्सर दुहराता रहता है। फैशन का संसार रचने में सबसे बड़ा हाथ रहता है वेश-भूषा का। और अब तक अपनी वेश-भूषा पर सबसे ज्यादा ध्यान देती रही हैं महिलायें। पुरुषों ने तो अब तक अपने वस्त्रों के प्रति लापरवाही ही बरती है। वे अब तक फैशन की दुनिया को महिलाओं के लिए छोड़ कर ही चलते रहे हैं। लेकिन हाल ही में पुरुष-वर्ग भी फैशन की नारी-शासित दुनिया में घुसपैठ मचाने लगा है। इसकी चर्चा जरा बाद में करेंगे, आइये पहले महिलाओं के फैशन-जगत की सैर कर ली जाए।

जब से मानव-जाति ने आदिम जीवन छोड़ सभ्यता की दुनिया में कदम रखा है तभी से महिलाएं वस्त्रों का प्रयोग अस्त्रों की तरह करती आई हैं। पहले-पहल वस्त्रों का प्रयोग प्रतिकूल बाह्य परिस्थितियों से बचने के लिए किया गया। धीरे-धीरे यह शऊर भी पैदा हुआ कि केवल बचाव की दृष्टि से ही शरीर ढंकना आवश्यक नहीं है, शील और भद्रता का भी तकाजा है कि शरीर सलीके से ढंका जाए। बाद में यह चेतना भी जाग्रत हो गई कि कपड़े केवल शरीर ढंकते ही नहीं, उसे सजाते भी हैं। यह चेतना शायद नारियों में ज्यादा जोर से पैदा हुई और विकसित भी उन्हीं में अधिक हुई। सभ्यता के विकास के साथ सजावट वाला पक्ष तरक्की करता गया। धीरे-धीरे इस अलंकरण-चेतना में कहीं से यह भावना भी आकर घुल-मिल गई कि शरीर की सजावट वस्त्रों से इस प्रकार करनी चाहिए कि उसकी कमियां छिप जाएं और खूबियां उभर आएं। परिणामतः इस दिशा में प्रयोग शुरू हो गए कि कितना ढंकाव और कितना उघाड़ शरीर को अधिकाधिक आकर्षक रूप में प्रदर्शित करता है। यह वह धुरी है जिसके गिर्द महिलाओं की फैशनेबल वस्त्र-सज्जा आम तौर पर घूमती रही है। खास तौर पर पश्चिम में।

क्या वस्त्र जीवन की एकरसता और ऊब को खंडित करने और जीवन को तनिक रंगारंग बनाने के ही काम आते हैं? मैक्लुहान साहब ने इस सवाल का जवाव देते हुए फरमाया है कि आदिवासियों में तो वस्त्रों के नित नए फैशन नहीं चलते। आदिम समाजों में तो पोशाक उभार और रुतबे के हिसाब से पहनी जाती है। धार्मिक

एवं सामाजिक उत्सवों पर विशेष प्रकार के वस्त्र धारण किए जाते हैं। सभी लोगों के कपड़े लगभग एक-से होते हैं और वेश-भूषा का पैटर्न वैयक्तिक न होकर सामाजिक होता है। इससे उनमें एकता की भावना दृढ़तर होती है और उनमें आत्मविश्वास पैदा होता है। वे यह अनुभव करते हैं कि उन्हें संगठित रूप में प्रतिकूल परिस्थितियों से संघर्ष करना है। उनके हिसाब से उपयुक्त वस्त्र धारण करने से शरीर का शक्ति-संचय बना रहता है और विपरीत बाह्य परिस्थितियां उसकी तेजस्विता का अपहरण नहीं कर पातीं। सभ्य समाज का हाल भी इससे कुछ बहुत ज्यादा अलग किस्म का नहीं है। सभ्य समाज में भी जब किसी स्पष्टतः निर्धारित लक्ष्य की पूर्ति के लिए समूह-शक्ति का प्रदर्शन अपेक्षित होता है, तब क्या लोगों को वर्दियां नहीं पहनवा दी जातीं? मैक्लुहान साहब का निष्कर्ष यह है कि वस्त्र-फैशन की दुनिया सैनिक वर्दियों और विशेष अवसरों पर धारण किए जाने वाले परिधानों के बीच पड़ती है। फैशन को उन्होंने एक संपूर्ण संस्कृति और उसके नए तकनीकी ज्ञान के बीच संवाद अथवा आमना-सामना माना है।

मैक्लुहान साहब की बात इस अर्थ में काफी सही मालूम पड़ती है कि बदलती सभ्यता का फैशन पर सीधा प्रभाव पड़ता है। जहां सभ्यता जितनी तेजी से बदलती है, वहां की संस्कृति भी उतनी ही तेजी से रूप-परिवर्तन करती है। और इस परिवर्तन पर वेश-भूषा आदि का सीधा प्रभाव पड़ता है। भारत में सभ्यता का विकास पिछली कुछ शताब्दियों में काफी धीमी गति से हुआ है, इसलिए यहां फैशन-परिवर्तन की रफ्तार भी काफी हल्की रही है। शताब्दियों से भारतीय महिलायें साड़ी पहनती आई हैं और अब भी उसकी लोकप्रियता में कोई खास कमी नहीं आई है। बल्कि विदेश तक उसकी धूम मच गई है। पर अमेरिका और यूरोप में नारी-वस्त्रों के फैशन बड़ी तेजी से बदलते रहे हैं। और आजकल तो जैसे नए-नए फैशनों की बाढ़ ही आ गई है। लीजिए, कुछ आधुनिक, अत्याधुनिक फैशनों की बानगी पेश है।

गालिब साहब का एक शेर है—

नक्श फरियादी है किसकी शोखी-ए-तहरीर का,
कागजी है पैरहन हर पैकरे-तस्वीर का।

इस शेर में गालिब साहब ने कागजी वस्त्रों की चर्चा की है। और अब कुछ पाश्चात्य महिलाएं वास्तव में कागजी परिधान धारण करने लगी हैं। सूती, रेशमी, टेरेलिन आदि के वस्त्र पहन-पहन कर शायद वे ऊब चुकी हैं और इसलिए किसी और चीज के बने वस्त्रों की मांग पैदा हो गई है। इस मांग का फायदा उठा कर कुछ निर्माताओं ने कागज के ही वस्त्र बना डाले। शुरू-शुरू में उन्होंने ये कागजी वस्त्र कुछ इस रंग-रूप के बनाए कि वे प्रचलित कपड़ों जैसे ही लगें। फिर यह ऐतराज किया

जाने लगा कि साहब, जब कागजी वस्त्र ही पहनने हैं तब इस बात का आग्रह क्यों कि वे कागजी न लगें? कागजी वस्त्र तो कागजी लगने ही चाहिएं। इस तरह के वस्त्र एक बार पहन कर फेंक दिए जाते हैं। वे बिल्कुल पोस्टरों या अखबारों जैसे लगते हैं। उन पर कुछ बना भी दिया जाता है : जैसे एक निर्माता ने राकेट ही चित्रित कर दिया।

- नया फैशन शुरू होने के कारण भी कई बार काफी रोचक होते हैं। 'बोनी एण्ड क्लाइड' फिल्म की धूम मची तो चौथे दशक के फैशनों ने फिर जोर मारा। हर कोई दादा-सा दीखने की कोशिश करने लगा और लड़कियों ने दादों की प्रेमिकाओं-जैसा बानक धारण कर लिया।
- अजीबो-गरीब वस्त्रों के साथ ही काले चश्मे पहनने का फैशन भी जोर पकड़ता जा रहा है। ये काले चश्मे साधारण आकार के नहीं होते। चश्मों का गोला जितना बड़ा हो, उतना ही अच्छा। मकसद यह है कि वह सिर्फ आंखों पर ही नहीं, चेहरे के एक काफी बड़े हिस्से पर छा जाए और कुछ बेहूदा-सा लगे। वह जमाना लद चुका है जब फैशन सुन्दर लगने के लिए किया जाता था। अब तो फैशन भीड़ में अलग चमकने के लिए किया जाता है। इस तरह के नकाब मार्का चश्में सिर्फ अमेरिका में ही एक वर्ष में तीन अरब रुपयों के बिके हैं। चश्मों के अलावा घड़ियां भी अब ढप्पल मार्का पहनी जाने लगी हैं। जो वस्तु जितना अधिक चौंकाए और दर्शक को चिढ़ाए, वह उतनी ही फैशनेबल मानी जाती है।
- अब वस्त्र हमेशा अंग ढंकने के लिए नहीं पहने जाते। कुछ प्रयोगशील और साहसिक विदेशी महिलाएं सांकेतिक वस्त्र भी धारण करने लगी हैं। वे अपने परिधान में जहां-तहां बड़े-बड़े छेद या जालियां छोड़ देती हैं। इन छेदों और जालियों का उद्देश्य दर्शक की कल्पना को जाग्रत करना होता है। वस्त्रों का यह फैशन 'पीकाबू' (यानी झांक कर देखो) फैशन कहलाता है।
- इसीसे मिलता-जुलता एक और फैशन भी है जिसमें बीच-बीच में खाली खाने छोड़ दिए जाते हैं अंग-रंग दिखाने के लिए। इस तरह के वस्त्र 'कट-आउट' फैशन के वस्त्र कहलाते हैं।
- यहां तक पहुंच कर भी फैशन-दीवानियों के अरमान पूरे नहीं हुए और उन्होंने पारदर्शी वस्त्र धारण करने शुरू किए। ऐसे वस्त्र 'सी-यू' कहलाने लगे और सड़कों पर तहलका मचवाने लगे। ऐसे वस्त्रों में अंग-रंग के साथ ही अंगों की अच्छी-खासी झलक भी दिखाई देने लगी।
- फिर कुछ फैशनपरस्त नारियों ने यह सोचा कि जब झलक दिखा ही रही हैं

तो बेकार के तकल्लुफ की क्या जरूरत? कुछ सिरफिरी महिलाओं ने इतने अपर्याप्त वस्त्र पहनने शुरू कर दिए कि शरीर का ऊपरी भाग अनढंका ही रह जाए। और इस तरह 'टॉपलैस' आन्दोलन की शुरुआत हो गई।

- आधुनिक महिलाओं ने वेश-विन्यास के साथ-साथ केश-विन्यास की ओर भी ध्यान दिया है। सबसे नया फैशन है अपने जूड़े इस तरह संवारने का कि वे देखने में अनसंवरे ही लगें। मगर यह मत समझिए कि ये अस्त-व्यस्त अधबने जूड़े आसानी से तैयार हो जाते हैं। लापरवाही का यह नक्शा जमाने के लिए महिलाओं को विशेषज्ञ हेयर-ड्रेसर को एक बार की जूड़ा-बनवाई के लिए 175 रुपए देने पड़ते हैं।
- अब मां और बच्चे के मैचिंग वस्त्र भी बाजार में आ गए हैं। जैसे कपड़े मां के, कुछ वैसे ही बच्चे के भी। रंग भी वही और कपड़ा भी वही। केवल डिजाइन में फर्क।

नए-नए फैशनों का दौर-दौरा चला तो पुराने राजाओं-महाराजाओं जैसे कपड़े फिर से बनने लगे। पुरानी चाल के कपड़ों की फिर पूछ हो गई। महिलायें आधुनिकता छोड़-छाड़ कर जड़ाऊ-जड़ाऊ चमकदार ढीले-ढाले वस्त्र पहनने लगीं, कुछ लोग पुराने नाटकों में इस्तेमाल किए जाने वाले पहरावे उठा लाए और उनके स्टाइल पर वस्त्र बनने शुरू हो गए।

- खालों की पोशाकों की भी बन आई। फरकोट और मिंककोट तो पहने ही जाते थे, अब अजगर की खाल के वस्त्र भी बनने लगे हैं।
- पुराने ढंग के कपड़े मैदान में आने पर भी अत्याधुनिक वस्त्र बनाने की होड़ कम नहीं हुई। प्रसिद्ध फ्रांसीसी वस्त्र डिजाइनर पियरे कार्द ने बाजार में अंतरिक्षयात्री-परिधान भेज दिए। पियरे कार्द ने फैशन की दुनिया में उतनी ही उथल-पुथल मचाई है, जितनी पाब्लो पिकासो ने कला-जगत में।
- फैशन-जगत में इन दिनों सब से ज्यादा धूमधाम है हिप्पी और साइकडेलिक वस्त्रों की। हिप्पी वस्त्रों में सबसे ज्यादा जोर परम्परा और परिष्कार के विरोध पर रहता है। साइकडेलिक वस्त्रों में भड़कीले रंगों और चौंकाऊ सम्मोहनकारी डिजाइनों का इस्तेमाल होता है।
- इन तमाम फैशनों के बावजूद अब भी वास्तविक संघर्ष मिनी (लघु) और मैक्सी (दीर्घ) के बीच ही चल रहा है। कभी मिनी स्कर्टों की बन आती है और कभी मैक्सी स्कर्टों की।

फैशन की दौड़ में अब तक पुरुष बेहद पिछड़े हुए थे। बीटलों, हिप्पियों और विद्रोही छात्रों ने यह परम्परा तोड़ दी है। काऊबॉय ड्रेस के साथ ही नेहरू—कट सूट

फैशन के मैदान में जम गया। आजकल लम्बी बास्कटों और चुस्त पैंटों का रिवाज जोरों पर है।

गहरे रंगों के वस्त्र पहनने की शुरुआत टेलीविजन के कारण हुई। सफेद रंग टेलीविजन पर बढ़िया नहीं आता, इसलिए कार्यक्रम के संचालकों ने प्रोग्राम देने वालों को नीले रंग के कपड़े पहनने की सलाह दी। धीरे-धीरे लाल और हरा रंग भी मैदान में आ गए। साधारण जनता ने भी उनकी देखा-देखी रंगीन वस्त्र पहनने शुरू कर दिए। शायद इस उम्मीद में भी कि हो सकता है उनके रंगीन कपड़े देखकर ही उन्हें टेलीविजन पर आमंत्रित कर दिया जाए।

पियरे कार्द ने भविष्यवाणी की थी कि ऐसा वक्त आने वाला है जब स्त्रियां पतलूनें पहनेंगी और पुरुष फ्रॉक-जैसी कोई चीज। वह जमाना तो अभी नहीं आया मगर न्यूट्रल ड्रेस का फैशन शुरू हो चुका है—यानी 'ही' और 'शी' के लिए एक जैसे वस्त्र!

हमें फैशन की दुनिया की ये बातें सिरफिरी मालूम हो सकती हैं क्योंकि हमारे सामने और अनेक समस्याएं हैं। मगर पश्चिम के सम्पन्न देशों में इन सिरफिरी बातों ने करोड़ों रुपयों के व्यवसाय का रूप धारण कर लिया है। वहां वर्ष में दो बार, एक बार बसंत में और दूसरी बार पतझड़ में, फैशन मेला लगता है जिसमें प्रसिद्ध डिजाइनर अपने द्वारा बनाए गए नए फैशन के वस्त्रों का प्रदर्शन करते हैं। उनके द्वारा बनाए गए वे वस्त्र बड़े महंगे बिकते हैं। खरीदने वाले उन्हें बड़े गर्व से पहनते हैं क्योंकि उनके साथ डिजाइनर का नाम जुड़ा होता है। फिर कोई निर्माता उस डिजाइन का कापीराइट खरीद लेता है और बाद को उस तरह के कपड़ों का विधिवत उत्पादन शुरू हो जाता है और वे कपड़े काफी सस्ते बिकने लगते हैं।

❑❑❑

फैशन के मोर्चे पर 'हौटपैंट्स' की सरगर्मियां

19 71 का साल फैशन की दुनिया में नई हलचल लेकर आया है। पश्चिम में तो जैसे क्रांति ही हो गई है। पिछले कुछ वर्षों से वहां मिनि (ऊंचा) , मिडी (न ऊंचा, न नीचा) और मैक्सी(नीचा) स्कर्ट के बीच जो युद्ध चल रहा था, उसका नतीजा यह निकला कि तीनों ही खेत रहे। फैशन की गति तीर की तरह न होकर चक्राकार होती है। ठीक वैसी ही जैसी कि कवि की होती है। दर्शनिक का चिन्तन तीर की तरह किसी दिशा में सीधा जाता है, मगर कवि किसी बिन्दु के गिर्द घूमता रह जाता है। इसी तरह फैशन की भी कोई मंजिल नहीं होती, वह लौट-लौट कर वहीं आता रहता है जहां से चलता है। जो चीजें फैशन से कभी 'आउट' घोषित कर दी जाती हैं, वे ही समय बीतने पर 'इन' हो जाती हैं। किसी चीज का अत्यधिक फैशन इसका संकेत कर देता है कि अब उसका जमाना लदने वाला है और कोई नई चीज उसकी जगह लेने वाली है। पिछले वर्षों मिनी का अति प्रचलन देखकर फैशन के मौसम के जानकारों ने यह भविष्यवाणी कर दी थी कि मौसम बदलने वाला है, मैक्सी का जमाना फिर आने वाला है। बीच में मैक्सी का जमाना आता हुआ लगा भी, किन्तु वह एक अस्थायी दौर साबित हुआ और बात आखिरकार मिडी पर आकर रुकी। मिडी के समर्थकों का कहना यह था कि घुटना शरीर का सबसे बदसूरत हिस्सा होता है; उसका प्रदर्शन सौन्दर्य-बोध को ठेस पहुंचाए बिना नहीं रह सकता। मिनी के समर्थक भी इस शरीर-शास्त्रीय तर्क की कोई खास काट सोच नहीं पाए; फिर भी वे इसकी परवाह किए बिना स्कर्टों को घुटने से ऊपर ही काटते रहे। फिर हुआ यह कि कटते-कटते स्कर्ट गायब ही हो गया और उसकी जगह एक भिन्न परिधान ने ले ली।

हौटपैंट्स की गर्मागर्म बिक्री

मैक्सी, मिडी और मिनि तीनों को परास्त कर मैदान में आने वाला नया लिबास 'हौटपैंट्स' कहलाया। हौटपैंट, यानी उस तरह की निकर जैसी खिलाड़ी वगैरह पहना करते हैं—और उसके ऊपर जम्फर या जर्सी जैसा कोई बड़ा संक्षिप्त-सा वस्त्र। मजा यह है कि पश्चिम और अमेरिका में सर्दियों में भी हौटपैंट्स बड़े जोर से पहनी जाने लगी हैं। नए फैशन की इस पोशाक का प्रचार लड़कियों अथवा साधारण महिलाओं

तक ही सीमित नहीं रह गया है। बड़ी-बड़ी आभिजात्य महिलाएं और फैशनपरस्त अभिनेत्रियों तक इसके आक्रमण से बच नहीं पाई हैं। यदि ब्रिजी बार्दो जैसी प्रख्यात अभिनेत्री किसी पार्टी में कीमती मैक्सी कोट पहने दिखाई दे जाए तो इसका यह मतलब हर्गिज नहीं होगा कि वह हौटपैंट्स के सर्वव्यापी प्रभाव से अछूती है। इसका मतलब तो सिर्फ यही होगा कि वह हौटपैंट्स के ऊपर लंबा कोट पहने हुए है। पेरिस का कोई रेस्तरां या बाजार या ब्यूटी-सेंटर ऐसा नहीं बचा है जहां हौटपैंट्स का जुलूस देखा न जा सके। वहाँ की सारी दुकानें हौटपैंट्स से भर गई है। ग्राहिकाओं की तो कुछ पूछिए ही मत, उन पर ऐसे झपट कर पड़ती हैं जैसे उन्हें पहनते ही फैशनपरस्तों की पहली पंक्ति में उनका नाम दर्ज हो जाएगा।

आइए, जरा हौटपैंट्स की व्युत्पत्ति और उसके विकास पर दृष्टिपात कर लें। यहां यह बात खास तौर से ध्यान देने की है कि हौटपैंट्स का विधिवत अविष्कार नहीं हुआ; न ही कोई एक डिजाइन उसके आविष्कार का संपूर्ण श्रेय लूट सकता है। हौटपैंट्स तो जैसे अपने-आप पैदा हो गई है। जैसे उसे पैदा होना ही था। किसी फैशन-निर्माता की प्रयोगशाला अथवा किसी मशहूर दर्जी के निर्माण-कक्ष में उसका जन्म नहीं हुआ; हो सकता है किसी गली की छोटी-सी दुकान में ही उसका जन्म हो गया हो। किसी मामूली-से अहंकारहीन दर्जी ने ही कपड़ों को उस तरह काट दिया हो। वह एक बार अस्तित्व में आ गई तो रातोंरात सारे यूरोप और सारे अमेरिका पर छा गई। और अब उसने अपने पांव अमेरिका और यूरोप से बाहर भी निकालने शुरू कर दिए हैं। फैशनपरस्त महिलाओं के सब से प्रिय पत्र 'वीमन्स वेअर डेली' (नारी-वेशभूषा, दैनिक) के प्रधान ने एक दिन बाजार में घूमते हुए अचानक ही उसे देखा और उसका नामकरण कर दिया—हौटपैंट्स। कुछ ऐसा ही भड़कीला उसका नाम हो भी सकता था। एलेक्जेंडर्स डिपार्टमेंट स्टोर की फैशन डायरेक्टर फ्रैनसाइन फारकेस ने हाथों हाथ उसके डेढ़ हजार जोड़े पेरिस से अमेरिका मंगवा लिए जो एक हफ्ते में ही बिक गए। 'लव स्टोरी' की प्रसिद्ध नायिका आली मैक्ग्रा इस नई वेशभूषा में दिखाई देने लगी। एलिजाबेथ टेलर ने फौरन खाना-पीना कम कर दिया ताकि वह भी इसे पहन सके। यहां तक कि सिनेटर एडवर्ड कैनेडी की पत्नी जोन ने भी पिछले दिनों इसी वेशभूषा में अपने मेहमानों का स्वागत किया। मिनि स्कर्टों के विरुद्ध जो अभियान चल रहा था उससे हर लड़की दुखी थी, हौटपैंट्स उनके लिए वरदान साबित हुई। फैशन के एक माहिर केटी मरफी का कहना है—"यह लहर तो शुरू होनी ही थी। कोई भी लड़की मिनि का परित्याग नहीं करना चाहती थी, किन्तु उसके सामने कोई विकल्प नहीं था। उसने ज्योंही हौटपैंट्स की आमद देखी, त्योंही अपनी टांगे फिर बाहर निकालनी शुरू कर दीं।" शुरू-शुरू में हौटपैंट्स देखकर लोग वैसे ही भड़के जैसे मिनी

स्कर्ट देखकर भड़के थे। अखबारों में एक दिलचस्प समाचार भी इस बारे में पढ़ने को मिला था कि एक कारखाने में काम करने वाली लड़की हौटपैंट्स पहन कर काम पर आई तो सभी अपना काम छोड़कर उसके दर्शन के लिये आ जुटे। नतीजा यह निकला कि कारखाने का काम-काज ठप्प हो गया। मालिकों को बड़ी परेशानी का सामना करना पड़ा। उन्होंने उसे बुलाया और समझाया-बुझाया। मगर वह जिद पर अड़ी रही और कहती रही कि यह मेरा निजी मामला है, मैं जो चाहूं पहनूं। मामला अदालत तक जा पहुंचा। और यह अनुमान तो आप सहज ही लगा सकते हैं कि जीत हौटपैंट्स के ही हाथ रही होगी।

सजा-संवरा रूप फैशन के बाहर

फैशन की दुनिया में मिनि स्कर्ट के बाद हौटपैंट्स ही एक ऐसी चीज निकली है जिसने तहलका मचा दिया है और फैशन के कारोबार में उथल-पुथल मचा दी है। लगभग दस साल पहले लंदन में मिनि स्कर्ट का निर्माण कर मैरी क्वैन्ट ने फैशन की जो नई लहर शुरू की थी, हौटपैंट्स उसकी इंतहा है। फैशन की दुनिया के आका इससे बेहद परेशान हैं क्योंकि इससे उनकी मान्यता और सत्ता को गहरा धक्का पहुंचा है। एक वस्त्र-निर्माता का कहना है कि हम तो हौटपैंट्स बनाना नहीं चाहते, मगर हमारे सामने कोई विकल्प ही नहीं है। अब महिलाएं हमारे बस में नहीं रहीं, हम उनके बस में हो गए हैं। दरअसल हुआ यह है कि नई तरह की उन्मुक्त वेशभूषाओं का संबंध अप्रत्यक्ष रूप से पश्चिम में और खास तौर पर अमेरिका में चल रहे नारी-मुक्ति आन्दोलन से जुड़ गया है। वहां की महिलाएं पुरुष-सत्तात्मक समाज के विरुद्ध विद्रोह पर उतारू हैं। वे हर वह काम करना चाहती हैं जिससे पुरुष-वर्ग की भावनाओं को ठेस पहुंचे। नारीत्व की जो पहचानें पुरुषों ने तय कर रखी हैं, वे उन्हें दरगुजर कर रही हैं। पुरुषों के प्रति घृणा और तिरस्कार की मुद्रा अपना कर वे यह सिद्ध कर देना चाहती हैं कि वे उनसे किसी हालत में कम या हीन नहीं हैं। यहां तक कि वे सेक्स तक से इंकार करने लगी हैं। हाल ही में एक विदेशी लेखक भारत आए हुए थे। एक इंटरव्यू के दौरान उन्होंने यह साफ कहा कि ये आन्दोलन अधिकतर लेस्बियन महिलाएं ही चला रही हैं। मुक्ति-आन्दोलन में वे लड़कियां ही रुचि ले रही हैं जिन्हें अपने ब्याय-फ्रैंड से निराशा हुई है। असलियत चाहे जो भी हो, लेकिन यह तो तय है कि अब महिलाओं को दबा-ढंका रहना स्वीकार नहीं है। पॉप संस्कृति का प्रभाव बड़ा गहरा होता जा रहा है। सलीके से सजा-संवरा रूप अब आउट-आफ-डेट हो गया है। नफासत का जमाना बीत गया। अब तो खुरदरेपन का बोलबाला है। यों अब भी बहुत-से लोग सोच रहे हैं कि स्कर्ट चाहे घुटने के नीचे न जाए, घुटने तक जरूर आ जायेगा। मगर उनकी

उम्मीद का पूरा होना मुश्किल मालूम हो रहा है। लंदन के एक बुटीक की स्वामिनी माइकल फिश ने लड़कियों को सलाह देते हुए फरमाया है कि अगर तुम हौटपैंट्स या मिनि स्कर्ट पहनने के लिए तैयार नहीं हो तो बेहतर है कोई मत पहनो।

नारियों के आक्रामक रवैये के अलावा नई अदा के कपड़ों के प्रचार का दूसरा कारण है महंगाई। यह सही है कि लापरवाही और संकोचहीनता की मुद्रा के कारण अजीबो-गरीब और शरीर कम-से-कम ढंकने वाले वस्त्रों का प्रचार बढ़ा है, पर यह बात भी नजरअंदाज नहीं की जा सकती कि इस प्रकार के वस्त्र सस्ते होने के कारण भी जल्दी लोकप्रिय हो जाते हैं। जेवर पहनने का रिवाज तो खैर कभी का मुंह की खा चुका है, कीमती वस्त्र पहनना भी अब कोई खास शान की बात नहीं समझी जाती। कुछ लोग उन्हें महंगे होने के कारण छोड़ चुके हैं और कुछ हिप्पियों ने छुड़वा दिए हैं। इसलिए बड़े वस्त्र-निर्माता भी सस्तेपन पर काफी जोर देने लगे हैं । सच तो यह है कि सस्ते कपड़ों की मांग बहुत बढ़ गई है और सस्ते कपड़ों के निर्माताओं की चांदी हो रही है।

तैयारशुदा वस्तुओं की संस्कृति से ऊब ने भी नए दशक को प्रभावित करना शुरू कर दिया है। भीड़ में खोया हुआ व्यक्ति अपने को फिर खोजने लगा है और उसकी खोज से आधुनिक फैशनों में भी तब्दीली आ रही है। अब ऐसे कपड़ों की मांग बढ़ने लगी है जो सबसे अलग दिखाई दें, जो पहनने वाले के व्यक्तित्व के अनुकूल हों, जिन पर उसकी रुचि की छाप हो। कपड़े आखिर कपड़े होते हैं, कोई यूनीफार्म नहीं। आजकल ऐसे कपड़ों को तरजीह दी जाने लगी है जो फैक्टरी में तैयार होने के बावजूद घर में सिले हुए से लगें। जिनमें कोई विशेषता, कोई विचित्रता हो। मशीन का नहीं, हाथ का काम हो। इसीलिए बड़े उत्पादन वाले निर्माता भी वस्त्रों के व्यक्तित्व पर, उनके निजीपन पर ध्यान देने लगे हैं।

इन नई प्रवृत्तियों से फैशन-जगत के बेताज बादशाहों की हुकूमत हिल गई है। अभी तक होता यह रहा है कि कुछ बड़े मशहूर डिजाइनर अपनी प्रयोगशाला में वस्त्रों के नए फैशन का आविष्कार करते हैं। फिर उन कपड़ों की प्रदर्शनी होती है; खूबसूरत माडल उन्हें पहन कर उनका मुजाहिरा करते हैं। वे कपड़े क्योंकि स्वयं डिजाइनर ने तैयार किए होते हैं इसलिए 'मौलिक' कहलाते हैं। लोग उन्हें खरीदने के लिए बड़ी-बड़ी कीमतें अदा करते हैं और उन्हें गौरव के साथ पहनते हैं और शान से औरों को दिखाते हुए बताते हैं कि इसे पियरे कार्दी ने स्वयं तैयार किया था, या इसे दि ओर ने स्वयं तैयार किया था। फिर उन नए फैशन के वस्त्रों का डिजाइन किसी निर्माता को बेच दिया जाता है। वह उन्हें थोक के भाव तैयार कर 'मौलिक' की अपेक्षा कहीं सस्ते दामों में बेचता है। अब स्थिति बदलने लगी है। बजाय इसके कि सारा

वस्त्र-उद्योग नए फैशनों के लिए फैशन-विशेषज्ञों का मुंह देखता रहे और उनकी नकल करता रहे; अब हर दर्जी कैंची लेकर अपने कमरे में बैठ जाता है और जो उसकी समझ में आता है बना डालता है। अब फैशन किसी व्यक्ति विशेष की रचना न रह कर समूह-सृष्टि बन गया है। कापीराइट का विचार पुराना पड़ता जा रहा है। अब कोई किसी और के बनाए हुए कपड़ों की नकल करने में संकोच नहीं करता; न ही बुरा मानता है यदि कोई उसके द्वारा रचित कपड़े की नकल कर ले तो। फ्रेन्साइन फारकेस ने तो खुल्लम-खुल्ला यह घोषित कर दिया है कि अभिजात वस्त्रों के निर्माताओं का प्रभाव शीघ्र ही शून्य हो जाएगा।

शोहरत उनके पीछे भाग रही है

हाइ-फैशन के अभिजात वस्त्रों के शिल्पियों का स्थान अब बुटीक के शैलीकार लेते जा रहे हैं। ये शैलीकार शोहरत के भूखे नहीं हैं; मगर शोहरत सफल लोगों का पीछा छोड़ती कहां है। इन शैलीकारों में एक प्रसिद्ध नाम है कार्ल लैजरफैल्ड। वस्त्रों के अतिरिक्त वह जूतों और ऊनी पहरावों के डिजाइन भी तैयार करता है। प्रसिद्धि से दूर भागने वाले लैजरफैल्ड का कहना है—"मैं गुमनाम रहना पसंद करता हूं; मैं हर छह महीने बाद अपना घर बदल सकता हूं और जाते समय पुराना घर नष्ट कर सकता हूं।" वह हर रोज अपनी मूर्त्ति बनाता है और तोड़ देता है। वह एक पॉप-कलाकार जैसा है। उसने अपने घर में एंडी वारहाल के बनाए हुए चित्र भी टांग रखे हैं। वह अपने प्रिन्ट स्वयं बनाता है। वह अपने डिजाइनों के लिए कहीं से भी प्रेरणा ग्रहण कर सकता है। यहां तक कि किसी पुराने इश्तहार से भी। अभिजात वस्त्रों के डिजाइनरों के बारे में उसका ख्याल है कि वे काफी मेहनत नहीं करते। उसीकी तरह की एक और प्रसिद्ध डिजाइनर है उनतालीस वर्षीया सोनिया रीकील। दस बूतीक तो उसके अपने ही हैं। पच्चीस और दुकानों पर भी उसके द्वारा बनाए डिजाइन किया हुआ सामान बिकता है। हाइ-फैशन के अभिजात डिजाइनरों से उसे यह शिकायत है कि वे महिलाओं के लिए नहीं, मूर्तियों के लिए कपड़े बनाते हैं। मूर्तित महिलाएं प्रागः ऊपर से भारी और नीचे से क्षीण होती हैं, जबकि अधिकांश महिलाओं के कूल्हे ऊपरी भाग की अपेक्षा अधिक भारी होते हैं। वह एक वर्ष में लगभग पौने सात करोड़ रुपये के वस्त्र, ऊनी पहरावे, स्वेटर आदि बेच लेती है।

फैशन की दौड़ में बहुत-सी पाश्चात्य महिलाओं ने ब्लाउज, टी-शर्ट या जर्सी के भीतर कुछ भी पहनना छोड़ दिया है। नारी-मुक्ति आंदोलन की अनेक उत्साही प्रचारिकाओं ने तो एक बार कंचुकियों की खुले आम होली जलायी थी। बिना कंचुकी के पहने जाने वाला ब्लाउज बनाने का श्रेय जीन कैचेरल को है। वह ब्लाउज चुस्त,

धारीदार और अंग्रेजी अक्षर 'वाई' के आकार का था। इस ब्लाउज का आविष्कार लगभग आठ वर्ष पहले हुआ था। अब बहुत-सी महिलाएं दुकानों पर ब्लाउजों के स्थानों पर 'कैचेरल्स' की ही मांग करती हैं। और अब तो पारदर्शी ब्लाउज भी लोकप्रिय होता जा रहा है।

सोनिया रीकील का एक परिधान यदि 2250 रुपयों में मिलता है तो एक और प्रख्यात डिजाइनर विक्की टील द्वारा डिजाइन किया गया परिधान 750 रुपये में ही मिल जाता है। विक्की का नया डिजाइन तैयार करने का तरीका विचित्र और मौलिक है। वह हवाई अड्डे पर जाकर खड़ी हो जाती है और बाहर से आने वाले यात्रियों की वेशभूषा का मुलाहिजा बड़े ध्यान से करती है। वहां उसे कोई-न-कोई नया विचार मिल ही जाता है। डिजाइन करने वालों की सूझें भी लाजवाब होती हैं। जब हौटपैंट्स की मांग बहुत बढ़ी तब कुछ लोगों ने जीन्स को काट कर ही हौटपैंट्स बना दिया। और काटा भी इस लापरवाही से कि उसमें झालरें लटकती ही रहीं। बेतरतीब कटी और लापरवाही से सिली हुई झालरदार हौटपैंट्स भी फैशन का एक हिस्सा बन गई।

असलियत तो यही है कि अब पाश्चात्य नारी वस्त्र अपना शरीर छिपाने के लिए नहीं, उसे आकर्षक ढंग से उघाड़ने के लिए ही पहनती है। वह नए-से-नए फैशन के चौंकाऊ कपड़े पहनना चाहती है, ताकि उसे देख कर भीड़ इकट्ठी हो जाए। इसीलिए इस तरह के कपड़ों को 'क्राउड स्टॉपर' कहा जाने लगा है। लेकिन ऐसा भी नहीं है कि सभी लोग चुस्त, छोटे और उघाड़ू वस्त्र ही पहनना पसंद करते हों। कुछ लोग भीड़ रोकना नही चाहते, बल्कि उससे अलग दिखना चाहते हैं। इसलिए मध्ययुगीन ढीले-ढाले, लम्बे-चौड़े वस्त्रों का प्रचलन भी कहीं-कहीं दिखाई दे ही जाता है। अभिजात वस्त्रों के शिल्पी भी पूरी तरह हताश नहीं हो गए हैं। मार्क बोहन के अनुसार 'यह कहना गलत है कि अभिजात वस्त्रों का जमाना लद चुका है। यह सही है कि वक्त बदल गया है। महिलायें अधिक स्वातन्त्र्य और वैचित्र्य चाहती हैं, किन्तु हाई-फैशन के वस्त्र अब भी महान क्षण प्रदान करते हैं।' अब भी कुछ लोग ऐसे हैं जो दुकानों पर पूछते फिरते हैं—"तुम्हारे पास मिडी स्कर्ट नहीं है? क्यों नहीं है?" नए फैशन की लहर से ऊबे बहुत से लोग अब भी बेट्टी डेविस और रीटा हेवर्थ के गौरव भरे भव्य शालीन युग में लौट जाना चाहते हैं।

❑❑❑

दिल का मुआमला है यही दिल्लगी सही

मनोविश्लेषण को कई लोग विज्ञान-कम-खिलवाड़-ज्यादा ठहराते आए हैं। आम लोग ही नहीं, विद्वान भी। और विद्वानों में से भी कई ऐसे जो मनोविज्ञान के पण्डित हैं। इन्होंने मनोविश्लेषण के जन्मदाता फ्रायड को अच्छा-खासा 'फ्राड' माना है और फ्रायड के बाद फ्रायड से मतभेद रखने वाले चिकित्सकों ने मनोविश्लेषण के संबंध मे जो कुछ कहा और किया है वह भी इन्हें अलिफ-लैला का सगा मालूम हुआ है। इस विरोध के प्रति मनोविश्लेषण के विशेषज्ञों का रवैया कुछ वैसा ही रहा है जैसा होमियोपैथी वालों के लगाए हुए अभियोगों के प्रति एलोपैथी वालों का होता है। और सम्पन्न देशों में ऐलोपैथी की तरह मनोविश्लेषण-विद्या भी खूब फली-फूली है। मनोविश्लेषण करने वालों को अमेरिका में दम मारने की फुर्सत नहीं। यह सही है कि औद्योगिक और उत्तर-औद्योगिक सभ्यता के तनाव-दबाव दिमागी पेचों को खासा ढीला कर देते हैं लेकिन यह कैसे मान लिया जाए कि संसार के अग्रणी देश अमेरिका में निरे सिर-फिरे ही बसते हैं और इसी मारे मनोचिकित्सकों के द्वारे भीड़ लगी रहती है? बहुतेरे लोग तो महज फैशन का पालन करने के लिए मनोचिकित्सा करवाते होंगे। ऐसे लोगों की भीड़ बढ़ने पर ही मनोविश्लेषण की परम्परागत पद्धति में परिवर्तन किए जाने लगे। योग और जेन जैसी प्राचीन विद्याओं का और कई देसी तंतर-टोटकों का मनोविश्लेषण में समावेश करके मनोविज्ञान और जीवन-दर्शन के कई नीम-हकीम अमेरिका में सिद्धों में सुमार कर लिए गए और तब खुद मनोविश्लेषण वाले यह कह उठे कि यह विज्ञान-कम-खिलवाड़-ज्यादा है।

नीम-हकीमों ने मनोविश्लेषण का जो लटका बहुत उत्साह से अपनाया वह है 'ग्रुप थिरेपी'। यानी सामूहिक चिकित्सा का। शास्त्रीय पद्धति के अनुसार मनोचिकित्सक हर रोगी से एकांत में ही बात करता है। मरीज को दीवान पर आराम से लिटा कर डॉक्टर शांत वातावरण में उसके अशांत मन को कुरेदने वाले सवाल करता है। नई पद्धति में, जो शायद रोगियों की संख्या बढ़ने के कारण ही अपनाई गई, डॉक्टर मरीजों को कुछ मंडलियों मे बांट देता है। हर मंडली डॉक्टर की उपस्थिति में 'मन-कीर्त्तन' करती है। डॉक्टर ज्यादातर चुप रहता है। मरीज ही एक-दूसरे से सवाल-जबाव करते हैं और एक-दूसरे पर अपने हाले-दिल का इजहार किए जाते हैं। डॉक्टर बहैसियत

मानीटर मरीजों की इस बातचीत को जरूरत से ज्यादा उग्र होने से बचाता रहता है और बीच-बीच में कोई सुझाव भी देता चलता है। मान्यता है कि एक-सी मनोवैज्ञानिक समस्याओं वाले लोगों की मंडली अगर कुशल विशेषज्ञ की देख-रेख में इस तरह आपस में खुलकर बातचीत करती रहे तो मंडली का हर सदस्य देर-सबेर कुंठा-मुक्त हो जाता है।

'ग्रुप थिरेपी' में मंडली के हर सदस्य से अपनी या किसी काल्पनिक चरित्र की समस्याओं के आधार पर एक-पात्री नाटक लिखवाने का नुस्खा भी आजमाया जाता रहा है। विशेषज्ञों का कहना है कि असलियत को अभिनय का चोला पहनकर बाहर आने में कम संकोच होता है। कुछ उत्साही 'विशेषज्ञों' ने मन के सामुदायिक प्रदर्शन से भी दो कदम आगे बढ़कर तन के सामुदायिक प्रदर्शन को चिकित्सा की संज्ञा दी। 'डॉक्टर' की देख-रेख मे मंडली का सामूहिक रूप से निर्वसन होना, 'लिए हाथ में हाथ', नाचना-गाना, तालाब में नहाना, और योग-साधना करना अमेरिका में 'इस्लेन इंस्टीट्यूट' जैसे संस्थानों में बाकायदा चल निकले। जाहिर है कि मनोविश्लेषण के पुराने विरोधियों ने ही नहीं, स्वयं मनोविश्लेषण के शास्त्रियों ने ग्रुप-थिरेपी को दिल के मुआमले में बेतुकी-बेहूदी दिल्लगी करार दिया।

दिल्लगी को खेल बनते भला कितनी देर लगती? अमेरिका में विज्ञापनों के धंधे में लगे हुए एक व्यक्ति फिलिप रॉस ने एक मनोचिकित्सक के सहयोग से 'ग्रुप थिरेपी' नाम का एक खेल ही बना डाला है जो पिकनिकों और पार्टियों में मनोरंजन का मुख्य साधन बनता जा रहा है। 'ग्रुप थिरेपी' का बोर्ड कुछ वैसा ही होता है जैसा 'व्यापार' या 'मोनोपोली' जैसे खेलों का। इस बोर्ड का पहला खाना 'हग-अप' (कुंठा-ग्रस्त) का होता है और अंतिम खाना 'फ्री' (मुक्त) का। बीच के खाने 'परीक्षा' के होते हैं और ये परीक्षाएं उत्तरोत्तर जटिल होती जाती हैं। मिसाल के लिए शुरू के खाने में एक परीक्षा सच बोलने के साहस की रहती है। इस खाने में पहुंचे हुए व्यक्ति को मंडली किसी खास सदस्य के विषय में कोई ऐसी बात कह देने की आज्ञा दे सकती है, जो अब तक उसने मन ही में रखी हो। अंत के खानों में 'कर्म' के साहस की परीक्षायें आती हैं और मंडली खिलाड़ी को यह आदेश दे सकती है कि 'शर्म भुला कर कोई ऐसा काम करो जो अब तक अकेले में ही किया हो।' आदेशों के अनुसार खिलाड़ी जो कुछ कहता है या करता है, मंडली का हर सदस्य उस पर विचार करके अपनी राय देता है। अगर उसे सच्चाई और साहस का आभास मिला हो तो वह 'विद इट' (झाड़े रहो!) की तख्ती उठा लेता है और अगर सरासर मक्कारी मालूम हुई हो तो 'काप आउट' (गड्डी हो जाओ) की तख्ती फहरा देता है। मगर अधिकतर सदस्यों ने 'विद इट' की तख्ती उठाई हो तो खिलाड़ी आगे बढ़ने के लिए दांव चल सकता है, अगर

पंचों की राय खिलाफ रही हो तो उसे बोर्ड पर पीछे हटना पड़ता है, अगर पक्ष-विपक्ष वालों की संख्या बराबर रही हो तो वह उसी खाने में बना रहता है।

एक और मनोवैज्ञानिक खेल है 'सेंस्टिविटी' जिसमें सारे आदेश 'अभिनय' करने के संबंध में होते हैं। हर खिलाड़ी गड्डी में से एक ताश खींचता है और ताश में उसे एक पात्र के चरित्र और परिवेश के संबंध में कुछ मोटी-मोटी सूचनाएं लिखी हुई मिलती हैं। खेल ज्यों-ज्यों आगे बढ़ता है 'पात्रों' की व्यक्तिगत समस्याएं त्यों-त्यों अधिक विषम और भयंकर होती जाती हैं और खिलाड़ी को उन्हें अपने अभिनय द्वारा मंडली के सामने प्रस्तुत करना पड़ता है। अभिनय ठीक लगने पर मंडली के सदस्य 'हमदर्दी' की नीली तख्ती उठाते हैं और गलत मालूम होने पर 'गुस्से' की लाल तख्ती। अंत में 'एकेडमी अवार्ड' बांटे जाते हैं। कुछ को सच्चे अभिनय के लिए पुरस्कृत किया जाता है तो कुछ को मक्कारी के लिए खिताब दिए जाते हैं। इसी तरह 'इनसाइट' नामक मनोवैज्ञानिक खेल में मंडली के सदस्यों को कई तरह की तस्वीर दे दी जाती है और कहा जाता है कि इनमें ऐसी तस्वीर चुनो जो तुम्हें मंडली के किसी अन्य सदस्य की याद दिलाती है और विस्तार से बताओ कि इस चुनाव का आधार क्या है।

इन मनोवैज्ञानिक खेलों के निर्माताओं का दावा है कि इनके माध्यम से किसी भी मंडली के सदस्य एक-दूसरे को और खुद अपने को जानने में सफल हो सकते हैं और उनके आपसी संबंध अधिक घनिष्ठ, उन्मुक्त और प्रीतिकार बन सकते हैं। कुछ विशेषज्ञों का कहना है कि किसी योग्य मनोचिकित्सक की अनुपस्थिति में इस तरह मन का सार्वजनिक प्रदर्शन मुक्तिदायक नहीं, कुंठाप्रद सिद्ध हो सकता है, इसलिए ये खेल खतरनाक ही कहे जायेंगे। कुछ विशेषज्ञ इस तरह के खेल का मनोचिकित्सा से कैसा भी संबंध मानने को तैयार नहीं हैं और उनका कहना है कि खतरनाक-वतरनाक क्या? यह भी दूसरे खेलों की तरह एक खेल है। यों छुई-मुई व्यक्तित्वों के लिए तो कोई भी सामूहिक खेल खतरनाक होता है। कुछ लोगों ने नैतिकता का सवाल भी उठाया है, हालांकि इस सवाल के सवाल माने जाने का अब पश्चिम की 'भोग-संस्कृति' में कोई खास सवाल नहीं उठता! यों 'ग्रुप-थिरेपी' के अधिकतर आदेश वातावरण को कामोत्तेजक बनाने वाले माने जा सकते हैं—"बगैर कुछ बोले अमुक व्यक्ति पर यह प्रकट कर दो कि तुम उसका प्यार चाहते हो।" "बंद कमरे में जितने कपड़े उतार कर बैठते हों उतने यहां भी उतार लो।" इसी तरह 'सेंस्टिविटी' में भी कई 'समस्याएं' प्रेम और सेक्स के संबंध में होती है—"तुम जार्ज से घृणा करती हो लेकिन उसमें कुछ है जो तुम्हें आकर्षित करता है, आज वह तुम्हें अकेले में मिल गया है और तुम जानती हो कि वह तुमसे फिर रुपया उधार मांगेगा और प्यार जताएगा। आगे अभिनय करो"। इसी तरह के आदेशों के कारण नैतिकता के बचे-खुचे पश्चिमी पुजारी इन

खेलों को 'सामूहिक भोग' के साधन ठहरा रहे हैं। अनुभव भी यह बताता है कि ये खेल उन मंडलियों में ही जम पाते हैं जिनके सदस्य पहले ही एक-दूसरे से बहुत खुले हुए हों या जो स्वभाव से ही बहिर्मुखी हों। अक्सर अन्तर्मुखी लोगों का ऐसे खेलों में झगड़ा हो जाता है और जनम भर की कुट्टी की नौबत आ जाती है। जो लोग वैसे ही आपस में बहुत उन्मुक्त हों उन्हें इन खेलों से प्राप्त 'मुक्ति' अगर सामूहिक भोग के लिए प्रेरित करती भी हो तो कोई आश्चर्य नहीं।

यों संतुलित मित्र-मंडलियां इन्हें भी नए उन्मुक्त वातावरण के और खेलों जैसा ही पाती हैं। 'उन्मुक्ति' का यह हाल है कि पश्चिमी देशों मे सांप-सीढियों की जगह 'बाप-कुटनियां' का खेल चल पड़ा है जिसमें खिलाड़ी अंत में 'सेज' पर पहुंचता है। कुछ ऐसे 'बौद्धिक' खेल भी चल निकले हैं–'प्रापेगैंण्डा' 'म्युनिसीपैलिटी', 'फारेन अफेयर्स'–और ये लूडो-वर्ग का स्थान ग्रहण करते जा रहे हैं। इस तरह का सबसे विराट खेल है बर्ल्ड गेम (विश्व-क्रीड़ा)- जिसकी परिकल्पना अमेरिका के विख्यात दार्शनिक इंजीनियर बकमिन्स्टर फुलर ने तैयार की है। 'संसार के साधनों का सबकी भलाई के लिए कैसे उपयोग हो' यह मालूमात होने पर ही इस खेल में जीत हो सकती है। इसका एक कम्प्यूटरों से लैस संस्करण प्रोफेसर फुलर की देख-रेख में स्थापित किया जा रहा है। लागत सोलह करोड़ रुपया! खेलने की फीस तीन हजार रुपया और खेलने के हकदार बस गिने-चुने पण्डित! जो पण्डित नहीं वह नए जमाने का जयकार अस्सी रुपये में मिलने वाले 'ग्रुप-थिरेपी' जैसे खेल से किए ले रहे हैं। दिल की लगी है। सबके सामने ऐलानिया दिल्लगी का दर्जा दे रहे हैं।

❑❑❑

जो चाहोगे वही मिलेगा कैलिफोर्निया में

अमेरिका में एक बड़ा खूबसूरत राज्य है—कैलिफोर्निया। और इस खूबसूरत राज्य में एक हसीन शहर है—लास एंजेल्स। कभी यहां फरिश्तों का साया रहा होगा मगर आजकल शैतान इस खूबसूरत जगह पर दिलो-जान से फिदा हैं। यह खूबसूरत शहर धीरे-धीरे शैतान के चंगुल में फंसता जा रहा है। सूरज चमकता है और चमकते ही चला जाता है। बारिश होने लगती है तो हुए चली जाती है। आंधियां आती हैं तो आए चली जाती हैं। इस खूबसूरत जगह में शैतान जैसे अपना इन्द्रजाल बुनने लगा है। यहां हत्याएं होनी शुरू हुई हैं तो हुए चली जा रही हैं। आत्महत्याएं भी यहां होती ही रहती हैं।

कैलिफोर्निया में हत्याएं बड़े अजीबो-गरीब हालात में होती हैं। बहुत-सी आत्महत्याओं पर भी रहस्य का पर्दा पड़ा ही रह जाता है। सैन फ्रांसिस्को में इतनी आत्महत्याएं क्यों होती हैं, 'टाइम' के संवाददाता के इस सवाल के जवाव में वहां के एक बाशिन्दे ने कहा—"अत्यधिक आकर्षक वातावरण में लोग अपनी हत्या कर देते हैं।" तो क्या खूबसूरती पर दरअसल जान दे देना यही होता है? इसीको कहते हैं दीवानगी? वह दीवानगी जो हुस्न पर मर-मिटने के लिए मजबूर कर देती है? 'द लास्ट डेज आफ द लेट ग्रेट स्टेट आफ कैलिफोर्निया (विगत महान राज्य कैलिफोर्निया के आखिरी दिन)' उपन्यास पढ़कर तो ऐसा लगता है जैसे एक दिन यह प्यारा खूबसूरत राज्य समुद्र में फिसल ही जाएगा। कभी जहां प्लास्टिक का सामान तैयार होता था, अब वहां नापाम बनने लगे हैं। कभी सान्ता बारबरा नहर में मछलियां मजे से तैरा करती थीं, अब उसी झील की सतह पर तेल की परतें तैरने लगी हैं। पक्षियों के पंखों पर कोलतार जमने लगा है। हालीवुड हिल्स के कोहरों में घिरे ज्योतिषी असली सितारे तो देख नहीं पाते, अपने पतरे खोलकर बैठ जाते हैं। कभी लोग यहां सोने की खोज में दीवाने होकर आए थे, अब यहां हिप्पियों और भंगेड़ियों के गिरोह भटकते दिखाई देते हैं। अब अपने भीतर ही छिपी कस्तूरी ढूंढने वाले अपने को भी खो बैठते हैं। कुछ लोग यहां शैतान की पूजा करने लगे हैं, उसके लिए मुसीबतें उठाते हैं, उसके लिए मर जाते हैं, मार भी देते हैं।

इस सब के पीछे क्या है? पागलपन? मादक द्रव्य? या सिर्फ कैलिफोर्निया? यह

सवाल यहां उठाया जाने लगा है। यह तो जाहिर है कि कैलिफोर्निया में मादक द्रव्यों की खपत दिन-रात बढ़ती जा रही है। एल.एस.डी.! मारिहुआना। इनके पीछे वहां रहने और आने वाले लोगों का एक अच्छा-खासा बड़ा दल दीवाना हुआ जा रहा है। एल.एस.डी. के सेवन के बाद आदमी की आंखों के सामने कौन-से नजारे बेपर्दा हो जाते है? "कई बार चौंका देने वाली और अप्रिय मनःस्थितियां उत्पन्न हो जाती हैं। कई बार डरावने और घिनौने बिम्ब उभरने लगते हैं—रेंगते हुए कीड़े-मकोड़े, मकड़ी के जाले, खौफनाक मछलियां और कीट-पतंगे। लेकिन तब वे भी खूबसूरत मालूम देने लगते है। निरापद और मासूम। क्योंकि उनसे घृणा का हमारा सहज भाव नष्ट हो जाता है, इसलिए उनके डंक भी निरापद लगने लगते हैं—एक खूबसूरत औरत के दातों की तरह!"—एल. एस. डी. के एक धत्ती ने अपनी अनुभूति का राज कुछ इस तरह खोला। एल. एस. डी. का यह व्यापक सेवन क्या कैलिफोर्निया तक ही सीमित रह जाएगा? क्या वह दुनिया के और हिस्सों तक नहीं पहुँच जाएगा? इसलिए क्या उसे वहीं नहीं रोक देना चाहिए? यह और इससे मिलते-जुलते सवालात बहुत-से अमेरिकियों के जेहन में उठने लगे हैं। इसीलिए रोनाल्ड रीगन का कहना है—"कैलिफोर्निया पतनोन्मुखी रोम है।" दिग्दर्शक आन्तोनिओनी ने अपनी एक नई फिल्म में कैलिफोर्निया को निम्नतम बिन्दु पर पहुँचा हुआ दिखाया है।

कैलिफोर्निया में क्रूर हत्याओं का यह सिलसिला कब तक जारी रहेगा? वहीं फ्राइकोव्स्की ही हत्या हुई और राबर्ट कैनेडी की भी। और वहीं पिछले दिनों शैरोन टेट की भी हत्या हो गई।

शैरोन टेट की हत्या के सिलसिले में जिन लोगों की गवाहियां ली गईं, उन में एक प्रमुख व्यक्ति है स्पान—जार्ज स्पान। स्पान का एक पशुपालन-केन्द्र है दक्षिणी कैलिफोर्निया में। यह पशुपालन केन्द्र चारों ओर से पहाड़ियों से घिरा है। कभी यह केन्द्र एक पुरानी पाश्चात्य फिल्म का एक सैट था। उसके पास ही एक गर्दीली सड़क है और उस सड़क के साथ-साथ खाली मकानों का एक सिलसिला काफी दूर तक चला गया है। उन मकानों में से किसी मकान पर लिखा है 'नाई की दुकान' और किसी पर 'कैफे'। एक पर 'जेल' भी लिखा है। पर नामों के अक्षर काफी धुंधले पड़ चुके हैं और जरा मुश्किल से ही पढ़े जाते हैं। काउ बॉय मार्का बहुत-सी फिल्में यहीं फिल्माई गई थीं और उनके सैट्स के बहुत-से अवशेष यहां-वहां बिखरे पड़े हैं। टेलीविजन के लिए तैयार की गई 'दि लोन रेंजर' फिल्म के बहुत से दृश्य भी यहीं शूट किए गए थे। इन फिल्मों में इस्तेमाल की गई चीजों के फालतू और बेकार टुकड़े अब भी जहां-तहां पड़े दिखाई दे जाते हैं। जार्ज स्पान यहां 1930-40 के बीच कभी आ बसा था। पहले वह पेनसिलवानिया में रहता था और वहां एक डेरी फार्म चलाता

था। यह चस्का जनून की हदें छूता था। वह खूबसूरत तो नहीं रहा होगा, पर उस की कद-काठी मजबूत है। यहां आकर उसने घोड़े पालने पर और भी ध्यान देना शुरू किया और उसे ही अपनी आजीविका का साधन भी बना लिया। शौकिया घुड़सवारी, घोड़ों की पैरेडों, मेलों आदि के लिए वह घोड़े किराए पर देने लगा और इस धंधे से उसे तगड़ी आमदनी होने लगी। एक फिल्म में उसने अरब घुड़सवार की भूमिका भी निभाई। बाद में उसने एक पशुपालन-केन्द्र खरीद लिया और रूबी पर्ल से शादी कर ली। रूबी कुत्तों को सधाने में माहिर थी और एक सरकस में काम करती थी। रूबी पर्ल उसकी देख-भाल करने लगी और उसके कामकाज की भी। बुढ़ापा आने पर स्पान की आंखें उसे धोखा दे गईं और रोशनी के साथ ही बहुत-सी खुशियां भी उससे विदा ले गईं। अब रूबी के तौर-तरीके भी उसे कुछ बदले-बदले से नजर आने लगे थे। नतीजा यह हुआ कि वह आवाजों की दुनिया में जीने लगा। मधुर ध्वनि सुन कर उसकी तबीयत बाग-बाग हो जाती। नारी-स्वर उसे विशेष रूप से आकर्षित करता। यही वजह थी कि हिप्पियों का उसके यहां आना-जाना शुरू हुआ तो उसे अच्छा लगा। वह हिप्पी लड़कियों की आवाजें सुन कर अपनी जवानी की यादें ताजा कर लेता। हिप्पियों की पहली टोली शायद उसके पास 1967 में आई थी। उन हिप्पियों ने भोजन आदि की तलाश करते-करते उस वीराने में उन खाली कोठरियों को ढूंढ़ निकाला था। अगरचे वे लोग काफी हो-हल्ला और धमा-चौकड़ी भी मचाते पर हिप्पी लड़कियों की आवाजें सुनने के लालच में उनके वहां ठहरने पर स्पान कोई ऐतराज न करता। एक दिन वहां कुछ हिप्पियों का पीछा करते-करते पुलिस भी पहुँच गई। पुलिस का ख्याल था कि वे लोग वहां मारिहुआना का सेवन करते हैं। कुछ हिप्पियों की पकड़-धकड़ भी हुई इस पकड़-धकड़ के बाद वहां एक लम्बे समय तक शन्ति बनी रही कि एक दिन...

अनोखा जादूगर चार्ली मैनशन

एक दिन उस पशु-पालन केन्द्र के पास हिप्पियों से भरी एक बस आ कर रुकी। दरवाजे पर हल्की-सी दस्तक हुई। हिप्पी लड़कियों ने स्पान से वहां ठहरने की अनुमति मांगी तो उसने बेरुखी दिखाई। उन लड़कियों ने उसे यह भरोसा दिलाया कि वे वहां महल चन्द रोज ही कयाम करेंगी। उन्होंने मिन्नत-सी करते हुए कहा कि हमारी बस खराब हो गई है, हम वापस भी तो नहीं जा सकतीं, तो वह मान गया। उसने सोचा होगा कि चलो, इसी बहाने घर की वीरानी तो दूर होगी। उन लड़कियों ने उसकी सेवा-टहल भी शुरू कर दी और वह उनकी आवाजों का अभ्यस्त हो गया। दिन सप्ताहों में और सप्ताह महीनों में बदल गए, मगर वे लड़कियां अपना डेरा वहीं डाले

रहीं। उन लड़कियों के साथ एक पुरुष भी था जो उनका इन्चार्ज-जैसा मालूम पड़ रहा था। उसे बताया गया कि वह एक गायक, कवि तथा संगीतकार है और उसका नाम है चार्ली मैनसन।

चार्ली मैनसन अक्सर स्पान के पास आ बैठता और बड़े धीमे स्वर में उससे दर्शनों की बातें करता। उसकी सांस तक की आवाज स्पान को सुनाई नहीं देती। वह चलता भी इतने हल्के पांवों से कि जरा भी आहट न होती। वह ज्यादातर एक पेड़ के नीचे बैठा अपनी गिटार छेड़ता रहता। तब ऐसा लगता जैसे वह यहां हो, वहां हो, सब कहीं हो। लड़कियों पर तो जैसे उसने जादू ही कर रखा था। वे उसके पांवों पर लेटतीं, उसके एक-एक इशारे का इंतजार करतीं और उसके प्यार में खोई रहतीं। धीरे-धीरे स्पान को लगा कि कहीं कुछ बदल रहा है। रूबी बदल रही है। साईंस बदल रहे हैं। वातावरण बदल रहा है। कोई ऊंचे स्वर में नहीं बोलता। सब फुसफुसा कर ही बात करते, जैसे कोई रहस्य एक-दूसरे से कह रहे हों। बीजों के छिलने की आवाजें भी बीच-बीच में आती रहतीं।

स्पान के साईंसों का कहना है कि चार्ली मैनसन एक जरा छोटे कद का आदमी था। उसके बालों का रंग काफी गहरा था। उम्र उसकी पैंतीस के आस-पास रही होगी। वे यह नहीं समझ पाये कि वे लड़कियां उस पर इतनी फिदा क्यों थीं? मैनसन के वहां आने के बाद तरह-तरह के लोग उस पशुपालन-केंद्र में आते-जाते रहते । एक साईंस का तो यहां तक कहना था कि उसने अभिनेत्री शैरोन टैट को भी वहां देखा था। वह गर्भवती लग रही थी।

और एक दिन अचानक वह तमाशा खत्म हो गया। जिस रहस्यपूर्ण ढंग से वे वहाँ आये थे उसी रहस्यपूर्ण ढंग से बस में बैठकर चले भी गये। फिर वहां पुलिस और जासूसों का तांता लग गया। जासूस जगह-जगह से उंगलियों के निशान लेते और छानबीन करते। जमीन खोद-खोद कर लाशें तक ढूंढ़ी जाने लगीं। चार्ली मैनसन और उसके 'परिवार' पर शैरोन टैट और कई अन्य व्यक्तियों की हत्याओं का आरोप था। स्पान से भी पूछताछ की गई। वह यह मानने को तैयार ही नहीं था कि उन लोगों का किसी हत्या से भी कोई संबंध हो सकता है। वे तो बड़े भले लोग थे। उन्होंने यदि किसी की हत्या की भी होगी तो नशे की हालत में। स्पान की गवाही ली गई और उसे टेलीविजन पर भी पेश किया गया। वह चार्ली मैनसन के खिलाफ कड़े शब्दों का प्रयोग नहीं कर पाया। पत्रकारों के पूछने पर उसने यह स्वीकार किया कि वह मैनसन से डरा हुआ था, यद्यपि मैनसन तो जेल में था। स्पान शैरोन टैट की हत्या के बारे में कुछ नहीं बता पाया। शैरोन टैट की हत्या क्यों और कैसे हुई थी?

टैट की हत्या के सिलसिले में गिरफ्तारियां शुरू होने से पहले एक पुलिस-मैन से

बातचीत की गई, तो उसने कहा–"जब वह हत्यारे को पा जायेंगे, तो वह पायेंगे कि वह नशाखोर है, वह मादक-द्रव्यों का सेवन करता है। वे सब एक-से होते हैं। जिन्हें पूर्वी पत्र मायावी कह रहे हैं, वे असल में नशेबाज ही हैं।"

लेडा का कहना है कि शैरोन अन्ततः मुझ ही से आतंक के बारे में बात करेगी। लेंडा ने कहा–"यह शहर स्टेनोग्राफरों और फाइल क्लर्कों से भरा पड़ा है जो आत्मायें बुलाने की कोशिश करते हैं। इस साल की फैशनेबल लड़की जाहिर है कि शैरोन है। मैं देवी का रूप हूं। मुझमें आत्माओं को वशीभूत करने और उन्हें ग्रहण करने की शक्ति है। नहीं, मैं बता नहीं सकती कि कैसे मैं आत्माओं को ग्रहण करती हूं। यह मैं स्वयं नहीं जानती। लेकिन मैं कसम खा कर कहती हूं कि जिस सुबह शैरोन की मृत्यु हुई उस दिन मैं जल्दी ही उठ बैठी, जैसा कि मैं कभी नहीं करती, और दर्द से कराहती हुई फर्श पर लोटने लगी। मेरी अंतड़ियों में जैसे भेड़िए के दांत गड़ने लगे। शैरोन अपने जीवन-काल में यहां केवल एक बार आई थी। वह बड़ी शरीफ और मधुर थी। वह पूरी शाम मेरे पीछे-पीछे घूमती रही यह कहती हुई–'मैं अगले जन्म में फिर यहां आऊंगी। मुझे पता है कि मैं जाने वाली हूं।' और अपनी मौत के बाद निरन्तर वह यहां आती रही है। वह अभी इतनी शक्ति तो नहीं पा सकी है कि बोल सके, पर मैं उसमें शक्ति का संचार कर रही हूं। वह चैन से नहीं है। जल्दी ही वह बोल उठेगी।"

लेडा अपना पूरा नाम राजकुमारी लेडा आमुन रा बताती है। वह ला सिनेमा बुलवार्ड के 'क्लाइमेक्स' नाम के एक भव्य नाइट क्लब में 'शैतान को सलाम' नृत्य करती है। 'क्लाइमेक्स' अमीर नौजवानों के लिए विलास का अड्डा है। 'क्लाइमेक्स' के सदस्य दीवान पर मजे से लेटे खास तरह की फिल्में देखते रहते हैं या शैतान के बाइस फुट के सिर के सामने तेजी से शरीर को तोड़ते-मरोड़ते रहते हैं। वहां बीस-पच्चीस मिनट ठहर कर लोग जाने की तैयारी शुरू कर देते हैं। उसके बाद लेडा अपनी आदत के मुताबिक अकेली नाचती रहती है। उसे देखकर ऐसा लगता है जैसे वह उस व्यभिचार के अड्डे को प्रामाणिकता देने के लिए वहां हो। उसका शरीर काले पंखों से इस तरह ढंका रहता है जैसे वे पंख उसके बेहद गोरे शरीर पर स्वाभाविक रूप में उग आए हों। वह नग्न वक्ष पर सुनहरा मछली-जाल पहने रहती है। उसकी बड़ी-बड़ी पगली चमकदार आंखों के गिर्द अनिद्रा की झांइयां पड़ गईं हैं। वह कभी सलोमी जैसी लगती है और कभी थेडा बारा जैसी। उसका नाच वासना की परिभाषा जैसा लगता है।

उसके व्यक्तित्व के इर्द-गिर्द अनेक दन्तकथाओं का घेरा है। वह एल. एस. डी.

का सेवन करने वालों की देवी-सी है। लोग उसे जादूगरनी भी कहते हैं। वह पहाड़ियों पर एक महल जैसी इमारत में रहती है। कहा जाता है कि उसका रथ एक सुनहरे चीते जैसा है। वह तीस साल की होगी, पर दिन की रोशनी में इक्कीस साल की लगती है। उस के पास की मेज पर कसी हुई लाल पतलून पहने तलवार लटकाये एक लड़का बैठता है। वह लड़का उसका राजा है– उसकी जादूई दुनिया का नौजवान राजा। कहा जाता है कि वह ज्योतिषी है और भविष्य बताने के साढ़े सात हजार रुपए लेता है। कोई नहीं जानता कि वे दोनों कहां से आए हैं और उनके असली नाम क्या हैं। सब उन्हें बस राजकुमारी और राजा के नाम से जानते हैं। आम तौर पर जब कोई लेडा को अपनी मेज पर बुलाकर बातचीत करने की इच्छा प्रकट करता है, तब वह उसे अपने महल में आने का निमंत्रण दे देती है। महल क्या है, संगमरमर से बनी एक मस्जिद जैसा है। कोई खास बड़ा भी नहीं है। छोटी-छोटी खिड़कियां नक्काशीदार शटर्स से ढंकी हुई हैं। सामने एक ऊंची सीमेण्ट की दीवार है और दरवाजा लोहे का है। दरवाजा खुलते ही एक तख्त दिखाई पड़ता है , जिसपर पांच ऊंचे-ऊंचे लकड़ी के पुतले सजे हुए हैं। दाईं ओर एक लम्बूतरा मध्ययुगीन भोजन कक्ष है। उसके पीछे फिर एक चबूतरा है जिसके ऊपर एक चार फुट का लकड़ी का ताबूत रखा हुआ है। उसके अंदर पड़ा है एक पुतला जो किसी चार साल के बच्चे की लाश जैसा लगता है। उसका मुंह बुरी तरह मुड़ा-तुड़ा है, उसके दांत उसके निचले होंठ पर गड़े हैं, जिन पर जैसे खून बहते-बहते जम गया हो। पीछे आकर खड़ा हो जाता है एक लड़का जिसकी छाती काफी नीचे तक खुली है और जिस पर लाल रंग में गुदा हुआ है–'इस हृदय का प्रत्यारोपण करो।' वह बोल उठता है–"आप का स्वागत है, स्वागत है इस मंदिर में। राजकुमारी तैयार हो रही हैं। आपके स्वागत के लिए नीचे आती ही होंगी। इस मंदिर में सिगरेट पीना मना है। बाकी आजादी है,जहां जी चाहे घूमो। मंदिर के कपाट कभी बंद नहीं होते।"

रहने के कमरे में तेज संगीत सुनाई पड़ता है, लेकिन स्पीकर कहीं दिखाई नहीं देते। एक लंबी मेज पर पचास मोमबत्तियां जल रही होती हैं। मोम पिघल-पिघलकर मेज पर जमता रहता है। मेज के पास ही पड़ा हुआ है एक सिंहासन जिस पर राजा अधलेटा होता है, खोई-खोई आंखों से दूर देखता हुआ।

हंस के प्रेमपाश में बंधी राजकुमारी

एक बार एक पत्रकार वहां गया तो कुछ मेहमान पहले से मौजूद थे। एक लम्बी लड़की 'बेहद पतली-दुबली' अर्द्धनग्न, एक काली आकर्षक लड़की अपने से स्वयं बतियाती हुई, कुछ लड़के तावीज बगैरह पहने हुए। उन्होंने उस मंदिर के लिए

अजनबी को बड़ी उत्सुकता और कुतूहल से देखा तथा उसे घेर कर तरह-तरह के ऊटपटांग सवाल करने लगे। एक साथ इस तरह बोलते हुए कि किसी की बात पूरी तरह समझ में न आये। वह पत्रकार राजकुमारी लेडा आमुन रा के शयन-कक्ष में ले जाया गया तो वहां का राजसी और रहस्यमय वातावरण देखकर वह चमत्कृत रह गया। कमरे का अधिकांश भाग स्याह रंग से रंगा हुआ था। कमरा काफी बड़ा था, पर उसमें बिछा पलंग और भी बड़ा था। इतना बड़ा कि वह उस बड़े कमरे में भी बड़ा लग रहा था। बिस्तर पर लेटी थी राजकुमारी। पूर्णतः नग्न, सारे शरीर पर भभूत मले। वह उल्टी लेटी थी और उसके आलिंगन में था उसका प्यारा काला हंस। तभी राजकुमारी आनन्दातिरेक से चीख उठी– “मैं गर्भवती हो जाऊंगी! गर्भवती।” तब तक कमरे में और बहुत-से लोग आ चुके थे और सब बिल्कुल खामोश थे। बिल्कुल स्थिर तथा शांत। कहीं कोई हरकत नहीं, कोई आवाज नहीं।

लेडा, आमुन रा। पहला नाम यूनानी है, दूसरा मिस्री। उसका दावा है कि जब वह अपने किसी आराधक से वार्तालाप करना चाहती है तो वह उसे सिर्फ ध्यान करके बुला लेती है। उसकी कोई जन्मपत्री या जन्म प्रमाण पत्र नहीं है। उसका कहना है कि दो वर्ष पहले उसी महल में उसका पुनर्जन्म हुआ था। जब उससे यह पूछा गया कि क्या उसके पुनर्जन्म का संबंध किसी उन्मादक द्रव्य से है, तब वह पहले तो चुप हो गई फिर खिलखिलाती हुई बोली–“और किससे है, बेबी? क्या तुम यकीन करोगे कि तीन साल पहले राजकुमारी लेडा भी एक घरेलू औरत थी? एक छोकरी, मौज-मेले से दूर। मेरी आत्मा... मुझमें उतरी एक हंस के रूप में। पिछले जन्म में मैं लेडा जो थी, लेडा। मेरा पुरुख्यान चलता रहा है लेकिन सबसे पहले तो मैं थी-हूं आमुन रा–सूर्य देवता। थेबेस का देवता। तुम सूर्यदेवता का ही मर्त्य रूप मुझमें देख रहे हो। मैंने कई युगों में कई रूप धारण किए हैं। मैं पूर्ण नारी भी रह चुकी हूं और पूर्ण पुरुष भी। लेकिन सबसे पहले तो मैं सूर्यदेवता ही थी। मुझे हाल ही में समझ में आया है कि सूर्य आदमी से ताकत हांसिल करता है और चांद तक पहुंच जाता है।”

लेडा ने अपने लिए मादक द्रव्य का एक नुस्खा तैयार करवाया है। वह नियमित रूप से उसका सेवन करती है। वह अपने पुनर्जन्म के लिए नर-बलि देने तक का इरादा रखती है। उसे कानून का डर जरा भी नहीं है, क्योंकि वह तो ‘देवीं’ है न।

एल. एस. डी. , मारिहुआना जैसे उन्मादकों के सेवन से गंभीर व्यक्ति कैलिफोर्निया में भी बचते रहे हैं। वे इन तत्वों द्वारा उत्पन्न उन्मादपूर्ण स्थितियों को डरावना और खतरनाक ही मानते हैं, क्योंकि उन स्थितियों पर व्यक्ति का काबू चल नहीं पाता। समय-चेतना नष्ट हो जाती है और वर्त्तमान यथार्थ विकृत हो जाता है। तरह-तरह के समझ न आने वाले रहस्यमय प्रतीक और बिम्ब आंखों के सामने तैरने लगते हैं।

सामने जलती मोमबत्ती या मेज पर रखा चाकू प्रलय के प्रतीक लग सकते हैं। रेडियो पर बजता हुआ गाना ऐसा लगने लगता है जैसे कोई दूर से व्यक्तिगत संदेश भेज रहा हो। सबसे खतरनाक तो यह है कि नशेबाज को यह लगने लगता है कि आसपास जो कुछ घटित हो रहा है उसका लक्ष्य और केन्द्र वह स्वयं है।

उन्मादक द्रव्यों के प्रचलन ने तंत्र-मंत्र में कुछ लोगों की आस्था फिर से जाग्रत कर दी है। टोना-टोटका तैयार करने वालों की दुकानदारी खूब चल निकली है। दुरात्माओं से बचने के लिए तरह-तरह के उपाय और गण्डे-ताबीज काम में लाये जाने लगे हैं। योग-साधना, ज्योतिष, जादू, तांत्रिक क्रियाओं आदि में लोगों की दिलचस्पी बढ़ती जा रही है। मोमबत्तियों का बोलबाला हो गया है और तांत्रिक उपकरणों की बन आई है। मगर सबसे अधिक बिकते हैं नशीली गंध वाले तेल और वशीकरण के उपकरण। 'जो चाहोगे मिलेगा', 'जिसे बुलाओगे सिर के बल चला आएगा' इस तरह के मुहावरे फिर चल निकले हैं। वहां मैजिकल मिस्ट्री म्यूजियम खुल गया है जहां टोने-टोटकों के सामान की भरमार है, और एक कालेज भी ठाठ से चल निकला है जहां तंत्र-साधना सिखाई जाती है। उसके मालिक का कहना है कि—"जनता जादू के बारे में जानना चाहती है पर उसकी दिलचस्पी उसके प्रदर्शन देखने में ही अधिक है।" 'विचक्राफ्ट' शीर्षक से गानों का एक रिकार्ड भी तैयार हो गया है जो मस्तिष्क को नष्ट कर आत्मा को उद्बुद्ध कर देता है।"

कभी भारत में 'लगे दम : मिटे गम' के उद्घोषकों को कोई कमी नहीं थी। चरस-गांजे का रिवाज जोरों पर था। तंत्र-साधना भी चलती थी। सिद्धों ने उसे एक वीभत्स चरम तक पहुँचा दिया था। लेकिन वह मध्ययुग के साथ बीत गया। अब पश्चिम उस ओर जा रहा है। मारिहुआना एल. एस. डी. सेवन, तंत्र-साधना, हिंसा और जादू-टोनों की यह नई संस्कृति, जिसे हिप्पीवर्ग खासतौर पर अपना रहा है, पश्चिम को एक खतरनाक मोड़ की तरफ ले जा रही है। शैरोन टैट की हत्या उसका सिर्फ एक नमूना है। न जाने कितनी हत्याओं और आत्महत्याओं में इस नई नशीली रहस्य-संस्कृति का हाथ है। इस संस्कृति के फैलाव का एक कारण हालीवुड भी है। वहां नाकामयाब हो जाने वाले साधारण कोटि के कलाकार बहुत जल्द इस फैशन का शिकार हो जाते हैं। दम लगाने से उनका गम तो क्या मिट पाता होगा, हां बेदम वे जरूर हो जाते हैं। यह सीढ़ी पश्चिम को आध्यात्मिक उत्थान की तरफ तो खैर क्या ले जाएगी, डर तो यह है कि उसे शैतान के चंगुल में फंसा न दे।

अमन को एक मौका तो दो

गालिब साहब एक सवाल उछाल गए हैं : 'मौत से पहले आदमी गम से निजात पाए क्यों...?' अगर वहां गम की बजाय समस्या और आदमी की बजाय राष्ट्र कर दिया जाए, तो भी बात अपना वजन बनाए रखेगी। यह हकीकत है कि जिस तरह जीते-जी व्यक्ति दुखों से छुटकारा नहीं पा सकता, उसी तरह किसी राष्ट्र की सभी समस्याएं भी हल नहीं हो सकतीं। हल होती हुई समस्या दूसरी समस्या को जन्म दे जाती है। सिर्फ छोटे गरीब विकासशील राष्ट्र ही समस्याओं के शिकंजे में जकड़े हुए नहीं है। अतिविकसित और अति सम्पन्न राष्ट्रों को भी तरह-तरह के मसलों ने अपनी फौलादी गिरफ्त में ले रखा है। निन्यानवे के फेर से मुक्त होकर व्यक्ति शून्य के फेर में पड़ जाता है। मतलब यह कि पेट भर जाने मात्र से परेशानियां खत्म नहीं हो पातीं। उदर की समस्यायें हल हो जाने पर अध्यात्म कुलबुलाने लगता है। शरीर जब अपनी आवश्यकतायें पूर्ण कर लेता है, तब मस्तिष्क जाग्रत हो जाता है। मस्तिष्क कुछ करामात कर दिखाने में सफल हो जाता है तो आत्मा उद्बुद्ध हो जाती है। जीवन-निर्वाह के साधन जुटा लेने पर व्यक्ति जीवन का अर्थ बूझने पर विवश हो जाता है। यही स्थिति राष्ट्रों की भी होती है। रोटी की समस्या हल कर लेने से ही कोई राष्ट्र समस्या-मुक्त नहीं हो जाता।

अमेरिका एक अति सम्पन्न देश है और अति सम्पन्न देश के लिए उसकी पूर्ण सम्पन्नता भी एक समस्या बन जाती है। छोटे देशों के सामने ही बड़ी समस्याएं नहीं होतीं; अमेरिका जैसा समुन्नत देश भी समस्याओं के ताने-बाने में बुरी तरह उलझा हुआ है और उसे मुक्ति की कोई सहज-सरल राह सूझ नहीं रही है। बच्चन की काव्य-पंक्ति 'तन के सौ दुख सौ सुविधा में मन वनवास दिया-सा'—अमेरिका पर एक सीमा तक चरितार्थ हो रही है। ऊट-पटांग कपड़े पहने फक्कड़ी बाना बनाए घूमने वाले ये हिप्पी क्या वनवासी जैसे ही नहीं लगते? यह और बात है कि इन्हें किसी दूसरे ने निर्वासित नहीं किया है, ये स्वयं स्वेच्छा से आत्म-निर्वासन भोग रहे हैं। वे शायद यह महसूस करते हैं कि अमेरिका में आत्मा का निर्वासन हो चुका है। अमेरिका की सभ्यता शापग्रस्त हो चुकी है। शाप-मुक्ति के लिए ही शायद वे भारत की ओर देखने लगे हैं। भोग से थकी हुई एक सभ्यता योग का दरवाजा खटखटा रही है। अमेरिका

की नई पीढ़ी का योग के प्रति यह आकर्षण महज आकस्मिक या फैशनपरस्ती कह कर टाला नहीं जा सकता।

अमेरिका आज तरह-तरह की चुनौतियों के सामने खड़ा है। वह नैतिक और सामाजिक संकट में से तो गुजर ही रहा है, अब वहां एक प्रकार का राजनीतिक संकट भी पैदा हो गया है। अब तक अमेरिका वैज्ञानिक सुविधाओं को मजे से भोगता रहा है, अब वैज्ञानिक उपलब्धियां प्रश्नचिन्हों को जन्म देने लगी हैं। अमेरिका में औद्योगिक विकास का वृत्त लगभग पूर्ण हो चुका है और उद्योगोत्तर युग का सूत्रपात हो चला है। उद्योग-युग अपने साथ सुविधाओं के अलावा विकराल समस्याएं भी लाया था। मध्ययुगीन मूल्य और मान्यतायें औद्योगिक युग के लिए व्यर्थ सिद्ध हो गई थीं। औद्योगिक युग ने नए मूल्यों और मान्यताओं की मांग की थी। बढ़ती हुई समृद्धि और बढ़ते हुए प्रशासनिक तथा सामाजिक नियंत्रण ने व्यक्ति-चेतना को उभार कर व्यक्ति और समाज को संघर्ष की मुद्रा में आमने-सामने खड़ा कर दिया था। फिर नई भौतिक सुविधाओं के विवेकसम्मत बंटवारे की समस्या भी थी। भावनात्मक आदर्श खंडित हो रहे थे और बौद्धिक तर्क मुंह बाए खड़े थे। सामन्ती व्यवस्था आधुनिक समाज के नए गलीचे में एक पेबंद की तरह बदनुमा लगने लगी थी। औद्योगिक सभ्यता ने एक प्रकार के मूल्य-संकट की सृष्टि की। कुछ लोगों ने औद्योगिक सभ्यता द्वारा उत्पन्न शून्य को पिछली शताब्दी के मूल्यों के पुनर्स्थापन द्वारा भरने की कोशिश की। पर वह कोशिश किसी महत्त्वपूर्ण उपलब्धि तक पहुंच नहीं पाई। स्वप्निल आदर्शों का जाल एक बार बिखरा तो फिर बुना नहीं जा सका। इसी संकट में से मार्क्सवाद उभरा और अन्य किसी व्यावहारिक रूप से उपयोगी समर्थ विकल्प के अभाव में संसार के एक हिस्से ने उसे ओढ़ लिया। और किसी तरह ले-देकर औद्योगिक समाज का काम चल गया। व्यक्ति और समाज में कुछ कामचलाऊ रिस्ते कायम हो गए। कुछ समाज ने जगह छोड़ी और कुछ व्यक्ति ने। नैतिक मूल्यों के नाम पर मानवतावाद से काम चल निकला। यों मार्क्सवादी देशों में भी समस्याओं की कोई कमी नहीं है। उनमें व्यक्ति अपनी स्वतंत्रता का अधिकार मांग रहा है।

औद्योगिक सभ्यता अमेरिकी समाज को झकझोर तो गई किन्तु उसे तोड़ नहीं सकी। बल्कि उसने अमेरिका को अधिक शक्तिशाली और परिपूर्ण ही बनाया। भौतिक समृद्धि ने अमेरिकियों में आत्मविश्वास, प्रतीक्षा और आशावाद को पनपाया। अमेरिकी यह सोचने लगे कि बढ़ती हुई सम्पन्नता के साथ उनकी राष्ट्रीय समस्यायें स्वयं हल होती जायेंगी और धीरे-धीरे एक नई मूल्य व्यवस्था, नई नैतिक जीवन-पद्धति का उदय हो जाएगा। पर अब उन्हें स्वप्नभंग की स्थिति का सामना करना पड़ रहा है। हब्शियों की समस्या अब भी ज्यों-की-त्यों बनी हुई है और चमचमाते शहरों के

आस-पास ही गंदी बस्तियां भी बदनुमा धब्बों की तरह अब भी मौजूद हैं। व्यक्ति और समाज के संघर्ष का भी कोई स्थायी हल नहीं निकल पाया है। इन सब हालात को देखते हुए अमेरिकियों की यह आशा टूट चली है कि धीरे-धीरे सब अपने-आप ठींक हो जाएगा। पिछले दशकों में उन्हें लगता रहा था कि भविष्य अमेरिका का है, पर अब उन्हें' आभास हो रहा है कि अमेरिका का भविष्य खतरे में है। यंत्र-विज्ञान के चरम विकास ने इस खतरे को और भी रेखांकित कर दिया है। अमेरिका विश्व का पहला राष्ट्र है जो औद्योगिक युग के बाद की अत्याधुनिक सभ्यता में कदम रख रहा है। यह एक नए प्रकार की संक्रांति है। संक्रांति-काल वह भी था जब उसने मध्ययुग से निकल कर औद्योगिक युग में प्रवेश किया था। किन्तु इस बार की संक्रांति और भी अधिक पेंचीदा है क्योंकि उद्योग ने मानवीय संबंधों से भले ही छेड़छाड़ की है, मानव को बख्श दिया था। यह नया युग मनुष्य को भी छोड़ने वाला नहीं है। विज्ञान उन्नति के चरम-शिखर पर पहुंच गया है और ऐसी शोधें तथा आविष्कार हो रहे हैं जो मनुष्यता की ही नहीं, मनुष्य की ही परिभाषा बदल सकते हैं। डॉ. खुराना प्रयोगशाला में जीवन की इकाई 'जीन' का निर्माण कर ही चुके हैं। अब ऐसी संभावनाएं पैदा हो चुकी हैं कि मनुष्य को मनोवांछित रूप में ढाला जा सके और उसमें परिवर्तन किए जा सकें। साथ ही कृत्रिम मनुष्यों की रचना भी अब कोरी गप्प नहीं रह गई है। बाद में जाकर यह सवाल पैदा होगा कि उन मनुष्यवत रचनाओं का समाज में क्या स्थान हो? वैज्ञानिक उन्नति के साथ ही शासकों के हाथ भी मजबूत होते जाते हैं। वह जब चाहें जनता को पटखनी देकर उसे धराशायी कर सकते हैं और उसे भेड़ की तरह हांक सकते हैं। इस तरह एक नए प्रकार की तानाशाही का उदय भी हो सकता है।

ये सब समस्याएं हैं जिन्हें अमेरिका को धीरे-धीरे सुलझाना है। इस समय तो सबसे बड़ी ज्वलन्त समस्या अमेरिका के सामने नई पीढ़ी के असंतोष की है। शिक्षा के व्यापक प्रचार के कारण अमेरिकी नई पीढ़ी पूरी तरह प्रबुद्ध और जागरूक होती जा रही है, तेज भी। अब पुरानी पीढ़ी उस पर अपनी मान्यतायें और अपने निर्णय थोप नहीं सकती। वह आंख मींच कर अपने नेताओं का अनुसरण नहीं कर सकती। उसे ईंधन की तरह युद्ध की आग में झोंका नहीं जा सकता। उसके संस्कारों का निर्माण इस प्रकार हुआ है कि वह युद्ध को एक फालतू, अप्रासांगिक और पाशविक चीज मानने लगी है। वह वियतनामी युद्ध से बुरी तरह ऊब चुकी है। आजकल उसके होठों पर जान लेनौन (प्रसिद्ध बीटलों में से एक) का यह 'मंत्र' है—'हम तो सिर्फ यह कह रहे हैं कि अमन को एक मौका तो दो।' जिस दिन राष्ट्रपति निक्सन ने कम्बोडिया में भी मोर्चा खोलने की घोषणा की उस दिन से तो अमेरिका का छात्र-वर्ग बेहद रोष और आक्रोश में है। राष्ट्रपति निक्सन के इस निर्णय से अधिकांश अमेरिका थर्रा गया

है और क्षोभ तथा विरोध की लहर एक छोर से दूसरे छोर तक फैल गई है। राष्ट्रपति निक्सन ने अपने देशवासियों को यह आश्वासन दिया था कि वह वियतनाम से धीरे-धीरे अमेरिकी सेनायें हटा लेंगे। घरेलू नीति में भी वह 'अंतर मिटाओ' वाली नीति पर चल रहे थे। वह अपने आलोचकों के विचार बड़े ध्यान से सुन रहे थे। उन्होंने मेल-मिलाप और भाईचारे का एक ऐसा खुशगवार माहौल अमेरिका में बना दिया था कि युद्ध-विरोधी प्रदर्शन कुछ ठण्डे पड़ चले थे। कम्बोडिया में घुसने के उनके निर्णय ने सारे किए-कराए पर पानी फेर दिया और छात्रों को विशेष रूप से भड़का दिया। छात्रों के विरोध और आक्रोश का सही मूल्यांकन वह नहीं कर पाए और निक्सन ने उन्हें 'आवारा' कह डाला। कम्बोडिया-युद्ध की घोषणा के चौथे दिन ही केण्ट स्टेट यूनिवर्सिटी में जो कांड हुआ, उसने सारे अमेरिका को हिला डाला।

ओहियो की केण्ट स्टेट यूनिवर्सिटी सात सौ नब्बे एकड़ के अहाते में फैली हुई है और इसमें लगभग 19,000 छात्र पढ़ते हैं। कम्बोडिया में अमेरिका की दखलन्दाजी का ऐलान सुनते ही वहां के छात्रों ने प्रदर्शन आदि प्रारम्भ कर दिए और कुछ तोड़-फोड़ और पुलिस से छेड़छाड़ की कार्रवाइयां भी कीं। छात्रों के इस रवैये को देखकर वहां के गर्वनर ने प्रतिज्ञा की कि हम इस समस्या को जड़ से खत्म कर देंगे। ओहियो में यह धींगामुश्ती और नहीं चलेगी। कम्बोडिया में अमेरिकी सेना के प्रवेश की घोषणा के चौथे दिन केण्ट स्टेट यूनिवर्सिटी में वहां के छात्रों और पहरेदारी पर तैनात नेशनल गार्ड्स में मुठभेड़ हो गई। लड़के-लड़कियों ने गार्ड्स पर पत्थरों और गोलियों आदि की बौछार शुरू कर दी। नेशनल गार्ड्स वालों ने गैस के गोले फेंके। देर तक यह युद्ध चला। नेशनल गार्ड्स वालों के गैस के गोले खत्म हो गए पर भीड़ छंटी नहीं। फिर अचानक किसी ने गोली दाग दी। तीन सैकेंड तक गोलियां चलीं। बिना किसी चेतावनी के गोलियां दागी गईं थीं। छात्र समझ भी नहीं पाए कि हो क्या रहा है। एक लड़के ने दूसरे से कहा–'वे खाली बंदूकें चला रहे हैं। वरना वे या तो हवा में फायर करते या जमीन पर।' लेकिन वे बंदूकें खाली नहीं थीं। देखते ही देखते फुटबाल के मैदान में कई छात्र गिर कर तड़पने लगे। दो छात्रों और छात्राओं की मृत्यु हो गई और अनेक घायल हो गए। कुछ छात्र आंखों में आंसू और दिल में आग भरे यह चिल्लाते हुए भागे... "हे भगवान, हे भगवान, वे तो हमारा खून कर रहे हैं।' लेकिन इन चीखों का गार्ड्स वालों पर कोई असर नहीं पड़ा और वे घायल छात्र-छात्राओं को वहीं तड़पता छोड़ वापस चले गए। निक्सन के पास जब इस गोलीकांड की खबर पहुंची तब उन्होंने बेरहमी से कह दिया–"विरोधी हिंसा पर उतर कर ट्रेजेडी को स्वयं निमंत्रित करता है।"

इस दुर्घटना ने अमेरिका की शांति नष्ट कर दी है। सारा देश दो दलों मे बंट गया

है। एक नागरिक दूसरे नागरिक के विरुद्ध खड़ा हो गया है। निक्सन की तीव्र भर्त्सना होते देखकर उनके समर्थक भी सक्रिय हो गए हैं और निक्सन-विरोधियों का धुआंधार विरोध कर रहे हैं। निक्सन की इस घोषणा के बाद भी कि कम्बोडिया में सैनिक कार्रवाई का उद्देश्य बहुत हद तक सिद्ध हो गया, अधिकांश नई पीढ़ी अब भी क्षुब्ध और नाराज ही है। अमेरिका जिस संकट से गुजर रहा है, नई पीढ़ी की नाराजगी उसका सिर्फ एक पहलू है। नाराज पीढ़ी भी अमेरिका की समस्याओं का कोई ठोस समाधान नहीं कर पा रही है। उसकी यह नाराजगी बहुत कुछ रोमांटिक और भावुकतापूर्ण है। असली समस्या तो यह है कि अमेरिका जिस कम्प्यूटरी युग में प्रवेश कर रहा है, उसके लायक नया दर्शन उसके पास नहीं है। नई पीढ़ी प्रतिष्ठान से असंतुष्ट होकर शिक्षा की भी उपेक्षा कर रही है। शिक्षा और योग्यता-विकास से विमुख होकर गांजा-चरस पीने से ही कोई विकल्प प्रस्तुत नहीं हो जाता। नया वैज्ञानिक युग जिस तरह के बौद्धिकों और नई चेतना सम्पन्न शासन-व्यवस्था की मांग कर रहा है, वे उसे मिल नहीं पा रहे हैं। और यह स्थिति सिर्फ अमेरिका में ही नहीं, सभी देशों में है। जिस प्रकार की अन्तर्राष्ट्रीयता की मांग नया जमाना कर रहा है, वह लगभग सभी देशों में गायब है। इसलिए संकट की यह स्थिति सभी देशों में मौजूद है।

❑❑❑

हमारे सौर-मण्डल के रहस्य की एक खिड़की खुल गई है

आर्मस्ट्रांग ने चन्द्रयान की खिड़की से चांद की ओर झांकते हुए कहा—"अपोलो-8 और 10 द्वारा भेजे गए चित्रों और मानचित्रों ने यहां की पूर्व-झांकी दिखा दी थी। यह बहुत कुछ चित्रों जैसा ही लग रहा है। लेकिन फुटवाल का खेल अपनी आंखों से देखने और टेलीविजन पर देखने के अन्तर के समान ही। यहां स्वयं होने में कुछ और ही बात है!"

आर्मस्ट्रांग का अनुभव इस प्रश्न का बड़ा खूबसूरत जबाव दे देता है कि चांद पर आदमी को भेजने की जरूरत ही क्या है? यह आपत्ति कई बार उठाई जा चुकी है कि जब स्वयंचालित यंत्र चांद की पूरी खोज-खबर जुटा सकते हैं, तब समानव अंतरिक्षयान भेजने में क्या तुक है; जबकि क्षण-क्षण पर जान का खतरा है और यह काम खर्चीला भी ज्यादा है। इस सवाल का बड़ा खूबसूरत जबाव है यह कि 'चश्मदीद' का मुकाबला कोई नहीं कर सकता। आदमी को चांद से कहना ही पड़ा—तस्वीर तेरी दिल मेरा बहला न सकेगी...। तस्वीर से दिल न बहल सकने का नतीजा यह निकला कि हजरते-इंसान जमीन की कैद से आजाद होकर तफरीहन चांद पर जा निकले। करोड़ों आंखें टेलीविजन पर लगी उनकी जासूसी करती रहीं, करोड़ों कान उनकी आवाज और उनके हालात सुनने के लिए बेकरारी से रेडियो पर लगे रहे। अपोलो-11 की यात्रा आरम्भ होने से पहले ही केप कैनेडी की प्रेस गैलरी पत्रकारों और प्रेस फोटोग्राफरों से खचाखच भर गई थी। लेकिन एक पत्रकार के अनुसार सभी आंखें और दूरबीन राकेट पर ही नहीं लगीं थीं, क्योंकि उस समय वह बिल्कुल चुपचाप गुमसुम खड़ा था। उस समय तो बहुत-सी आंखें चन्द्रमुखियों की ओर लगी थीं जिनके रंग-बिरंगे मिनि-स्कर्ट हवा में फरफरा रहे थे। कुछ और आंखे लगी थीं टेलीविजन वालों की ओर, जो पूर्वाभ्यास करने में व्यस्त थे। पर जब चन्द्रयात्री लौट कर आए, तब का दृश्य ही और था। तब तक वे संसार के सर्वाधिक महान और लोकप्रिय इतिहास-नायक बन चुके थे। किन्तु इन इतिहास-नायकों का स्वागत ऐसे हुआ जैसे वह आधुनिक अ-नायक हों। उनकी 'अच्छी धरती के वासियों' ने उन्हें माला नहीं पहनाई, उनसे हाल-चाल नहीं पूछे, उनसे हाथ तक नहीं मिलाए। निक्सन साहब भी दूर जहाज पर खड़े उन्हें टुकुर-टुकुर निहारते रहे। और तो और उनके परिवार वाले भी उनसे दूर-दूर ही रहे।

अंतरिक्ष यात्रियों की निराली आवभगत

मगर यह सब बेरूखी की वजह से नहीं हुआ । डर यह था कि कहीं वे चांद से ऐसे कीटाणु अपने साथ न ले आए हों जो यहां के जीवन को ही नष्ट कर दें। यों इसकी संभावना बहुत अधिक है नहीं; क्योंकि चांद पर जीवन ही नहीं हैं। मगर यह खतरा इतना बड़ा और खौफनाक है कि इसे दरगुजर भी नहीं किया जा सकता। हर सूरत में अहतियान बरतनी बड़ी जरूरी है। सवाल पूरी दुनिया की जिन्दगी का है। प्रारंभिक डॉक्टरी जांच में उनके चन्द्र-कीटाणुहीन घोषित हो जाने पर भी अंतरिक्ष यात्रियों को पृथ्वी के वासियों से अलग ही रखा जाएगा। चांद से चलने के इक्कीस दिन बाद तक उन्हें कैदियों जैसा जीवन व्यतीत करना पड़ेगा। वे प्रशांत महासागर में पूर्व निर्धारित स्थान से लगभग चार सौ किलोमीटर दूर उतरे, क्योंकि वहां का मौसम अनुकूल नहीं था। उनके उतरते ही विशेष कीटाणु-रोधक पोशाक सिर से पांव तक ओढ़े एक गोताखोर उनके तीन मीटर ऊंचे कमांड-यान के पास पहुंचा और उसने उसकी खिड़की खोल कर झटपट तीन वैसी ही पोशाकें भीतर फेंक दीं। खिड़की बड़ी मुस्तैदी से बंद कर दी गई। अंतरिक्ष यात्रियों ने वे विशेष चोगे (जिन्हें 'बायोलाजिकल इन्सुलेशन गार्मेन्ट' कहा जाता है) धारण किए और एक रबड़ के बने बेड़े में उतर गए, जिसमें कीटाणु नाशक औषध का एक तालाब-सा बना हुआ था। गोताखोर ने बड़ी फुर्ती के साथ फिर यान की खिड़की बंद कर दी। उसके बाद गोताखोर ने यान के चारों ओर कीटाणुनाशक दवाई छिड़की और उसी दवाई से अंतरिक्ष-यात्रियों से भी होली खेली। इतनी अहतियात बरती जाने के बावजूद यह आशंका बनी ही रही कि खिड़की खोलते समय कुछ चन्द्र-कीटाणु हवा और समुद्र में न मिल गए हों। इस आशंका का प्रतिकार करते हुए नासा की ल्यूनर रिसीविंग लेबोरेटरी के निदेशक परसा बैल ने कहा–"चांद से कोई हानिकारक चीज लाए जाने की आशंका शून्य के बराबर ही है।" अंतरिक्षयात्रियों को ल्यूनर रिसीविंग लेबोरेटरी तक ले जाने के लिए एक विशेष वाहन तैयार किया गया था। यह वाहन हवाबंद और पानी बंद था। इस वाहन के तीन हिस्से थे–बैठक, रसोई और सोने तथा नहाने की जगह। खाना वहीं रसोई में पकाया गया–एक सूक्ष्म तरंगों वाली अंगीठी में। वाहन में हवा का दबाव बाहर की अपेक्षा कम रखा गया था। यदि उसमें कोई छेद हो जाता तो वहां से बाहरी हवा भीतर घुसने लगती और ऐसी स्थिति पैदा कर देती कि भीतर के कीटाणु बाहर न जा सकें। इसी वाहन में एक उड़ान-चिकित्सक और एक तकनीशियन भी उनसे आ मिले। ये दोनों भी उनके एकान्तवास के सहचर और साझीदार होंगे। इस वाहन में इन लोगों को लगभग सड़सठ घंटे तक रहना पड़ा। फिर वे ल्यूनर रिसीविंग लेबोरेटरी पहुंच गए।

जहां चन्द्रयात्रियों का एकान्तवास चलेगा

समानव अंतरिक्षयान केन्द्र में स्थित यह लेबोरेटरी कोई 83,000 फुट के अहाते में

बसी है। इसे बनाने मे लगभग बारह करोड़ रुपये खर्च हुए हैं। अंतरिक्षयात्री अपने दो साथियों के साथ हवाबंद प्लास्टिक की एक सुरंग में से होकर एस्ट्रोनेट रिसीविंग क्षेत्र में पहुंचे। यह क्षेत्र ल्यूनर रिसीविंग लेबोरेटरी का लगभग एक तिहाई है। उनके साथ चौदह व्यक्ति और रहेंगे जिनमें नासा के चिकित्सक, तकनीशियन, बावर्ची और एक सार्वजनिक संपर्क अधिकारी शामिल है।

लेकिन इस सबसे यह निष्कर्ष हरगिज मत निकाल लीजिए कि ल्यूनर रिसीविंग लेबोरेटरी में उनका समय बड़ी मुश्किल में कटेगा। हकीकत तो यह है कि उनकी सुख-सुविधा की व्यवस्था करने में कोई कसर छोड़ी नहीं गई है। हर अंतरिक्षयात्री को अपनी पुरानी अमेरिकी शैली में सज्जित एक अलग कमरा मिला है। हर अंतरिक्षयात्री की देखभाल के लिए संलग्न कक्ष में तीन चिकित्सक रह रहे हैं। उनके मनोरंजन के लिए समुचित व्यवस्था की गई है और अध्ययन के लिए एक विशाल पुस्तकालय भी बना दिया गया है। पास के ही कमरों में उनकी डॉक्टरी जांच नित्य प्रति होती रहेगी। जांच करने के लिए अमेरिका के बेहतरीन चिकित्सकीय उपकरणों का प्रयोग किया जाएगा। अपने एकांतवास के दौरान एक शीशे की दीवार के पार बैठे नासा के अधिकारियों को वे अपने अनुभवों और परीक्षणों के बारे में बताते रहेंगे। बातचीत के लिए स्पीकरों की व्यवस्था की गई है। इसी कमरे में बैठकर आर्मस्ट्रांग, एल्ड्रिन और कालिन्स अपने परिवार के साथ भी बतियाते रहेंगे।

अगर इतनी विस्तृत और सूक्ष्म व्यवस्था के बावजूद चांद के कीटाणु धरती पर फैल गए तो? इस 'तो' को अमेरिका के गैर-सरकारी वैज्ञानिकों ने भी बहुत जोर से उछाला था। उनकी आपत्ति यह थी कि इस विषय में केवल नासा के वैज्ञानिकों की राय को ही अंतिम क्यों मान लिया गया? क्यों नहीं अमेरिका के ही गैर-सरकारी और विदेशी वैज्ञानिकों से सलाह-मशविरा किया गया? इस 'क्यों नहीं, क्यों नहीं' के बीच ही इस प्रश्न को और भी गंभीर बनाता हुआ माइकल क्रिस्टन का एक उपन्यास भी आ गया—'द एन्ड्रोमेडा स्ट्रेन।' इस उपन्यास में यह दिखाया गया है कि अन्य ग्रह से लौटने वाले यात्री अपने साथ कुछ ऐसे कीटाणु ले आते हैं जो धरती वासियों के लिए घातक सिद्ध होते हैं। यह उपन्यास आजकल खूब धड़ल्ले से बिक रहा है। इस हो-हल्ले के बावजूद नासा के वैज्ञानिक पूरी तरह आश्वस्त हैं कि चन्द्र-यात्रा के संदर्भ में ऐसी कोई आशंका नहीं है। और तो और कुछ वैज्ञानिक तो अब भी कहने लगे हैं कि संभावना तो यह भी है कि चन्द्र-कीटाणु हमारे लिए वरदान साबित हो जाएं। हो सकता है कि वे यहां के कीटाणुओं को चट कर के जल और वायु को निर्दोष कर दें।

किसी भी ऐतिहासिक सामग्री से अधिक महत्त्वपूर्ण

अंतरिक्ष यात्रियों को एकान्तवास में छोड़कर आइए, अब जरा चांद के नमूनों के बारे में गपशप हो जाए। इन नमूनों के बारे में ल्यूनर रिसीविंग लेबोरेटरी के क्यूरेटर का कहना है कि वैज्ञानिकों के लिए चांद के नमूनों का किसी भी अन्य ऐतिहासिक सामग्री से अधिक महत्त्व है। इन्हीं नमूनों को लाने के लिए ही तो अंतरिक्ष यात्रियों ने अपनी जान की बाजी लगा दी थी। चांद पर उतरने वाले पहले आदमी आर्मस्ट्रांग को स्पष्ट रूप से यह हिदायत दे दी गई थी कि वह चांद की धरती पर पांव रखते ही सब से पहले चांद का टुकड़ा जेबस्थ कर ले। बाह्य परिस्थिति ऐसी भी हो सकती थी कि आर्मस्ट्रांग को अपनी जान बचा कर फौरन वापस चन्द्रयान में शरण लेनी पड़ती और आर्मस्ट्रांग तथा एल्ड्रिन फौरन चांद की धरती छोड़ने पर मजबूर हो जाते। ऐसी विषम स्थिति उपस्थित हो जाने के कारण यदि वह चांद का कोई टुकड़ा अपने साथ न ला पाते तो वैज्ञानिकों को 'स्वप्न-भंग' का सामना करना पड़ जाता।

क्या चन्द्रमा पर पानी है?

चांद की सतह के बारे में वैज्ञानिकों के सभी अनुमान सही नहीं निकले। उनका अनुमान था कि चांद की सतह पर धूल की मोटी पर्त बिछी होगी और वहां पानी अनुपस्थित होगा। लेकिन चांद की धरती तो कहीं-कहीं चट्टान की तरह सख्त निकली और बमुश्किल तमाम दो-तीन इंच ही खोदी जा सकी। चांद का टुकड़ा उठाते हुए चन्द्र यात्रियों को यह भी लगा कि वह गीला है और चिकना है। इससे आशा बंधती है कि चांद की भीतरी सतह में बर्फ के रूप में पानी होगा। यदि यह सम्भावना सिद्ध हो जाती है तो यह कहा जा सकेगा कि कभी चांद में पानी रहा होगा। मगर वैज्ञानिक तथा औद्योगिक अनुसंधान परिषद के भारतीय वैज्ञानिक डा. बी. के. नायर का अनुमान है कि वह द्रव्य पानी नहीं हो सकता। चांद की सतह की आर्द्रता का कारण साधारण ग्लिसरीन का विशुद्ध रूप ग्लिसरोल हो सकता है। उनका कहना है कि चांद में तापमान (117 सेंटीग्रेड) इतना अधिक हो जाता है कि वहां पानी रह ही नहीं सकता। धरती पर तो 100 सेंटीग्रेड पर पानी उबलने लगता है। डा. नायर के अनुसार ग्लिसरोल अन्तर्ग्रहीय अंतरिक्ष के विषय में ज्ञात सभी तथ्यों की कसौटी पर खरा उतरना है। इसका क्वथनांक बहुत ऊंचा होता है और यह हाइड्रोजन, ऑक्सीजन, कारबन, जल, एनोमिया और फार्मलडीहाइड से मिलकर बनता है। चांद से अमृत के रूप में शायद यही तत्व झरता रहा होगा। वैसे उनके इस अनुमान को सच होने के आसार बहुत कम हैं और वैज्ञानिकों के दायरे में इसे अधिक महत्त्व नहीं दिया जा रहा है।

चांद के नमूनों का परीक्षण

चांद के नमूनों की विशुद्धता बनाए रखने और उनके परीक्षण के लिए पूरा-पूरा इंतजाम किया गया है। अंतरिक्ष यात्रियों के पहुंचने से पहले ही खास डिब्बों में बंद चांद के ये नमूने ल्यूनर रिसीविंग लेबोरेटरी में पहुंचा दिए गए। चालीस-पैंतालीस दिन तक ये नमूने वहां रखे जाएंगे और नासा के लगभग दो सौ वैज्ञानिक तथा तकनीशियन उनके चित्र खींचेंगे, उनका वजन करेंगे, उनका वर्गीकरण करेंगे और उन्हें जलाकर भी देखेंगे। इन नमूनों के कणों के मनुष्य की जीवित कोशिकाओं पर परीक्षण किए जाएंगे। जिन विभिन्न पशुओं पर इनके परीक्षण होंगे वे कीटाणुमुक्त वातावरण में पाले-पोसे गए हैं। यदि चन्द्र-कीटाणुओं का कोई हानिप्रद प्रभाव नहीं पड़ा तो चांद-चट्टानों के ये नमूने लगभग 142 मुख्य शोधकर्त्ताओं में बांटे जायेंगे। ल्यूनर रिसीविंग लेबोरेटरी के निदेशक परसा बैल के अनुसार कुछ वैज्ञानिक तो चालीस वर्ष से इस अवसर की ताक में थे। कई वैज्ञानिकों को रेडियो सक्रिय समय-निर्धारण द्वारा चांद की उम्र पता लगाने का काम सौंपा जाएगा। क्योंकि ये नमूने चांद के शांति सागर से उठाए गए हैं, इसलिए वैज्ञानिक चांद के समुद्रों की उम्र पता लगा सकने में सफल हो सकेंगे। अभी तो इन चन्द्रसागरों की उम्र विवाद का विषय बनी हुई है। कुछ वैज्ञानिकों के अनुसार चांद के ये सागर केवल दस करोड़ साल पुराने हैं और कुछ का यह कहना है कि ये तभी से हैं, जब से चांद है। अर्थात् ये अरबों साल पुराने हैं।

धरती और चांद के पारस्परिक संबंध

चांद की उम्र से धरती की उम्र का हिसाब भी लगाया जा सकेगा। वैज्ञानिकों के अनुसार पृथ्वी लगभग चार अरब पचास करोड़ साल पहले अस्तित्व में आई थी। किन्तु अब तक ज्ञात प्राचीनतम चट्टानें केवल तीन अरब तीस करोड़ साल पुरानी है। सवाल यह हैं कि एक अरब बीस करोड़ साल का पृथ्वी का इतिहास कहां गया? नक्षत्रविद् राबर्ट जैस्ट्रो का कहना हैः "हम नहीं जानते। वे हमारे ग्रह के इतिहास के कोरे पन्ने हैं। यदि चांद की चट्टानों की उम्र चार अरब पचास करोड़ साल निकल आए, तो शायद हमें अपने प्रश्न का उत्तर मिल जाए। इस उत्तर का सर्वाधिक महत्त्वपूर्ण अंश पृथ्वी पर जीवन के प्रारंभ से संबद्ध होगा। वैज्ञानिकों का अनुमान है कि लगभग तीन अरब साल पहले धरती पर जीवन के चिन्ह प्रकट होने लगे थे। चांद के नमूनों के अध्ययन से धरती और चन्द्रमा के पारस्परिक संबंधों पर भी प्रकाश पड़ेगा। नोबल पुरस्कार विजेता रसायन शास्त्री हैरल्ड युरो ने मजाक में कहा भी था कि इस बात पर सहमत होने से कि चांद कब अस्तित्व में आया, यह प्रमाणित कर देना अधिक सरल है कि चांद है ही नहीं। अपोलो-11 के अंतरिक्ष यात्रियों द्वारा जो

भूकम्पमापी यंत्र वहां छोड़े गए थे , उनके द्वारा भेजी गई कम्प सूचनाओं से आभास होता है कि चांद और धरती के भूकम्प मिलते-जुलते हैं। चांद के नमूनों के परीक्षण से चांद के रचना-तत्वों के बारे में भी किसी निष्कर्ष तक पहुंचा जा सकेगा। यह तय किया जा सकेगा कि चांद कभी पिघलने की हद तक गरम रहा होगा या शुरू से ऐसा ही ठण्डा है। चांद के रचना-तत्वों में पोटेशियम और आर्सेनिक के अभाव से यह अनुमान होता है कि वह ज्वालामुखियों का देश है। ज्वालामुखियों के फटते रहने के कारण ही वहां क्रेटर बन गए होंगे।

अगले कदम

चांद के नमूनों का परीक्षण लगभग तीस महीने तक चलेगा। उसके बाद एक सम्मेलन होगा जिसमें प्रमुख वैज्ञानिक अपने शोध-पत्र पढ़ेंगे। लेकिन इस बीच नासा वाले चुप नहीं बैठे रहेंगे। चन्द्र यात्राओं का अगला दौर शीघ्र ही शुरू होने वाला है। संभवतः दस नवम्बर और सत्रह नवम्बर के बीच अपोलो-12 चन्द्र यात्रा के लिए उड़ जाएगा। अपोलो-12 के कमान्डशिप में गोर्डन चन्द्र की कक्षा में रहेंगे और कोनार्ड तथा बीन अपने चन्द्रयान से निकल कर कुल मिलाकर पाँच घंटे से ज्यादा चांद की सैर करेंगे। उनका चन्द्रयान तूफानों के सागर में उतरेगा। अमेरिका अब चन्द्र-अनुंसाधन का चार वर्षीय कार्यक्रम शुरू करने वाला है। चांद के बाद मंगल की बारी है।

मंगल ग्रह पृथ्वी का एक आकर्षक पड़ोसी है। यदि मंगल ग्रह पर पहुंचने के लिए भी उतना ही उत्साह दिखाया गया, जितना चांद पर पहुंचने के लिए दिखाया गया था, तो बहुत संभव है कि 1982 में आदमी मंगल ग्रह पर उतर जाएगा। यह बहुत कुछ इस पर भी निर्भर करेगा कि नासा की आर्थिक मांगें किस हद तक पूरी होती हैं। 1973 में मंगल की कक्षा में घूमने वाले राकेट मंगल की सतह पर उपकरणों वाले कैप्सूल उतारने की कोशिश करेंगे। निकट भविष्य में मानव-रहित राकेट मंगल ग्रह के अतिरिक्त और ग्रहों की छानबीन भी शुरू कर देंगे।

अपोलो -11 की इस सफल उड़ान से अंतरिक्ष यात्राओं के बहुत से आलोचक भी प्रशंसक बन गए हैं। आर्नल्ड टायनबी तक ने कहा कि "यदि अन्तरिक्ष दौड़ के कारण युद्ध पर से ध्यान हटा रहे तो इसमें कोई हर्ज नहीं है।" अंतरिक्ष की यह दौड़ यदि अमेरिका और रूस को एक-दूसरे के निकट ला सकी और यदि दोनों मिलकर इस दिशा में काम कर सके, तो इसकी सार्थकता और भी बढ़ जाएगी। इसमें कोई संदेह नहीं कि चांद की सफल यात्रा से हमारे सौर-मण्डल के रहस्य की एक खिड़की खुल गई है।

❑❑❑

राजनीतिक हत्याओं के बाद एक राजनीतिक आत्महत्या

अमेरिका में जुलाई का महीना बड़ा सनसनीखेज रहा है। चन्द्रयात्रियों की उत्साहपूर्ण चर्चाओं के साथ-साथ एडवर्ड कैनेडी के साथ घटी दुर्घटना भी गर्मा-गर्म वाद-विवाद का विषय बनी रही। कुछ लोगों ने तो इस वाद-विवाद में चन्द्रयात्रा से भी अधिक दिलचस्पी दिखाई। तरह-तरह की अफवाहें फैलती रहीं और अटकलवाजियों का बाजार गर्म रहा। जैक्लीन कैनेडी के ओनासिस से विवाह के बाद यह घटना कैनेडी-परिवार को फिर अखबारों की सुर्खियों मे घसीट लाई है। कैनेडी-परिवार में घटित इस ताजातरीन दुर्घटना ने फिर इस बहम को उभार दिया है कि क्या वाकई कैनेडी-परिवार पर किसी अभिशाप की छाया मंडराती रहती है? एक भाई दूसरे विश्वयुद्ध में मारा गया। दो भाइयों की राजनीतिक हत्याएं हो गईं—एक की राष्ट्रपति बन जाने पर और दूसरे की राष्ट्रपति बनने की कोशिश करते समय। बहन पागल हो गई है और पिता रोगी हैं। और अब एडवर्ड कैनेडी से दुर्भाग्यवश ऐसा काम हो गया जिसका उसके राजनीतिक जीवन पर प्रतिकूल प्रभाव पड़ेगा।

शुक्रवार 18 जुलाई की वह मनहूस रात

अठारह जुलाई की वह तारीक रात एडवर्ड कैनेडी की जिन्दगी में एक दुःस्वप्न की तरह आई। उस रात कैनेडी की प्रेरणा से एक उत्सव का आयोजन किया गया था चैप्पाक्विडिक में। इस उत्सव के लिए कैनेडी के एक रिस्तेदार जोजेफ मारगैन ने लारेंस काटेज को किराए पर लिया था। इस पार्टी में कैनेडी के अतिरिक्त उसके मित्रों तथा 1968 के राबर्ट कैनेडी के चुनाव-प्रचार में सेक्रेटरियों और सहायिकाओं के रूप में काम करने वाली महिलाओं ने भाग लिया था। कुल मिला कर बारह व्यक्ति थे, छह पुरुष और छह महिलाएं। इस तरह की मिलन-गोष्ठियां प्रायः होती रहती थीं और उसमें अस्वाभाविक नाम की कोई चीज नहीं थी। उस गोष्ठी को दुखद रूप से अस्वाभाविक बना दिया उस कार-दुर्घटना ने जिसमें गोष्ठी में भाग लेने वाली छह महिलाओं में से एक, मेरी जो, अपनी जान से हाथ धो बैठी। और अपने राजनीतिक भविष्य से काफी हद तक हाथ धो बैठा उस कार का चालक एडवर्ड कैनेडी।

कैनेडी ने चैप्पाक्विडिक के पास बहने वाली झील के पार एडगरटाउन की 'शायरटाउन इन' में कमरा ले रखा था और महिलाएं कई मील दूर स्थित एक होटल 'द ड्यून्स' में ठहरी थीं। वहीं से ये लोग इस मिलन-गोष्ठी में भाग लेने के लिए आए थे। कैनेडी अपनी पत्नी को घर ही छोड़ आया था और इसका कारण बाद में उसने उसका अस्वस्थ होना बताया। आजकल वे चौथी संतान की प्रतीक्षा कर रहे हैं। तथ्य यह है कि उस पार्टी में केवल कैनेडी की पत्नी ही नहीं, किसी भी व्यक्ति की पत्नी ने भाग नहीं लिया। और उनकी अनुपस्थिति के लिए कोई कारण नहीं दिया गया।

पार्टी बहुत देर तक चलती रही। एडवर्ड कैनेडी ने कुछ जल्दी लौट जाना चाहा। उसका कारण उसने बताया कि वह लौटने के लिए आखिरी नौका पकड़ लेना चाहता था। मेरी जो ने जब बहुत थक जाने की बात कही तब कैनेडी ने उसे साथ चलने का निमंत्रण दे दिया। मेरी जो की मां ने बाद में कहा कि मेरी बड़ी 'निद्रालु' थी और रात को जल्दी सो जाने की आदी थी। कैनेडी और मेरी जो दोनों पार्टी से उठ कर चुपचाप चल दिए, बिना किसी को बताए। उनके बाद भी वह पार्टी काफी देर तक जमी रही।

गलत मोड़

काटेज से निकल कर वे दोनों कार में जा बैठे। कार कैनेडी ने स्वयं चलाई। कैनेडी की ओल्ड्समोबाइल काली कार पलक झपकते दोहारे पर जा पहुंची। यदि कैनेडी बाईं तरफ मुड़ जाता तो वह वहां पहुंच जाता जहां से नौका चलती थी। मगर वह उधर नहीं मुड़ा। वह दाईं तरफ मुड़ गया। दाईं तरफ रास्ता दलदली था और उसके बाद था एक कामचलाऊ पुल। पुल दूसरे किनारे पर पहुंचता था। वह पुल सिर्फ साढ़े दस फुट चौड़ा था और उस पर रैलिंग तक नहीं लगी थी। रात में तो क्या, दिन में भी उसे पार करना खतरे से खाली नहीं समझा जाता। उस पर चढ़ने के लिए कार को कुछ मोड़ना पड़ता है। कार सीधी चलाने से कार का नहर में गिर पड़ना तय ही समझिए। और हुआ भी यही। कार पुल पर बमुश्किल अठारह फुट तक गई होगी कि नहर में लुढ़क गई। सड़क छोड़कर पुल पर आते समय कार की रफ्तार पाँच मील प्रति घंटा से अधिक चलाने की अनुमति नहीं है। लेकिन कैनेडी की कार की रफ्तार काफी ज्यादा थी। दुर्घटना के बाद उसकी कार की जांच किए जाने पर पता चला कि उसे ब्रेक लगाकर रोकने की कोई कोशिश भी नहीं थी। वैसे भी कैनेडी कार तेज चलाने के लिए बदनाम रहा है और लोग उसकी कार में बैठते हुए काफी घबराते हैं।

नहर में कार लुढ़क जाने के बाद क्या हुआ, यह कैनेडी को सिर्फ धुंधला-धुंधला

सा याद है। नहर में गिर कर कार उलट गई। उन भयावने क्षणों का वर्णन करते हुए कैनेडी का कहना है : "मेरे सिर के चारों ओर ठंडा पानी ठाठें मार रहा था और मैं तब शायद यही सोच रहा था कि अब मैं डूबने से बचूँगा नहीं। फिर पानी मेरे फेफड़ों मे भर गया और मुझे लगा कि मैं डूब रहा हूँ। लेकिन किसी तरह जी-तोड़ संघर्ष कर मैं सतह पर आ ही गया। तेज प्रवाह में बार-बार गोता लगा कर मैंने मेरी जो को बचाने की कोशिश की, लेकिन मेरी हर कोशिश ने मुझे और भी झकझोर दिया और थका कर चूर- चूर कर दिया। मैं घबरा गया...।" हताश हो कर कैनेडी काटेज की ओर लौट गया। वहां जा कर उसने किसी से एडगरटाउन, जहाँ वह ठहरा हुआ था, पहुंचा देने के लिए कहा। वह काटेज से, जहां पार्टी अब भी चल रही थी, एडगरटाउन कैसे पहुँचा, इसका ब्यौरा कैनेडी ने अपने प्रथम वक्तव्य में नहीं दिया। अपने दूसरे वक्तव्य में उसने कहा कि कॉटेज पहुँच कर उसने गारगैन और पाल मार्कहैम (मैसाचुसैट्स का एक भूतपूर्व एटारनी) को पूरी कहानी कह सुनाई। फिर वे तीनों लौटकर पुल पर गए। दोनों मित्रों ने गोते लगा कर मेरी जो को बचाने की कोशिश की, पर वे सफल नहीं हो पाए। उसके बाद कैनेडी ने उनसे आग्रह किया कि वे उसे वहां छोड़ आएं जहां से नौका मिलती है। जब तक वे वहां पहुंचे, तब तक आखिरी नौका जा चुकी थी। कैनेडी बेहद निराश हुआ और उसने तय किया कि वह हर हालात में नहर पार करेगा और एडगरटाउन जाएगा। यह तय करते ही उसने ढाई सौ गज चौड़ी नहर में छलांग लगा दी और तैर कर पार चला गया। एक बार वह फिर डूबते-डूबते बचा। अपने होटल पहुंच कर वह थकान के मारे गिर पड़ा और सुबह से पहले सिर्फ एक बार बाहर निकला एक क्लर्क से यह कहने के लिए कि वह सोना चाहता है और शोर के मारे सो नहीं पा रहा है। उस समय पास की एक इमारत में कोई पार्टी चल रही थी और वह शोर वहीं से आ रहा था। सुबह उठकर कैनेडी एडगरटाउन थाने में गया और वहीं उसने अपना बयान तैयार किया।

अपराध-स्वीकार

इस दुर्घटना के बाद कैनेडी तीव्र अन्तर्द्वन्द्व से ग्रस्त हो गया। उसने सोचा कि क्या उसे सिनेट छोड़ देनी चाहिए? क्या इस दुर्घटना के बाद भी उसके निर्वाचन क्षेत्र के मतदाता यह बर्दाश्त करेंगे कि वह उनका प्रतिनिधि बना रहे? इस ऊहापोह के कारण उसने तय किया कि उसे टेलीविजन के माध्यम से अपनी स्थिति स्पष्ट कर देनी चाहिए और मतदाताओं से उनका निर्णय मांगना चाहिए। उसने टेलीविजन पर कहा–"मैं स्वीकार करता हूं कि मेरे पास बचाव की कोई दलील नहीं है। मुझे दुर्घटना के तुरन्त बाद पुलिस को इसकी सूचना दे देनी चाहिए थी। मैं इस बात को

अच्छी तरह समझ सकता हूं कि कुछ लोग चाह रहे होंगे कि मैं सीनेट से त्यागपत्र दे दूं। मैसाचुसैट्स के निवासियो! आज रात मैं आपसे अनुरोध करता हूं कि आप भी मेरे साथ इस पर विचार करें। इस निर्णय का सामना करने में मैं आपकी सलाह और आपका मत चाहता हूं। निर्णय कर सकने में मैं आपकी प्रार्थनाएं मांगता हूं।"

टेलीविजन पर स्पष्टीकरण देते-देते कैनेडी की आंखें और गला भर आए। असंदिग्ध रूप से उसका वक्तव्य अत्यंत मार्मिक था और उसने श्रोताओं पर असर भी खूब डाला।

अपराध स्वीकार के बावजूद

मगर इस पुरअसर वक्तव्य के बावजूद, और अदालत द्वारा क्षमा कर दिए जाने के बावजूद, पूरे अमेरिकी समाज ने कैनेडी का यह अपराध क्षमा नहीं किया है। और जिन्होंने क्षमा कर भी दिया वे भी कुछ शंकाएं उठाए बिना रह नहीं पा रहे हैं। कैनेडी ने पूरी घटना जिस प्रकार वर्णित की है वह बहुत-से स्पष्टीकरणों की अपेक्षा करता है। पहला और सबसे बड़ा सवाल तो यही है कि दुर्घटना के तुरंत बाद उसने पुलिस को इसकी सूचना क्यों नहीं दी? और वह दुर्घटना-स्थल से पलायन क्यों कर गया? इस सवाल का जवाब देते हुए कैनेडी ने कहा–"तरह-तरह के विचारों से मेरा दिमाग भर गया था। एक ओर तो मेरे मन में यह विचार उठ रहा था कि शायद कोई दुर्घटना हुई ही नहीं, और दूसरी ओर मैं यह सोच कर दुखी था कि शायद सब कैनेडी किसी शाप से ग्रस्त है। मैं हत्प्रभ हो गया था : व्यथा डर, संशय, थकान, संत्रास, उलझाव और सदमे की मिली-जुली अनुभूतियाँ मुझपर हावी हो गईं थीं।" इसमें कोई शक नहीं कि सदमा तो उसे पहुँचा ही होगा और ऐसी परिस्थिति में कोई भी व्यक्ति किंकर्तव्यविमूढ हो सकता था। और हत्प्रभ हो जाने से पहले और हत्प्रभ हो जाने के बाद उसने कई काम ऐसे किए जो जरा विचित्र मालूम पड़ते हैं। पहली बात तो यह है कि वह उस दोराहे पर पहुंच कर बाईं तरफ क्यों नहीं मुड़ा? उसने वह रास्ता क्यों नहीं पकड़ा जो उसे वहां ले जाता जहां से उसे नौका मिल सकती थी? यह हो नहीं सकता कि कैनेडी को यह मालूम न रहा हो कि दाईं तरफ का रास्ता काठ के पुल की तरफ जाता है और वह पुल बड़ा खतरनाक है। अपने वक्तव्य में कैनेडी ने यह भी कहा है कि उसने मेरी जो को बचाने के लिए तीव्र प्रवाह में कई बार गोते लगाए। उसके इस बयान पर काफी संदेह प्रकट किया जा रहा है, क्योंकि यह संभव प्रतीत नहीं होता। कैनेडी एक हवाई दुर्घटना में रीढ़ में चोट खा चुका है और ऐसी परिस्थिति में उसका लहरों से लगातार जूझना उसके बूते की बात मालूम नहीं देती। फिर सवाल यह भी पैदा होता है कि जब वह दुर्घटना-स्थल से काटेज की ओर लौट रहा था तब रास्ते में कुछ मकान

भी पड़े थे। उनमें से कम-से-कम एक में रोशनी भी जल रही थी। उसने किसी घर का दरवाजा खटखटा कर मदद क्यों नहीं मांगी? गहरे सदमे की हालत में होने के बावजूद काटेज पहुंच कर उसने अपने दो मित्रों को दुर्घटना सुना कर उन्हें आदेश भी दिए। इस दुर्घटना के बावजूद वह पार्टी चलती कैसे रही? सवाल यह भी है कि इतने गहरे सदमे की हालत में वह ढाई सौ गज चौड़ी नहर तैर कर वापस एडगरटाउन कैसे जा सका? वहां पहुंच कर इतना थका हुआ होने के बावजूद पास चल रही पार्टी के शोर की वजह से ही क्या उसे नींद नहीं आ सकी?

रहस्य-दर-रहस्य

साथ ही कुछ चश्मदीद गवाहियां ऐसी भी मिली हैं जो इस रहस्यपूर्ण घटना को और भी उलझा देती हैं। शायरटाउन इन, जहां कैनेडी ठहरा हुआ था, के एक सह-स्वामी ने बताया है कि उसने दुर्घटना वाली रात दो बजकर पच्चीस मिनट पर कैनेडी को देखा था। वह सूट पहने हुए था और वह सूट सूखा ही लग रहा था। उस व्यक्ति के अनुसार कैनेडी बिल्कुल ठीक-ठाक लग रहा था और उसकी बातचीत अथवा उसके व्यवहार में कोई विचित्रता नहीं थी।

कैनेडी कांड के सिलसिले में वहां की जनता और प्रेस वालों ने पुलिस वालों की भी अच्छी-खासी मिजाजपुर्सी की है। लोगों ने यह एतराज किया कि कैनेडी के साथ रियायत बरती जा रही है और उसके साथ वह व्यवहार नहीं किया जा रहा जो आम आदमी के साथ किया जाता है। यह मांग आई है कि इस मामले की पूरी जांच के लिए इन्क्वायरी बोर्ड बिठाया जाना चाहिए। मगर दिक्कत यह है कि कोई जज या जांचकर्त्ता इस मामले में हाथ डालने को तैयार नहीं है।

इस घटना के व्यक्त और निहित (आशंकित) तथ्यों के आधार पर आम राय यह मालूम होती है कि उस पार्टी में कैनेडी काफी पी गया होगा। और जब वह दुर्घटना के बाद अपने मित्रों के पास पहुंचा होगा, तब उन्होंने भी इसीलिए पुलिस को तुरंत सूचना देना उचित नहीं समझा होगा। उन्होंने सोचा होगा कि नशे में धुत्त होकर कार चलाने का अपराध दुर्घटनास्थल से पलायन कर जाने के अपराध से अधिक गम्भीर माना जाएगा। खूबसूरत चेहरों और मदिरा के प्रति कैनेडी का आकर्षण वहां के लोगों से छिपा नहीं है। पहले कैनेडी काफी पीता था; बीच में उसका पीना कम हो गया था। राबर्ट कैनेडी की हत्या के बाद उसका पीना बढ़ गया है। साथ ही इस बात की असम्भावना नहीं है कि कैनेडी इस दुर्घटना से सर्वथा जड़ और हत्प्रभ हो गया हो। क्योंकि उसके सामने सजा का नहीं, राजनीतिक भविष्य की हत्या का भय रहा होगा।

इस कांड पर अमेरिका की सामान्य जनता और वहां के राजनीतिज्ञों की जो

प्रतिक्रिया हुई उससे यह तो नहीं लगता कि कैनेडी के राजनीतिक भविष्य की हत्या हो गई है; मगर वह खटाई में तो पड़ ही गया है। कम-से-कम 1972 के राष्ट्रपति के चुनाव में वह निक्सन का सामना कर सकने की स्थिति में नहीं रह गया है। उसके बाद के चुनाव में भी उसकी स्थिति इस बात पर निर्भर करेगी कि वह भविष्य में अपनी राजनीतिक प्रतिभा और व्यक्तित्व की दृढ़ता का कैसा परिचय देता है। संकट में घबरा जाने और हतप्रभ हो जाने वाले व्यक्ति को जनता आस्था और आशा की दृष्टि से कैसे देख सकती है?

□□□

डालर का तख्ता डोल उठा

अमेरिकी टेलीविजन के इनामी प्रश्न-मंचों का अन्तिम और सबसे मुश्किल सवाल 'मिलियन डालर क्वेश्चन' कहलाता है और इसे अमेरिकी संस्कृति और डालर अर्थनीति के विश्व-व्यापी वर्चस्व का ही नमूना मानना होगा कि 'मिलियन डालर क्वेश्चन' आज अंग्रेजी-भाषी संसार में ही नहीं, अन्यत्र भी एक मुहावरे के रूप में प्रतिष्ठित हो चुका है। विडम्बना कि हाल की कुछ घटनाओं ने खुद इस डालर के आगे सवालिया निशान जड़ दिया है। अभी कुछ वर्ष पहले तक, जब अमेरिकी सैलानी किसी देश में पहुँचता था तब स्थानिक मुद्रा के सम्बन्ध में निहायत हिकारत भरे स्वर में पूछता था कि डालरों में इसकी असली कीमतें क्या हैं? और आज यूरोप के अनेक देशों में उससे यह पूछा जा रहा है कि तुम्हारे इस डालर की असली कीमत क्या है? स्विट्जरलैण्ड और पश्चिम जर्मनी जैसे आर्थिक दृष्टि से तगड़े देशों में अप्रैल से होटल वालों, रेल और कार परिवहन एजेंसियों तथा बैंकों ने अमेरिकी सैलानियों से डालर लेने से इंकार करना शुरू कर दिया। अगर उन्होंने डालर लिए भी तो घोषित सरकारी दर से दस प्रतिशत कम कीमत पर! अमेरिकी सैलानी, जो बराबर यही सुनता आया था कि 'डालर सोना एक समाना' इस बदले हुये रुख से चिन्तित हुआ। अमेरिकी सैलानी ही नहीं, अमेरिकी सरकार भी। डालर की साख बनाये रखने के लिए राष्ट्रपति निक्सन ने कड़ी कार्रवाई करने का ऐलान किया और सारी दुनिया में खलबली मच गई।

डालर का तख्ता क्यों डोल उठा, यह समझने से पहले हमें यह जानना होगा कि डालर का तख्ता जमा कैसे था? सोना अन्तरराष्ट्रीय लेन-देन के लिए शुरू से ही मानक रहा था और सभी देशों की कागजी मुद्रा का मूल्य इसी आधार पर आंका जाता रहा था कि उनके खजाने में कितना सोना है। दूसरी बड़ी लड़ाई के बाद सभी यूरोपीय देशों की हालत खस्ता थी और मुद्रा-विनिमय के विषय में अराजकता फैलने का खतरा था। उस समय सैनिक और आर्थिक दोनों ही दृष्टियों से अमेरिका सबसे अधिक शक्तिशाली था। संसार का छप्पन प्रतिशत सोना अमेरिकी सरकार के फोर्ट नाक्स खजाने में भरा हुआ था। लिहाजा 'डालर सोना एक समाना' का नारा बुलन्द हुआ। गैर-कम्युनिस्ट देशों का 1944 में अमेरिका के ब्रैत्तों वुड्स नामक स्थान में एक सम्मेलन हुआ जिसमें तय पाया गया कि डालर की कीमत निश्चित मानी जायेगी—पैंतीस

डालर बराबर एक औंस सोना। अमेरिका इस भाव पर अपने डालर वापस लेने को सदा तैयार रहेगा। अन्य देश भी इसी तरह सोने के हिसाब से अपनी मुद्रा का मूल्य तय कर और अनधिकृत व्यापार तथा सट्टेबाजी में भी इस मूल्य को एक प्रतिशत से ज्यादा इधर-उधर ना होने दें। सम्मेलन के बाद अन्य देशों ने अपनी मुद्रा का मूल्य सोने के हिसाब से तय करने के बजाय डालर के हिसाब से तय कर लिया। यानी डालर को ही सोने का दर्जा दे दिया। भारत जैसे भूतपूर्व उपनिवेशों की मुद्रा का मूल्य उनके भूतपूर्व शासकों की मुद्रा के हिसाब से तय हुआ। सभी भूतपूर्व शासकों की मुद्रा का मूल्य अमेरिकी मुद्रा के हिसाब से तय था, लिहाजा भूतपूर्व उपनिवेश भी मुद्रा के मामले में डालर के अधीन हो गये।

अब सवाल यह उठता है कि डालर का तख्ता डोला क्यों कर? इसका जवाब यह है कि डालर ने अपना साम्राज्य आवश्यकता से अधिक फैला लिया। दूसरे देशों में खासकर यूरोप में डालर जमा होते चले गये। कुछ आर्थिक और सैनिक सहायता के रूप में वहां गये। कुछ उन देशों में बसी हुई अमेरिकी सेनाओं ने वहाँ खर्च किये। कुछ अमेरिकी सैलानियों के प्रताप से पहुँचे तो कुछ अमेरिका की प्रमुख कम्पनियों ने स्थानिक कम्पनियों को खरीद कर या नई कम्पनियॉ खोलकर अपना कारोबार वहां जमाया। कुछ डालर उन देशों का माल अमेरिका में आयात होने के कारण पहुँचे। डालर अन्तर्राष्ट्रीय मान्यता वाला पुख्ता सिक्का था, लिहाजा शुरू में अमेरिका से बाहर डालर जमा होते रहने से किसी को कोई परेशानी नहीं हुई। सभी देश इससे अपने अन्तर्राष्ट्रीय बिल अदा करते रहे और वक्त-जरूरत के लिए अपने बैंकों में इसे जमा भी करते रहे। अमेरिका भी अपना अन्तर्राष्ट्रीय दबदबा बनाये रखने के लिए डालर दबदबा बनाता और खर्चता चला गया। उसने जितने डालर बनाये और चलाये उतना सोना उसके खजाने में नहीं था। जाहिर है कि यह सवाल उठाया गया कि 'डालर सोना एक समाना' क्यों कर मान लिया जाये? फ्रांस के जनरल द गाल इस सवाल को जोर-शोर से उठाने वाले पहले शख्स थे। फ्रांस ने पश्चिमी यूरोपीय देशों की साझा मण्डी बनाई और कहा कि हमारी मुद्रायें अमेरिकी मुद्रा से अधिक मजबूत है लिहाजा डालर को तख्त से उतारा जाये और फिर सोने को अन्तर्राष्ट्रीय मुद्रा मानक बनाया जाये। अमेरिका इस बात के लिए कतई तैयार नहीं हुआ। इधर अमेरिका का अन्तर्राष्ट्रीय खर्च बढ़ता गया और उधर जापान और जर्मनी जैसे देश व्यापार के क्षेत्र में अमेरिका को शह और मात देते चले गये। यूरोप में यह मांग उठी कि अमेरिकी डालर और उसके चेले ब्रितानी पौंड का अवमूल्यन किया जाये। सन् 1967 में अन्तर्राष्ट्रीय मुद्रा का यह संकट काफी घना हो गया और 1967 में ब्रिटेन के पौंड का अवमूल्यन करना पड़ा। अमेरिका फिर भी अड़ा रहा। उसे इस बात का गर्व था कि 1960 से अब तक बराबर यूरोपीय देश डालर जमा करते आये हैं, डालर से ही सारा अन्तर्राष्ट्रीय व्यापार चलाता रहा है, यूरोपीय बैंक डालर पर अमेरिकी बैंकों से भी

ज्यादा ब्याज लेते-देते रहे हैं, और कम्युनिस्ट देश तक अपने व्यापार में डालर को साख वाला सिक्का मानते हैं।

तो अमेरिका इस बात से जरा भी नहीं घबराया कि उसके पास जितना भी सोना है उससे कहीं अधिक डालर विदेशों में पहुँच चुके हैं। लेकिन जिन देशों में डालर का भंडार आवश्यकता से अधिक था, जिनकी मुद्रा व्यापार में उनका पलड़ा भारी पड़ने के कारण मजबूत हो चली थी, वे चिंन्तित हो गये। सट्टेबाजों ने यह मानकर कि इन देशों को अपनी मुद्रा का मूल्य बढ़ाना पड़ेगा, या अमेरिका को इन देशों की मुद्रा के मुकाबले में डालर की कीमत घटानी पड़ेगी, अपने डालर इन देशें में पहुँचाने और बेचने शुरू किये। जाहिर है कि इससे इन देशों में डालर की अनाधिकृत कीमत घटने लगी। लेकिन 1944 के समझौते के अनुसार कोई भी देश अपने यहां अनधिकृत व्यापार-सट्टे में भी अधिकृत कीमतों में एक प्रतिशत इधर या उधर से अधिक का हेर-फेर नहीं होने दे सकता। लिहाजा सम्बद्ध देश के बैंकों को बाध्य होकर सट्टेबाजों के डालर अधिकृत मूल्य पर खरीदने पड़े और इस प्रकार उनका डालर-भण्डार और भी अधिक बढ़ गया। 1969 में डालर की कमजोरी और पश्चिम जर्मनी के मार्क की मजबूती की अफवाह कुछ इतनी गरम हुई कि जर्मन बैंक सट्टेबाजों से डालर अधिकृत मूल्य पर खरीदते-खरीदते परेशान हो गये। डालर के अवमूल्यन का सवाल, सोने को फिर मानक बनाने का सवाल नए सिरे से उठा। अमेरिका के कान में जूँ नहीं रेंगी। उसने कहा कि जिस किसी देश को परेशानी हो रही हो वह अपनी मुद्रा का मूल्य बढ़ा ले। साथ ही अन्तर्राष्ट्रीय मुद्रा को सुनहरे के बजाय कागजी स्तर पर संचालित करने के लिए उसने अन्तर्राष्ट्रीय मुद्रा कोष से कुछ कदम उठाने को कहा। नई वयवस्था हुई और इसके अर्न्तगत पश्चिम जर्मनी, स्विट्जरलैण्ड आदि की अपनी मुद्रा का मूल्य थोड़ा बढ़ाना पड़ा। इससे अमेरिका में और अन्य विदेशी मण्डियों में उनका माल महंगा हुआ और व्यापार प्रतियोगिता में उन्हें नुकसान पहुँचा। नई व्यवस्था के अर्न्तगत सोने के दो मूल्य रखे गये। एक मूल्य व्यापारिक लेन-देन के लिए और दूसरा खुले बाजार के लिए।

इस संकट के बाद भी अमेरिका ने अपनी मुद्रा का मुखड़ा संवारने की कोई कोशिश नहीं की। अमेरिका का अदायगी-सन्तुलन बद से बदतर होता चला गया। यानी जितनी अमेरिकी मुद्रा बाहर गई उससे कहीं कम विदेशी मुद्रा अमेरिका में आई। सन् 1970 में अमेरिका पर इस मद में एक खरब सात अरब का बकाया रहा और इस वर्ष के शुरू के तीन महीनों में ही बकाया पचास अरब डालर तक पहुँच चुका था। पिछले वर्ष अमेरिका ने अपनी विदेशी सैनिक जिम्मेदारियों पर ही चौंतीस अरब डालर खर्च किया जिसमें से पन्द्रह अरब डालर वियतनाम में लगा। अमेरिकी सैलानियों ने

1969 में कोई चौंतीस अरब डालर विदेशों में खर्च किये। 1970 में यह राशि निश्चय ही कहीं ज्यादा रही होगी। अमेरिकी उद्योगपतियों ने पिछले वर्ष कोई चौंसट अरब डालर अपनी कम्पनियों की विदेशी शाखाओं में लगाये। अमेरिकी व्यापार सन्तुलन में पिछले वर्ष मामूली सा सुधार जरूर हुआ। लेकिन 1873 के बाद पहली बार अमेरिका का व्यापार संतुलन 1971 के अबतक के महीनों में घाटे में चल रहा है। इसका मुख्य कारण जापान और जर्मनी के निर्यात की व्यापारिक सफलता है। गिरते हुये व्यापार-सन्तुलन और दिन-दूने बिगड़ते हुये अदायगी-सन्तुलन के कारण यूरोप में डालर का भण्डार जमा हो गया है और डालर की साख चौपट हो गयी है। अनुमान है कि आज पश्चिम यूरोप में ही कोई पाँच खरब डालर जमा है जबकि अमेरिकी खजाने में कुल एक खरब दस अरब का सोना है। आज से इक्कीस वर्ष पहले यह स्थिति थी कि अमेरिका के पास दो खरब अठाइस अरब डालर का सोना था और कुल छियासी अरब डालर विदेशों में थे। तब से अब में जमीन-आसमन का अन्तर है लेकिन अमेरिकी डालर अब भी अपने को सर्वोपरि मानता है।

इस स्थिति से चिढ़ कर सम्पन्न यूरोपीय देशों ने इस वर्ष अप्रैल में यह मांग की कि अमेरिका अदायगी का सन्तुलन सुधारने के लिए कदम उठाये और सोने का मूल्य बढ़ाये। यानी डालर का अवमूल्यन करे। सम्पन्न यूरोपीय देशों को काफी खीझ इस बात से भी थी कि जापान ने अपनी मुद्रा का मूल्य नहीं बढ़ाया, जबकि उन्हें अमेरिकी डालर को बचाने के लिए अपनी मुद्रा का मूल्य बढ़ाना पड़ा था और अब नये सिरे से बढ़ाना पड़ सकता है। जापान पर पिछले दिनों अमेरिका ने काफी दबाव डाला कि अपनी मुद्रा का मूल्य बढ़ाओ मगर जापान को 'घरेलू मामलों में यह दखलअंदाजी' मंजूर नहीं हुई। जापान ने कुछ ऐसे उपाय किये हैं कि उसकी मुद्रा को लेकर अधिक सट्टेबाजी न हो सके। उसने विदेशी पूँजी को जापान में कदम जमाने ही नहीं दिये हैं। देश के भीतर उसने कड़े आर्थिक अनुशासन का प्रबंध किया है। बाहर का माल देश में पहुँचनें में हर तरह से रुकावट डाली है और देश का माल बाहर पहुँचाने के लिए हर तरह की सुविधा दी है। हालत यह है कि जापानी माल जापान में महँगा बिकता है और जापान से बाहर सस्ता। कुल मिला कर जापान ने ऐसा इंतजाम कर रखा है कि बाहर वाले उस पर आर्थिक दबाव डालने में अपने को असमर्थ पाते हैं और उसका विदेश व्यापार दिन-दूना बढ़ता जाता है। पिछले दोनों वर्षों में जापान ने अमेरिका से जितना माल खरीदा उससे दस-दस अरब डालर ज्यादा माल अमेरिका को भेजा। जापानी सिक्का येन इतना मजबूत हो गया है कि उसकी वास्तविक कीमत वर्त्तमान कीमत से बीस प्रतिशत अधिक है, तो भी जापान व्यापार-प्रतियोगिता में पूरा लाभ उठाने की खातिर अपने सिक्के का मूल्य बढ़ाने को कतई तैयार नहीं है।

जापान की इस चाणक्य-नीति और अमेरिका की अकर्मण्यता से आजिज आकर पश्चिम जर्मनी ने इस बार स्वयं यह अफवाह फैलाई कि डालर की कमजोरी को देखते हुये मार्क का मूल्य बढ़ाना पड़ सकता है। लीजिए, सट्टेबाजी का दौर फिर जोर पकड़ गया। जब पश्चिम जर्मनी ने सटोरियों को डालर की एवज में मार्क देना बंद कर दिया तब अन्य यूरोपीय मुद्राओं से सट्टा खेला जाने लगा और संकट गहन हो उठा। स्विट्जरलैण्ड और आस्ट्रिया को अपनी मुद्रा का मूल्य बढ़ाना पड़ा। प. जर्मनी, इंग्लैण्ड और हालैण्ड ने अपनी मुद्रा को बाजार के आग्रह के अनुसार घटने-बढ़ने के लिए मुक्त छोड़ दिया, और बेल्जियम ने कुछ मामलों में बाजार-मूल्य और कुछ मामलों में निर्धारित मूल्य अपनाने की नीति घोषित की। फ्रांस ने द्वि-स्तरीय विनिमय-दर का प्रस्ताव किया जिसके अनुसार सरकारी लेन-देन के लिए फ्रांक का मूल्य डालर में बनाए रखा जायेगा, किन्तु गैर-सरकारी लेन-देन में फ्रांक को खुले बाजार में विनिमय दर से मुक्त कर दिया जायेगा। इस प्रस्ताव को अन्तर्राष्ट्रीय मुद्रा कोष ने भी मान लिया। पिछले संकट के बाद यह जो व्यवस्था की गई थी कि अन्तर्राष्ट्रीय लेन-देन सोने के आधार पर नहीं, अन्तर्राष्ट्रीय मुद्रा कोष से धन निकालने के विशेष अधिकारों के आधार पर होगा, वह इस ताजा संकट से बेमानी सिद्ध हो गई। यूरोपीय देशों ने सोने के आधार पर जोर दिया और डालर के एवज में अमेरिका से सोना मांगना शुरू किया। जब सटोरियों को यूरोपीय मुद्रायें मिलनी बंद हो गईं और जापानी मुद्रा खरीद पाने में उन्हें सफलता नहीं मिली तब उन्होंने भी सोना खरीदना शुरू किया और सोने का भाव तेजी से चढ़ने लगा।

अब अमेरिका की बारी थी और अमेरिका ने डालर का अवमूल्यन करने से इन्कार करते हुये अमेरिका से बाहर से आने वाले माल पर दस प्रतिशत का अधिभार लगाने की घोषणा की। यानी अमेरिकी मंडी में विदेशी माल का मूल्य दस प्रतिशत बढ़ा दिया। साथ ही उसने विदेशों को दी जाने वाली सहायता में कटौती करने का ऐलान भी किया। पहले उपाय का असर जापान और जर्मनी जैसे देशों पर पड़ेगा जिनके माल की अमेरिका में इधर खूब खपत होती रही है। दूसरा उपाय उन विकासशील देशों के लिए कष्टप्रद सिद्ध होगा जिन्हें अमेरिका से आर्थिक सहायता मिलती रही है। डालर को बचाने के ये अमेरिकी उपाय 'राष्ट्रवादी' दृष्टिकोण के परिचायक हैं जबकि जापान और पश्चिम यूरोप के देश इस संकट का अन्तर्राष्ट्रीय समाधान आवश्यक मानते है। पश्चिम यूरोप के देश अमेरिकी डालर के विरुद्ध अपनी जवाबी कार्रवाई के विषय में अब तक एकमत नहीं हो पाए हैं, लेकिन उनकी आपसी मन्त्रणा जारी है और विश्वास किया जाता है कि अगर अमेरिका ने सहयोग नहीं किया तो वे डालर से नाता तोड़ कर अपनी कोई अलग सर्वमान्य मानक मुद्रा तय कर लेंगे। उधर जापान में जबरदस्त खलबली मची हुई है और जापानी मुद्रा का मूल्य बढ़ाए जाने

की अफवाह गरम है। जापान सरकार ऐसा कदम उठाने को फिलहाल तैयार नहीं है, लेकिन आगे चल कर शायद वह इस के लिए लाचार हो जाये। इस बात का पूरा खतरा है कि अमेरिका की तरह अन्य देश भी 'राष्ट्रवादी' रवैया अपनायें और बाकायदा व्यापार-युद्ध छिड़ जाये। अराजकता की इस आशंका को दूर करने का मसला अगले महीने अन्तर्राष्ट्रीय मुद्रा-कोष की बैठक में पेश होगा। अगर उसमें भी कोई हल नहीं निकला तो डालर के साथ-साथ सारे गैर-कम्युनिस्ट संसार की अर्थव्यवस्था डोल उठेगी। अमेरिका ने डालर के एवज में सोना देने की जिम्मेदारी से पूरी तरह इनकार कर के 1944 के समझौते को समाप्त कर दिया है और नई व्यवस्था नितान्त आवश्यक है।

❑❑❑

साढ़े छह लाख डालर पेशगी पर प्राप्त यह आत्मचरित किस सिद्धात्मा का है?

अमेरिकी उद्योगपति हावर्ड ह्यूजेस को संसार एक खब्ती खरबपति के रूप में जानता है। शायद यह कहना अधिक ठीक हो कि संसार उनके विषय में कुल दो ही बातें जानता है—उन्हें गोपनीयता का खब्त है और वे खरबों डालर की सम्पत्ति के स्वामी होने के नाते विश्व के सबसे धनी व्यक्तियों में से हैं। उनके बारे में किदवन्तियां तो तमाम तरह की प्रचलित हैं लेकिन तथ्य बहुत ही कम प्रकाश में आये हैं। खास कर ऐसे तथ्य जो तस्दीकशुदा हों। उन्होंने जब भी जो भी काम किया है रहस्यमय और गोपनीय वातावरण में किया है—ब्योरा जानने वाले लोग मुट्ठी भर ही रहे हैं और उन्होंने मैत्रीवश अथवा किसी भय या प्रलोभन के कारण मुँह खोलने की जुर्रत कभी नहीं की है। हावर्ड ह्यूजेस के पिता अपनी मेहनत से आगे बढ़े हुये एक उद्योगपति थे जिनकी अपने मातृहीन बेटे से कभी बनी नहीं। मशीनी औजार बनाने के सबसे बड़े उद्योग के मालिक के एकमात्र बेटे ने पढ़ने-लिखने से कभी दिलचस्पी जाहिर नहीं की और 'खानदान की इज्जत' के लिए खतरनाक कामों में महारत दिखाई। बेटे ने यह भी माना कि बाप के तौर-तरीके दकियानसूी हैं। अगर वह नए ढंग इस्तेमाल करें तो रातों-रात सबसे अधिक मालामाल हो जायें। बाप ने बेटे की 'जीनियस' को स्वीकारा लेकिन उसे उद्योग में टांग अड़ाने का कोई मौका नहीं दिया। जब हावर्ड उन्नीस वर्ष का था, उसके पिता का देहान्त हो गया। लोगों का ख्याल था कि यह बिगड़ा हुआ लड़का अपना पुश्तैनी उद्योग-साम्राज्य संभाल नहीं पायेगा, लेकिन देखते-ही-देखते उसने इसका चमत्कारी विस्तार कर डाला। इस क्रम में उसने इतनी जबरदस्त उलट-पुलट की, ऐसी उथल-पुथल मचाई, ऐसे-ऐसे दांव खेले कि वह किंवदन्तियों का विषय बन चला। हवाई जहाज उड़ाने में उसने जितनी शोहरत पाई उतनी ही नए नमूनों के हवाई जहाज बनाने में पाई। कम समय में लम्बी यात्राएं पूरी करने के कई कीर्तिमान विमानचालक हावर्ड ह्यूजेस ने विमान-इंजीनियर हावर्ड ह्यूजेस के तैयार किए हुये विमानों से स्थापित किए। उसे विमान चालन और निर्माण के क्षेत्र में महत्त्वपूर्ण योगदान के लिए स्वयं अमेरिकी राष्ट्रपति ने विशिष्ट सम्मान

प्रदान किया। ह्यूजेस ने विमान-निर्माण उद्योग में काफी धन बटोरा। विमान-सेवा के भी वह मालिक बने। उन्होंने दूसरे विश्वयुद्ध के दिनों में एक विमान ऐसा भी बनाया जो अपने जमाने से बहुत आगे का साबित हुआ। इतना आगे का कि उसे तब के इंजनों से उड़ा सकना असम्भव था। जब इस विराट विमान के न उड़ सकने पर व्यंग्य कसे जाने लगे तब हावर्ड एक दिन खुद इसे ले उड़े जान की बाजी लगा कर! विमान कुल एक मील उड़ सका। अपनी इस विफलता को हावर्ड आज तक संभाल कर रखे हुये हैं—हालांकि इस न उड़ सकने वाले विमान के रख-रखाव पर उनका सालाना छियालीस हजार डॉलर खर्च हो रहा है!

हावर्ड हालीवुड भी पहुँचे और वहां उन्होंने फिल्म-निर्माण के क्षेत्र में अपने झण्डे गाड़ दिये। उन्होंने कई हिट फिल्में बनाई और कई नए सितारे रजतपट को दिये। तलाकशुदा हावर्ड ने यहाँ कई नामी तारिकाओं को रखैल का दर्जा दिया। साल में भले ही कुल एक बार वह किसी रखैल के पास जाते हों, गुजारे की रकम साल भर की देते थे और यह उम्मीद भी करते थे कि वह और किसी पुरुष से किसी भी तरह का कोई सम्बन्ध नहीं रखेगी। इस सिलसिले में उन्होंने एक मर्तबा आवा गार्डनर जैसी विश्वविख्यात तारिका को जोरदार थप्पड़ रसीद कर दिया था और बदले में आवा ने उन पर एक भारी राखदानी दे मारी थी। हावर्ड जायदाद खरीदने के धन्धे में लगे तो यहां-वहां कितनी ही जमीनें, कितने ही होटल खरीदते चले गये। खास कर अमेरिका में जुए के लिए मशहूर नेवाडा में तो उन्होंने जायदाद खरीदने के क्रम को एक पागलपन की सीमा पर पहुंच दिया। बाद में पता चला कि यह पागलपन मुनाफा दिलाने वाला साबित होगा, क्योंकि उन्होंने बहुत-सी ऐसी जमीन खरीदी है जिस पर आने वाले जमाने के बड़े हवाई जहाजों के लिए अड्डे बन सकते हैं। हावर्ड विमान चलाते हुये तीन बार दुर्घटनाग्रस्त हुये। अंतिम दुर्घटना 1946 में एक सर्वथा नये नमूने के विमान पर परीक्षण-उड़ान करते समय हुई थी। विमान का इंजन उड़ते-उड़ते खराब हो गया लेकिन हावर्ड ने उसे किसी तरह एक मैदान में उतार लिया। हावर्ड गंभीर रूप से घायल हुये और इसके बाद से उन्होंने जनता को दर्शन देना बंद कर दिया। यह एक विडम्बना थी जब हावर्ड की गिनती संसार के सबसे धनी व्यक्तियों में होने लगी थी तभी उन्होंने अपने को जनता की निगाहों से कतई गायब कर लेने का फैसला कर डाला। स्वाभाविक था कि हावर्ड के विषय में जानकारी पाने के लिए जनता बहुत उत्सुक हो, लेकिन हावर्ड न सिर्फ किसी को कुछ बताना नहीं चाहते थे, बल्कि किसी के लिए कुछ भी मालूम कर सकना असम्भव बनाने पर तुले हुये थे। पिछले दस वर्षों से अंतरंग सेवकों के अतिरिक्त किसीने हावर्ड को न देखा है, न सुना है, यहां तक कि उसका लिखा हुआ कोई रुक्का भी उनकी निगाह से नहीं गुजरा है। चैकों तक पर

हावर्ड ने दस्तखत नहीं किए हैं। विराट उद्योग-साम्राज्य को चलाने की सारी कागजी-कार्रवाई उनकी ओर से उनके विश्वासपात्र करते हैं। रहने के लिए हावर्ड पूरा होटल का होटल खरीद लेना पसंद करते आये हैं। उनके निवास की सुरक्षा के लिए कड़ा प्रबंध किया जाता है। चौबीसों घंटे उनके आस-पास अतिविश्वस्त अंगरक्षक तैनात रहते हैं। हावर्ड जब चाहें कहीं से भी टेलीफोन पर सम्पर्क आसानी से कर लें और उनकी टेलीफोन-वार्ता किसी तीसरे आदमी को न सुनाई पड़े इसकी व्यवस्था करने के लिए लाखों डालर के यंत्र उनके कमरे में लगे हुये हैं। हावर्ड के होटल के हर कमरे में ऐसे टेलीविजन सेट लगे हैं जिनसे किसी भी कमरे की और बाहर के मैदानों की जासूसी की जा सकती है। रात को हावर्ड निवास को फ्लड-लाइटों से रोशन रखा जाता है ताकि कोई आने वाला पहरेदारों की निगाह से न बच सके। अब बताइए भला, इतनी कड़ी सुरक्षा में रहने वाले तक कोई पत्रकार कैसे पहुंचे? कई पत्रकारों ने इसका बीड़ा उठाया लेकिन अन्त में उन्हें यही लिखकर सन्तोष करना पड़ा कि हावर्ड के बारे में जानकारी प्राप्त करने की कैसी-कैसी कोशिशें कीं और क्यों हर कोशिश नाकाम हुई। कुछ लोगों ने अफवाहों और किंवदन्तियों के आधार पर ऐसे उपन्यास रच डाले जिन्हें हावर्ड ह्यूजेस का जीवन-चरित समझा जा सकता था।

तो कल्पना कीजिए उस समय कैसी हलचल मची होगी जब अमेरिकी लेखक क्लिफर्ड इरविंग ने अपने प्रकाशक मैक्ग्रा हिल को यह सूचित किया कि हावर्ड ह्यूजेस मुझे एक प्रश्नोत्तरी के रूप में अपनी सारी जीवनकथा लिख देने को तैयार हो गये हैं। इरविंग इससे पहले उस कुख्यात जालसाज एलमर द होरी का जीवन-चरित लिख चुके थे, जिसने नए-पुराने चित्रकारों की नकल में चित्र बनाकर उन्हें अब तक अप्रदर्शित या अज्ञात मूल कृतियों के नाम पर बेच कर अपार धनराशि कमाई थी। होरी अन्ततः पकड़े गये थे और इन दिनों वह स्पेन के पास उसी द्वीप में संन्यासी जीवन व्यतीत कर रहे हैं जिसमें लेखक इरविंग सपरिवार बसा हुआ है। इरविंग का कहना था कि मैंने जालसाज के जीवन-चरित की एक प्रति 1970 के अंत में ह्यूजेस को भेजी थी और उसमें अपने पिता के देहान्त की सूचना देते हुये एक पत्र भी रख दिया था, क्योंकि मेरे पिता हालीवुड में ह्यूजेस के परिचितों में से रहे थे। ह्यूजेस ने इस पत्र का उत्तर दिया और संवेदना व्यक्त करने के साथ-साथ यह भी लिखा कि आपने एक बदनाम व्यक्ति का जीवन-चरित जिस सहानुभूति से प्रस्तुत किया है, उसे प्रशंसनीय ही कहा जायेगा। इरविंन का कहना है कि इस प्रशंसा से प्रोत्साहित होकर मैंने ह्यूजेस को लिखा कि मुझे आपके विषय में कुछ लिखने की बहुत इच्छा है। ह्यूजेस ने पहले तो इसका कोई उत्तर नहीं दिया,मगर एक अर्से बाद यह लिखा–"मरने से पहले मैं अपने बारे में लोगों की गलतफहमियां दूर कर जाना चाहता हूं और आत्म-चरित

प्रस्तुत करना इसके लिए आवश्यक है।" इरविंग के अनुसार ह्यूजेस ने मार्च 1971 में अपनी रजामंदी दे दी और तब मैंने अपने प्रकाशक से पेशगी के बारे में बात की। प्रकाशक तो ऐसी बिकने वाली किताब के लिए जान तक हाजिर करने को तैयार था, लिहाजा उसने साढ़े छह लाख पेशगी के तीन चैक ह्यूजेस के नाम काट दिये। इरविंग ने बताया कि ह्यूजेस मुझे अमेरिका, मैक्सिको और दक्षिण अमेरिका के विभिन्न स्थानों पर बुलाता रहा और हर जगह उसने सुरक्षा का कड़ा प्रबंध रखा। किसी और को नहीं आने दिया। ज्यादातर मुलाकातें सुबह चार-पांच बजे हुईं और किसी निर्जन स्थान में। कुल मिलाकर हमने सौ घंटे बातचीत की। बातचीत को टेप कर लिया गया। टेपों की सुरक्षा के लिए ह्यूजेस ने पक्का बंदोबस्त रखा और उस दौरान मुझे भी एक तरह से नजरबंद ही रखा गया। टेप पर अंकित बातचीत टाइप की गई और पाण्डुलिपि में स्वयं ह्यूजेस ने संशोधन किये। ह्यूजेस ने इस बात का आग्रह किया कि पुस्तक के प्रकाशन के बारे में किसी को तब तक कोई खबर न लगने दी जाये जब तक कि पुस्तक प्रेस में छप कर तैयार न हो गई हो। प्रकाशन संस्था मैक्ग्रा हिल ने इस आग्रह का पालन किया। किताब की कम्पोजिंग, प्रूफ रीडिंग सब कम्पनी के विश्वस्त उच्चाधिकारियों ने खुद की। सब प्रूफ जला दिये गये और तैयार गैलियां एक जमींदोज तिजोरी में बंद कर दी गईं। मैक्ग्रा हिल ने गोपनीयता की शर्त गुपचुप भंग की तो इसी दृष्टि से कि 'लाइफ' पत्रिका को पुस्तक के चार अंश धारावाहिक छापने का अधिकार उसने एक भारी रकम लेकर बेच दिया और 'लाइफ' वालों से इस बात की गारंटी ले ली कि बात बाहर जाने नहीं पायेगी। तो दिसम्बर में मैक्ग्रा हिल और 'लाइफ' ने हावर्ड ह्यूजेस के प्रामाणिक जीवन-चरित के प्रकाशन की घोषणा की। बताया गया कि 'लाइफ' में धारावाहिक प्रकाशन फरवरी में होगा और मैक्ग्रा हिल द्वारा प्रकाशित पुस्तक मार्च में बिक्री के लिए दे दी जायेगी। तुरन्त 'डेल' और 'बुक आफ द मन्थ' जैसी प्रकाशन संस्थाओं ने भारी रकमें देकर मैक्ग्रा हिल से इस पुस्तक के सस्ते संस्करण छापने के अधिकार ले डाले। और तभी हावर्ड ह्यूजेस का जनसंपर्क अधिकारी यह कहने पहुंचा कि इस पुस्तक की रचना से ह्यूजेस का कोई संबंध नहीं रहा है, इसे प्रकाशित न किया जाये। मैक्ग्रा हिल वाले प्रकाशन रोकने के लिए तैयार नहीं हुये। उनकी ओर से यह बयान जारी किया गया कि पुस्तक की प्रामाणिकता असंदिग्ध है। हमारे पास वे पत्र हैं जो ह्यूजेस ने लेखकों को भेजे थे, वे चेक हैं जो ह्यूजेस ने अपने दस्तखतों से भुनाए हैं... लगभग नौ सौ पृष्ठों की टंकित पाण्डुलिपि में हाथ से जो संशोधन किये गये हैं वे हस्ताक्षर-विशेषज्ञों के अनुसार ह्यूजेस के ही किए हुये हैं। इसलिए हम पुस्तक का प्रकाशन अवश्य करेंगे।

इस पर ह्यूजेस के जनसंपर्क अधिकारी ने अमेरिका के उन चंद संवाददाताओं

को लास ऐंजेलिस में बुलाया जिन्हें ह्यूजेस के दर्शनों का कभी सौभाग्य प्राप्त हो चुका था। इन संवाददाताओं को एक कमरे में बैठाया गया और हर एक के सामने एक-एक माइक्रोफोन और एक-एक स्पीकर लगा दिया गया। फिर अधिकारी ने 3000 मील दूर बहामा के एक द्वीप में बैठे हुये ह्यूजेस से फोन मिलाया और ऐसी यांत्रिक व्यवस्था की कि इस फोन संबंध द्वारा संवाददाता प्रश्नोत्तर कर सकें। पिछले पन्द्रह वर्ष से ह्यूजेस ने कभी कोई सार्वजनिक वक्तव्य नहीं दिया था लिहाजा उससे (दूर से ही सही) भाष्य का यह मौका पाकर संवाददाता चमत्कृत हुये। उन्होंने सवालों की झड़ी लगा दी और कोई पौने तीन घंटे तक यह टेलीफोनी संवाददाता सम्मेलन चलता रहा। इसमें ह्यूजेस ने बार-बार यह कहा कि इरविंग को मैं जानता तक नहीं, उसकी मदद से आत्म-चरित लिखने का कोई सवाल ही नहीं उठता। ह्यूजेस ने प्रश्नोत्तर में यह भी बताया कि अब मेरा इरादा अज्ञातवास से बाहर निकल आने का है, मैं शीघ्र ही कभी आपसे आमने-सामने बैठकर बात करूँगा। टेलीफोन पर बोलने वाला आदमी ह्यूजेस है या नहीं इसकी जांच करने के लिए कई सवाल संवाददाताओं द्वारा पूछे गये। उन में से कुछ के उत्तर ऐसे मिले जिनसे यह शक होता था कि ह्यूजेस की जगह कोई और बोल रहा है और अगर ह्यूजेस ही बोल रहा है तो वृद्धावस्था के कारण वह विस्मृति का शिकार हो चला है। सम्वाददाताओं ने टेलीफोन से आती हुई आवाज टेप भी की और हावर्ड ह्यूजेस की आवाज के जो पुराने टेप उपलब्ध थे उनसे इस नई टेप की तुलना ध्वनि और उच्चारण विशेषज्ञों द्वारा करवाई। उन का फैसला यह रहा कि आवाज ह्यूजेस की ही थी। लेकिन लेखक इरविंग ने कहा कि टेलीफोन पर जो व्यक्ति बोला वह ह्यूजेस हो ही नहीं सकता क्योंकि हयूजेस का स्वास्थ्य इतना खराब है कि वह आध घण्टे से ज्यादा बात अब कर ही नहीं पाता।

टेलीफोनी ह्यूजेस की प्रामाणिकता पर कुछ और लोगों ने भी सन्देह व्यक्त किया। उधर इरविंग ने एक टेलीविजन कार्यक्रम में यह बताया कि आत्म-चरित के लिए जिस ह्यूजेस ने मेरे प्रश्नों के उत्तर दिये उसने ब्योरे की ऐसी-ऐसी बातें बताई हैं जो और कोई बता ही नहीं सकता था। इस प्रसंग में इरविंग ने ह्यूजेस द्वारा निक्सन के भाई को धन दिये जाने के भूले-बिसरे 'स्कैण्डल' का कुछ नया ब्योरा सुना डाला। उसने कहा कि आत्म-चरित में ह्यूजेस ने ऐसे पचासों सनसनीखेज रहस्य बयान किए हैं और अब शायद उनके अन्तरंगों को यह लग रहा है कि इनके प्रकाशन से वे संकट में पड़ सकते हैं इसीलिए वे ह्यूजेस के प्रतिनिधि बन कर पुस्तक को न छपने देने की कोशिश में लगे हुये हैं। इरविंग का यह भी कहना था कि आत्म-चरित की तैयारी के सिलसिले में चन्द अंगरक्षकों को छोड़ ह्यूजेस ने और किसी को विश्वासभाजन नहीं बनाया था। ह्यूजेस इस पुस्तक को अपनी नहीं मानता तो वह अदालत में हलफनामा

क्यों नहीं दाखिल करा देता या खुद सामने आकर हमसे और हमारे लेखक से बात क्यों नहीं करता? इस बीच हावर्ड ह्यूजेस के वकील ने प्रकाशन पर मामले का फैसला होने तक रोक लगाने की अपील अदालत में कर दी। अदालत में प्रकाशकों के वकील निहायत ही आश्वस्त मुद्रा में आये। वे ह्यूजेस के हस्ताक्षर वाले चेकों और कागजातों से लैस थे और हस्ताक्षर विशेषज्ञों की गवाही का उन्हें सहारा था। उनका कहना था कि पुस्तक की प्रामाणिकता में लेशमात्र भी सन्देह नहीं है, ह्यूजेस ने ही उसे लिखवाया है, छापने की अनुमति दी है यह भी हम प्रमाणित कर सकते हैं। एक ने मजाक में यह भी कहा कि इस का प्रकाशन रोकने के लिए अब तो ह्यूजेस को मैक्ग्रा हिल कम्पनी और 'लाइफ' पत्रिका दोनो खरीदनी पड़ेगी। लेकिन अदालत में ह्यूजेस के वकील की अदा और भी अधिक आश्वस्त थी जिससे प्रकाशकों के वकीलों को कुछ आश्चर्य हुआ।

भिड़ते ही ह्यूजेस के वकील ने कहा कि मेरे मुवक्किल ने मैक्ग्रा हिल का कोई चैक कभी नहीं भुनाया है। प्रकाशक साढ़े छह लाख डालर की जिस रकम की बात कह रहे हैं उससे हमारे मुवक्किल का कोई सम्बन्ध नहीं। हमने आयकर विभाग को लिख दिया है कि हमें साढ़े छह लाख डालर की आय होने की यह खबर मनगढ़न्त है। हम इस पर टैक्स हरगिज नहीं देंगे, आप अपनी तसल्ली के लिए जांच करा लें। प्रकाशक के वकील सकते में आ गये। उन्होंने हलफनामे की मांग उठाई। ह्यूजेस के वकील ने कहा कि वह भी पेश कर दिया जायेगा। यह सुनते ही मैक्ग्रा हिल और 'लाइफ' वालो ने तहकीकात शुरू करा दी। पेशगी के चैक लेखक इरविंग को दिये गये थे और उसका कहना था कि उनमें से पहले दो तो मैं खुद अपने हाथों से ह्यूजेस को देकर आया था और तीसरा मैंने उसके द्वारा भेजे गये एक विश्वासभाजन अंगरक्षक की मार्फत उसके पास भेजा था जिसकी प्राप्ति की उसने मुझे सूचना दी थी। तीनों चैक स्विट्जरलैण्ड के एक बैंक की मार्फत भुनवाए गये थे। यह बात कुछ खटकने वाली जरूर थी कि हावर्ड हयूजस ने अपने चैक किसी अमेरिकी बैंक में न डलवा कर सुदूर स्विट्जरलैण्ड के बैंक में क्यों डाले और उन पर खुद हस्ताक्षर क्यों किये जब कि इस तरह के काम भी वह अपने प्रतिनिधियों से करवाने के आदी हैं? लेकिन इसका उत्तर यह दिया गया था कि पुस्तक के प्रकाशन की बात वह अपने अन्तरंगों तक से छिपा कर रखना चाहते हैं और तब इस उत्तर में कोई खोट नजर नहीं आया। जब आया तो स्विट्जरलेण्ड के बैंक से पूछताछ की गई। स्विस बैंक अपनी चुप्पी के लिए विश्वविख्यात है और आयकर वालों तक को किसी के भी खाते के बारे में कोई सूचना नही देते। लेकिन यह एक अदालती कार्रवाई का मामला था और स्विट्जरलैण्ड पुलिस ने इसमें सहायता चाही थी। लिहाजा बैंक वालों ने बताया कि हेल्गा आर. ह्यूजेस

नामक एक स्वर्णकेशी रमणी ने हमारे यहां पिछले वर्ष अप्रैल में 1000 फ्रांक (180 डालर) की रकम डाल कर खाता खुलवाया। वह तीस-पैंतीस की थी, अंग्रेजी और जर्मन बोलती थी, उस का पासपोर्ट और अन्य शिनाख्ती कागजात स्विट्जरलैण्ड के थे। इन सब पर उस के दस्तखत एच. आर. ह्यूजेस दिये हुये थे। इन्हीं दस्तखत से उस ने खाता खुलवाया। तीन हफ्ते बाद वह मैक्ग्रा हिल का पहला चैक ले कर आई। उसने बैंक के अफसर की मौजूदगी में उस पर दस्तखत किए , और उसे अपने खाते मे डलवाया। दूसरा चैक भी वह खुद जमा करवाने आई। तीसरा चैक उसने दस्तखत करके डाक से भिजवाया। हर चैक जमा कराने के बाद वह उसके भुनने से प्राप्त रकम निकलवाने के लिए आती रही। यानी उस बैंक खाते में अब 180 डालर पड़े हुये है।

स्पष्ट ही यह खाता महज उन तीन चैकों को भुनवाने के लिए खोला गया था। अब मैक्ग्रा हिल वालों का माथा यह सोच कर भी ठनका कि हावर्ड ह्यूजेस ने, जो सामान्य रूप से हावर्ड आर ह्यूजेस अपने दस्तखत के रूप में लिखते आये है, महज इस पुस्तक के सिलसिले में ही हर कागज पर एच. आर. ह्यूजेस दस्तखत करने का आग्रह क्यों किया था? इसके स्पष्टीकरण में तब लेखक इरविंग का यह कहना था कि गोपनीयता बनाए रखने के लिए शायद वह ऐसा जरूरी समझते हैं। यहां आकर उस स्पष्टीकरण में पेंच नजर आया। इरविंग को बुला भेजा गया। चार घण्टे तक उस पर प्रश्नों की बौछार जारी रखी गई लेकिन वह अपने पिछले बयानों पर कायम रहा। यही नहीं, उसने पुस्तक की तैयारी का सारा इतिहास एक हलफनामे की शक्ल में अदालत में पेश करवा दिया। उसने अपना अलग वकील भी कर लिया। इस कानूनी कार्रवाई के बाद वह मैक्ग्रा हिल के आपत्ति करने के बावजूद अमेरिका से बाहर चला गया। उधर अदालत में ह्यूजेस के वकील ने ह्यूजेस का हलफनामा पेश कर दिया जिसमें इरविंग की पुस्तक को जालसाजी ठहराया गया है और मैक्ग्रा हिल से इस पुस्तक के प्रकाशन के सम्बन्ध में कोई लिखा-पढी या लेन-देन न होने का दावा किया गया है। प्रश्नोत्तर शैली में प्रस्तुत इस हलफनामे में कहा गया है कि "मैंने दस वर्ष से भी अधिक समय से किसी चैक को एण्डोर्स कर के नहीं भुनवाया है।" हलफनामे के हर पृष्ठ पर ह्यूजेस के हस्ताक्षर ही नहीं, पांचों अंगुलियों के निशान भी दिये गये हैं। ह्यूजेस के वकील ने स्विट्जरलैण्ड के बैंक की एक चिट्ठी भी पेश की जिसमें कहा गया है कि आप के विश्वविख्यात मुवक्किल का हमारे यहां कभी कोई खाता नहीं रहा है। प्रकाशक के वकील स्वयं इस तथ्य से अब तक अवगत हो चुके थे, लिहाजा प्रकाशक की ओर से घोषणा की गई कि फिलहाल हम खुद ही इस पुस्तक का प्रकाशन स्थगित कर रहे हैं। इस घोषणा के बाद अदालती सुनवाई भी स्थगित हो गई।

सवाल यह है कि क्या यह पुस्तक सचमुच एक जालसाजी की देन है? अगर इतने ब्योरे में जा कर लिखी हुई यह पुस्तक लेखक ने मन से गढ़ी है तो 'लाइफ' के सम्पादकों के अनुसार उसे जीनियस करार देना होगा। इसमें ह्यूजेस का खास अन्दाज, खास लहजा, साफ झलकता है। उसे इरविंग जैसा साधारण लेखक बगैर पूरी पक्की जानकारी के कोशिश करने पर भी गढ़ नहीं सकता था। पुस्तक के लिए जिन दिनों वह ह्यूजेस से इण्टरव्यू कर रहा था वह बराबर प्रकाशक के संपर्क में था। उस का पासपोर्ट भी इस बात का प्रमाण है कि ह्यूजेस से मिलने के लिए वह कई जगह गया। अगर यह मान लिया जाये कि जो व्यक्ति उससे मिल रहा था वह ह्यूजेस नहीं, उसका स्वांग धरा हुआ कोई और आदमी था और इस आदमी के हाथ ह्यूजेस के आत्म-चरित के सम्बन्ध में प्रामाणिक सामग्री किसी तरह लग गई थी तो भी बात बनती नहीं। आखिर उस व्यक्ति को ह्यूजेस बन कर यहां-वहां जाने, अंगरक्षक रखने, रईसी ठाठ से होटलों में ठहरने पर अपार धन-राशि खर्च करनी पड़ी होगी। इरविंग से ह्यूजेस दस महीने तक बीच-बीच में बराबर मिलता रहा और इन मुलाकातों का नाटक रचने पर ही उस व्यक्ति को तीन लाख डालर के लगभग खर्च करना पड़ता। साथ ही उसका जालसाजी का उस्ताद होना जरूरी था ताकि वह इरविंग के सामने कागजात पर झूठे दस्तखत कर सके। उसे एक जालसाज महिला की भी सेवाएं लेनी पड़तीं जो स्विट्जरलैण्ड के बैंक में खाता खोलने वाला खेल पूरा करती। तो क्या यह माना जाये कि पुस्तक लिखवाई असली ह्यूजेस ने ही थी। वह चाहता था कि इसका प्रकाशन हो जाये और बाद में वह कह सके कि यह मेरी लिखी हुई नहीं है। इसीलिए उसने एच. आर. ह्यूजेस नाम से चैक लेने का आग्रह किया और काण्ट्रेक्ट पर भी एच. आर. ह्यूजेस ही दस्तखत किये। इस बीच उसने हेल्गा आर. ह्यूजेस नाम की किसी जालसाज महिला को अपना विश्वासपात्र बना लिया और उसकी मार्फत चैक भुनवा लिए। नितांत कानूनी ढंग से। ताकि बाद में कहा जा सके कि इसी एच. आर. ह्यूजेस से प्रकाशक का अनुबन्ध हुआ, मेरा कुछ लेना-देना नहीं। लेकिन इतनी जहमत उठाने की क्या जरूरत? महज खब्त के लिए? अपने अन्तरंगों के सम्बन्ध में कुछ साफ बातें कह देने और फिर मुकदमेबाजी की नौबत आने पर पुस्तक की प्रामाणिकता के आगे प्रश्नचिन्ह लगा देने के लिए? लेकिन अगर ऐसा था तो पुस्तक के प्रकाशन से पहले ही उसने हल्ला क्यों मचा दिया? तो क्या यह माना जाये कि लेखक इरविंग ही जालसाज है और इतना बड़ा जालसाज कि उसने न सिर्फ एक मोटा पोथा ही गढ़ डाला, बल्कि झूठे दस्तखत भी बनाये। उसके पासपोर्ट से यह पता चलता है कि वह उस अवधि में स्विट्जरलैण्ड नहीं गया जिसमें चैक भुनवाये गये थे। तो क्या हेल्गा आर. ह्यूजेस नामक रमणी उससे मिली हुई है और वह सिद्ध जालसाज है?

इरविंग कुल एक ही जालसाज को जानता है जिसका उसने जीवन-चरित्र लिखा था—एलमर डी होरी। स्वभावतः लोगों का ध्यान उसकी ओर गया है। इस बारे में प्रश्न किए जाने पर उस ने तंजिया लहजे में कहा, "मैं तो पेशेवर मक्कार हूँ, आप कोई मोटी रकम दें तो कह दूं कि मैंने इस मामले में भी जालसाजी की है, आप और भी मोटी रकम दें तो कह दूं इसमें मेरा कोई हाथ नहीं हैं। लेकिन अगर रकम-वकम का सवाल न हो तो सच्चाई ही अर्ज करूँगा और वह यह है कि मैंने किसी जमाने में जाली कलाकृतियों जरूर बनाई हैं, मगर जाली दस्तखत बनाने का दोषी मैं कभी नहीं रहा हूँ।" बहरहाल जब तक साढ़े छह लाख डालर डकार जाने वाला पकड़ में आ नहीं जाता तब तक रहस्यमय हावर्ड ह्यूजेस के 'आत्म-चरित' की यह कथा भी रहस्यमय ही बनी रहेगी।

□□□

कहर ढा रहा था जहर देने वाला

आदमी दुनिया की पहेलियां बूझने में लगा है मगर दुनिया की सबसे बड़ी पहेली आदमी खुद है। अजीब-अजीब शौक होते हैं उसके, और बहुत से अजीबो-गरीब शौकों के बारे में आपने सुना या पढ़ा भी होगा। शौक कभी-कभी खतरनाक सनक का भी रूप ले लेता है। पिछले दिनों इंग्लैण्ड के अखबारों में जिस सनकी का नाम छपता रहा है, उसका शौक बेहद खतरनाक और अमानुषिक है। ग्राहम यंग को जहर देने का शौक है, और उसे यह शौक बचपन से है।

जब यंग दस-ग्यारह साल का लड़का था, तभी तरह-तरह के विषयों में उसकी दिलचस्पी पैदा हो गई थी। उसने जहरों के बारे मे बाकायदा पढ़ना शुरू किया। पढ़ते-पढ़ते उसके मन मे यह फितूर पैदा हुआ कि अपने ज्ञान को व्यावहारिक बुनियाद भी देनी चाहिए। उसके मन में यह जिज्ञासा जोर पकड़ती गई कि देखें अमुक जहर का क्या प्रभाव होता है। यह सोच कर कि जब इतने लोग घर में मौजूद है, मैं बाहर क्यों जाऊं? उसने अपने पिता को जहर दिया, सौतेली मां को दिया, बहन को दिया, और फिर एक सहपाठी को भी देना शुरू कर दिया। जब भी परिवार का कोई सदस्य उससे पानी या दूध मंगवाता, वह उसमें ऐंटिम्नी पोटेशियम टारट्रेट मिला देता। अपने सहपाठी के लिए वह बड़े प्यार से क्रीम वाले बिस्कुट ले जाता था। क्रीम में एक तह जहर की भी होती थी। यह एक धीरे-धीरे असर करने वाला विष था और इसे खिला कर यंग यह देखना चाहता था कि लोग कैसे बीमार पड़ते हैं। लोगों को बीमार डालने से ज्यादा ऊंची महत्त्वाकांक्षा उस समय उसकी नहीं थी। सौतेली मां पर जहर का असर कुछ ज्यादा ही हो गया। उसका वजन निरन्तर गिरते देखकर यंग घबरा गया। उसने अपनी सौतेली मां को जहर देना बन्द कर दिया। इत्तफाक से एक बस-दुर्घटना में उसकी सौतेली मां घायल हो गई। एक साल बाद 1962 में उसकी मृत्यु हो गई। चौदह वर्षीय ग्राहम यंग के जिद करने पर उसकी लाश जला दी गई और पुलिस के पहुँचने से पहले ही उसने उसकी राख इधर-उधर कर दी। शव-परीक्षण करने वाले डॉक्टर की राय में उसकी सौतेली मां की मृत्यु का कारण पिछले वर्ष की बस दुर्घटना में रीढ़ की हड्डी टूट जाना था। दूसरी बार की गिरफ्तारी में इकबाले-जुर्म में जो बयान यंग ने दिया उस में उस ने अपनी विमाता को विष देने की बात स्वीकार कर ली।

ग्राहम यंग पुलिस के शक से बच नहीं सका और गिरफ्तार कर लिया गया। चौदह वर्षीय ग्राहम यंग ने इकबाले-जुर्म कर लिया और अपनी सारी पोलपट्टी खुद खोल दी। मुकदमे के दौरान ग्राहम के पक्ष में भी बहुत-सी बातें कही गईं। यह कहा गया कि जहर देने में उसकी कोई मंशा नही थी, क्यों कि यदि उसकी मंशा हत्या करने की होती तो वह घरवालों को जहर क्यों देता? इस आधार पर भी उस के साथ सहानुभूति प्रकट की गई कि उसकी मां उसे जन्म देते समय मर गई थी। मातृहीन होने के कारण उस का मानसिक सन्तुलन नष्ट हो गया था। इन बातों को ध्यान में रखते हुये जज ने उसे पन्द्रह साल के लिए ब्रॉडमूर मनोरोगियों की जेल में रखने की सजा दी। होम सेक्रेटरी की इजाजत के बगैर उस की रिहाई इससे पहले नहीं हो सकती थी।

शुरू में तो यंग उस जेल में बड़ी अकड़ के साथ रहा। उसने अपनी मूँछे खूब बढ़ा लीं। कभी वह अपने को नेपोलियन का चेला बताता और कभी हिटलर को अपना उस्ताद। कभी वह प्रख्यात विषदाता क्रिपन के साथ अपना नाम जोड़ता। फिर उसे महसूस हुआ कि इस तरह तो उसके कीमती पन्द्रह साल बेकार बर्बाद हो जायेंगे। उसे अपने मिशन की याद आई और उसने अच्छे व्यवहार का नाटक शुरू कर दिया। डॉक्टरों को भी सन्तोष था कि उनका इलाज कारगर हो रहा है। उसका सुधरा हुआ रूप देख कर जेल के अधिकारी ने होम सेक्रेटरी से उसे जल्दी रिहा कर देने की अनुमति मांगी। अनुमति दे दी गई और वह नौ साल जेल काटने के बाद ही रिहा कर दिया गया। रिहाई कुछ शर्तों से जुड़ी थी। उससे कहा गया कि वह अपना व्यवहार अच्छा रखे, जेल आकर रिपोर्ट देता रहे और डॉक्टरी इलाज जारी रखे। उदारतावादी नियमों के अन्तर्गत उसे जेल में प्रशिक्षण दिया गया था जो रिहाई के बाद भी जारी रखा गया। मानवतावादी, उदार, सहानुभूतिपूर्ण दृष्टिकोण अपनाये जाने के कारण उस के प्रमाणपत्र में उसके अतीत का कोई हवाला नहीं दिया गया।

जान हैडलैण्ड लि. में, जो बोविंगडन नाम के एक छोटे-से कस्बे में है, उसे एक छोटी-सी नौकरी मिल गई। नौकरी की अर्जी में उसने अपनी करुण कथा लिखी थी कि मेरी मां मुझे जन्म देते समय ही मर गई थी, विमाता दुर्घटनाग्रस्त हो गई और पिता बीमार रहने लगे इससे मेरा मानसिक सन्तुलन बिगड़ गया और मुझे मजबूर होकर मनोरोगियों के सुधार-गृह में भरती होना पड़ा। अब मैं बिल्कुल स्वस्थ हूँ। चाहें तो मेरी डॉक्टरी जांच करा सकते हैं। उसे नौकरी दे दी गई। नौकरी प्राप्त हो जाने पर उसने बड़े मनोयोग से काम शुरू किया। लेकिन उसके शौक ने उसका पीछा वहां भी नहीं छोड़ा। उसने लोगों को चाय-काफी पिलाने में बड़ा उत्साह दिखाया। यह तो आप भांप ही गये होंगे कि वह उनमें क्या मिलाता रहा होगा। परिणामस्वरूप फैक्टरी में लोग

रहस्यमय ढंग से बीमार होने लगे। संयोग की बात कि उन्हीं दिनों बोविंगडन में एक विचित्र रोग फैल चुका था। उस रोग के बारे में डॉक्टरों का कहना था कि यह 'बाविंगडन बग' नाम के एक नए वायरस के कारण फैला है। क्योंकि यंग रिहाई की शर्तें बड़ी मुस्तैदी के साथ निबाह रहा था इस लिए किसी को यह शक न हो सका कि वह विष में फिर रुचि लेने लगा है। तब तक उदारतावादी नियमों के अधीन 331 मनोरोगी छोड़े जा चुके थे और उनमें से केवल दो ने ही फिर अपराध का रास्ता पकड़ा था। वह भी एक लम्बे अर्से बाद। किसी को यह गुमान तक न था कि ग्राहम यंग छूटते ही अपनी हरकतें फिर शुरू कर देगा। इस बात पर किसी का ध्यान ही न गया कि अपने कारावास के दिनों में यंग ने अपने बाप से मिलने की कभी कोशिश नहीं की थी और न ही उन्होंने उसे छुड़ाने में कोई उत्साह दिखाया था। वे उसके कृत्रिम सद्व्यवहार के धोखे में आ गये।

इधर फैक्टरी में लोग बीमार होते रहे, उधर अखबारों में 'बोविंगडन बग' के जोरों से काम करने की खबरें छपती रहीं। केस रोगशास्त्रियों के पास विशेष अध्ययन के लिए भेजा गया। पुलिस को भी खबर की गई। लेकिन पुलिस के कान पर जूँ तक नहीं रेंगी। एक रोगशास्त्री महोदय अगाथा क्रिस्टी के जासूसी उपन्यासों के प्रेमी थे। उस के उपन्यासों में दुर्लभ जहरों का जिक्र आता है। 'द पेल हार्स' में थेलियम के विष का उल्लेख था जो उन्होंने लोगों को पढ़ कर सुनाया। मगर यंग शायद फिर भी गिरफ्त में आने से बच जाता अगर वह अपने अहंकार से बच पाता। पोस्टमार्टम करने वाले डॉक्टरों ने मृतकों की स्वाभाविक मृत्यु की घोषणा कर उन्हें मारने वाली बीमारियों के नाम तक लिख दिये थे। किन्तु यंग की एक विकृत इच्छा यह थी कि मरने वाले थेलियम से मरे हैं, यह बात सामने आ जाये। उसने अपना राज खुद खोलने की कोशिश शुरू कर दी। हुआ यह कि फैक्टरी के कर्मचारी इस रहस्यमय बीमारी से बहुत डर गये थे और उन्हें शक हो गया था कि यह सारा गड़बड़झाला रेडियो-सक्रियता से पानी दूषित हो जाने के कारण हुआ है। उन का हौसला बढ़ाने के लिए एक डॉक्टर ईयान हैण्डरसन को प्रवचन के लिए फैक्टरी में आमन्त्रित किया गया। उन्होंने उन्हें यकीन दिलाया कि यह सब 'बोविंगडन बग' की करतूत है। अन्त में उन्होंने श्रोताओं से प्रश्न करने का आग्रह किया। ग्राहम यंग ने सोचा कि यह अपना ज्ञान प्रदर्शित करने का बेहतरीन मौका है। उसने खट से एक बेहद जटिल तकनीकी प्रश्न कर डाला। प्रश्न सुन कर डा. एण्डरसन तक चकरा गये। इतने पर भी यंग का अहम सन्तुष्ट न हो सका। उसने अपने ज्ञान-प्रदर्शन में थेलियम विष के लक्षणों पर भी अपनी दुर्लभ जानकारी प्रकट कर दी। डॉक्टर और मैनेजिंग डायरेक्टर दोनों के दिमाग में यह बात आई कि यह विषों का इतना गहरा माहिर यहां कहां से आ गया? उन्हें

उस पर शक हो गया और उन्होंने इस बात की सूचना पुलिस को दे दी। पुलिस ने उसके निवासस्थान पर छापा मारा तो वहां से उसे थोड़ी-बहुत मात्रा में थेलियम तथा अन्य विष मिल गये। एक डायरी और कुछ रेखाचित्र भी हाथ लगे। डायरी एक विष-प्रदाता की ओर से प्रथम पुरुष में लिखी गई थी। उसमें उसके जहर देने के अनुभवों का सांगोपांग वर्णन था। जिन व्यक्तियों को जहर दिया गया उनके नामों के प्रथमाक्षर तथा जहर देने की तारीखें भी उस में लिखी हुई थीं। रेखाचित्र जहर से प्रभावित बीमार व्यक्तियों के थे। यंग का पिछला रिकार्ड खोजने पर पुलिस को पता चला कि यह तो वही आदमी है जो जेल से छोड़ा गया था। यंग को पुलिस ने हिरासत में ले लिया। पुलिस का कहना कि पकड़े जाते ही उसने फौरन इकबाले-जुर्म कर लिया। पुलिस के अनुसार अपराध-स्वीकार में यंग ने बताया कि मैं ने अपने छप्पन और साठ वर्षीय सहयोगियों को विष दे कर मारा, दो और को केवल इतना विष दिया जितने से उन्हें शारीरिक हानि पहुंचे। इसके अतिरिक्त कम्पनी के बाहर के दो और व्यक्तियों को भी विष दिया जो मरे नहीं। छहों-सातों को विष देने के विस्तृत वर्णन यंग की डायरी में मौजूद थे। डायरी में ऐसे प्रसंग थे–"अब 'एफ' की बारी आई है। जो विशेष मिश्रण मैं पिछले दिनों तैयार करता रहा था उसकी एक तगड़ी खुराक आज उसे दे दी है। खुराक तीन हिस्सों में बांट कर देनी पड़ी, वरना उसे सन्देह हो जाता। मैं समझता हूँ कि काफी के साथ मिला कर उसे पन्द्रह-सोलह ग्राम मिश्रण दे चुका हूँ। अब आशा करनी चाहिए कि सोमवार तक स्थिति स्पष्ट हो जायेगी। मेरे हिसाब से वह हद-से-हद एक सप्ताह जी पायेगा।"

पुलिस का अन्दाजा था कि मुकदमा संक्षिप्त होगा और यंग मुजरिम करार दे दिया जायेगा। प्रमाण जुटाने की आवश्यकता नहीं होगी। पुलिस के लिए प्रमाण जुटाना मुश्किल भी था। तीन लोग तो कभी के मर चुके थे।

बहरहाल, मुकदमा शुरू हुआ। मुकदमे के पहले ही दिन यंग अपराध स्वीकार से मुकर गया। उसने कहा कि यह मुझसे जोर-जबरदस्ती कराया गया है। बचाव-पक्ष के वकील ने कहा कि अभियुक्त को पुलिस ने पन्द्रह घण्टे तक भूखा-नंगा रखा और उस से कहा कि तुझे रोटी-कपड़ा तभी देंगे जब तू अपराध स्वीकार कर लेगा। मेरे मुवक्किल ने सोचा कि इसमें मेरा क्या जाता है? और उस ने इकबाले-जुर्म का बयान दे दिया। मगर उसने यह भी जता दिया कि हर अदालत में मैं इस बयान से इन्कार करूँगा। इस मुकदमे में ग्राहम यंग अपना गवाह खुद था। उसने अदालत में दो दिनों तक बयान दिया। जितने भी आरोप उसपर लगाए गये थे, उन सबसे उसने इन्कार कर दिया। उसने अपने बयान में कहा कि मुझ पर एक सहयोगी को विष देने का आरोप लगाया गया है जो एक खिलाड़ी है। मैंने उसे विष नहीं दिया। उसके पेट में

दर्द होता था, मैंने उसे पोटाशियम ब्रोमाइट लेने की सलाह दी थी। एक बार जब वह खेलते-खेलते बीमार पड़ा तब भी दवाई अधिकारियों ने ही दी थी। मैंने उसे कुछ नहीं दिया। अदालत में जो जिरह हुई वह भी काफी दिलचस्प रही। कुछ बानगियां पेश हैं—

वकील—क्या आप यह भी अस्वीकार करेंगे कि आपके पास इतना थेलियम पाया गया जिससे बहुत से लोग मारे जा सकते हैं?

यंग—इससे मैं कहां इन्कार कर रहा हूँ? पर मुझ पर बहुत-से लोगों को मारने का आरोप तो है नहीं। मैं प्रयोग करता हूँ। यह विष मेरे पास प्रयोग करने के लिए ही है।

वकील—मैं आपसे यह कहता हूँ कि आपके पास यह विष लोगों को मारने के लिए ही था, और आपने इसी उद्देश्य से उन्हें दिया भी।

यंग—आप कहते रहिए। मगर मैं तो कुछ और ही कहता हूँ।

वकील—आप के कमरे में थेलियम कई जगह मिला। और थेलियम की एक छोटी-सी शीशी आपकी जेब में भी मिली। प्रयोग करने के लिए थेलियम की शीशी जेब में रखने की क्या जरूरत थी?... जैसा आपने अपने इकबाले-जुर्म में कहा, क्या यह शीशी आप के पास इसलिए नहीं थी कि पुलिस आप को पकड़ने आये तो आप इसे खाकर आत्महत्या कर सकें?

यंग—यह कतई सच नहीं है। यह तो उसी तरह की किस्से-कहानियां की बात है जैसी मैंने पुलिस को सुनाई थी। आखिरी खुराक के किस्से अब बहुत पुराने पड़ चुके हैं। आपको यह भी मालूम होना चाहिए कि इस विष से मृत्यु बहुत धीरे-धीरे होती है। आत्महत्या करने के लिए तो फौरन असर करने वाला जहर होना चाहिए।

वकील—ये सारे जहर बहुत महंगे हैं। आप इतने महंगे जहर खरीद कर जमा करते रहने की वजह बता सकते हैं?

यंग—यह तो अपना-अपना शौक है। शौक के लिए आदमी कुछ भी खर्च कर सकता है।

वकील—मृतकों को थेलियम दे कर आप ने नहीं मारा तो किसने मारा?

यंग—इसका जवाब देने के लिए भी मैं ही रह गया हूँ? क्या मैं खुद अपने खिलाफ गवाह हूँ?

यंग ने जब यह बयान दिया कि इकबाले-जुर्म मैंने पुलिस के दबाव में आकर किया है, तब बहस का रंग यह रहा—

वकील—आपने जरा-से दबाव में आकर इतना बड़ा अपराध स्वीकार कर लिया? आपकी समझ में इतना भी नहीं आया कि आप कितना बड़ा खतरा मोल ले रहे हैं?

यंग—यदि मैंने सचमुच कोई अपराध किया होता तभी तो खतरे की बात होती?

वकील—मैं आपसे यह जानना चाहूँगा कि अगर आप अपराधी नहीं थे तो आप

ने पुलिस के द्वारा लगाए गये आरोपों के अलावा भी और अपराध क्यों स्वीकार किए?

यंग–मैंने सोचा कि जब झूठ बोलने का मजा लेना ही है तब जमकर क्यों न लूं?

वकील–आपने उन अतिरिक्त अपराधों को स्वीकार करते हुये पुलिस को यह सुझााव भी दिया था कि अस्पताल वालों से अमुक रोगी को अमुक दवा देने के लिए कहें। आपने बताया था कि वे थेलियम का असर दूर कर देंगी।

यंग–कोई भी धातु का जहर होने पर यही दवायें दी जाती हैं। अपने सहयोगी के रोग के जो लक्षण मैंने सुने थे वे भारी धातु के विष के ही थे।

बोगिंडन में रहस्यमयी बीमारी के फैलने की डॉक्टरी घोषणा के सन्दर्भ में यंग ने कल्पित विष-प्रदाता की ओर से अपनी डायरी में लिखा था–"क्या कोई मेरा प्रतियोगी पैदा हो गया है?" इस उक्ति को लेकर वकील और यंग में यह फिकरेबाजी हुई–

वकील–क्या इस उक्ति से मसखरापन नहीं झलकता?

यंग–विष देने वाले मनहूस कबसे समझे जाने लगे हैं?

वकील–मैं नहीं जानता मिस्टर यंग, मैं कभी किसी जहर देने वाले से मिला नहीं।

यंग–यह आप की इनायत है। आप खुद बतायें कि बिना बात किसी को विष देने में मुझे क्या मिलता है?

वकील–आपने खुद अपनी डायरी में लिखा है कि इंसान मेरे लिए इन्सान नहीं रहा बल्कि प्रयोग का माध्यम भर रह गया है। अगर यह डायरी आपके द्वारा जहर दिये जाने की घटनाओं का आलेख नहीं है तो इसमें जहर दिये जाने वालों के नामों के प्रथमाक्षर और उन पर होने वाले प्रभाव वे ही क्यों हैं, जो वास्तव में थे?

यंग–मेरे सहयोगी विचित्र रोग से ग्रस्त हुये तो उसके लक्षण लेकर तथा अन्य विषों के सम्बन्ध में अपने विशेष ज्ञान के सहारे मैंने ऐसे कथानक इसमें गढ़ दिये जो वास्तविक मालूम पड़ें। लेकिन मैंने किसी को जहर नहीं दिया।

वकील–इस डायरी से पता चलता है कि आपमें जरा-सी भी संवेदना नहीं है। आप हृदयहीन हैं और अपने प्रयोग जारी रखना चाहते हैं। आपका विश्वास था कि आप ऐसे जुर्म करेंगे कि आप कभी पकड़े नहीं जायेंगे।

यंग–आप भी हुजूर क्या बातें करते हैं? आपके सामने कठघरे में खड़ा तो हूँ।

वकील–आपकी हृदयहीनता का प्रमाण इससे भी मिलता है कि आप इतनी भावनाहीनता से अपनी वकालत कर रहे हैं।

यंग–मैं स्वीकार करता हूँ कि भावुकता के प्रदर्शन में मुझे कभी विश्वास नहीं रहा।

बचाव-पक्ष के वकील का तर्क यह था कि मुवक्किल पर पुलिस ने बड़ा अत्याचार किया है। पन्द्रह घन्टे तक इसे कानूनी सलाह तक नहीं लेने दी गई। और इसके

खिलाफ सबूत क्या हैं? इसी की डायरी और इसी के रेखाचित्र? और फिर कोई मंशा भी तो सिद्ध नहीं किया जा सकता। यह नहीं भूलना चाहिए कि मुवक्किल एक मनोरोगी है। उसने कुछ उल्टा-सीधा कहा भी तो सिर्फ एक तमाशा खड़ा करने के लिए। मनोरोगी को सजा की नहीं, सहानुभूति की आवश्यकता होती है। साथ ही यह भी नहीं भूलना चाहिए कि बोविंगडन में कई लोग रहस्यमय बीमारी से मर चुके हैं—पहले भी यह तथ्य डॉक्टरों द्वारा प्रमाणित हैं।

जज ने बहस-मुबाहसे का सारांश बड़े निष्पक्ष ढंग से करते हुये कहा कि अभियुक्त के विरुद्ध कोई ठोस गवाही नहीं है। जो गवाहियां हैं वे उसी से सम्बद्ध हैं। जहां तक पुलिस के सामने इकबाले-जुर्म का सवाल है, उसका कोई खास महत्त्व नहीं है। पूरी कार्यवाही पर विचार कर जूरी ने यह निर्णय दिया कि हम इसे दो आदमियों को जहर दे कर मारने तथा चार अन्य को जहर देने का दोषी पाते हैं। दो अन्य को जहर देने के सिलसिले में दोषी नहीं पाते।

ग्राहम यंग को हत्या करने के अपराध में आजीवन कारावास का दण्ड दे दिया गया। बाकी जुर्मों की सजायें भी उसीमें शामिल हो गईं। बचाव पक्ष के वकील ने कहा—"मेरा मुवक्किल यह चाहता है कि उसे आप जो भी सजा दें, जेल में ही दें। पागलखाने में वह नहीं जाना चाहता।"

इस मुकदमे ने सारे इंग्लैण्ड में सनसनी फैला दी है। ब्रौडवेयूर के मनोरोगियों की जेल की भी आलोचना की है और उदार नियमों की भी। लोग पूछ रहे हैं कि आखिर ऐसे खतरनाक अपराधी को सजा पूरी होने से पहले ही वहां से छोड़ कैसे दिया गया? साथ ही यह प्रश्न भी उठाया गया है कि इस तरह के जहर खुलेआम लोगों को मिल कैसे जाते है? यहां हम यह सूचना जोड़ देना चाहेंगे कि यंग ने जहर जाली नाम से प्रयोग करने का उद्देश्य बता कर धोखा-धड़ी से लिया था। विष देने का अपराध विशुद्धतः अंग्रेजी अपराध है। यंग से पहले भी विष देने के सनकी इंग्लैण्ड में ही पैदा हुये हैं। यंग उन सब का सिरमौर होना चाहता था। उसने अदालत में अपना अपराध इसीलिए स्वीकार नहीं किया ताकि मुकदमा लम्बा खिंच सके, सनसनीखेज बन सके और अखबारों की सुर्खियों में जगह पा सके।

❑❑❑

बढ़ती आबादी का खटका : भविष्य का झटका : अतीत का लटका

यंत्र के बाद आज का आदमी, खासतौर से बुद्धिजीवी, यदि किसीसे सबसे अधिक डरा हुआ है तो भीड़ से। एक जमाना था कि भीड़ एक आकर्षण होती थी, चहल-पहल कहलाती थी। किसी मेले के उत्सव की शोभा का वर्णन करना होता था तो वहां कि भीड़ की विरुदावली पढ़ी जाती थी। आजकल नक्शा पूरी तरह बदल चुका है। भीड़ या तो भाड़ से जुड़ गयी है या भड़क्के से। भीड़ के कारण ही यह दुनिया बड़ी चिपचिपायी हुई-सी चीज हो गयी है। इस सदी के आरम्भ में इस्पहानी चिन्तक ओर्त्तेगा इ गास्से ने अपनी पुस्तक 'द रिवोल्ट आफ मासेज' में इस और ध्यान दिलाया था कि पिछली सदी के अन्त से संसार में पहली बार 'भीड' का बोध हुआ है और आबादी जिस तेजी से बढ़ रही है उसे देखते हुये बीसवीं सदी 'भीड़शाही' की सदी साबित हो सकती है—आवश्यकता है कि 'इण्टलैक्चुअल एरिस्टोक्रेसी' (बौद्धिक आभिजात्य) की प्रतिष्ठा की जाये। दुनिया की आबादी अगर इसी रफ्तार से बढ़ती रही तो सन् 2000 तक उसके सात सौ करोड़ और सन् 2050 तक तीस अरब हो जाने की आशंका है। बढ़ती हुई आबादी का खौफनाक नजारा दिखाने के लिए वाशिंगटन के नेशनल इंस्टीट्यूट ऑफ मेन्टल हेल्थ से सम्बद्ध एक प्रसिद्ध मनोवैज्ञानिक कैलहुन साहब ने एक प्रयोग किया। उन्होंने साढे आठ वर्ग फुट के एक पिंजरे में आठ चूहे पाले। दो सवा दो साल में बढ़ते-बढ़ते उनकी आबादी बाइस सौ तक पहुँच गयी। वे जीवित होकर भी मरे हुये से लग रहे थे। जनसंख्या विस्फोट की भविष्यवाणियों से घबराकर अमेरिकी जीवशास्त्री पाल एह्लरिख को चेतावनी देनी पड़ी है कि यदि हमने तुरन्त ही आबादी और दूषित जलवायु के विषय में कोई बेहद जोरदार कदम नहीं उठाया तो सभ्यता का नामोनिशां तक मिट जायेगा।

बढ़ती आबादी : बर्बादी को निमन्त्रण

क्या आने वाली नस्लें केवल चित्रों मे ही जंगल, खुली जगह, बाग वगैरह देख पायेंगी? यदि आबादी इसी रफ्तार से बढ़ती रही तो इस सवाल का जवाब 'हां' ही होगा। आबादी की बढ़ोत्तरी की गति अमेरिका में एक प्रतिशत सालाना और शेष

दुनिया में औसतन दो प्रतिशत सालाना है। हमारे देश की जनसंख्या लगभग पचपन करोड़ है। आस्ट्रेलिया का क्षेत्रफल भारत के क्षेत्रफल से लगभग दुगना है और वहां की आबादी हमारे देश की आबादी का सिर्फ चालीसवां हिस्सा है। इससे साफ जाहिर होता है कि भारत के सामने आबादी की समस्या कितनी विषम है। रूस, कैनेडा और ब्राजील जैसे देशों के सामने अभी यह समस्या उतने भयंकर रूप से उपस्थित नहीं हुई है क्योंकि अभी वहां बहुत सी जगह खाली पड़ी है।

बढ़ती हुई आबादी की समस्या निर्धन देशों में तो और भी जटिल रूप धारण कर लेती है। जहां औद्योगिक विकास की गति बहुत तेज ना हो, वहां बढ़ती हुई आबादी के लिए ना तो आजीविका की समुचित व्यवस्था हो सकती है और ना आवास की। सम्पन्न देश तक इस समस्या से बौखला गये हैं। डा. एह्लरिख के हिसाब से अमेरिका की आबादी वर्तमान आबादी से पचीस प्रतिशत कम होनी चाहिए। आबादी की बढ़ोत्तरी का एक पहलू और भी है। सभी जगह समान आबादी समान रूप से नहीं बढ़ रही है। वह खास तौर पर शहरों में बढ़ रही है। गांव से भाग कर लोग शहरों में आ रहे हैं। नगरों की चमक-दमक का जादू उन्हें यहां खींच लाता है। इससे मूल नगरवासी तो संकट में पड़ ही रहे है, वहां आकर बसने वाले लोगों के हाथ भी धुयें और शोर के सिवा कुछ नहीं लगता। सिर्फ एक मुखौटा उन्हें यहाँ मिल पाता है पहनने के लिए। नगर-सभ्यता के आक्रमण ने लोगों के असली चेहरे लूट लिये हैं और पराजित भीड़ को मशीन के पुर्जों में बदल दिया है। सब जगह भीड़ का अनुशासन (या भीड़ की अनुशासनहीनता) ही चलता है। नगर सभ्यता के तनाव झेलते-झेलते लोगों की नशें चिटख गयी हैं, उनकी मांसपेशियों की दृढ़ता नष्ट हो चुकी है। हवाओं में और पानी में विष घुल गया है।

भविष्य का झटका

यह सूरत तो आज की है। भविष्य में झांकने से तो और भी डर लगता है। कहा जाता है कि कवियों और वैज्ञानिकों ने भविष्य को अंधकारमय बनाने का षड्यंत्र रचा हुआ है। बेचारे कवियों के हाथ से तो सत्ता कभी की निकल चुकी है; हाँ, विज्ञान की अबाध प्रगति जरूर भयावह होती जा रही है। भविष्य से डर हुये लोग भविष्य के झटके ('फ्यूचर शॉक') की चर्चा करने लगे हैं। 'फ्यूचर शॉक' की तरफ जोरदार और पुरअसर तौर पर ध्यान खींचा है एलविन टॉफलर ने। उनकी पुस्तक 'फ्यूचर शॉक' ने एक बेहद जरूरी मसले को बहुत कायदे से उठाया है। उनका कहना है कि 'भविष्य का झटका' समाज में अत्यधिक तीव्र परिवर्तन-गति की उपज है। किसी पुरानी संस्कृति पर जब नई संस्कृति थोप दी जाती है, तब 'भविष्य का झटका' नमूदार हो

जाता है। परिवर्तन की अबाध गति के कारण व्यक्ति अपने ही परिवेश में अजनबी हो जाता है। आकस्मिक परिवर्तन का प्रभाव मनुष्य को परेशान-हैरान और बेजार छोड़ जाता है। अमेरिका के संदर्भ में भविष्य के झटके का विश्लेषण करते हुये उन्होंने इसके तीन विशेष कारण बतायो हैं : तीव्रता, नव्यता और वैविध्य। नगरों की आबादी औसतन साढे छः प्रतिशत वार्षिक की गति से बढ़ रही है। नये रासायनिक तत्वों की खोज और पुस्तकों तथा वैज्ञानिक निबन्धों के प्रकाशन की गति असीमित है। नया तंत्र-विज्ञान परिवेश में बाढ़ की तरह घुसा चला आ रहा है। रोज नये अविष्कार हो रहे हैं। व्यक्ति एक अविष्कार का अभ्यस्त नहीं हो पाता कि दूसरा अविष्कार चला आता है। पहले किसी चीज के अविष्कार और उसके व्यवस्थित व्यापक उत्पादन के बीच लगभग चौंतीस वर्षों का अन्तराल होता था। अब यह अन्तराल घट कर केवल आठ वर्ष का रह गया है। नव्यतम अविष्कारों को उत्पादन के क्षेत्र में आने में इतना समय भी नहीं लगता। ऐसी चीजें धड़ाधड़ बनने लगी हैं, जिन्हें सम्भाल कर रखने की कोई जरूरत नहीं! इस्तेमाल कीजिए और फेंक दीजिए, बस! मरम्मत करने से बदल देना ज्यादा आसान हो गया है। ज्यादातर चीजें किराये पर मिल जाती हैं। कोई एक जगह जमकर रह नहीं पाता। नौकरियों में निरन्तर तबादले होते रहते हैं। वस्तुओं, स्थानों और व्यक्तियों के साथ व्यक्ति का सम्पर्क अत्यधिक अस्थायी होता जा रहा है। जाहिर है कि भावनात्मक सम्बन्धों पर इस सबका सीधा प्रभाव पड़ा है। कुछ ही लोग जीवन की इस अनियंत्रित गति का आनन्द उठा पाते हैं; बाकी लोग परिवर्तन की इस गति को सह नहीं पाते। नये-नये सम्बन्ध स्थापित करते हुये वे टूट जाते हैं। वे नई परिस्थितियों के अनुसार जल्दी-जल्दी अपने को ढ़ाल नहीं पाते। न ढाल पाने की मजबूरी भविष्य के झटके का एक महत्त्वपूर्ण अंग है।

नव्यता भविष्य के झटके का दूसरा महत्त्वपूर्ण अंग हैं। लोग अभी जेटों के आदि तो हो ही नहीं पाये हैं कि जम्बो जेट और आ गया है। 'फार्चून' पत्रिका ने 1960 में बड़े-बड़े संस्थानों में काम करने वाले 1003 युवक पदाधिकारियों का सर्वेक्षण किया था। हर तीसरा पदाधिकारी ऐसे पद पर काम कर रहा था, जो उससे पहले था ही नहीं। फैशन और आन्दोलन इतनी तेजी से बदलते हैं कि उनसे कदम मिलाकर चलना तो दूर की बात है, उन्हें पूरी तरह समझ पाना भी असाध्य हो जाता है।

'वैविध्य' के कारण भविष्य का झटका और भी असह्य हो जाता है। एक ही तरह की इतनी ज्यादा चीजें होती हैं कि चुनना मुहाल हो जाता है। औद्यौगिक महाक्रान्ति ने एक ही काम में आने वाली अनेक चीजों से बाजार भर दिये है। चुनाव बहुत अधिक चीजों में से और बहुत कम समय में करना होता है। नतीजा यह होता है कि शीघ्रता में किये जाने के कारण बहुत से चुनाव गलत हो जाते हैं। भविष्य के

झटके से बचने का तरीका टॉफलर साहब ने यह सुझाया है कि तकनीकी प्रगति की तीव्रता और दिशा को नियंत्रित किया जाना चाहिए।

जाने कहां गये वे दिन

यही कारण है कि भविष्य से घबराये लोग अतीत में झांकने लगे हैं। एक हसरत भरी नजर से देखने लगे हैं बीते हुये जमाने को! उनकी जबान पर ये शब्द बार-बार आने लगे हैं—क्या दिन थे वे भी! पश्चिम में तो 'नास्टेल्जिया' (अतीत की मधुर स्मृति) पूरे जोर-शोर से उभर आया है। 1920, 1930 और 1940 के दशकों के फैशन, चलचित्र, संगीत आदि फिर से लोगों को लुभाने लगे हैं और लोग फिर से पुराने गीत गुनगुनाने लगे हैं। पुरानी अभिनेत्रियों की मांग फिर पैदा हो गयी है। रूबी कीलर ब्राडवे के मंच पर दिखाई देने लगी है और रीता हेबर्थ टेलीविजन पर। पुराने ढ़ंग के कपड़े फिर फैशन में आने लगे हैं। रेडियो पुराने संगीत कार्यक्रम दोहराने लगे हैं। एंटी स्टारों का आकर्षण धुंधलाने लगा है और लोग पुराने सितारों की चमक-दमक की याद बड़ी हसरत से करने लगे हैं। 'क्लियोपेट्रा' के रूप में सजी थेडा बारा फिर किसी बीते हुये मीठे सपने की तरह याद आने लगी है। वह जमाना ही और था साहब, जब प्रेम-गीत वास्तव में प्रेम-गीत थे। पैंतालीस वर्ष पहले खेला गया 'नो, नो, नैनेट' जब पुराने सितारों को लेकर फिर ब्राडवे पर पेश किया गया तो लोगों की आँखें खुशी और प्यार से चमक उठीं। पुरानी धुनों को सुनकर उनके पांव फर्श पर थाप देने लगे। रूबी कीलर मंच पर उतरी तो दर्शकों ने उत्साह से उसका स्वागत किया। बसवाई बर्कले द्वारा आयोजित यह कार्यक्रम बूढ़ों और नौजवानों दोनों ने ही पसन्द किया।

बढ़ोत्तरी बंद

किन्तु मनुष्य न तो अतीत की ओर लौट सकता है और न ही भविष्य से बच सकता है। हाँ, भावी संकट से बचने के उपाय किये जा सकते हैं। प्रसिद्ध विचारक पाल एह्लरिख ने भविष्य के संकट से बचने का उपाय सुझाया है—'जीरो ग्रोथ'! मतलब यह कि बढ़ोत्तरी यहीं रोक दी जानी चाहिए। वह बढ़ोत्तरी चाहे विज्ञान की हो या इंसानों की। बढ़ती हुई आबादी और बढ़ता हुआ विज्ञान दोनों दुनिया को बरबादी की खाई में धकेलने की कोशिश में लगे हैं। किन्तु बढ़ती हुई जनसंख्या का भय वास्तव में इतना ही भयावह है? शिकागो विश्वविद्यालय के प्रोफेसर फिलिप हौसर का मत तो यह है कि भावी जनसंख्या के अनुमानित आंकड़े औपन्यासिक हैं। कुछ चिन्तक यह भी मानते हैं कि बढ़ती हुई आबादी बर्बादी का कारण ही बने यह कोई जरूरी नहीं है। जापान की आबादी बड़े नाटकीय ढंग से बढ़ी है, किन्तु आज वह विश्व के समृद्धतम देशों में से एक है। सवाल यह भी है कि क्या हम आदर्श जनसंख्या तक पहुँच चुके हैं? यदि नहीं तो यह कैसे तय किया जा सकता है कि आने वाली पीढ़ियों

के एक बहुत ही बढ़े हिस्से को अस्तित्व में ही न आने दिया जाये? प्रख्यात भविष्यशास्त्री हरमन काह्न ने तो यह भविष्यवाणी की है कि यदि सन् 2000 में संसार की जनसंख्या दुगनी हो जायेगी तो उसकी आर्थिक प्रगति भी पांच गुनी हो जायेगी।

अमीर मुल्क आबादी की समस्या से उतने परेशान आज भी नहीं हैं, और जाहिर है कि कल भी नहीं होंगे। किन्तु भारत जैसे गरीब देश के सामने इसके सिवा कोई विकल्प है ही नहीं कि वह जनसंख्या की बढ़ोत्तरी को रोके। विज्ञान की अबाध प्रगति के नियन्त्रण की समस्या तो उसके सामने है ही कहाँ?

❑❑❑

सरकार का छिपा हुआ कारोबार

मोस्ट अर्जेन्ट, टॉप प्रायोरिटी, इमिजियेट जैसे फिकरे दफ्तरी दुनिया में दाल-भात का दर्जा रखते हैं लेकिन कन्फिडेन्शियल, सीक्रेट और टॉप सीक्रेट का ठप्पा जिस मिसिल पर लगा हो उसे देखकर भयंकर ऊब में बैठे हुये बड़े बाबू लोग भी कमर के खम निकाल कर सीधे बैठ जाते हैं। सवाल यह है कि लोकतन्त्र में आखिर कोई भी बात लोक से गोपनीय क्यों रखी जाये? इसके जवाब में दफ्तरशाही यह कहती है कि कुछ फाइलें ऐसी होती हैं जिनमें कर्मचारियों के कामकाज के बारे में उनके अफसरों की राय रहती है। जाहिर है कि इन्हें कर्मचारियों को दिखा देने से बैर फैलने और अनुशासन भंग होने का खतरा है। कुछ फाइलों में राष्ट्र की आन्तरिक सुरक्षा और सीमाओं की प्रतिरक्षा से संबंध रखने वाली सूचनायें होती हैं जिनका दुश्मनों के हाथ में पड़ना देश के लिए खतरनाक हो सकता है। इससे एक कदम आगे बढ़ कर यह माना जा सकता है कि ऐसी भी कोई सामग्री बाहर नहीं पहुंचनी चाहिए जिसके प्रतिपक्ष के हाथ में पड़ जाने से सरकार कष्ट में पड़ जाये। इसलिए औसत लोकतन्त्र में भी दफ्तरशाही अपने काम की ओर से आंख मूंदने और जनता की शिकायतों की ओर कान न देने के साथ-साथ दफ्तर से बाहर मुंह बन्द रखने का अभ्यास भी करती है। जिस पर गोपनीयता का ठप्पा न भी हो उस सामग्री को भी जनसाधारण से छिपा कर रखा जाता है। भारत जैसे देश में किसी भी सरकारी दफ्तर से मामूली से मामूली सूचना प्राप्त कर सकना लगभग असम्भव है।

गोपनीय दस्तावेज की गोपनीयता

हमारे यहां सरकारी गोपनीयता सम्बन्धी नियम अंग्रेज राज के जमाने से लगभग ज्यों-के-त्यों चले आये हैं। कोई भी सरकारी कर्मचारी अपने कार्यकाल में अथवा अवकाश करने के बाद सरकारी मामलों में नितान्त सरकारी किस्म के वक्तव्यों के अलावा और कोई सार्वजनिक घोषणा नहीं करता। इधर अलबत्ता चीनी आक्रमण के सन्दर्भ में सेना, प्रतिपक्ष और गुप्तचर सेवा के कुछ भूतपूर्व अधिकारियों ने अपनी-अपनी सफाई देते हुये कुछ पुस्तकें अवश्य लिखी हैं। इनमें गोपनीयता के नियमों का उल्लंघन किस हद तक हुआ है यह कह सकना मुश्किल है, क्योंकि सरकार ने इनमें दी गई सूचना

की सत्यता-असत्यता के विषय में कुछ नहीं कहा है। एक ब्रितानी पत्रकार ने अपनी पुस्तक में डंके की चोट पर लिखा है कि ये उद्धरण चीनी आक्रमण सम्बन्धी हेण्डरसन-ब्रुक्स प्रतिवेदन जैसे गोपनीय दस्तावेज में से दिये जा रहे हैं। सरकार ने इस दावे को गलत-सा ठहराते हुये बात टाल दी है। अगर सरकार यह स्वीकार करे कि वास्तव में ये सूचनाएं गोपनीय दस्तावेज में से उद्धृत की गई हैं तो संबद्ध कागजात की गोपनीयता भंग हो जाये। हेण्डरसन-ब्रुक्स प्रतिवेदन में चीन के हाथों भारतीय सेना की पराजय के कारणों पर प्रकाश डाला गया है और सरकार ने 'सार्वजनिक हित' में यह आवश्यक समझा है कि ये कारण प्रकाश में न आयें। अब अगर सरकार यह स्वीकार करे कि इन किताबों में जो कुछ कहा गया है, वास्तव में हेन्डरसन ब्रुक्स पतिवेदन के आधार पर कहा गया है तो सार्वजनिक हित का क्या हो? लिहाजा सरकार 'कुंजरों वा' वाला रवैया अख्तिार करना ही भला समझती है।

गोपनीयता सुरक्षा आदि के संबंध में हमारे यहां अंग्रेजों के जमाने का रवैया इतने जोश से अपनाया जाता रहा है कि वाइसराय वगैरह की तरह राष्ट्रपति और प्रधानमंत्री के दौरों के कार्यक्रम भी 'गोपनीय' समझे जाते हैं।भले ही कार्यक्रम की अखबारों में घोषणा हो जाती हो, तत्संबंधी दस्तावेज सरकारी भाषा में आज भी कांफिडेन्शियल माना जाता है। इसी प्रकार प्रधानमंत्री के दौरे के समय विभिन्न राज्यों और जिलों से गुप्तचर विभाग के अधिकारियों के आने की प्रथा भी चलती आई है। ऐसा माना जाता है कि ये अपने-अपने क्षेत्र के 'खतरनाक', 'संदिग्ध', 'लापता' व्यक्तियों को दौरे के स्थल पर खोज सकेंगे। जहां ये औपनिवेशिक परम्पराएं कायम हैं वहां सूचना पाने और देने की कुछ लोकतंत्रात्मक परम्परायें भी अपनाई गई हैं। सभी मंत्रालयों में अखबारों को आवश्यक सूचना देने वाले विभाग हैं। यह बात अलग है कि आप उनसे शायद ही कोई ऐसी सूचना पा सकें जो सरकार अपनी सार्वजनिक रिपोर्टों में पहले न दे चुकी हो। इसके अतिरिक्त संवाददाता सम्मेलन भी किए जाते हैं लेकिन इनमें भी कुल मिलाकर चाय-पार्टी और चुहलबाजी का वातावरण रहता है। संबद्ध मंत्री अपने दो-चार वरिष्ठ अधिकारियों के साथ पहुंचता है और विचाराधीन विषय पर गोलमाल भाषा में एक 'सुविचारित' सरकारी वक्तव्य प्रस्तुत करता है। उसका रवैया यह होता है कि वक्तव्य में बात बिल्कुल साफ की जा चुकी है फिर भी किसी के मन में कोई शंका रह गई हो तो मैं समाधान करने के लिये हाजिर हूँ। आधी से ज्यादा शंकाओं के समाधान में मंत्री फिर वक्तव्य के अंश दुहरा देता है। कुछ शंकाओं को वह हंसी-मजाक में टाल देता है। कुछ के संबंध में वह 'कुछ नहीं' कहना चाहता है।

इन्स्पायर्ड लीकेज

इस प्रकार समाचार-पत्रों को संवाददाता समेलन होने के बावजूद कुल मिला कर वही सूचना मिल पाती है जो सरकार अपने हैण्डआउट में देना उचित समझती है। सभी अखबारों में आप को वही एक सरकारी अलाप पढ़ने को मिलता है। अगर कहीं आपको कुछ ज्यादा पढ़ने को मिले, कोई गोपनीय तथ्य सार्वजनिक होता नजर आये तो इसका अर्थ यही होगा कि किसी सत्ताधारी ने सम्बद्ध पत्र के अपने चहेते विशेष संवाददाता को सत्ता-संघर्ष में अपने या अपने दल के किसी स्वार्थ की सिद्धि के लिए विशिष्ट सूचना 'लीक' कर दी है। अखबारी दुनिया में इसे 'इन्स्पायर्ड लीक' की संज्ञा दी जाती है। लोकतंत्र में संसद को सूचना पाने का सबसे बड़ा मंच समझा जाता है। सदस्य किसी भी विषय पर सरकार से प्रश्न कर सकते हैं और प्रश्नोत्तर काल में सरकार को उसका जवाब देना पड़ता है। सदस्य सरकार से किसी खास विषय पर बयान देने की अथवा सम्बद्ध कागजात सदन के पटल पर रखने की मांग भी कर सकते हैं। लेकिन इन उपायों से सरकार की मर्जी के खिलाफ कोई महत्त्वपूर्ण रहस्योद्घाटन शायद ही कभी हो पाता हो। इसके अतिरिक्त संसद की कुछ विशिष्ट समितियों—मसलन सार्वजनिक उद्योग समिति—को सरकारी कामकाज की जांच करने, सम्बद्ध अधिकारियों से जवाब तलब करने और आवश्यक कागजात देखने का अधिकार रहता हैं।

स्कूप परम्परा यानी धड़ल्लेदार पत्रकारिता

जो हो, इन लोकतंत्रात्मक परम्पराओं के बावजूद भारत जैसे देशों में राजकाज कुल मिलाकर जनता के लिए एक राज ही बना रहता है। पूछताछ के जो भी रास्ते खोले जाते हैं वे कुल मिलाकर 'पब्लिक रिलेशन्स' और 'लोकप्रतिमा निर्माण' के रास्ते सिद्ध होते हैं। सम्पन्न और विकसित लोकतंत्रात्मक देशों में भी स्थिति मोटे तौर पर यही है लेकिन वहां समाचारपत्र और संप्रेषण के अन्य माध्यम सरकारी व्यवस्था से कम शक्ति और साधन सम्पन्न नहीं है। किसी भी विषय की पूरी छानबीन करने, किसी भी क्षेत्र में अपने विशेषज्ञ जासूस लगा देने में वे पूरी तरह समर्थ हैं। 'स्कूप' लाने का, यानी कोई ऐसी खबर देने का जो और किसी ने न दी हो, उनके यहां बहुत महत्त्व समझा जाता है। साथ ही निडर भण्डाफोड़ पत्रकारिता की उनके यहां विशिष्ट परंपरा रही है। यही वजह है कि विएतनाम में अमेरिकी नीतियों की विफलता का जितना तथ्यपूर्ण भण्डाफोड़ अमेरिकी अखबारों ने किया है उतना अमेरिका के घोरतम शत्रु समझे जाने वाले देशों के अखबारों ने भी नहीं किया होगा। इसी प्रकार अमेरिकी संसद की विशिष्ट समितियां भी बहुत अधिकार सम्पन्न हैं। वे आदलती ढंग से

मामलों की सुनवाई करती हैं। इन 'हियरिंग्स' कि लिए वे बड़े-से-बड़े या छोटे-से-छोटे किसी भी व्यक्ति को बुला भेज सकती हैं और उससे हलफ उठाकर अपना बयान तथा समिति के सवालों के जवाब देने को कह सकती हैं। इन सुनवाइयों से सनसनीखेज रहस्य प्रकाश में आ सकते हैं और अक्सर आ भी जाते हैं। इसलिए सरकार को समिति वालों को जहां तक हो सके खुश रखने तथा उनसे हमेशा सतर्क रहने की नीति अपनानी पड़ती है। इसके अतिरिक्त कोई एक पत्र या पत्रिका, कोई एक संस्था, यहाँ तक कि कोई एक धुन का पक्का व्यक्ति भी भयंकर भण्डाफोड़ करके वहां सत्ता-प्रतिष्ठान को हिला देने का साहस कर सकता है।

'लाइफ' ने, जो महज एक सचित्र पत्रिका मानी जाती है, अपनी छानबीन के आधर पर तत्कालीन राष्ट्रपति जानसन के चहेते जज एब फोर्टास के बारे में ऐसे रहस्योद्घाटन किए कि उन्हें सुप्रीम कोर्ट से इस्तीफा देना पड़ा। इसी प्रकार के भण्डाफोड़ के कारण अनन्तर राष्ट्रपति निक्सन अपने दो चहेते जजों को सुप्रीम कोर्ट में नियुक्त नहीं कर पाए। अमेरिकी उपभोक्ताओं की ओर से राल्फ नाडर नामक एक युवा वकील ने अमेरिकी उद्योग से ऐसी टक्कर ली कि वह अमेरिका में ही नहीं सारे संसार में मशहूर हो गया। शुरू में उसने अमेरिकी मोटर गाड़ियों की जांच-परख कर के 'अनसेफ एट ऐनी स्पीड' नामक किताब लिखी जिसमें नई माडलों की कारों के खतरनाक दोष विस्तार से बताए और समझाए गये थे। इस एक किताब ने सारे अमेरिकी मोटर-गाड़ी उद्योग को हिला दिया। फिर नाडर ने एक के बाद एक कई उद्योगों की निर्माण विधियों और निर्मित वस्तुओं की जांच की और उनके दोष सार्वजनिक रूप से प्रकाशित किए। उसकी कार्रवाई से किन्हीं मामलों में सरकार आवश्यक सुधार कराने के लिए बाध्य हुई और किन्हीं में संबंद्ध उद्योग ने स्वयं सुधार कर लिए।

विएतनाम युद्ध संबंधी गुप्त दस्तावेज का भंडाफोड़

भंडाफोड़ की अमेरिकी परम्परा का निर्वाह इधर डॉक्टर डेनियल एल्सवर्ग नामक एक चालीस वर्षीय प्राध्यापक ने कुछ इतने उत्साह से किया है कि सारी अमेरिकी सरकार और समूची अमेरिकी नीति-राजनीति हिल गई है। एल्सबर्ग ने, जो शुरू से ही एक मेधावी छात्र रहा था, वजीफा पाकर हावर्ड विश्वविद्यालय से अर्थशास्त्र का अध्ययन किया और 'सिस्टम एनेलेसिस'—यानी निर्णय-व्यवस्था और निर्णय-प्रक्रिया के विश्लेषण—में विशेष रुचि दिखाई। इसी नये शास्त्र में उसने 'रिस्क, एम्बिगुएटी एण्ड डिसिशन' शीर्षक एक अद्भुत शोध प्रबन्ध प्रस्तुत किया जिसके कारण उसे न सिर्फ पी-एच.डी. की उपाधि मिली बल्कि युद्ध और अन्तर्राष्ट्रीय राजनीति के अन्यतम

विशेषज्ञ के रूप में ख्याति भी मिली। एल्सबर्ग ने कोरिया की लड़ाई में हिस्सा लिया और समरशास्त्र का प्रत्यक्ष अनुभव प्राप्त किया। इसके बाद अमेरिका की प्रसिद्ध विशेषज्ञ संस्था रेण्ड कारपोरेशन में उसकी नियुक्ति हुई। यह गैर-सरकारी संस्था प्रतिरक्षा और अन्य विभागों के लिए सलाहकार के रूप में कार्य करती है। उसके कार्य से प्रतिरक्षा मन्त्रालय इतना प्रभावित हुआ कि उसे प्रतिरक्षा उपमन्त्री का सहायक नियुक्त कर दिया गया। विएतनाम युद्ध नीतियों के निर्माण में एल्सबर्ग ने उत्साह से योगदान किया लेकिन धीरे-धीरे उस पर इन नीतियों की विफलता उजागर होने लगी। 1968 में वह सरकारी नौकरी छोड़कर फिर रेण्ड कारपोरेशन में आ गया और 1970 में वीएतनाम-युद्ध-विरोधी अपने रवैये के कारण इस संस्था से भी अलग हो गया। इस बीच उसने कारपोरेशन के गोपनीय दस्तावेज में पड़ी हुई सैंतालीस खण्डों वाली वीएतनाम युद्ध संबंधी रिपोर्ट की नकल तैयार कर डाली जिसे जानसन के प्रतिरक्षा मंत्री मैकनमारा के आदेश पर एल्सबर्ग जैसे कई विशेषज्ञों ने मिल कर तैयार की थी।

प्रतिरक्षा विभाग में उपलब्ध गोपनीय कागजात के आधार पर लिखी गई इस रिपोर्ट में अमेरिका सरकार ने वीएतनाम संबंधी निर्णयों का इतिहास विस्तार से बताया था। इस इतिहास से प्रमाणित होता था कि अमेरिकी राष्ट्रपति, प्रतिरक्षा मंत्री और सेनापति आइजनहावर के जमाने से लेकर जानसन की समाप्ति तक बराबर वीएतनाम के संबंध में अमेरिकियों को धोखे में रखते आये हैं। यही नहीं, उनमें आपस में अक्सर तीव्र मतभेद रहे हैं और हर बार तत्कालीन राष्ट्रपति ने गलत सलाह को सही मान कर काम किया है। एक गलती को झुठलाने के लिए दूसरी गलती का सहारा लिया जाता रहा है। अमेरिकी सरकार ने मित्र देशों से भी अक्सर धोखाधड़ी की है और दक्षिण वीएतनाम की सरकार और सेना को सदा हिकारत की नजर से देखा है। यह सनसनीखेज रिपोर्ट शायद गोपनीय आलमारी में बंद ही पड़ी रह जाती, लेकिन एल्सबर्ग ने इसकी एक नकल अमेरिका के सबसे प्रभावशाली अखबार 'न्यूयार्क टाइम्स' के संवाददाता शीहान के पास पहुंचवा दी। शीहान ने अपने संपादक विश्वविख्यात पत्रकार रोलेन थाल को यह रिपोर्ट दिखाई और उसने तुरन्त इसे छापने का फैसला कर लिया। इस गोपनीय रिपोर्ट के आधार पर 'न्यूयार्क टाइम्स' के लिए लेख-श्रृंखला वाशिंगटन में नितांत गोपनीय ढंग से तैयार की गई। इसे लिखने में जुटे हुये सभी व्यक्ति दफ्तर से 'छुट्टी पर' दिखाए गये। सात हफ्ते तक रोज 18 घण्टे काम कर के लेखमाला तैयार हुई। 'न्यूयार्क टाइम्स' के प्रबंधक भूतपूर्व पत्रकार शुल्जबर्गर ने कानूनी जानकारों से सलाह ली तो उन्होंने कहा कि लेखमाला छापकर आप मुसीबत में पड़ सकते हैं। और अगर इसे छापना ही हो तो एक ही किस्त में सारी छाप दें और किसी गोपनीय दस्तावेज को उसमें ज्यों-का-त्यों उद्धृत न करें। शुल्जबर्गर

कुछ पसोपेश में पड़े लेकिन अन्ततः उन्होंने कानूनी नुक्ते की परवाह न करने का फैसला किया। प्रेस के कुछ विश्वसनीय व्यक्ति बुलाए गये और उन्हें सारी लेखमाला एक अलग मशीन पर चुपचाप कम्पोज कर डालने को कहा गया।

निक्सन सरकार का सिरदर्द

'न्यूयार्क टाइम्स' में रिपोर्ट के प्रकाशन में विलम्ब होता देख एल्सबर्ग ने उसकी एक प्रति 'वाशिंगटन पोस्ट' वालों के पास पहुंचवा दी। लेकिन प्रकाशन पहले 'न्यूयार्क टाइम्स' में ही आरम्भ हुआ। उसने 486 पृष्ठ के रविवासरीय संस्करण में लेखमाला की पहली छह पेजी किस्त एक नितान्त दबी शीर्षपंक्ति के अन्र्तगत प्रकाशित की। इतनी दबी-ढकी कि शुरू में किसी महत्त्वपूर्ण व्यक्ति ने उसे पढ़ा तक नहीं। जब तक महत्त्वपूर्ण व्यक्तियों का इस ओर ध्यान दिलाया गया, दूसरी किस्त भी निकल आई। निक्सन सरकार पसोपेश में पड़ी। इस रहस्योद्घाटन से प्रतिपक्ष की डिमोक्रेट पार्टी का अधिक नुकसान था लेकिन राजनीतिक लाभ के लिए कानून का उल्लंघन होने देना भी आगे चल कर हानिकर हो सकता था। लिहाजा उसने 'न्यूयार्क टाइम्स' को लिखा कि इस लेखमाला का प्रकाश्न बन्द कीजिए वरना आप पर गुप्तचरी संबंधी कानून के अन्र्तगत मुकदमा किया जा सकता है। टाइम्स वाले नहीं माने तो सरकार ने अदालत में मामला दायर किया कि 'न्यूयार्क टाइम्स' को चुराए हुये गोपनीय दस्तावेज छापने से रोका जाये। जज ने मामले की सुनवाई तक प्रकाशन पर रोक लगा दी। तभी 'वाशिंगटन पोस्ट' में रिपोर्ट का प्रकाशन शुरू हो गया। एक दूसरी अदालत में उस पर मुकदमा दायर किया गया। इस बीच एल्सबर्ग ने एक-एक करके ग्यारह और प्रतिष्ठित समाचार-पत्रों को रिपोर्ट पहुंचा दी और उनमें इसके कुछ हिस्से निकल गये। 'न्यूयार्क टाइम्स' के मामले की सुनवाई करने वाले जज ने कहा कि सरकार को किसी समाचार-पत्र का प्रकाशन रोकने का अधिकार न्यायालय नहीं दे सकता। अगर प्रकाशन कानून विरुद्ध है तो सरकार प्रकाशन के बाद न्यायालय के सामने यह मांग रख सकती है कि अभियुक्तों को सजा दी जाये। एक के बाद एक अखबार में रिपोर्ट के प्रकाशन से चिंतित अमेरिकी सरकार मामले को सुप्रीम कोर्ट के पास इस आग्रह के साथ ले गई कि फैसला तुरन्त किया जाये। अदालत के नौ में से छः जजों ने यह कहा कि सरकार को प्रकाशन रोकने का कोई अधिकार नहीं है। इनमें दो जजों की राय यह थी कि अमेरिकी संविधान के प्रथम संशोधन में 'भाषण और प्रकाशन स्वाधीनता' का जो अधिकार दिया गया है वह सर्वथा अटल है। चार अन्य जजों का यह कहना था कि विशिष्ट परिस्थितियों में इस अधिकार पर रोक लगाई जा सकती है, लेकिन सरकार के ऐसा कह देने मात्र से ही परिस्थिति विशिष्ट नहीं हो जाती।

बाकायदा कानून बनाकर विशिष्ट परिस्थिति की परिभाषा होनी चाहिए या सरकार को कानूनी दृष्टि से यह सिद्ध करना चाहिए कि यह प्रकाशन राष्ट्रहित के विरुद्ध होगा। इन चार जजों ने यह संकेत भी दिया कि सरकार चाहे तो प्रकाशन के बाद समाचार पत्रों के खिलाफ कानूनी कार्रवाई कर सकती है। अदालत का फैसला मिलते ही 'न्यूयार्क टाइम्स' और 'वाशिंगटन पोस्ट' ने अपनी-अपनी लेखमालाओं की रुकी हुई किस्तें प्रकाशित कर दीं।

इस बीच एल्सबर्ग का किसी को कोई पता नहीं मिला। पत्र-पत्रिकाओं में इस आशय की अटकलें छप रही थीं कि रिपोर्ट के प्रकाशन में उसका हाथ है, लेकिन इन अटकलों का खण्डन-मण्डन करने के लिए वह स्वयं प्रस्तुत नहीं हो रहा था। ज्यों ही सुप्रीम कोर्ट ने अपना फैसला सुनाया, एल्सबर्ग दो हफ्ते का अज्ञातवास समाप्त कर के अपनी पत्नी के साथ बोस्टन में सरकारी कानून विभाग में आत्म-समर्पण करने पहुंच गया। उसने कहा कि गोपनीय रिपोर्ट मैंने और अकेले मैंने समाचारपत्रों तक पहुंचाई, आप मेरे खिलाफ कानूनी कार्रवाई करें, मैं हाजिर हूँ । कानूनी कार्रवाई तुरन्त शुरू हुई। एल्सबर्ग पर गोपनीय दस्तावेज चुराने और प्रकाशित करने का अभियोग लगाया गया। इस अभियोग में उसे दस वर्ष की कड़ी कैद और दस हजार डालर के जुर्माने की सजा मिल सकती है। जमानत पर रिहा होने के बाद एल्सबर्ग ने कहा कि अगर इस रिपोर्ट के प्रकाशन से वीएतनाम युद्ध के बारे में आत्मप्रवंचना का दौर समाप्त हो सका तो मुझे कैद और जुर्माने का कोई गम नहीं होगा। मैंने रिपोर्ट को प्रकाशन के लिए देते समय ऐसे दस्तावेज निकाल दिये थे जिनका प्रकाशन वास्तव में राष्ट्रहित के विरुद्ध होता या जिनसे वर्त्तमान सरकार को अन्तर्राष्ट्रीय क्षेत्र में किसी प्रकार के संकट का सामना करना पड़ता। सरकारी गलतियों के इतिहास को गोपनीय दस्तावेज की संज्ञा देकर जनता से छिपाया जाये, यह कहां तक ठीक है? अमेरिकी संसद-सदस्य भी गोपनीयता के समूचे प्रश्न पर पुनर्विचार की मांग कर रहे हैं। प्रतिनिधि सभा की संबद्ध उप-समिति ने इस विषय में 'सुनवाई' शुरू कर दी है। सुनवाई में प्रतिरक्षा मंत्रलाय में जो दो करोड़ गोपनीय दस्तावेज हैं उनमें से केवल एक लाख राष्ट्रहित की दृष्टि से गोपनीय रखे जाने लायक हैं।

हमारे यहां इस संबंध में क्या स्थिति है—यह बताना सार्वतनिक हित में नहीं है।

❑❑❑

एक और जंगल लाल फीतों का

अंग्रेजी छोरा चला गया मगर अपने पीछे एक बहुत बड़ा जंगल छोड़ गया है—फाइलों का जंगल। और फाइलों के इस जंगल को हम न सिर्फ जी-जान से सजाये हुये हैं, बल्कि रोज-बरोज उसे और घना तथा भयंकर बनाए जा रहे हैं। गोरे साहबों ने यह जंगल राज-काज चलाने के लिए बनाया था; काले साहब उस से राज-काज को जैसे-तैसे चला ही रहे हैं, अपना काज बड़ी खूबी से चला रहे है। गोरा साहब परदेस से आया था, यहीं के किसी गांव, कस्बे या शहर से नहीं। इसलिए गोरे लाट साहब को सरोकार था सिर्फ अपने ठाट-बाट से। उसके भाई-बन्द तो परदेस में ही थे न। यहां आने पर उसके ऐशो-आराम का इन्तजाम तो अपने-आप हो जाता था। तगड़ा वेतन और अन्य सुख-सुविधाओं के सामान उसे यहां आते ही मिल जाते थे, देश छोड़ कर परदेस जाने के एवज में। अगर वह यहां के लोगों से रकम ऐंठता था तो गोरी सरकार के फायदे के लिए। वह सिर्फ यह चाहता था कि उसके काले मातहत और उसकी रिआया उसकी जी-हजूरी में कोई कसर न उठा रखें। उसके निहित स्वार्थ का घेरा बहुत छोटा था। हां, अपने वफादार मातहतों का निहित स्वार्थ वह जरूर ध्यान में रखता था। किसी मातहत के लड़के को नौकरी दिला दी, किसी की तरक्की करा दी।

मगर फाइलों का यह जंगल काले साहबों के अधिकार में आया तो नए-नए गुल खिलने लगे। वह सरकारी अफसर ही क्या जो अपने परिवार का तो क्या, पूरे खानदान का ही उद्धार न कर दे। रिटायर होते-होते वह इतनी रकम मजे से जोड़ लेता है कि वापस अपने कस्बे चला जाये और वहां अपनी जानदार सरकारी नौकरी की यादगार के रूप में एक शानदार कोठी खड़ी करवा ले। जाहिर है, जिसने नौकरी के दौरान चैन की बंशी बजाई हो, रिटायर होने के बाद बेचैनी का बांस थोड़े ही बजायेगा?

प्रशासनिक जंगल के सबसे महत्त्वपूर्ण सन्तरी हैं मन्त्री। सुबह उनके यहां जुड़ने वाला दरवार अगर आप देखें तो हर बार आप को ऐसा लगेगा जैसे आप किसी खैराती दवाखाने में पहुँच गये हों। आम आदमी के लिए भले ही वह खैराती न हो, खास आदमी के लिए तो होता ही है। खास आदमी से यहां मतलब उन लोगों से है जो

मन्त्री जी के गांव के हों, उनके चुनाव-क्षेत्र के हों, उनके रिश्तेदार हों। अपनी-अपनी मुश्किल लेकर वे वहां पहुचंते हैं और उनकी उपयोगिता के हिसाब से उनकी दवा-दारू भी की जाती हैं। उन्हें नुस्खे लिख कर भी दे दिये जाते है। यदि मन्त्री जी के कम्पाउण्डर यानी पी. ए. ने उनसे यह कह दिया कि आप जा सकते हैं, आप की तकलीफ दूर हो जायेगी, तो समझ लीजिए कि वे तकलीफ में ही रहेंगे। यदि किसी खास आदमी को नुस्खा यानी सिफारिशी खत लिख कर दे दिया गया तो समझ लीजिए उनका मर्ज दूर होने के आसार पैदा हो गये हैं। अगर सिफारिशी पत्र में यह भी लिखा हो कि इनका कष्ट दूर करने की चेष्टा करें और मुझे कार्रवाई की सूचना दे दें, तो समझ लीजिए कि यह पत्र पाने वाला आदमी वाकई खास है। उसकी समस्या के हल होने की सम्भावना भी भरपूर है।

मन्त्री तो इस जंगल में हवाखोरी करने के लिए आते-जाते रहते हैं, इसमें छिप कर शिकार करने की सब से अधिक सुविधा तो सरकारी अफसरों को ही है। असल में वे ही इस जंगल के प्रमुख वारिस हैं। फाइलों का यह जंगल इसीलिए है कि वे इस में घुस कर मंगल मनायें। उनमें से कुछ आई. ए. एस. हैं, कुछ आई. सी. एस. और कुछ तरक्की करते-करते अफसर बने हैं। कुछ जन्मजात अफसर हैं। उनकी भी अपनी बिरादरियां बन गई हैं। एक आई. ए. एस. दूसरे आई. ए. एस. की बात बड़े मनोयोग से सुनता है और उसे गुनता है। चुनना हो तो अपनी बिरादरी वाले के बेटे या दामाद को ही चुनता है। यही तौर-तरीका आई. सी. एस. वालों का भी है। अलग-अलग बिरादरियों के इन उच्चाधिकारियों में आपस में भले ही मतभेद हो, किन्तु वे सब इस बात पर सहमत हैं कि सरकार दरअसल उन्हीं के चलाए चल रही है। अचल हैं तो वे ही। मन्त्री तो सचल हैं, अभी आये, अभी गये। जंगल के दांव-पेंच समझते-समझते ही या तो उनका तबादला हो जाता है या पत्ता ही कट जाता है। जब कि मन्त्रियों की विचार-धारा इसके बिल्कुल विपरीत है। वे चाहते हैं कि इस जंगल का पत्ता-पत्ता उनकी मर्जी से खड़के। हवा चले तो उनकी आज्ञा से, बदले तो उनकी इच्छा से। यही वह मुकाम है जहां आकर मंत्रियों और प्रशासनिक अधिकारियों का टकराव होता है, या यों कहना चाहिए की उनके निहित स्वार्थों का टकराव होता है। कभी-कभी दोनों वर्गों में अहंकार भी टकरा जाते हैं।

निहित स्वार्थ चाहे टकरायें, चाहे उनका सह-अस्तित्व हो, हर हालत में वे भ्रष्टाचार का वातावरण ही बनाते हैं। प्रशासन-तंत्र में भ्रष्टाचार अब एक अपवाद के रूप में नहीं रहा, नियम बन चुका है। और इस तथ्य का बोध किसे नहीं है? कभी-कभी यह बोध चुभ भी जाता है। एक बार ऐसा ही हुआ और एक बड़े नेता ने एक पुराने आई. सी. एस. से सलाह मांगी कि यह भ्रष्टाचार कैसे दूर किया जाये। उन्होंने सुझाया कि पानी सिर से गुजर चुका है: भ्रष्टाचार आमूल खत्म करने की बात

सोचना ही फिजूल है। वह तो प्रशासन-तन्त्र का पहिया बन चुका है। उसके बिना उसकी गाड़ी चल ही नहीं सकती। हद-से-हद यह हो सकता है कि उसका अस्तित्व स्वीकार कर उसकी अधिकतम सीमा तय कर दी जाये। मिसाल के तौर पर यह तय हो जाना चाहिए की अगर किसी को सौ रुपए का काम कराना है तो वह पन्द्रह रुपए रिश्वत के दे। पन्द्रह प्रतिशत से अधिक का भ्रष्टाचार अवैध करार दिया जाना चाहिए।

उन्होंने जोर इस बात पर दिया कि भ्रष्टाचार है तो हो, रहे, मगर उसके बाद तो काम ठीक हो जाना चाहिए। भ्रष्टाचार गोरे साहबों के जमाने में भी चलता था। कोई गवर्नर जब कहीं जाता था तब इस बात की पूरी व्यवस्था की जाती थी कि वहां की सड़क दुरुस्त रहे, कभी बन्द न हो। पहाड़ी सड़कों पर तो खास तौर से ध्यान दिया जाता। व्यवस्था जहां होगी, वहां भ्रष्टाचार भी होगा। मौके का फायदा उठा कर ओवरसियर सड़क का जरूरत से ज्यादा ही ध्यान रखते। जहां मरम्मत की कोई जरूरत नहीं होती वहां भी सड़क की मरम्मत की जाती। बिना चोट के भी मरहम-पट्टी की जाती। बादल चाहे दूर-दूर तक दिखाई न दे रहे हों, उस सड़क पर भूस्खलन हो ही जाता। मगर तब एक बात जरूर थी। बांध बन जाता, तो बन जाता। फिर बना ही रहता। टूटता नहीं। अब मुश्किल यह हो गई है कि पुल बनता बाद में है, टूट पहले जाता है। इमारत बन कर खड़ी भी नहीं होती कि उसमें दरारें पड़ने लगती हैं। दरारें न पड़ें तो भ्रष्टाचार अपनी जड़ें जमाएं कहां? मौजूदा काम में ही भावी आमदनी की व्यवस्था भी लगे हाथ कर दी जाती है। भ्रष्टाचार का जंगल और भी घना होता जा रहा है।

मंत्रियों और सरकारी उच्चाधिकारियों का झगड़ा नई नियुक्तियों के समय अपना असली चेहरा दिखा देता है। मन्त्री चाहते हैं कि नई नियुक्तियां उनके संकेत से हों, प्रशासनिक अधिकारी चाहते हैं कि वे उनके आदेश से हों। आखिर इस खींचा-तानी से कैसे बचा जाये? इस समस्या का हल सुझाते हुये उन्हीं आई.सी.एस. महोदय का कहना है कि क्यों न यहां भी नियुक्ति का अमेरिकी तरीका अपना लिया जाये? जब राजनीति नियुक्तियों में दखल देने ही लगी है, तब राजनीतिक नियुक्तियों का रिवाज अपना लेने में क्या हर्ज है? अमेरिका में कुछ प्रशासनाधिकारियों की नियुक्तियाँ तो सामान्य रूप में होती हैं, किन्तु बहुत-से अधिकारियों की नियुक्ति राष्ट्रपति स्वयं करता है। यदि हमारे यहां भी राजनीतिक नियुक्तियों का रिवाज चल पड़े तो मन्त्रियों को पर्याप्त सुविधा हो जाये। इससे कम-से-कम यह लाभ तो होगा ही कि भ्रष्ट प्रशासक की शिकायत प्रधानमंत्री से की जा सकेगी और वह अपने दल के प्रति जिम्मेदार होगा।

प्रश्न यह उठता है कि जब प्रशासन-तन्त्र में भ्रष्टाचार इतने व्यापक रूप में विद्यमान है तब विरोधी दल के नेता और संसद सदस्य किस गोरखधन्धे में खोये हैं? उन्हें फुर्सत ही कहां है जनाब? वे तो खुद सुविधा-प्राप्त वर्ग में बने रहने की जोड़-तोड़ में लगे हैं। उन्हें भी आम आदमी से कोई खास सरोकार नहीं है। उन्हें इस बात से परेशानी नहीं कि आम आदमी को बस तक की सुविधा प्राप्त नहीं है, उन्हें परेशानी हुई तो इस बात पर कि वायुयान में उन्हें इकानामी क्लास क्यों दी जाये? अमेरिका में सिनेटर राबर्ट कैनेडी एक कार दुर्घटना के चक्कर में फंस गये थे, तो उन की हालत खस्ता हो गई थी। यहां बड़े से बड़े स्कैंडल को नजर-अन्दाज कर दिया जाता है। अपने चुनाव क्षेत्र के साधारण व्यक्ति की सामान्य समस्या से उन्हें मतलब नहीं, अपने इलाके के लिए वे मांगेंगे तो विश्वविद्यालय, या इस्पात का कारखाना, क्योंकि बड़े मसलों को उठाने से ही उनका राजनीतिक स्वार्थ सिद्ध होता है।

यही वजह है कि आम आदमी का मददगार कोई रह नहीं गया है। प्रशासन-तन्त्र के जंगल में भटक जाने पर उसकी पुकार सुनकर कोई नहीं आता। उसके सवाल का सही जवाब उसे कभी नहीं मिल पाता। प्रशासन से लिखा-पढ़ी करने पर उसे अपने पत्र का ऐसा उत्तर मिलता है, जो उसके प्रश्न से सर्वथा असम्बद्ध होता है। उसमें अक्सर भड़काने वाली बातें लिखी होती हैं। प्रशासन चाहता है कि उत्तेजित होकर वह ऐसा कुछ लिख दे, या कर दे, जो गलत हो। प्रशासन आम आदमी को नियमों-उपनियमों के चक्रव्यूह में भटका देना चाहता है। छोटे से छोटा काम कराने के लिए उसे एक बेहद लम्बी और उबा देने वाली प्रक्रिया में से गुजरना पड़ता है। और आखिरकार रिश्वत भी देनी पड़ती है। इस जंगल ने आम आदमी को तंग करने का एक और तरीका भी निकाला है। उसके पास अदायगी के लिए गलत बिल भेज दिया जाता है। वह उस बिल को ठीक कराने के लिए पहुंचता है तो उसे यह समझाया जाता है कि जुर्माने से बचने के लिए वह उसे अदा कर दे और बाद में लड़ता रहे। जाहिर है कि रिश्वत दे देने पर वह फाड़ कर फेंक दिया जाता है।

इस जंगल की पेचीदगियां कम करने के जो उपाय किए जाते रहे हैं वे सब विफल होते रहे हैं। प्रशासन को व्यवस्था और कुशलता प्रदान करने के लिए उसमें विशेषज्ञों की नियुक्ति की गई। नतीजा क्या निकला? एक नए संघर्ष की भूमिका तैयार हो गई। विशेषज्ञों और प्रशासकों के बीच तनातनी हो गई। इस तनातनी ने आकाशवाणी में खास तौर पर अपना जलवा दिखाया।

फिर भी इस जंगल की भयानकता कम करने के लिए कुछ-न-कुछ तो करना ही होगा। इतिहास साक्षी है कि जिस भी राष्ट्र ने प्रगति की, वहां कोई न कोई ऐसा पैदा

हुआ जिसने वहां की ब्यूरोक्रेसी को तोड़ा। भारत में नेहरू जी यह काम कर सकते थे; किन्तु वह कर नहीं सके। एक बार बुद्धिजीवियों से बातचीत करते हुये श्रीमती इन्दिरा गांधी ने कहा था कि पापा ब्यूरोक्रेसी खत्म करना चाहते थे, किन्तु उन्होंने सोचा कि इस से 'कन्फ्यूजन' (उलझाव) पैदा हो जायेगा।

सवाल यह है कि व्यवस्था लाने के लिए यदि एक बार अराजकता में से भी गुजरना पड़े तो क्या हर्ज है?

□□□

संसार के सर्वाधिक रहस्यमय नेता चेयरमैन माओ

लाल चीन एक अर्से से अपना चेहरा दुनिया से छिपाए रहा है और साथ ही उसने दुनिया का चेहरा भी अपने सामने नहीं आने दिया है। इसीलिए चीन आज संसार के शक्तिशाली देशों में से सबसे अधिक रहस्यमय है। उसके संबंध में सिर्फ अटकलबाजी ही की जा सकती है–अनुसंधान और अनुमान के इस कार्य के लिए कई देशों के पत्रकार और पण्डित हांगकांग में धुनी रमाए बैठे रहते हैं। चीन से जो भी व्यक्ति या समाचार हांगकांग पहुंचता है उसे वह जिज्ञासा की खुर्दबीन से देखते-परखते हैं और उसके आधार पर अटकल लगाते हुये अपने समाचारपत्रों या सरकारी विभागों को विस्तृत विवेचन लिख भेजते हैं। अखबारी भाषा में इस काम को 'चाइना वाचिंग' की संज्ञा दी गई है। अमेरिका की कुमारी मिमी कानवॉय 1969 में इसी काम में जुटी हुई थीं कि उनकी स्त्री-सुलभ जिज्ञासा 'चीन' से हट कर चीन के नेता माओ पर जम गई।

चीन को अलगाव से आत्मनिर्भरता और रहस्यात्मकता से शक्ति का मंत्र देने वाला माओ स्वयं पर्दे में रहने की नीति का कायल रहा है। अमेरिका के एडगर स्नो जैसे कुछ पत्रकारों और फ्रांस के आन्द्रे मालरो जैसे चन्द बुद्धिजीवियों के अतिरिक्त माओ ने कभी किसी विदेशी को भेंटवार्ता का अवसर नहीं दिया है। चीन में भी उस के 'विचारों' का ही प्रकाशन होता रहा है। उस के 'व्यक्तित्व' का नहीं। माओ सार्वजनिक सभाओं में भी बहुत ही कम आता है–इधर कई वर्षों से तो उसके बस साल में एक बार 'राष्ट्रीय दिवस' की परेड के अवसर पर जनता को दर्शन हुये हैं। माओ इस कदर छिपा हुआ रहता आया है कि उसके भयंकर रूप से बीमार होने की, अथवा मर चुकने की अटकल समाचार का दर्जा पा चुकी हैं। कई लोग तो यहां तक दावा कर चुके हैं कि राष्ट्रीय दिवस की परेड में जो शख्स सलामी लेने आता है वह माओ है ही नहीं। तो मिमी कानवॉय माओ-वाचिंग में जुट गई और उसने तमाम लोगों से मिलकर और दुनिया-जहान के पोथे पढ़कर माओ के वर्तमान जीवन के विषय में प्रामाणिक सामग्री एकत्र कर डाली। अब इस सामग्री के आधार पर वह अपने पुराने

मित्र पत्रकार डान नेप के सहयोग से एक सनसनीखेज ग्रंथ तैयार कर रही है।

मिमी का माओनामा

मिमी के अनुसार माओ का पुराना पार्किंसन रोग इधर काफी बढ़ चुका है। पार्किंसन रोग में हाथ कांपते हैं या गर्दन अनवरत हिलती चली जाती है। रोग बढ़ने पर चाल में भी काफी फर्क आ जाता है और अंगों का लचीलापन खत्म होता जाता है। माओ को एक बार लकवे का हल्का-सा दौरा भी पड़ चुका है जनता के मन में माओ की छवि एक महाशक्तिशाली मानव की है, लिहाजा माओ अपना रुग्ण शरीर लेकर लोगों के सामने आने से हिचकता है। राजधानी पीकिंग के चुंग नान हाई क्षेत्र में जो पुराने महल हैं उनमें अब चीन के कम्युनिस्ट नेता रहते हैं। एक छोटा-सा सुन्दर महल है जिसे 'गमकौआ पतुरिया का महल' कहते हैं, और जिसमें कभी चीनी सम्राट की एक चहेती-मगर-टालू रखैल रहा करती थी। इसी महल में अब माओ दुनिया की निगाहों से दूर रहता है। ईंटों से बने इस महल की सुरक्षा के लिए पूरा और पक्का प्रबंध किया गया है। और तो औ,र विमानभेदी तोपें भी उसके चारों ओर लगी हुइं हैं। कोई पांच सौ हथियारबंद सैनिक हमेशा मोर्चा संभाले रहते हैं। सबेरे दस बजे तक इस महल में कहीं भी कोई हलचल नहीं दिखाई देती। आस-पास दूर-दूर तक किसी को कोई शोर नहीं करने दिया जाता। माओ अपने क्रांतिकारी दिनों की आदत से लाचार रात बहुत देर तक सो नहीं पाता। तीन पहर रात बीतने पर ही उसकी आंख लग पाती है और फिर वह सबेरे दस बजे तक सोया ही रहता है। फारिग होने के बाद वह महल के बगीचे में बनी तलैया में तैरने जाता है। इसका पानी जाड़ों में गुनगुना और गर्मियों में ठण्डा रखा जाता है। माओ को तैरने का बहुत शौक रहा है। उसकी तैराकी के बारे में चीनी कम्युनिस्ट पार्टी ने अनेक किंवदन्तियां गढ़ीं और चलाई हैं।

माओ को ही सब कुछ मानने वाली चीनी जनता ने इन किस्सों से प्रेरित होकर नदियों में तैरना अपना खास शगल बना लिया है। माओ ने एक बार एक अमेरिकी पत्रकार से कहा कि मुझे अमेरिका जाने और वहां की मिसीसिपी और पोटोमेक नदियों में तैरने की बहुत इच्छा है। अब सतहत्तर वर्षीय माओ के लिए नदी में तैरना तो दूर तलैया में भी तैर पाना दूभर है। फिर भी वह बीस-एक मिनट हाथ-पांव मार कर डुबकियां लगा कर अपना शौक पूरा कर लेता है। ज्यों ही वह तलैया से बाहर निकलता है उसका अंगरक्षक तौलिए से शरीर पोंछने में जुट जाता है। फिर वह माओ को सलेटी बंद गले का कोट और चौड़ी मोहरी वाली ढीली-ढाली पतलून पहनाता है। माओ की इस पोशाक को चीन की राष्ट्रीय पोशाक का दर्जा मिल गया है।

माओ चीन के कुछ वरिष्ठ मंत्रियों के अतिरिक्त और किसी को भी जरा भी ठाठ

नहीं करने देता, लेकिन माओ के ठाठ का पूरा प्रबंध है। इस पर माओ को कोई एतराज नहीं। चीनी जनता भी यह मानती है कि माओ के लिए जो किया जाये सो थोड़ा। लिहाजा माओ के पास विदेशों की महंगी माडलों की बीसियों गाड़ियां हैं। जब साहब नहा-धोकर तैयार हो जाते हैं तो प्रमुख ड्राइवर सलाम मारने आता है। पहले माओ को सबेरे पीकिंग की सैर पर निकलने का शौक था। लेकिन अब वह कहीं नहीं जाता। प्रमुख ड्राइवर, बहरहाल, सब गाड़ियां तैयार रखता है और साहब की सेवा में हाजिर भी हो जाता है। रसोइया नाश्ता लगा दिये जाने की खबर देने आता है और साहब भोजन कक्ष में चले जाते हैं। माओ के महल की साज-सज्जा और व्यवस्था शुद्ध चीनी शैली की है। महल के सामने वाले हिस्से को 'मर्दाने' का दर्जा दिया गया है और इसमें माओ की पत्नी या बेटियों का प्रवेश लगभग निषिद्ध है। माओ का सारा कामकाज तीन पुराने विश्वस्त सेवक करते हैं। माओ का शयनकक्ष भी अलग है और वह अपनी पत्नी और बेटियों से एक निश्चित समय पर ही मिलता-बोलता है। नाश्ते तथा खाने में माओ के लिए उसके प्रान्त हुनान के देहात मे प्रचलित व्यंजन ही परोसे जाते हैं जिन्हें वह देहाती परम्परा के अनुसार, डॉक्टरों की सलाह के बावजूद, खूब चटनी और कुटी लाल मिर्च के साथ ग्रहण करता है। नाश्ता लेकर माओ अपने अध्ययन कक्ष में जाता है जहां लगभग दस हजार पुस्तकें रखी हुई हैं।

555 ब्राण्ड का चस्का

माओ के रहने के लिए पीकिंग में और अन्यत्र और भी हवेलियां हैं। चीनियों का कहना है कि इनके रख-रखाव का खर्च 'माओ की पुस्तकों से प्राप्त रॉयल्टी से निकाला जाता है।' अलग-अलग मौसमों के लिए माओ ने अलग-अलग शहरों की कोठियां नियत कर रखी हैं। हर जगह उसके ऐश-आराम के लिए पूरा प्रबंध है। कहां यह शानो-शौकत और कहां 1936 से 47 तक बिताया हुआ क्रांतिकारी का जीवन। तब माओ येनान की एक गुफा में रहा करता था और गाड़ी के नाम पर उसे कभी-कभी एक खटारा एम्बुलेन्स वान नसीब हो पाती थी। माओ अक्सर इस परिवर्तन से थोड़ा परेशान हो जाता है और सोचने लगता है कि कहीं उसकी तरह चीन का क्रांतिकारी जोश भी तो बूढ़ा और आरामतलब नहीं हुआ जा रहा है? इसी चिन्ता में उसने अपनी चौथी पत्नी की सहायता से लाल रक्षकों को सांस्कृतिक क्रांति के लिए भड़काया था। माओ का सोच-विचार और कामकाज अध्ययन कक्ष में होता है। वह दिन का पहला छुटका सिगार सुलगाता है। उसके हाथ बुरी तरह कांपते हैं इसलिए सिगार सुलगाते हुये वह कुर्सी के गद्दीदार हत्थों पर उन्हें मजबूती से टेक देता है। माओ को 555 सिगरेट पीने का बहुत शौक रहा है और कभी वह दिन में चालीस-पचास

सिगरेट फूंक जाता था। अब डॉक्टरों की सलाह पर वह चंद सिगार ही पीता है। माओ के सेक्रेटरी सरकारी कागजात लेकर अध्ययन कक्ष में पहुंचते हैं। पहले माओ सारा काम-काज खुद करता था। उस जमाने मे सभी मंत्रियों और सचिवों को इस वक्त हाजिरी देनी होती थी। लेकिन अब माओ ने अधिकतर जिम्मेदारी चाऊ एन. लाई और लिन पियाओ पर छोड़ दी है। खास-खास कागज ही उसके पास भेजे जाते हैं। वह खुद भी रोज किसी-न-किसी महकमे की कोई-न-कोई फाइल मंगवा भेजता है ताकि सभी मंत्री और सचिव सतर्क रहा करें। कहीं जरा भी गड़बड़ उसे नजर आ गई तो संबद्ध अधिकारी की वह फौरन पेशी करवाता है। अगर स्पष्टीकरण संतोषजनक नहीं हुआ तो वह अधिकारी या मंत्री 'क्रांतिकारी शिक्षा' ग्रहण करने के लिए देहात में बेगार के लिए भेज दिया जाता है।

माओ का पहला प्यार

माओ को दफ्तरी कागजों में देर तक उलझे रहना पसंद नहीं है। हां, दौरा करना उसे प्रिय है। अब भी वह मौका निकाल कर कभी किसी सुदूर सैनिक शिविर में, कभी किसी पंचायत के कार्यालय में, कभी किसी बड़ी फैक्ट्री या फार्म में पहुंच जाता है। लोगों से मिलना और उन्हें कुरेदना, जमाने की नब्ज पर हाथ रखना, दुनिया भर की खबर रखना और लेना उसे बहुत अच्छा लगता है। नाम और चेहरे याद रखने की उसमें अद्भुत क्षमता है और छोटे-से-छोटा ब्यौरा भी वह गांठ बांध कर रखता है। दफ्तरी काम निपटाने के बाद वह वहीं अध्ययन कक्ष में अंगुली-चाट, सड़ाका-भर वाली सपड़ाक शैली में कुछ भोजन ग्रहण करता है और फिर भात खाकर पसरने का सुख लूटता है। सोने से पहले वह एक बार जनाने मे झांक आता है लेकिन अक्सर तब तक उसकी वर्तमान (चौथी) पत्नी पचपन वर्षीया चियांग चिंग काम पर जा चुकी होती हैं। परिवार का सुख माओ के भाग्य में अधिक नहीं रहा है। माओ का पहला विवाह तब हुआ जब वह चौदह वर्ष का था। यह शादी उसके महाजन पिता ने पैसे के लालच में ठहराई थी और वधू वर से चार साल बड़ी थी। माओ ने उसका कभी गौना नहीं कराया। फिर विश्वविद्यालय में वह अपने नीतिशास्त्र के प्राध्यापक की किशोरी बिटिया से प्यार करने लगा। प्राध्यापक महोदय इस विवाह के खिलाफ थे। जब वह मर गये तब माओ ने 1921 में अपनी प्रेमिका को अपनी पत्नी बना लिया। लेकिन तब तक माओ क्रान्तिकारी राजनीति में पूरी तरह कूद चुका था और पति-पत्नी को साथ रहने का मौका बहुत कम मिल पाता था। 1927 में माओ अपनी दूसरी पत्नी और तीन पुत्रों को छोड़ कर चला गया यह वचन देकर कि क्रान्ति सफल होने पर फिर मुलाकात होगी। क्रान्ति विफल हुई और माओ पुलिस के डर से अपनी पत्नी या और

किसी को मुँह दिखाने के काबिल नहीं रहा। जब तक स्थिति कुछ सामान्य हुई वह पत्नी से मिलने की बात सिरे से भूल चुका था क्योंकि एक अठारह वर्षीया कम्युनिस्ट कार्यकर्त्री 'हो' ने उसका मन मोह लिया था। हो माओ की तीसरी पत्नी बनी। उसे इस बात की कोई खबर नही थी कि माओ की दो और पत्नियां हैं।

माओ की पहली पत्नी का तो खैर तब भी कोई अता-पता नहीं था, लेकिन दूसरी पत्नी से माओ का सम्पर्क बना हुआ था। कोमिन्तांग पुलिस भी उसपर कड़ी निगाह रखे हुये थी। 1930 में माओ की इस पत्नी और उसके पुत्रों को पुलिस ने घोरतम यन्त्रणा दी लेकिन उसने माओ का पता देने या माओ के खिलाफ गवाही देने का प्रस्ताव स्वीकार नहीं किया। तब भी नहीं जब कि उसे माओ के फिर से विवाह कर लेने की खबर दी गई। पुलिस ने उसे सरेआम गोली से उड़ा दिया। माओ के समर्थक किसानों ने उसका शव सड़क से उठा कर गांव में दफना दिया। माओ ने समाधि बनाने के लिए पांच एक सौ रुपए भिजवा दिये। माओ के तीनों लड़के लावारिस-से घूमते रहे क्योंकि कोमिन्तांग पुलिस ने उनकी सहायता करने वाले को मौत की सजा देने का ऐलान कर छोड़ा था। इनमें से दो को एक व्यक्ति ने किसी सेठ को बेच दिया। जब वे वहां से निकाल दिये गये तब उन्होंने कूड़े के ढेरों से रद्दी जमा करने और बेचने का धन्धा शुरू किया। साथ ही वे अपने पिता के चरण-चिन्हों पर चलते हुये क्रान्तिकारी कार्रवाइयों में भी हिस्सा लेने लगे। इस पर पुलिस ने उन्हें इतना पीटा कि उनमें से एक के मस्तिष्क में सख्त चोट आ गई। 1937 में माओ ने अपने साथियों को इन बच्चों को खोज निकालने का आदेश दिया। तब तक एक लड़का मस्तिष्क की चोट के कारण पागल-सा हो चुका था। दोनों बच्चों को इलाज और पढ़ाई के लिए माओ ने मास्को भिजवा दिया। पागल लड़का पढ़-लिख कर काबिल बना तो 1950 में कोरिया की लड़ाई में मारा गया! तीसरा लड़का माओ को तब ढूंढ़ने पर भी नहीं मिल पाया था। अभी 1967 में ही यह रहस्योद्‌घाटन हुआ कि वह जिन्दा है और सुचाऊ के सामुदायिक कार्यालय में एकाउण्टेण्ट के पद पर है। माओ ने उसे बुलवाया भी लेकिन अधेड़ बेटा अपने इस बाप के प्रति, जिसे उसने होश संभालने के बाद से अब तक कभी नहीं देखा था, सहज हो नहीं पाया और सुचाऊ को लौट गया।

माओ की तीसरी पत्नी और उसके बच्चों का भी बुरा हाल हुआ! जब 1934 में माओ को सुदूर पर्वतों में शरण लेने के लिए भागना पड़ा तब वह अपनी दोनों बच्चियों को एक किसान को सौंप कर उसके साथ गई। माओ के काफिले पर जब बमबारी हुई तब वह सख्त घायल हो गई। उन्हीं दिनों उसकी एक और संतान हुई। वह मरणासन्न हो चली। भगोड़े जीवन के नौ वर्षों में वह युवती से सहसा बुढ़िया हो चली। येनान की गुफाओं के कठोर जीवन में वह फिर से गर्भवती हुई और उसने एक

और बिटिया को जन्म दिया। इसके बाद वह लगभग विक्षिप्त-सी हो चली और माओ को खरी-खोटी सुनाने लगी। माओ भी उसकी जम कर पिटाई करने लगा। एक दिन पत्नी ने जवाबी हमले में चाकू का इस्तेमाल किया और माओ ने उसे मास्को के पागलखाने में भिजवा दिया। लाल चीन की स्थापना के बाद वह 1949 में अपनी सबसे छोटी बेटी के साथ चीन लौटी, लेकिन इस बीच माओ की चौथी शादी हो चुकी थी। तीसरी पत्नी से माओ के जो तीन और बच्चे हुये थे, और जिन्हें दो किसान परिवारों को पालने के लिए दे दिया गया था, आज तक लापता हैं।

माओ की चौथी पत्नी को चौदह वर्ष की आयु में गुंडे गांव से भगा कर शहर लाए और एक नाटक मण्डली वालों के हाथ बेच गये। उसके दादा शहर आकर उसे वापस लिवा ले गये और उन्होंने उसकी शादी भी करा दी। लेकिन शीघ्र ही उसने अपने पति को छोड़ दिया। फिर उसने दुबारा शादी की लेकिन यहां भी बात तलाक पर ही खत्म हुई। इसके बाद वह फिल्म तारिका बन गई और उसने कई घटिया फिल्मों में काम किया। 1940 में जब वह छब्बीस वर्ष की थी उसने तय पाया कि फिल्मों से ज्यादा शोहरत क्रांतिकारी राजनीति में मिल सकती है। बस वह माओ के पीछे लग ली। गुफा-वासी माओ की उसने जम कर सेवा की। माओ ने उसे अपना लाइब्रेरियन नियुक्त कर लिया और उसे नया नाम 'चियांग चिंग' (हरी नदी) दे डाला। यह नदी उस पहुंचे हुये तैराक को भी ले डूबी। चियांग चिंग ने भरी सभा में घोषणा कर दी कि मेरे गर्भ में माओ का बीज पल रहा है और कानून चाहे जो कहे, मैं अपने को इनके चरणों की दासी मानती हूं। माओ ने चियांग से कभी विधिवत विवाह नहीं किया लेकिन इससे चियांग को कोई फर्क नहीं पड़ा है। माओ ने सांस्कृतिक क्रांति के दौर में चियांग के आग्रह पर उसे ऊपर चढ़ाने और अपना वारिस बनाने का सपना देखा था लेकिन उसे जमाने की असलियत समझते देर नहीं लगी। अब वह चियांग से राजनीतिक चर्चा अधिक नहीं करता। हां, उसे इस बात का थोड़ा मलाल जरूर है कि सांस्कृतिक क्रांति के बाद वाले दौर में चियांग का रुतवा काफी घट गया है। चियांग से माओ को दो लड़कियां हैं। इनमें एक सेना के दैनिक समाचारपत्र की संपादक है और दूसरी राजनीति में हिस्सा ले रही है।

याओ, माओ और ल़ाओ ताई-त्ताई

दोपहर की ऊंघ टूटने के बाद माओ फिर अपने अध्ययन कक्ष में पहुंचता है और करीने से सजी पुस्तकों पर निगाह डालता है। इतिहास, दर्शन, युद्धशास्त्र और भूगोल का ऐसा कोई महत्त्वपूर्ण ग्रंथ नहीं, जो यहां मौजूद न हो और जिसे माओ ने विद्यार्थी की तरह जम कर पढ़ा न हो। चीन के प्राचीन,धार्मिक और नीति संबंधी ग्रंथ भी यहां

हैं और माओ ने चीन में साम्यवाद की धाक जमाने के लिए उनसे काफी कुछ लिया है। अपना अन्तर्विरोध का सिद्धांत उसने यिग-यांग (शिव और शक्ति) के दर्शन के सांचे में ढाला है। छापामार युद्ध के सिद्धांत उसने समर-नीति के प्राचीन चीनी पोथों में से उठाए हैं। इसी 'चीनीकरण'के प्रताप से माओ का साम्यवाद चीन के देहात में जड़ जमा सका है। अध्ययन-कक्ष में माओ कोई नई किताब लेकर उसे पढ़ता रहता है लेकिन अब उसकी आंखें बहुत जल्द थक जाती हैं। अध्ययन समाप्त करके वह अपने मुख्य सहायक याओ को बुला भेजता है। याओ को माओ की चौथी पत्नी का संरक्षण प्राप्त है और कहा जाता है कि वही माओ का दामाद बनेगा। याओ की राजनीतिक महत्त्वकांक्षायें अपार हैं लेकिन जब से माओ ने चाऊ एन. लाई को अपना प्रधान सलाहकार बना लिया है, चियांग के साथ-साथ याओ भी नेपथ्य में चला गया है। याओ को चिट्ठियां लिखवा कर और कुछ जरूरी हिदायतें देकर माओ चाय मंगवाता है। चाय पीने के बाद कम्युनिस्ट पार्टी के प्रमुख कार्यकर्ताओं के साथ मुलाकात करता है और चाणक्य नीति का सहारा लेते हुये उन्हें कुरेदता और कुछ उगल देने के लिए उकसाता है। इस सभा से उठ कर वह साढ़े आठ बजे अपने परिवार के साथ रात का भोजन ग्रहण करने पहुंचता है। बच्चियों से, जो क्रमशः उनत्तीस और छब्बीस वर्ष की हैं, लाड़ लड़ाना और अपने को 'लाओ ताई-ताई' (घर की बूढी धाय) बतलाना माओ को बहुत प्रिय है। भोजन कक्ष से उठ कर माओ फिर अध्ययन कक्ष में पहुंच जाता है और अपने मित्रों का इंतजार करने लगता है। माओ से मिलने के लिए देर रात का यह समय सबसे अच्छा समझा गया है। इस समय वह पूरी तरह प्रसन्न और चैतन्य होता है। मित्र आते हैं और गप्प-गोष्ठी जमती है। फिर कोई दस-ग्यारह बजे माओ उनमें से किसी एक को शतरंज के लिए रोक कर शेष को विदा कर देता है। शतरंज की बाजी रात एक बजे तक चलती है। आखिरी मित्र भी चला जाता है और माओ रात बिताने के लिए किसी पुस्तक का सहारा लेता है। यात्रा-विवरण उसे बहुत पसंद है और अक्सर वह अमेरिका जाने का सपना देखता है। यों अब तक कुल दो बार ही वह विदेश जा सका है और सो भी सोवियत संघ की राजधानी मास्को को। लगभग दो-ढाई बजे तक पुस्तक पढ़ते रहने के बाद वह सोने की कोशिश करता है, मगर नींद नहीं आती। शयन-कक्ष में लेटा हुआ वह सोचता रहता है—शत्रुओं को चित्त करने के नये दांव-पेंच। लेकिन एक शत्रु के सामने वह हारता हुआ नजर आता है और वह है बुढ़ापा। उसे मौत निकट आती मालूम होती है और वह सोचने लगता है कि मौत के बाद क्या होता होगा? अपने मित्र अमेरिकी पत्रकार एडगर स्नो से उसने यही सवाल किया था और फिर जैसे खुद ही जवाब देते हुये कहा था—"मुझे भगवान से मिलना होगा।" स्नो ने पूछा "तो आप भगवान के

अस्तित्व पर विश्वास करते हैं?" माओ ने कहा–"मैं तो नहीं करता, लेकिन मैं यह कैसे भुला सकता हूं की दुनिया के कई पहुंचे हुये व्यक्ति उसके अस्तित्व में आस्था व्यक्त कर गये हैं।" माओ को चीन के आयुर्वेद में विश्वास है और चीन के श्रेष्ठ वैद्य अपनी जड़ी-बूटियों और नसों को भेदने वाली सुइयों से माओ को स्वस्थ रखने की कोशिश में जुटे रहते हैं। लेकिन कालजयी होना असंभव है। जब माओ को अपनी शारीरिक और राजनीतिक शक्ति के चुकने का अहसास कोंचता है तब चीन की बढती हुयी शक्ति का अहसास उसे संतोष देता है। इसी सोच-विचार में तीन-चार बजे के लगभग उसकी आंख लग जाती है।

❑❑❑

चीनी रंगशाला में अमेरिकी नाटक

अमेरिकी राष्ट्रपति निक्सन की ऐतिहासिक चीन-यात्रा के पांचवें दिन का आंखों-देखा हाल : रिचर्ड निक्सन ने अपने मेजबान चीनियों के सम्मान में प्रीति-भोज का आयोजन किया है; अतिथि चुपचाप पधार रहे हैं। अमेरिकी भी। थके हुये चीनी, थके हुये अमेरिकी। फिर भी मुस्कुराते हुये, फिर भी हैरान। बैंड पर 'शी विल बी कमिंग एराउंड द माउंटेन' और 'बिली बॉय' की धुनें एक के बाद एक बजीं। (इसी 'ग्रेट हॉल आफ दी पीपुल' में चीनियों ने अमेरिकी राष्ट्रपति और उनके दल के लिए सह-भोज का आयोजन किया था)। भोज-कक्ष में केवल पीछे वाला दृश्य बदल गया है। यह दर्शाने के लिए कि मेजवान कौन है और मेहमान कौन। दोनों राष्ट्रों के झंडों के स्थान बदल दिये गये हैं। भोज-कक्ष कुछ इस तरह की धुंधली-सी अनुभूति से भरा हुआ है कि हर व्यक्ति किसी विराट छल का, या ठीक ऐसा न हो तो किसी मंचीकरण का, एक अंग है।

'टाइम' की ओर से गये पत्रकारों ने राष्ट्रपति निक्सन द्वारा दिये गये प्रीति-भोज का कुछ ऐसा ही आंखों-देखा हाल भेजा है। इस विवरण से साफ जाहिर हो जाता है कि निक्सन की चीन-यात्रा का सर्वाधिक प्रमुख तत्व था—नाटक। विश्व के राजनीतिक मंच पर खेले जाने वाले इस अद्‌भुत नाटक के सूत्रधार हेनरी किसिंगर थे। इस नाटक की रूप-रेखा चाऊ एन लाई और हेनरी किसिंगर ने मिल कर कई महीने पहले ही तैयार कर ली थी। यह और बात है कि मंचीकरण के बीच किसिंगर अधिकतर पर्दे के पीछे ही रहे, जैसे कि माओ। मंच पर निक्सन और चाऊ ही छाये रहे।

सत्ता माओ की, भत्ता चाऊ का

दरअसल चीन की रंगशाला में आजकल चाऊ ही छाये हुये हैं। चैयरमेन माओ अठहत्तर साल के हो चुके हैं और ज्यादातर पर्दे के पीछे ही रहना पसन्द करते हैं। बिसात पर सिर्फ उनका मोहरा ही दिखाई देता है। सात महीने पहले जब निक्सन की पीकिंग-यात्रा की घोषणा हुई थी, तब भी चाऊ ही का बोलबाला था। चीनी सत्ताधारियों में वही ऐसे हैं जो अक्सर चीनी जनता को दर्शन देते रहते हैं। माओ के दर्शन तो बड़े दुर्लभ हैं। 1950-60 के दशक में माओ ने दो शोशे छोड़े थे—एक शोशा

था 'हंड्रेड फ्लावर्स मार्का उदारता' का और दूसरा 'ग्रेट लीप फारवर्ड' (महान कूद) का। उदार-आन्दोलन की परिणति अनुशासन के संकट में हुई और लम्बी कूद अन्धेरे में कूद साबित हुई। सत्ता माओ के हाथों से फिसलने लगी और उनके कई समर्थ प्रतिद्वन्द्वी सिर उठाने लगे। उनका सिर कुचलने के लिए माओ को सेना का सहारा लेना पड़ा। अपने प्रतिद्वन्द्वी लिऊ और उसके दल का सत्यानाश करने के लिए माओ ने सांस्कृतिक-क्रान्ति का दमन-चक्र चलाया। सेना प्रमुख लिन पियाओ को कांटों का ताज पहना कर आगे कर दिया गया। सत्ता लौट कर माओ के हाथ में न आकर अब लिन पियाओ के हाथों में चली गई। चैयरमेन माओ फिर हाथ मलते रह गये। लाल सैनिकों के चीन में अराजकता फैला देने पर पियाओ ने सर्वसत्तावान होने के स्वप्न देखने शुरू कर दिये। सत्ताप्रिय माओ भला यह कैसे सह सकते थे? चीनी राजनीति के विशेषज्ञ ए. डोक बारनेट के अनुसार 'उत्तधिकारी का निर्माण माओ की तगड़ी प्रवृत्ति है। किन्तु जब वह अत्यधिक समर्थ हो जाने पर उन्हीं का प्रतियोगी बनने लगता है तब वह उस के पीछे पड़ जाते हैं।' लिन पियाओ भी उनकी इसी सहज वृत्ति का शिकार हो गया। लिन पियाओ के सत्ता काल में सेना सारे चीन में छा गई। सैनिक ही डाकिए, कारखाने के प्रबंधक, पुलिस वाले वगैरह सभी कुछ बन गये। सिर्फ सैनिक नहीं। पियाओ की तत्कालीन शक्तिमत्ता पर टिप्पणी करते हुये वाशिंगटन के चीन-विशेषज्ञ राल्फ पावेल ने कहा था—"चीन उस सीमा पर पहुँच गया था जिसे मार्क्सवादी शब्दावली में बोनापार्टवाद कहा जाता है।" लिन पियाओ नहीं चाहते थे कि चीन अमेरिका से मित्रता का स्वांग रचे। वह चाहते थे कि चीन और रूस के मतभेद दूर हों। दूर न हो सकें तो कम-से-कम अवश्य हो जायें। अपने इस संकट-काल में चेयरमैन माओ ने चाऊ को याद किया। फिर पियाओ चीनी मंच से गायब हो गये।

लिन पियाओ का क्या हुआ?

लिन पियाओ का क्या हुआ? यह रहस्य अब भी पूरी तरह खुल नहीं पाया है। पीकिंग में उनके बारे में तरह-तरह की अजीबो-गरीब दास्तानें सुनने में आती हैं। यह कहा जाता है कि लिन पियाओ ने माओ पर कातिलाना हमला किया था। असफल होकर उन्होंने अपनी पत्नी के साथ ब्रिटेन में निर्मित जेट-लाइनर में देश से भाग जाने की कोशिश की। कहा जाता है कि उनका विमान 12 सितम्बर को मंगोलिया में क्षतिग्रस्त हो गया और वे उसमें मारे गये। मगर अब भी यह अनुमान झुठलाया नहीं जा सका कि वह मारे नहीं गये, बल्कि चीनी राजनीति के दूध से मक्खी की तरह निकाल कर फेंक दिये गये।

जो कुछ भी हुआ हो, यह तो स्पष्ट ही है कि पिछले वर्ष सितम्बर में पियाओ का

पतन हो गया। उनके गायब होते ही चाऊ फिर नमूदार हो गये। पूरे देश और दल का नेतृत्व उन के हाथ में आ गया। यहाँ तक कि विदेश मंत्रालय भी माओ ने उन्हें ही सौंप दिया। और तब से चाऊ ही चीनी शासन की बागडोर संभाले हुये हैं। मजे की बात यह है कि कभी माओ ही ने सत्ता सेना प्रमुख लिन पियाओ को सौंपी थी और अब वह ही इस सूत्र पर कि 'बन्दूक को पार्टी पर हावी होने नहीं देना चाहिए' अमल कर रहे है। अब सैनिकों के लिए यह नुस्खा तजबीज किया जा रहा है कि वे 'लोगों से सीखें।' इसके बावजूद पार्टी में सैनिकों का पलड़ा अब भी भारी है।

घंटों एक ही मुद्रा

चाऊ एन लाई का व्यक्तित्व माओ से अलग तरह का है। चीन-विशेषज्ञ थामस रॉबिन्सन के अनुसार 'वह समय की धारा के साथ बहना जानते हैं। माओ धारा प्रवाहित करना या उसकी दिशा पलट देना चाहते हैं।' माओ की तरह चाऊ अपने को दुर्लभ नहीं बनाये रहते। वह अक्सर जलसों-इजलासों में दिखाई दे जातें हैं और कभी-कभी शनिवार की शाम नाचते हुये गुजारते हैं। उन्होंने एक ही बार शादी की है और वह हर महत्त्वपूर्ण आयोजन में सपत्नीक दिखाई देते हैं। उनके बारे में यह मशहूर है कि कुर्सी पर एक ही मुद्रा में बैठे रह कर बिना थके घंटों बातचीत कर सकते हैं। बातचीत करते समय भी उनकी मुद्रा परिवर्तित नहीं होती; वह केवल हाथ हिलाते हैं या कभी-कभी सिर। हेनरी किसिंगर तो उन के मुरीद होकर यह तक कह चुके हैं—'वह अदना आदमी नहीं है। उस का दृष्टिकोण विशाल है।' निक्सन के साथ वार्त्ता के दौरान उन्होंने अपनी शान्त मुद्रा और विशाल दृष्टिकोण का चमत्कार दिखाया ही होगा। चाऊ अपने ही तरीके से चीन का नया नक्शा बना रहे हैं।

कर्म करो, फल मत मांगो

चीन के सामाजिक जीवन में झांकने पर सबसे पहले जिस बात पर ताका-झांकी करने वालों का ध्यान गया है वह यह कि चीन के राष्ट्रीय चरित्र का प्रमुख अंग है श्रम। बहुत पहले से चीन की उपमा 'मानव-चींटियों की बस्ती' से दी जाती रही है। और यह बहुत कुछ सही भी है। यदि माओ त्से तुंग के विचारों में से उनका मूल मन्त्र खोज निकाला जाये तो वह तीन शब्दों में समा जायेगा 'और परिश्रम करो।' काम उन के लिए साधन नहीं, साध्य है। परिश्रम उनका धर्म बन गया है। चीनियों को यह घुट्टी में ही घोल कर पिला दिया जाता है कि कर्म करो, फल की ओर मत देखो। फल की ओर देखने पर शायद उनका उत्साह ही भंग हो जाये । कार्य करते हुये कार्य-परिस्थितियों की ओर ध्यान देने की मोहलत उन्हें नही दी जाती। वहां के कारखाने वातानुकूलित नहीं हैं। उन्हें कड़कते जाड़े और धधकती गर्मी में भी जम कर काम करना होता है।

और उस मेहनत का मुआवजा भी उन्हें बहुत मामूली मिलता है। दैनिक उपभोग की वस्तुयें तो वहां काफी सस्ती है मगर और चीजे बेहद महंगी । एक अच्छा कैमरा वहां कोई छः सौ में आता है और उसे विलास की वस्तु माना जाता है। कपड़ों में उन की कोई खास दिलचस्पी नहीं। सभी लोग एक ही तरह के मोटे-झोंटे मजबूत कपड़े पहनते हैं। हां, बच्चे जरूर रंग-बिरंगी पोशाकों मे दिखाई दे जाते हैं। आवास की व्यवस्था भी बड़ी साधारण है। अविवाहित कामगर को पूरा मकान नहीं, उसे किसी सहयोगी कामगर के मकान में ही बोरिया-बिस्तर जमाना होता है । उसे सुबह-सबेरे उठकर काम पर जाना पड़ता है। साढ़े सात बजे से वह 'आन ड्यूटी' हो जाता है। काम की शुरुआत कार्यस्थल से न हो कर मनोरंजन-कक्ष से होती है। मनोरंजन-कक्ष में माओ के विचारों से उसका मनोरंजन किया जाता है।

मनोरंजन के नाम पर

मनोरंजन के नाम पर चीनियों को प्रायः दो ही साधन उपलब्ध हैं—माओ के विचार और काम। माओ ने उन्हें घोंट-घोंट कर यह समझा दिया है कि काम से बड़ा मनोरंजन कोई नहीं। यों सिनेमा भी है, और रंगमंच भी। पर उनकी कहानी भी बड़ी मनोरंजक है। जब कोई थका-हारा मजदूर फिल्म देखने जाता है, तब वहां क्या पाता है—श्रीमती माओ के नीति-नाटक या विएतनाम युद्ध पर बने वृत्त-चित्र। हाल ही में एक चीनी विद्यार्थी ने मसखरी करते हुये बताया—"दस घंटे खेत में काम कर चुकने के बाद तो कोई किसान अभ्यागत ओपेरा कम्पनी का शो देखने जाता है, पर वहां देखता क्या है? एक ओपेरा उस किसान के बारे में जो दस घंटे काम करता है।" वहां अधिकतर अल्वानिया और रूमानिया से आयातित फिल्में दिखाई जाती हैं। क्लासिकी कलाओं पर वहां प्रतिबंध है और 'स्वान लेक' को तो वहां जहरीला घोषित किया जा चुका है। सांस्कृतिक क्रान्ति के दौरान कलाकारों की वहां इतनी दुर्दशा की गई कि कई ने तो आत्महत्या तक कर डाली। यदि कोई व्यक्ति थोड़े-बहुत पैसे किसी तरह जोड़ भी ले तो यही सोच-सोच कर रह जायेगा कि उन्हें खर्च करे तो कहां करे।

एकमात्र साहित्य प्रचार-साहित्य

साहित्य की हालत तो चीन में और भी खस्ता है। माओ ने साहित्यकारों को समझा दिया है कि लेखक का काम किसानों और कामगरों की समझ में आने वाली चीजें तैयार करना है। अगर कोई रचना उनकी समझ के परे है तो वह बेकार है, उसे जला दिया जाना चाहिए। यही वजह है कि कोई साहित्यिक कृति वहां वर्षों से प्रकाशित नहीं हुई है। न कोई उपन्यास, न कोई कहानी-संग्रह, न कविता। साहित्य के नाम पर सिर्फ प्रचार-साहित्य ही चीन में छपता है। सबसे बड़ा साहित्य है—चैयरमैन माओ के

विचार। रेडियो से भी राष्ट्रीय गीत, समाचार और माओ के विचार ही प्रसारित होते हैं। फिर भी दैनिक आवश्यकताओं की पूर्ति के बाद एक आम चीनी की लार सबसे ज्यादा रेडियो पर ही टपकती है।

अपनी खबर आप

विज्ञान के प्रति चीनियों का दृष्टिकोण कितना मौलिक है, यह बात एक उदाहरण से साफ हो जायेगी। एक सुबह दक्षिण चीन इंजीनियरिंग फैक्टरी की क्रान्तिकारी समिति ने यह फैसला किया कि एक इलेक्ट्रोन-माइक्रोस्कोप बनाना चाहिए। उनके पास न तो कोई रूपरेखा थी, न कोई तकनीकी जानकारी। विदेशी पुस्तकें जुटाई गईं और एक सौ बीस आदमियों के स्टाफ ने इस योजना पर दिन-रात काम करना शुरू किया। आठ महीनों की मेहनत और लाखों रुपये खर्च करने के बावजूद वह जटिल यन्त्र नहीं बन पाया। अब क्या किया जाये? आत्म-आलोचना के लिए एक खास बैठक बुलाई गई। हर आदमी जानता था कि पर्याप्त तकनीकी जानकारी नहीं है और उसके बिना यन्त्र बन नहीं सकता। लेकिन किसीने इस बात का जिक्र तक नहीं किया। हर व्यक्ति उठ कर खड़ा होता गया और अपना अपराध स्वीकार करता गया। सभी ने यह कहा कि हमने जम कर मेहनत नहीं की, न ही हम ने माओ के विचारों का ठीक से अध्ययन किया। शायद अब आप समझ गये होंगे कि माओ के विचार केवल उच्च साहित्य ही नहीं हैं, वैज्ञानिक आविष्कारों का स्रोत भी हैं।

हिसाब का हिसाब

हिसाब का हिसाब भी वहां बड़ा दिलचस्प है। एक आम सवाल जो वहां हल कराया जाता है वह यह है–"अगर हर सैनिक के पास दो बन्दूक हों तो चार सैनिकों के पास कितनी बन्दूकें होंगी?" ऐसे मारधाड़ वाले माहौल में प्रेमियों की क्या दशा होगी, इस की कल्पना सहज ही की जा सकती है। यदि किसी चीनी किशोर से उसके प्रणय जीवन के विषय में प्रश्न कर दिया जाये तो लजाता हुआ वह कहेगा–"हम खूब खेलते हैं और देश के निर्माण के लिए खूब मेहनत करते हैं।"

तो यह है उस देश की एक हल्की-सी झांकी जिसका दौरा हाल ही में अमेरिकी राष्ट्रपति निक्सन ने किया है। बड़ी-बड़ी उम्मीदों से वह इस दौरे पर गये थे। सोचा होगा कि बड़े धूम-धड़ाके से स्वागत होगा, बैंड-बाजे बजेंगे, लाखों की भीड़ होगी। ठीक वैसे ही ठाट-बाट होंगे जैसे मैक्सिको, रूमानिया या युगोस्लाविया में। किन्तु उनका विमान वहां पहुंचने से आध घंटे पहले तक पीकिंग हवाई अड्डा बिल्कुल सूना पड़ा रहा। सिर्फ बर्फानी हवायें गस्त लगाती रहीं। फिर कुछ सैनिक बूट धम-धम करते मार्च पास्ट का नक्शा जमाये आये और लाल सेना का 1930 का एक युद्धगीत गाने

लगे। चाऊ एन लाई केवल दस मिनट पहले पहुँचे। पहुँचते ही निक्सन ने चाऊ एन लाई की तारीफ शुरू कर दी और अपनी यात्रा के बारे में बताते हुये बोले कि आप तो सब जानते ही हैं। आप खुद एक बहुत बड़े सैलानी हैं।

सड़कों पर लोग : मगर बस के इंतजार में

हवाई अड्डे से शहर की ओर जाते हुये निक्सन और उनके दल ने सड़कों को सुनसान पाया। न कोई भीड़-भाड़, न कोई जयजयकार। तिस पर यह कि चीनी अनुवादक उन्हें रास्ते में लिखे नारे पढ़-पढ़ कर सुनाता गया—"चेयरमैन माओ अमर रहें", "महान चीनी कम्युनिस्ट पार्टी जिन्दाबाद।" लोग वहां खडे जरूर थे, पर बसों के इंतजार में। न कोई हाथ हिला कर स्वागत कर रहा था, न रूमाल हिला कर। पूरे शहर को जैसे इस बात का कोई आभास तक नहीं था कि कोई विदेशी राष्ट्रप्रमुख आया हुआ है।

निक्सन साहब की आमद का अहसास लोगों को तब हुआ जब 'पीपुल्स डेली' में चेयरमैन माओ के साथ उनका चित्र छपा। उन्हें और उनके दल को एक बैले भी दिखाया गया। बैले में एक ऐसा जमींदार दिखाया गया जो एक किसान को बुरी तरह पीटता है और वह किसान साम्यवादी बन जाता है। फिर साम्यवादी बम-वम चलाते और नया सूरज उगाते दिखाए जाते हैं।

चित्रों का महत्त्व

चाऊ एन-लाई निक्सन से मिलने आये तो वह बाहर खड़े उन का इन्तजार कर रहे थे। वे मेज पर आमने-सामने बैठ गये तो फोटोग्राफरों ने क्लिक करना शुरू कर दिया। चाऊ ने एक फब्ती कसी—"आपको अपने प्रेसिडेन्ट की अधिक तस्वीरें लेनी चाहिए'। निक्सन साहब शायद इस मजाक को समझ नहीं पाये। यह कह कर रह गये—"चित्र बड़े प्रभावकारी होते हैं।" शायद इसीलिए वह चित्र खिंचवाने में खासी दिलचस्पी भी लेते रहे। चीन की प्राचीन दीवार पर चलते हुये तो खास तौर पर। चीन की दीवार देख कर वह अभिभूत हो उठे। फरमाया—"जो लोग ऐसी दीवार बना सकते हैं उनका अतीत सचमुच गौरवपूर्ण है। और जिनका अतीत ऐसा हो, उन का भविष्य भी महान ही होगा।" इस यात्रा के बाद निक्सन को चुनावों में अपना भविष्य तो महान लग ही रहा होगा।

निक्सन साहब ने दो-चार अच्छे मजाक किए। चीन की दीवार पर चहलकदमी कर चुकने के बाद उन्होंने रुक जाने का सुझाव देते हुये कहा—"आज हम शिखर तक नहीं चढ़ेंगे। हम पीकिंग में शिखर सम्मेलन में मिल ही रहे हैं।" निक्सन पीकिंग में 'निषिद्ध नगर' में भी गये। 'परफैक्ट हारमनी' के लघुतर कक्ष में एक जड़ाऊ कुर्सी रखी थी जिसपर बैठकर चीनी सम्राट सिंहासन तक जाता था। कुर्सी की तरफ इशारा

करके उन्होंने कहा कि इसका मतलब यह हुआ कि वह बहुत कम वर्जिश कर पाता था। निक्सन सांस्कृतिक क्रान्ति के दौरान जमीन खोद कर प्राप्त की गई प्राचीन वस्तुयें भी देखने गये। वहां कान बन्द करने का आला भी पड़ा था जो चीनी सम्राट अपनी आलोचना शुरू होते ही कानों में ठूँस लेता था। निक्सन ने फरमाइश की—"एक ऐसा जोड़ा मुझे भी चाहिए।" क्या उन्हें विश्वास है कि उनके पास है नहीं? यदि नहीं होता तो वह किसिंगर के अतिरिक्त भी किसी की बात सुन पाते। अपने राजदूत की ही सही।

□□□

एक तमाशा टेलीविजन के लिए

आधुनिक जीवन-चक्र की धुरी है साधारण व्यक्ति। साहित्य हो या कला या समाज, हर क्षेत्र में आम आदमी का ही बोलबाला है। हर जगह साधारण की असाधारणता की खोज जारी है। खास आदमी को आज की दुनिया केवल उत्सुकता, तिरस्कार या आतंक की दृष्टि से ही देख पाती है। यह सब तो है, फिर भी असाधारण का जादू पूरी तरह टूट चुका हो, ऐसा भी नहीं है। आधुनिक युग में भी सामंतवाद के अवशेष अपना रंग जमाने से नहीं चूकते। आधुनिक युग के सपाट और खुरदरे मंच पर भी फैंटेसी अपना करिश्मा दिखा ही जाती है। भारत को छोड़िए, जहां लोग आधुनिकता जबर्दस्ती ओढ़ने की कोशिश कर रहे हैं; इंग्लैंड जैसे तकनीकी दृष्टि से विकसित प्रगतिशील देश में भी मध्ययुगीन सामंतवाद, सारे विरोधों के बावजूद, अपना जलवा फीका नहीं पड़ने दे रहा। वहां अब भी लोकतंत्र और राजतंत्र सह-अस्तित्व बनाए हुए है। यह और बात है कि सारी शक्ति लोकतंत्र के हाथ में है; मगर अब भी राजतंत्र की शानो-शौकत पूरी तरह नेस्त-नाबूद नहीं हो सकी है। बल्कि पहली जुलाई को तो उसकी चकाचौंध से जैसे सारा ब्रिटेन चौंधिया ही गया था। पहली जुलाई* के दिन युवराज चार्ल्स को विधिवत भावी सम्राट घोषित कर दिया गया।

1953 में महारानी एलिजाबेथ की ताजपोशी के बाद का यह सबसे बड़ा शाही जश्न था, इसलिए जाहिर है कि इसकी तैयारी बड़े जोर-शोर से की गई। नार्थ वेल्स का कारनारवौन का किला, जहां यह रस्म अदा हुई, नए सिरे से सजाया गया। होल-इन-दि वाल स्ट्रीट की चमचमाती दुकानें समारोह-पत्रिकाओं, स्मारक बैजों, खूबसूरत महंगे कफ-बटनों, बहुमूल्य चाबी की जंजीरों आदि से पटी पड़ी थीं। इस उत्सव में भाग लेने के लिए आने वाले लगभग दो लाख अभ्यागतों के स्वागत-सत्कार की पूरी तैयारी की गई थी। किले के अंदर लगभग 4,000 व्यक्तियों के बैठने का इंतजाम था। मगर उनमें से कोई 2,500 ही भीड़ की वजह से समारोह को ढंग से देख पाए होंगे। किले के भीतर जगह बेहद कम होने के कारण व्यवस्थापकों के सामने यह समस्या आ खड़ी हुई कि वे अतिथियों के लिए खान-पान जुटायें या उनके लिये

* 01 जुलाई 1969

शौचालयों की व्यवस्था करें। इन दो विकल्पों के बीच अन्ततः उन्हें दूसरा विकल्प चुनना पड़ा । इसलिए शाही मेहमानों को अपनी शैम्पेन और थोड़ी-बहुत भोजन-सामग्री लुका-छिपा कर अपने साथ ही लानी पड़ी। विशेष अतिथियों को यह छूट दी गई थी कि वे चाहें तो तीस डालर कीमत दे कर अपनी कुर्सी यादगार के रूप में अपने साथ घर ले जा सकते हैं। चौबीस डालर का टिकट खरीद कर किले के बाहर से इस जश्न की ताक-झांक भी की जा सकती थी। कासल स्क्वेयर खुशनुमां झाड़ियों, फूल-पत्तियों और रोशनी के धनुषों से सजाया गया था। शहर की गलियों में रंग-बिरंगे झण्डों के तीस सैट फहरा रहे थे।

अपनी शाही रेल में बैठकर राज-परिवार नार्थ वेल्स पहुंचा। उसके उतरने के लिए एक विशेष प्लाटफार्म का निर्माण किया गया था। छरहरा सुन्दर युवराज बग्घी में बैठ कर किले में दाखिल हुआ तो सारा किला तालियों की गड़गड़ाहट से गूंज उठा। राज-परिवार के अन्य सदस्यों का स्वागत भी इसी उत्साह से किया गया। शानदार घोड़ों और घुड़सवारों को देखकर लोगों की तबीयत खुश हो गई। मंच ऐसे सजा हुआ था जैसे वहां शेक्सपियर का कोई नाटक खेला जाने वाला हो। गृहमंत्री और वेल्स-मंत्री ने अंग्रेजी और वेल्स भाषा में सनद पढ़नी शुरू की तो युवराज चार्ल्स महारानी एलिजाबेथ के सामने घुटनों के बल बैठ गया। महारानी ने उसे एक तलवार और एक सोने की छड़ी भेंट कीं, उसके माथे पर ताज रखा और उसे एक अंगूठी पहना दी। मां और पुत्र दोनों भावावेश से अभिभूत थे। मां अपने पुत्र की आंखों मे देख नहीं पा रही थी और चार्ल्स भी पूरे संस्कार के दौरान सिर्फ एकाध बार ही आंखें उठा कर अपनी मां को देख सका। महारानी के बाईं ओर बैठे पिता के अधरों पर कभी-कभी मुस्कान खेल उठती थी। फिर महारानी ने अपने हाथों में युवराज का हाथ थाम लिया और युवराज चार्ल्स ने शपथ ग्रहण की।

युवराज चार्ल्स को भावी राजा बनाने का यह समारोह निर्विघ्न ही सम्पन्न नहीं हो गया। इस समारोह के विरुद्ध अपना आक्रोश प्रकट करने के लिए वेल्स के क्रांतिकारी बम-विस्फोट करते रहे। बैंड बाजों के साथ वातावरण में धमाके भी गूंजते रहे। वेल्स के उग्रतावादी निवासी यह नहीं चाहते कि अब कोई अंग्रेज 'प्रिंस आफ वेल्स' बने। अंग्रेजों से वेल्सवासियों का विरोध बड़ा पुराना और ऐतिहासिक है। वेल्सवासी गाने के बड़े शौकीन हैं और यदि वहां का कोई व्यक्ति पन्द्रह साल की उम्र तक भी बेसुरा अलापता रहे तो उसे इंग्लैंड रवाना कर दिया जाता है। वेल्सवासियों का दावा है कि वे ही ब्रिटेन के मूल निवासी हैं। वे ब्रिटेन में मध्य यूरोप से आए थे। ब्रिटेन आने पर उन्हें पहले रोमनों और बाद में सेक्सनों से संघर्ष करना पड़ा, जिन्होंने उन्हें इंग्लैंड से बाहर पश्चिम की ओर खदेड़ दिया। सेक्सनों ने ही उन्हें वेल्स का नाम

दिया। वेल्स का अर्थ सेक्सन भाषा में विदेशी होता है। इंग्लैण्ड के राजा एडवर्ड प्रथम ने उन्हें अंतिम रूप से कुचल कर रख दिया और इस लड़ाई में आखिरी प्रिन्स आफ वेल्स मारा गया। वेल्सवासियों को प्रसन्न करने के लिए एडवर्ड ने इस बात की व्यवस्था की कि उसका बेटा कारनारवौन में ही जन्म ले। 1284 में वेल्स सामन्तों के सामने अपने पुत्र को पेश करते हुए उसने यह घोषणा की कि उसका पुत्र अंग्रेजी का एक शब्द भी नहीं बोल सकता। सत्रह साल बाद एडवर्ड ने अपने पुत्र को विधिवत इंग्लिश प्रिंस आफ वेल्स घोषित कर दिया। तभी से यह परम्परा चली आ रही है कि युवराज प्रिन्स ऑफ वेल्स कहलाते हैं। इन सब बातों के बावजूद आज तक वेल्सवासी अंग्रेजों से असंतुष्ट हैं और मुक्ति-संग्राम छेड़े हुए हैं। उनका आरोप है कि अंग्रेज उनके देश का सारा पैसा करों के रूप में चूस लेते हैं और बदले में कुछ करके नहीं देते। इसीलिए उन्होंने यह जश्न भी चैन से मन जाने नहीं दिया। एक बम का विस्फोट तो शाही रेल की पटरी के पास ही हुआ और दूसरा रस्म शुरू होने के कुछ ही मिनट पहले कारनारवौन के एक डाकघर के पास। पहली जुलाई से पहले भी इस तरह के धमाके होते रहे थे। मगर वेल्स वालों को इस जश्न से आर्थिक लाभ हुआ है। इस समारोह के कारण सैलानियों से प्राप्त होने वाती आय में लगभग 7,000,000 डालर की बढ़ोत्तरी हो गई होगी।

इस अत्यन्त भव्य और बेहद खर्चीलें शाही जश्न का विरोध केवल वेल्सवासियों ने ही नहीं किया, स्वयं अंग्रेजों ने भी किया। जाहिर है कि उनका विरोध दूसरे संदर्भ में दूसरे स्तर पर था। इस वैचारिक विरोध के दो आयाम थे। एक ओर तो इस समारोह को अक्षम्य और तर्कहीन अपव्यय माना गया, दूसरी ओर यह सवाल भी जोरदार तौर पर उभरा कि आखिर इस आधुनिक सभ्यता में राजा-वाजा की जरूरत ही क्या है? यह आम आदमी द्वारा पूछा जाने वाला सवाल है। वह यह पूछ रहा है की मध्ययुगीन सामन्तवाद के इन अवशेषों पर बेतरह रुपया बर्बाद करने से आखिर कौन-सा मकसद हल होता है? क्या उपयोगिता है इन खास-उल-खास आदमियों की इस आम आदमियों के समाज में? बादशाहत को 'शाही नौटंकी' की संज्ञा देने वाले मैलकोम मगरिज ने फिर कहा कि राष्ट्रीय जीवन में बादशाहत की सारी महत्ता और उपयोगिता नष्ट हो चुकी है। चार्ल्स एड़ी-चोटी तक का जोर लगा लें लेकिन बादशाहत यथार्थ से दिन-प्रतिदिन दूर ही होती जाएगी और आम आदमी के लिए और भी अजूबा बन कर रह जाएगी।

रजवाड़े के विरुद्ध सबसे बड़ी आपत्ति तो आर्थिक ही है। अंग्रेज नेताओं तक का कहना है कि शाही तमाशे पर जो भारी रकमें खर्च की जाती हैं, वह उसके लायक नहीं है। राज-परिवार के सदस्यों पर खर्च होने वाला रुपया भी वाकई है तो चौंका देने

वाला। राजमाता को प्रति वर्ष 168,000 डालर और महारानी एलिजाबेथ को 1,140,000 डालर की रकम प्राप्त होती है। चार्ल्स को फिलहाल अपने खर्चे के लिए 72,000 डालर मिलते हैं। लेकिन इसी वर्ष बालिग हो जाने पर उसे 480,000 डालर मिलने लगेंगे। और इस सब का बोझ पड़ता किस पर है? उसी आम आदमी पर जो अब शाही तमाशों का शौकीन नहीं रहा। यह रकम वह करों के रूप में अदा करता है। वह जमाना और था जब इंग्लैंड की तूती बोलती थी। दुनिया का एक बहुत बड़ा भू-भाग उसका उपनिवेश था। उसके साम्राज्य में कभी सूरज डूबता ही नहीं था। अब हालात बदल चुके हैं। ब्रिटेन की आर्थिक स्थिति पहले जैसी मजबूत नहीं रह गई है। जापान जैसे देश उसे कभी के पीछे छोड़ चुके हैं। पौण्ड की साख डावांडोल है। आम आदमी आर्थिक रूप से पूर्णतः सुरक्षित नहीं रह गया है। इसीलिए वह पूछता है कि इन 'खास लोगों' का बोझ हमारे कंधे से कब उतरेगा? विशेषकर नई पीढ़ी के अंग्रेज युवा यह सवाल और भी जोर से पूछने लगे हैं। छात्र-आन्दोलनों , हिप्पी संस्कृति और आर्थिक समस्याओं के समाज में शाही ताम-झाम बिल्कुल पैबंद जैसी मालूम पड़ने लगी है।

लेकिन ऐसा भी नहीं है कि सब अंग्रेज राज-परिवार को एक बेकार का बोझ ही मानते हों। बड़े-बूढ़ों में राज-परिवार की लोकप्रियता कम भले ही हो गई हो, खत्म नहीं हो गई है। राज-परिवार की अपनी आमदनी कुछ कम नहीं है। अब भी उनके नाम काफी जमीन है। शाही संपत्ति से प्रति वर्ष लगभग 132 लाख डालर की आय होती है। यह आय सरकारी खजाने में जमा कर ली जाती है। सरकार राज-परिवार को खर्चे के लिए सिर्फ 384,000 डालर ही तो देती है। वैचारिक रूप में निरर्थक हो जाने पर भी भावात्मक रूप में बादशाही की उपयोगिता अब भी बनी हुई है। इससे अंग्रेजों के खंडित अहम् की रक्षा होती है। वह अपनी शाही परम्परा पर गर्व कर सकते हैं और कह सकते हैं कि दुनिया के सबसे महंगे, सबसे खास आदमी अब भी इंग्लैण्ड में ही हैं। साथ ही अंग्रेज राजा या रानी राष्ट्रमण्डल के सदस्यों के बीच सूत्र का कार्य भी करता है। राजा-रानी के बहाने अंग्रेजवासी भी एक सूत्र में बंधे रहते हैं। अभिनेत्री रीटा तुशिंगम का कहना है कि जब राष्ट्रगीत बजता है और सब लोग उठ कर खड़े होते हैं तब यही भावना कार्य कर रही होती है कि महारानी अपनी ही हैं।

चार्ल्स को प्रिन्स आफ वेल्स बनाए जाने के इस अद्वितीय रूप से भव्य समारोह को भी सभी अंग्रेजों ने आलोचना की दृष्टि से ही नहीं देखा, बहुतों का इससे भरपूर मनोरंजन भी हुआ। कुछ ने आस्था और श्रद्धा भी व्यक्त की। इस आयोजन के संयोजन में लार्ड स्नोडाउन और ड्यूक ऑफ नौरफोक की प्रतिस्पर्द्धा भी बड़ी मनोरंजक रही। यद्यपि समारोह के औपचारिक संयोजक डयूक ऑफ नौरफोक ही थे, तथापि लार्ड स्नोडाउन ने भी अपनी चलाने में कोई कसर नही उठा रखी। ड्यूक साहब

जरा पुराने जमाने के आदमी हैं; इसलिए वह इस समारोह को अधिकाधिक शालीन, गरिमापूर्ण, पवित्र और पारम्परिक बनाए रखने के पक्ष में थे। लार्ड स्नोडाउन नए जमाने के हैं और प्रचारवादी हैं। वह चाहते थे कि सारा समारोह बिल्कुल आधुनिक शैली में सम्पन्न हो, चहल-पहल हो। उन्होंने इस समारोह का आयोजन टेलीविजन को ध्यान में रखते हुए किया। यह उन्हीं की योजना थी कि यह अलंकरण-समारोह यूरोप, अमेरिका, कैनेडा और आस्ट्रेलिया में टेलीविजन पर दियाया जाए। उन्होंने घोषणा भी की थी कि मैंने सम्पूर्ण उत्सव की व्यवस्था टेलीविजन की दृष्टि से की है। कुछ अधिकारियों ने यह कह कर कि हम तमाशा नहीं बनना चाहते, इस का विरोध भी किया था। किन्तु जीत लार्ड स्नोडाउन के ही हाथ रही।

स्नोडाउन साहब खुद भी एक शानदार छविकार है। इंग्लैण्ड के पाँच-छह चुने हुए छविकारों में उनकी गिनती होती है। ओवर ग्लेनडावर के बाद शाही परिवार में विवाह करने वाले वह पहले वेल्स हैं। आम आदमी होते हुए भी राजकुमारी मारग्रेट से विवाह करने का चमत्कार उन्होंने कर दिखाया। उनका भविष्य भी काफी चमकदार मालूम देता है। वह महिलाओं में बड़ी आसानी से लोकप्रिय हो जाते हैं। उन्हें कपड़ों और कपड़ों के डिजाइनों की बड़ी अच्छी परख है। प्रिन्स आफ वेल्स चार्ल्स की भी उनमें काफी निष्ठा थी। चार्ल्स और लार्ड स्नोडाउन में एक समान बात यह है कि दोनों ही मंच पर अभिनय के शौकीन हैं। चार्ल्स के प्रिन्स आफ वेल्स बनाए जाने के इस समारोह में उनकी प्रमुख भूमिका रहना उनकी एक महत्त्वपूर्ण उपलब्धि है। बहुत-से अंग्रेज राज-परिवार से कुछ इस वजह से भी उखड़े हुए हैं कि वह अपनी गौरव-परम्परा पूर्ववत बनाए नहीं रख रहा है। राज-परिवार के सदस्य प्रचार से बचना नहीं चाहते; टेलीविजन जैसे प्रचार-माध्यमों से उन्हें कोई खास परहेज नहीं रह गया है। वह आम आदमी जैसे ही होते जा रहे हैं। जब वह आम आदमी होते जा रहे हैं, तब वह खास आदमी वाला अपना रुतवा और दर्जा बनाए कैसे रख सकते हैं? टेलीविजन पर आने का उनका यह पहला मौका नहीं था। पिछले दिनों उनपर बनी एक टेलीविजन फिल्म का प्रीमियर भी हो चुका है। यह वृत्तचित्र रिचर्ड कौस्टोन और एंटोनी जे.. ने मिलकर बनाया है और इसका नाम है 'रायल-फेमिली'। यह वृत्तचित्र कोई 105 मिनट का है। अब तक राज-परिवार की दिनचर्या पर रेशमी पर्दा पड़ा हुआ था और लोग कल्पनायें किया करते थे कि न जाने उसके सदस्य कैसे होंगे? क्या हम जैसे होंगे? आम आदमी की खास आदमी के बारे में जिज्ञासा होना स्वाभाविक ही है। यह चित्र इसी जिज्ञासा का समाधान करने के उद्देश्य से तैयार किया गया है। बी.बी.सी. और आई.टी.वी. के सहयोग से बने इस चित्र को आई.टी.वी. के प्रतिनिधि ने रोमांचक और चित्ताकर्षक रहस्योद्घाटन कहा है। इस चित्र में राज-परिवार के सदस्य दफ्तर में भी दिखाए गये

हैं और घर में भी। कैसे वह अभ्यागत महापुरुषों का स्वागत करते हैं, संस्थाओं आदि का उद्घाटन करते है और कैसे लगते हैं वे जब वह बिलकुल सहज हो जाते हैं, औपचारिकताओं से मुक्त होकर अपना, नितांत अपना जीवन जीते हैं। यह सब इस चित्र में बखूबी दिखाया गया है। उन्हें सहज, अकृत्रिम रूप में देखकर इंग्लैण्ड का आम आदमी शायद चौंक गया हो और खुश भी हुआ हो कि अरे, अपने सहज रूप में तो ये हम जैसे ही हैं।

इस चित्र में एक मंनोरंजक भूल भी हो गई जो काफी चर्चा का विषय बन गई है। एक दृश्य में इंग्लैंड में अमेरिका के राजदूत एननवर्ग महारानी को अपना परिचय-पत्र पेश करते हुए दिखाए गए हैं। इसके तुरन्त बाद महारानी और प्रिन्स फिलिप्स का यह वार्तालाप है : "वह यहां नहीं है।" "कौन?" "अमेरिका का राजदूत।" इस वार्तालाप से कुछ ऐसा आभास होता है जैसे अमेरिकी राजदूत के जाने से उन दोनों ने राहत की सांस ली हो। बताया गया है कि यह संपादन की भूल है। असल में यह वार्तालाप उस दृश्य के पहले का है और पूर्ववर्ती राजदूत डेविड बुस के बारे में है।

राज-परिवार के सदस्य चाहें खास आदमी के रूप में दिखाए जायें , चाहे आम आदमी के रूप में, यह सवाल फिर भी बना रहता है कि आधुनिक समाज में उनकी उपयोगिता क्या है? खास आदमी के सामने आम आदमी का दबदबा अब कम होता दिखाई नहीं देता। जब तक चार्ल्स आम आदमियों के बीच अपनी खास जगह नहीं बना लेता, तब तक उसके प्रिन्स आफ वेल्स बन जाने से किसी को कोई खास फर्क पड़ने वाला नहीं है। चार्ल्स एक महत्त्वाकांक्षी युवक है और इस तथ्य से वह अपरिचित नहीं है कि इस जमाने में राजा बनना एक अभिशाप ही है। वह इस अभिशाप को वरदान मे बदल देने की हर मुमकिन कोशिश करेगा। वह अपनी प्रासंगिकता और उपयोगिता सिद्ध करने में कोई कसर उठा नहीं रखेगा। उसने आशा व्यक्त की है कि वह एक अनौपचारिक राजदूत के रूप में राष्ट्रमंडलीय देशों के बीच सौहार्द्र और सद्भावना का प्रसार करेगा। यह निर्णय तो भविष्य ही करेगा कि आधुनिक संसार को किसी 'राज'-दूत की आवश्यकता है भी कि नहीं।

❑❑❑

शान-शौकत की जेल में कैद एक सीधा-सादा राष्ट्रपति

राजेन्द्र बाबू जब राष्ट्रपति के पद पर आसीन थे, तब वह अपनी सेक्रेटरी डा. ज्ञानवती दरबार को लगभग हर रोज एक पत्र लिखा करते थे। हाल ही में ज्ञानवती जी ने इन पत्रों के दो संकलन प्रकाशित करवाए हैं। एक संकलन हिन्दी में है ('स्वतन्त्र भारत की झलक', प्रकाशक—सस्ता साहित्य मण्डल) और दूसरा अंग्रेजी में ('पोर्ट्रेट आफ ए प्रसिडेण्ट', प्रकाशक—विकास पब्लिशिंग हाउस)। इन संकलनों में पत्र तिथि-क्रम के अनुसार प्रकाशित नहीं किए गए हैं, वरन विभिन्न शीर्षकों के अन्तर्गत उनका वर्गीकरण कर दिया गया है। इस से सुविधा जो भी हुई हो, एक असुविधा यह हो गई है कि राजेन्द्र बाबू के विचारों का क्रमिक विकास समझने में कठिनाई अनुभव होती है। साथ ही सभी पत्र भी इन संकलनों में शामिल नहीं किए गए हैं। इसलिए पाठक में सहज ही यह उत्सुकता जग सकती है कि बचे हुए पत्र क्यों रोक लिए गए है? क्या उन में प्रकाशनीय जैसा कुछ भी नहीं है? इसी प्रश्न से जुड़ा यह प्रश्न भी है कि जो पत्र यहां प्रकाशित किए गए हैं, क्या वे सभी महत्त्वपूर्ण, सार्थक हैं? राष्ट्रपति राजेन्द्र बाबू की जो मूर्त्ति देशवासियों के मन में है, उनमें ये पत्र कहां तक मेल खाते हैं?

इन संकलनों में शामिल किए गए ज्यादातर पत्र ऐतिहासिक दस्तावेज का दर्जा रखते हैं। उनमें महत्त्वपूर्ण व्यक्तियों और ऐतिहासिक घटनाओं पर राजेन्द्र बाबू की टिप्पणियां हैं। कुछ पत्रों में विविध विषयों पर विचार व्यक्त किए गए हैं, कुछ पत्र संस्मरणात्मक हैं।

कुछ पत्रों का सन्दर्भ सामने न होने के कारण बात पूरी समझ सकना मुहाल हो जाता है। 15 दिसम्बर, 1957 को लिखे गए एक पत्र में राजेन्द्र बाबू कहते हैं—'बबूल के पेड़ और गुलाब के पौधे में एक चीज समान होती है—उनके कांटे। अन्यथा वे एक-दूसरे से भिन्न होते हैं। इसलिए तुम बबूल के पेड़ से खिलते हुए महकदार गुलाब के फूल की आशा नहीं कर सकती।' दार्शनिक विचारों को समझ पाने के लिए उनका सन्दर्भ जानना आवश्यक हो सकता है।

ये पत्र क्यों लिखे गए? यह प्रश्न उठ सकना स्वाभाविक है, क्योंकि ये पत्र उस

व्यक्ति को लिखे गए हैं, जो निरन्तर पत्र-लेखक के साथ रहा है। साथ रहने वाले व्यक्ति को दिनचर्या या दिन में घटित किसी घटना का वर्णन लिख भेजना पाठक को कुछ विचित्र भी लग सकता है। इस प्रश्न का उत्तर ज्ञानवती जी ने भूमिका में इस प्रकार दिया है–'पाठक स्वाभाविक ही यह सोचेंगे कि जब मैं सदा बाबूजी के निकट रहती थी, तब फिर उन्होंने मुझे रोज चिट्ठियां क्यों लिखीं? इसकी पहली और मूल वजह यह थी कि राजेन्द्र बाबू जैसी महान आत्मा एक प्रकार से भारत की आत्मा के साथ एकाकार हो चुकी थी। मैं उस पुण्यात्मा के चिन्तन के मोतियों को देश के लिए संजोना चाहती थी। बाबूजी मुझसे अपनी डायरी लिखाते थे, पर उस में सारी बातें नहीं कही जा सकती थीं। जो बातें नहीं आ सकती थीं, उन्हें वह पत्रों में लिखते थे।'

'इसका दूसरा भाव-पक्ष भी था, जो सीधे मेरे मन की भावना से सम्बन्धित था। मेरी अन्तर्प्रेरणा का सब से बड़ा निमित्त यह था कि जिस तरह जवाहरलाल जी ने अपनी होनहार प्रियदर्शिनी बेटी इन्दु को जेल से चिट्ठियां लिख कर विश्व-इतिहास के ज्ञान की झलक दिखलाई, मुझे भी राजेन्द्र बाबू की मुंहबोली बेटी का सौभाग्य मिलने पर अपने बाबूजी की कलम से भारत की और भारत के राष्ट्रपति की अन्तर्भावना की झलक पाने की चाह रही।'

नेहरू जी ने जो पत्र अपनी होनहार बेटी इन्दु जी को जेल से लिखे, वे मूलतः शिक्षाप्रद थे। उनका शिक्षात्मक मूल्य असन्दिग्ध है और वे इस दृष्टि से अत्यन्त महत्त्वपूर्ण हैं। राजेन्द्र बाबू ने अपने ये पत्र दो रूपों में लिखे हैं–एक तो निजी टिप्पणियों की तरह और दूसरे डायरी की शक्ल में। डायरीनुमां पत्रों को शिक्षात्मक कहा जा सकता है। ये पत्र आम पाठक की दृष्टि से बहुत सरस नहीं हैं और उनसे जो शिक्षात्मक सूचनाएं मिलती हैं, वे भी बहुत गहरी नहीं। लगता है जैसे किसी किशोर को जानकारी देने के लिए कुछ बातें कही जा रही हैं। ये भी सिलसिलेवार नहीं। किसी विषय का जमा हुआ और व्ययस्थित विवेचन उनमें उपलब्ध नहीं होता। संविधान के बारे में उन्होंने कई पत्र लिखे हैं। 20.12.1956 और 27.12.1956 के पत्र इसी सम्बन्ध में हैं। इन पत्रों से संविधान के बारे में कोई गहरी जानकारी नहीं मिल पाती। कुछ मोटी-मोटी बातें हैं जो सरसरी तौर पर कह दी गई हैं। दूसरी तरह के शिक्षात्मक पत्र ऐसे हैं जिन में सामयिक विषयों की चर्चा की गई है। कुछ पत्र विदेशी घटनाओं के बारे में भी हैं, पर वे ज्यादा जानदार नहीं हैं और उनकी परिधि में अधिकतर अखबारी मामले ही आते हैं। हाँ, देश की घटनाओं पर जो टिप्पणियां हैं, वे जोरदार हैं और उन में राजेन्द्र बाबू की दृष्टि साफ झलकती है। भारतीय हस्तियों की चर्चा भी उन्होंने बड़े प्रभावपूर्ण ढंग से की है और ऐसी टिप्पणियां इतिहास के विद्यार्थियों के लिए बड़ी उपादेय साबित हो सकती हैं।

भावी शोध-कर्त्ताओं के लिए राजेन्द्र बाबू के पत्रों का महत्त्व असन्दिग्ध है। उनके लिए भी जो भारत के इतिहास में रुचि रखते हैं और उनके लिए भी जिन की रुचि सर्वप्रथम भारतीय राष्ट्रपति के व्यक्तित्व के विश्लेषण में है। इन पत्रों में राष्ट्रपति का व्यक्तित्व अपनी शक्तियों और सीमाओं के साथ पूरी तरह उभर कर आया है। भावी जीवनी-लेखकों के लिए यह सामग्री अत्यन्त उपयोगी है। इन पत्रों में भारत का प्रथम राष्ट्रपति पाठकों के सामने एक अकेले, असहाय और निहपाय व्यक्ति के रूप में आता है। एक ऐसे व्यक्ति के रूप में जो अवांछनीय परिस्थितियों की त्रासदी का शिकार है, किन्तु उन परिस्थितियों का चक्रव्यूह तोड़ पाने में समर्थ नहीं हैं। कहीं वह मौन दर्शक के रूप में उपस्थित है, कहीं वह तटस्थ आलोचक के रूप में और कहीं निष्क्रिय विद्रोही की भूमिका में। वह अपने चारों ओर छाए हुए पाखण्ड को, आडम्बर को देखता है और कसमसा कर, छटपटा कर रह जाता है। हालांकि उसके हाथ में गत्ते की तलवार नहीं है, फिर भी वह योद्धा की तरह मैदान में उतरा हुआ दिखाई नहीं देता। एक बौद्धिक की तरह मुंह बिचकाता है, एक दार्शनिक की तरह बुदबुदाता है, एक कवि की तरह उदास हो जाता है; मगर एक क्रान्तिकारी की तरह प्रतिकूल परिस्थितियों को चुनौती नहीं देता, एक कर्मठ की तरह उनसे जूझता नहीं। वह भ्रष्ट परिस्थितियों का विरोधी होते हुए भी उनमें रहने को मजबूर है। उसकी पुकार एक अकेले कण्ठ की पुकार जैसी है। यह त्रासदी यदि एक व्यक्ति मात्र की होती तब भी स्थिति शायद इतनी शोचनीय नहीं होती; किन्तु राजेन्द्र बाबू तो प्रतीक-पुरुष हैं प्रथम पीढ़ी के नेतृत्व के। वह पीढ़ी जान रही थी कि कहीं कुछ गड़बड़ी है, हो रही है, पर उस के निराकरण का उस ने कोई ठोस प्रयत्न नहीं किया। उसका परिणाम आज हम सब को भुगतना पड़ रहा है।

जहां तक राजेन्द्र बाबू की शख्सियत का सवाल है, उनकी सादगी और श्रमनिष्ठा बेमिसाल है। उनकी कर्मठता उनकी दिनचर्या से स्पष्टतः प्रमाणित हो जाती है। वह सुबह-सबेरे 3.30 या 4 बजे उठ कर काम शुरू कर देते थे। उनके जागते ही उनका निजी सेवक डा. ज्ञानवती को खबर कर देता था। वह हाथ-मुंह धो कर राष्ट्रपति-भवन की ओर दौड़ पड़तीं। उनके पहुंचते-पहुंचते बाबूजी काम शुरू करने के लिए तैयार हो जाते। सबसे पहले वह डायरी बोल कर लिखवाते। फिर वह चरखा कातते-कातते अनेक विषयों की पुस्तकें पढ़वा कर सुनते। बीच-बीच में मुश्किल शब्द और कुछ घटनाओं के सन्दर्भ भी समझाते चलते। 7.30 बजे वह पूजा करने बैठ जाते और प्रतिदिन गीता या रामायण का पाठ करते। 10 बजे से वह आने वाले लोगों से भेंट करना शुरू कर देते। हर सोमवार को वह प्रधानमन्त्री पं. जवाहरलाल नेहरू से मिलते और शनिवार को उप-राष्ट्रपति डा. राधाकृष्णन से। 10 से 1 बजे के बीच वह लोगों

से मिलते भी और दफ्तर का काम-काज भी करते। अपने सैनिक सचिव तथा सचिव से दफ्तरी काम के सिलसिले में बातचीत करते। 1.30 बजे अपने परिवार के साथ बैठ कर खाना खाते। उसके बाद थोड़ी देर आराम करते। 3 से 5 बजे के बीच वह डाक देखते और याचिकाएं पढ़ते। 7 बजे तक वह सारे काम-काज से मुक्त हो जाते। शाम को, अगर कोई जलसा न हो, तो मुगल गार्डन्स में जा बैठते। रात के खाने से पहले वह नाती-पोतों से घिर जाते और उनसे भजन बड़े शौक से सुनते। रात को वह सोने के लिए कुछ जल्दी चले जाते और दिनचर्या की अन्तिम कड़ी के रूप में ज्ञानवती जी को पत्र लिखाते, जिन में आम तौर पर 'पुनश्चः' जुड़ा रहता। ये पत्र कभी हिन्दी में होते, कभी अंग्रेजी में।

अंग्रेजी में क्यों? सभी जानते हैं कि राजेन्द्र बाबू हिन्दी के महान समर्थक थे। फिर उन्होंने अपने पत्रों में अंग्रेजी का इस्तेमाल क्यों किया? 'फिलहाल मैं ने ये पत्र अंग्रेजी में लिखने की सोची है। अगर यह सिलसिला जारी रहा तो बाद में मैं हिन्दी में लिख सकता हूं। ज्ञान ने मुझे ये पत्र लिखने का सुझाव दिया है, अतः इन पत्रों का स्वरूप ज्ञान के नाम लिखी गई टिप्पणियों का ही होगा।' बाबू जी ने अंग्रेजी में लिखने का निर्णय क्यों किया? क्या इसलिए कि नेहरू जी ने जो पत्र इन्दु जी के नाम लिखे थे, वे अंग्रेजी में थे?

अपने पत्रों में राजेन्द्र बाबू ने जगह-जगह तत्कालीन समस्याओं का विवेचन और प्रचलित आडम्बर का विरोध किया हैं। 2 सितम्बर 1956 को लिखे गए अपने पत्र में उन्होंने कुछ समस्याएं उठाई है—1. केवल छात्रों अथवा युवकों में ही नहीं, सामान्य लोगों में भी अनुशासनहीनता का वातावरण छाया हुआ है। कम-से-कम कुछ स्थानों पर तो अवश्य। 2. स्कूलों और कालिजों से शिक्षाप्राप्त ऐसे छात्रों की भीड़ बढ़ती जा रही है जिन्हें कोई रोजगार नहीं मिल पाता। 3. पिछले कुछ महीनों में चीजों की कीमतें बढ़ने की प्रवृत्ति देखी गई है। 4. ऐसे देश में जहां काम करने वाले अधिक हों और काम कम, औद्योगीकरण का परिणाम बेरोजगारी के सिवा और क्या हो सकता है। 5. हम एक ऐसी स्थिति में पहुंच रहे हैं जो हम पर जिम्मेदारियां ला रही है और यह सर्वथा सम्भव है कि हमारे किशोर कन्धे उन्हें काफी बोझिल पाएं।

ये समस्याएं तो आज तक बनी हुई हैं। प्रश्न यह है कि इन्हें हल करने के लिए क्या कदम उठाए गए हैं? समस्याओं को समझ लेने भर से तो उनका निराकरण नहीं हो जाता। भारतीय परिस्थितियों को ध्यान में रखते हुए पाश्चात्यकरण के सन्दर्भ में अपने 23 जुलाई 1957 के पत्र में राजेन्द्र बाबू ने चार प्रश्न उठाए हैं :

1. क्या हमें सारा जोर जीवन-स्तर, अमेरिका की तो बात ही छोड़िए, स्वीडन या स्विट्जरलैण्ड के समकक्ष उठाने में लगा देना चाहिए?

2. इसके परिणामस्वरूप पैदा हो जानेवाली स्थितियों की रोकथाम के लिए हमने क्या अहतियात सोची है? अपराध के अतिरेक तथा मद्यपान से हम कैसे बचाव करेंगे?

3. क्या हम खेती पर उचित ध्यान दिए बिना औद्योगीकरण बहुत शीघ्रता अथवा तीव्रता से नहीं कर रहे हैं?

4. हमारा आदर्श क्या होगा और हमारा व्यावहारिक लक्ष्य तथा उसे प्राप्त करने के व्यावहारिक साधन क्या होंगे?

इसमें कोई संदेह नहीं कि ये प्रश्न महत्त्वपूर्ण हैं। भारत में पश्चिमवाद का बोलबाला है, मगर हम उस के हश्र की ओर से आंखें मूंदे हुए हैं। किन्तु क्या हम पश्चिमवाद का कोई विकल्प आज तक सोच सके हैं? क्या प्रश्न उठा देने भर से मकसद हल हो जाता है?

6 मई, 1958 के एक पत्र में सैनिक शक्ति के रूप में भारत के मैदान में उतरने के सन्दर्भ में भी राजेन्द्र बाबू ने एक सवाल उठाया है–'पाकिस्तान के इरादों के सैनिक प्रतिरोध के विकल्प की तलाश पर कुछ सोच-विचार करना क्या उपयुक्त नहीं होगा? गांधी जी के पास इसका एक विकल्प था, किन्तु तब वह राष्ट्र के लिए स्वीकार्य नहीं था। क्या तबसे अब तक घटित होने वाली कोई चीज देश के रवैये को बदल सकती है? हमें इस पर सोचना है और गहराई से सोचना है।' मगर क्या इस पर गहराई से सोचा गया?

राजेन्द्र बाबू मानते थे कि सिर्फ कानून बना कर आर्थिक विषमता दूर करना सम्भव नहीं, वांछनीय भी नहीं। वह तो चाहते थे कि समाजवाद हृदय परिवर्त्तन के द्वारा लाया जाए। 'मुझे लगता है कि हर कार्य, चाहे वह अधिकतम लोगों के अधिकतम हित के लिए ही किया जाए, जबर्दस्ती किया गया ही कहलायेगा जब तक वह अल्पसंख्या के अपने आप किए गए सहयोग द्वारा क्रियान्वित नहीं होता।' (28 मई, 1958)। बैंकों का राष्ट्रीयकरण हुआ, और भी बहुत कुछ हुआ, किन्तु उस सब में राजेन्द्र बाबू की सलाह का भी ध्यान रखा गया? हृदय-परिवर्त्तन जैसी किसी चीज को कोई महत्त्व दिया गया? कानून ही कानून बनाए गए, लोगों की मानसिकता बदलने की ओर बहुत कम ध्यान दिया गया।

राजनीतिक दलों की संख्या यदि बहुत अधिक हो जाए तो सरकार बनाना और चलाना कितना मुश्किल हो सकता है, इस समस्या की ओर भी राजेन्द्र बाबू का ध्यान गया था। अपने 12 जून, 1958 के पत्र में वह लिखते हैं–'यह असम्भाव्य नहीं है कि यदि पार्टियां बढ़ती ही जाएं और शक्तिवान होती जाएं तो निकट भविष्य में कोई भी दल इस स्थिति में नहीं रह जाएगा कि वह दूसरे दलों से मिले बिना प्रशासन चला

सके।' यह समस्या क्रमशः विकट होती गई है। क्या इसका कोई उपयुक्त समाधान अब तक सोचा जा सका है?

राष्ट्रपति की हैसियत से जो सुख-सुविधाएं उन्हें प्राप्त थीं, जिस तरह उनकी सुरक्षा का ध्यान रखा जाता था, कई बार वह उससे बौखला उठते थे। 15 जुलाई 1956 के पत्र में उन्होंने अपनी एक पुरानी स्मृति ताजा की है। एक दिन सुबह वह कलकत्ता मैदान में सैर करने गए थे। उन्होंने देखा कि एक कार जा रही है और उसके पीछे जा रही हैं कुछ मोटरसाइकिलें–सिलसिलेवार। पूछताछ करने पर पता चला कि गवर्नर साहब सैर के लिए तशरीफ ले जा रहे हैं। राजेन्द्र बाबू जेल से निकले ही थे और फिर वापस जेल जाने वाले थे। अचानक उन्हें ख्याल आया कि जेल में रह कर भी क्या वह उतने कैद में थे जितना कि इस शान-शौकत के बीच घिरा यह गवर्नर? तब उन्होंने ने यह सोचा भी न था कि एक दिन ऐसा भी आ सकता है जब वह इसी तरह की कैद में रहने के लिए मजबूर होंगे। उन पर इतनी कड़ी नजर रखी जाएगी कि अगर वह आधी रात को पानी पीने के लिए भी उठेंगे तो कई आंखें उन पर लगी होंगी। उन्हें एक जेल के कैदी और अपनी हालत में सिर्फ यह फर्क महसूस हुआ कि जेल में एक आदमी कई कैदियों पर निगरानी रखता था, और उन अकेले की कई व्यक्ति निगरानी करते थे। इस तरह की देखभाल के प्रति अपनी अरुचि राजेन्द्र बाबू ने कई स्थलों पर व्यक्त की है किन्तु समाधान यह निकाला है–'कभी यह बहुत क्षुब्ध कर देने वाला अनुभव होता है किन्तु मुझे लगता है कि इस में कुछ किया नहीं जा सकता।' कुछ किया नहीं जा सकता वाला उनका यह स्वर पाठक को क्षुब्ध कर जाता है।

इस सिलसिले में एक रोचक घटना राजेन्द्र बाबू के साथ घटी। उनके अवैतनिक स्टाफ में एक हकीम साहब भी थे। उन्होंने उनसे कोई दवाई देने के लिए कहा, जो वह अपने साथ ही शीशी में लाए थे। राजेन्द्र बाबू ने उनसे खुराक कितनी लें, कितनी बार लें, वगैरह पूछा। उन्होंने ने एक चम्मच मंगाई और उस में थोड़ी-सी दवाई खुद चाटते हुए फरमाया कि 'इतनी'। उन्होंने बताया कि बादशाहों को दवाई इसी तरह दी जाती थी। ऐसा यह सिद्ध करने के लिए किया जाता था कि जो उन्हें दिया जा रहा है, वह जहर नहीं है। वह हकीम साहब निजाम की खिदमत में रह चुके थे।

इस बादशाही ठाट का अनुभव उन्हें मोतियाबिन्द का आपरेशन कराते समय भी हुआ। आपरेशन के समय सर्जन के अलावा उस के तीन-चार सहायक भी वहां मौजूद थे और यह सब तब जब कि हर सहायक स्वयं आपरेशन कर सकने की योग्यता रखता था। उनके अतिरिक्त चार नर्स और दो सहायक और ड्यूटी पर थे। इस पर तुर्रा यह कि उन सब के साथ राजेन्द्र बाबू के सर्जन और अवैतनिक चिकित्सक तो

वहां यह देखने के लिए उपस्थित थे ही कि दमे के कारण कोई परेशानी खड़ी न हो जाए। दूसरी ओर कैम्प लगा कर सैकड़ों व्यक्तियों की आंखों के आपरेशन लगातार कर दिए जाते हैं। यह देख कर राजेन्द्र बाबू को कष्ट हुआ कि और तो और चिकित्सा तक में बराबरी नहीं है इसका हल सुझाते हुए उन्होंने 4 मार्च, 1958 के पत्र में लिखा—'सही रास्ता तो यह है कि विशेषाधिकार प्राप्त वर्ग को चिकित्सा के क्षेत्र में अपनी स्थिति का फायदा उठाने से इंकार कर देना चाहिए और निर्धनतम तथा सामान्यतम व्यक्ति की तरह अपना इलाज करवाना चाहिए।' उनकी इस नसीहत पर कितने लोगों ने अमल किया है?

भारतीय नेतृत्व का यह एक भारी संकट रहा है कि वह अंग्रेजों द्वारा बनाए गए चौखटे से दुखी होते हुए भी, उस में फिट न होते हुए भी, उसे तोड़ नहीं पाया। नया चौखटा बना नहीं पाया। बल्कि उस में यह भावना घर करती गई है कि राज-काज तो चलता ही ऐसे है। जो रीति-रिवाज अब अंग्रेजों तक के लिए अप्रासंगिक हो चले हैं, उन्हें हम अपने कन्धों पर इत्मीनान से, बिना किसी चूँ-चपड़ के ढो रहे हैं।

एक अंग्रेजी रिवाज है अभ्यागतों के सम्मानार्थ शुभकामना-स्वरूप 'टोस्ट' प्रस्तावित करने का। हर औपचारिक राजकीय प्रीति-भोज में राष्ट्रपति को 'टोस्ट' प्रस्तावित करना होता है। यह अलग बात है कि शराब की जगह ग्लास में पानी का शर्बत होता है और उसी को छू कर 'टोस्ट' प्रस्तावित कर दिया जाता है। 1 फरवरी, 1957 के पत्र में राजेन्द्र बाबू लिखते हैं—'मैंने इस प्रथा के अनौचित्य का प्रश्न उठाया और सुझाव दिया कि इस का कोई भारतीय विकल्प खोज लेना चाहिए। किन्तु इसे इस आधार पर अस्वीकृत कर दिया गया कि इस से एक अन्तरराष्ट्रीय प्रथा के निर्वाह में बाधा पहुंचेगी और इस में आपत्तिजनक जैसा कुछ था नहीं, क्योंकि इस अवसर पर या किसी और राजकीय समारोह में हम शराब तो पेश करते ही नहीं।

'मुझे यह तर्क समझ में तो नहीं आया, फिर भी मैं चुप रहा। हम विदेशियों के प्रति आदर-भाव के कारण अपनी प्राचीन प्रथाएं छोड़ देने को तैयार हो जाते हैं, चाहे उनमें कोई दोष न हो। किन्तु हम एक वस्तुतः आपत्तिजनक प्रथा छोड़ नहीं सकते क्यों कि उसमें मदिरापान की भावना मात्र होती है, मदिरापान नहीं।' यह एक मजाक नहीं तो और क्या है?

अंग्रेजियत तो क्या, हम अंग्रेजी तक को छोड़ सकने में असमर्थ रहे हैं। एक बार राजेन्द्र बाबू अपने सेक्रेटरी की सेक्रेटेरिएट में निकल गए। उन्हें यह देख कर आश्चर्य हुआ कि ज्यादातर सरकारी कामकाज अंग्रेजी में चलता है। अपने 28 नवम्बर, 1957 के पत्र में इस बारे में उन्होंने लिखा—'यह स्पष्ट है कि इस दफ्तर में एक सक्षम हिन्दी-विभाग का होना आवश्यक है। इसलिए मैंने यह निर्देश दिया कि जो भी पत्र

हिन्दी में आएं उनका उत्तर हिन्दी में ही जाना चाहिए।' किन्तु क्या अब तक सामान्य सरकारी काम-काज में हिन्दी को उसकी सही भूमिका मिल सकी है? राजेन्द्र बाबू हिन्दी के पक्षधर थे, किन्तु वह भी उसे उस की सही जगह कहां तक दिला पाये? यों हिन्दी के बारे में उन्होंने अपने कई पत्रों में चर्चा की है।

कुछ प्रसंगों में राष्ट्रपति राजेन्द्र बाबू नियम तोड़ते हुए भी दिखाई देते हैं। राष्ट्रपति किस सभा में क्या बोलें, आम तौर पर यह पहले से ही लिख कर दे दिया जाता है। राजेन्द्र बाबू को यह कुछ असहज-सा लगता था। एक बार उन्होंने लिखा-लिखाया भाषण फेंक दिया और आशु भाषण किया।

ऐसे भी कई पत्र इन संग्रहों में हैं जिनमें उनकी सादगी, उनकी ईमानदारी की पूरी झलक देखने को मिल जाती है। दिन का काम निपटा कर राजेन्द्र बाबू प्रायः 7.30 से 8 बजे के बीच अपनी बैठक में जा बैठते थे। अवकाश के उन क्षणों में उनकी बूढ़ी बहन उनके पास आ जाती थीं और घरेलू परेशानियां उन्हें शिकायत-भरे स्वर में सुनाया करती थीं। 12 दिसम्बर, 1957 के पत्र में एक ऐसी ही शाम का जिक्र राजेन्द्र बाबू ने इन शब्दों में किया है : 'मैंने उनका सुझाव रद्द कर दिया तो उन्होंने हमेशा की तरह रोना-चिल्लाना शुरू कर दिया और मुझ पर बाल-बच्चों की उपेक्षा तथा उन्हें अपने पांवों पर खड़ा करने में मदद न करने के आरोप लगाने लगीं। और उन्होंने यहा तक कह दिया कि मेरी ही वजह से उन्हें स्कूल और कालिज से हटाया गया और वे शिक्षा प्राप्त करने से रह गए और यद्यपि मैं कमा सकता था, मैं ने ऐसा नहीं किया, अतः हम दोनों भाई वास्तव में निकम्मे थे और मैंने अपने बेटों-भतीजों को सिर्फ गरीबी दी थी।' आगे चल कर वह जो कुछ लिखते हैं उससे उनका बड़प्पन साफ जाहिर हो जाता है—'कुल मिला कर यह सच ही है कि जिस त्याग का श्रेय मुझे दिया जाता है वह मेरे परिवार के सदस्यों का त्याग है, मेरा नहीं—और जो कुछ मैं ने किया, मैं उसे त्याग नहीं, सन्तोष की दृष्टि से देखता हूँ। यदि वे ऐसा समझते हैं कि उन्होंने कष्ट सहा है, तो त्याग उन्हीं का है।'

उनकी यही विनम्रता 26 जनवरी, 1958 को लिखे गए पत्र में भी झलकती है। 26 जनवरी को जो सम्मान राष्ट्रपति को मिलता है, उससे उनके मन में गर्व नहीं, विनय की अनुभूति ही जाग्रत होती थी। वह कहते हैं—'मैं और भी अधिक भाव-विभोर हो उठता हूं, जब मुझे दूसरों द्वारा किए गए महान त्याग की याद आती है जिसका फल कुछ अंशों में भोगने का सौभाग्य मुझे मिल रहा है। यह नहीं कि जो रुतबा मुझे दिया गया है उसे मैं सुख-भोग का पद मानता हूं; किन्तु मैं यह याद करने के लिए मजबूर हूँ कि वे हजारों साथी जो संघर्ष में हमारे साथ थे, गरीबी और लाचारी में जिन्दगी गुजार रहे हैं। जब मैं उन लोगों की याद करता हूं जिन्होंने कुर्बानियां दी हैं और बहुमत में मिल गए हैं, मेरा दिल भर आता है। मैं उनकी विगत तथा वर्त्तमान

की कुर्बानियों को याद करके चुपचाप श्रद्धा से सिर झुका कर रह जाता हूं।'

राजेन्द्र बाबू को इस बात का हमेशा मलाल रहा कि जो लोग आजादी के लिए लड़े, उनमें से अधिकतर को कुछ नहीं मिला। एक बार कांग्रेस का एक पुराना कार्यकर्त्ता उनके लिए मकई का दाना ले कर आया। 1942 के आन्दोलन के दौरान जब वह जेल में था, उसकी अनुपस्थिति में उसका घर-बार तक जब्त कर लिया गया। बिहार के राजनीतिक पीड़ित फण्ड में से उसे कुछ नहीं मिल पाया था। 24 जनवरी, 1958 के पत्र में इस प्रसंग को राजेन्द्र बाबू ने एक उदाहरण के रूप में प्रस्तुत करते हुए लिखा है–'जिन कार्यकर्त्ताओं ने पृष्ठभूमि में रहकर काम किया है और जिन्होंने कांग्रेस में हो कर भी पार्टी की भीतरी जोड़-तोड़ से स्वयं को बरी रखा है, उन पर क्या बीत रही है, इस घटना का उल्लेख मैं इसी ओर ध्यान खींचने के लिए कर रहा हूं।' उपेक्षित राजनीतिक पीड़ितों के लिए राजेन्द्र बाबू के दिल में बड़ा गहरा दर्द था। 24 फरवरी, 58 के पत्र में वह इस बात पर खेद व्यक्त करते हैं कि जनता की याददाश्त बड़ी कमजोर होती है। 'स्कूल में पढ़ने वाले किसी नवयुवक से पूछो कि क्या वह उन शहीदों, जो देश की आजादी के लिए लड़े और कुर्बान हो गए, के बारे में कुछ जानता है, तो उस का उत्तर होगा–नहीं।' स्वाधीनता-सेनानियों को भुला दिए जाने की बात उन्हें हमेशा कचोटती रही।

राष्ट्रपति-भवन में रहते हुए भी विलासिता का जीवन राजेन्द्र बाबू को रास नहीं आया। रिटायर होने की बात उन्होंने कई बार सोची। उन्हें लगता रहा कि वह जितने आजाद उस भवन में आने से पहले थे, बाद में नहीं रहे। 7 फरवरी, 58 के पत्र में वह लिखते हैं–'1920 में वकालत छोड़ देने का महत्त्वपूर्ण निर्णय करते समय मुझे कोई झिझक नहीं हुई और मुझे यह अनुभव नहीं हुआ कि कुछ जिम्मेदारियां हैं जो मुझे निभानी हैं।...लेकिन आज ऐसा निर्णय करते समय मुझे कई चीजों के बारे में सोचना पड़ता है, दफ्तर की जिम्मेदारियों के अलावा भी। क्या मैंने ऐसे उत्तरदायित्व नहीं ओढ़ लिए हैं जो मुझमें झिझक पैदा करते हैं?' वह पदमुक्त होकर अपना शेष जीवन चिन्तन- मनन में व्यतीत करना चाहते थे, किन्तु रिटायर हो जाने के बाद वह अपना जीवन 'कहां' और 'कैसे' गुजारेंगे, यह प्रश्न भी बार-बार उनके मन में उठता था। उन्हें किसी अध्यात्मगुरु की तलाश थी। उन्होंने लिखा था–'यदि कोई ऐसा व्यक्ति मुझे मिल जाए जो मुझे ध्यान की व्यावहारिक पद्धति और प्रक्रिया सिखा सके, तो मैं अपने को भाग्यवान समझूंगा।' (29 अप्रैल, '58)

अध्यात्म, यौगिक क्रियाओं और ज्योतिष-विज्ञान में राजेन्द्र बाबू की गहरी रुचि थी। राजनीतिक हस्तियों के अतिरिक्त अपने पत्रों में उन्होंने मुनि महेन्द्र कुमार, स्वामी शरणानन्द, बाल-ब्रह्मचारिणी अरुणा की भी चर्चा की है। वह प्राचीन परम्पराओं,

मान्यताओं, कला आदि में गहरी आस्था रखते थे। आधुनिकता के प्रति उनका खास झुकाव नहीं था। वह भावुक प्रकृति के थे और किसी परिजन को विदा के समय उन्हें रोना आ जाता था। 'मुझे कई ऐसे अवसरों की याद हो आई है, जब मैं इस या उस कारण से रो दिया हूं—खासतौर से किसी से विदा होते समय।' (11 दिसम्बर, '56)। आधुनिक चित्रकला की अपेक्षा वह एलोरा की चित्रकला के अधिक प्रशंसक थे।

राजेन्द्र बाबू में यह गुण था कि वह अपनी शक्तियों और सीमाओं को बहुत साफ देख पाते थे। आत्मविश्लेषण की दृष्टि से उनका 25 जुलाई, '58 का पत्र बहुत ही महत्त्वपूर्ण है—'सांसारिक मानदण्डों और जाहिरी तौर पर मेरा कैरियर बहुत ही सफल रहा है। किन्तु मेरी अपनी आशंकाएं हैं और मैं कभी-कभी महसूस करता हूं कि मैं दुखद रूप से असफल रहा हूं।...विद्यार्थी के रूप में मैं कभी मेधावी या परिश्रमी नहीं रहा।...परीक्षाओं में मेरी सफलता का कारण मेरी विशिष्ट योग्यता नहीं थी। प्रारम्भिक अवस्था में ही मुझे यह प्रतीति हो गई थी कि परीक्षा-भवन ज्ञान-प्रदर्शन की नहीं, अज्ञान छिपाने का स्थान है।...कोई उत्तर न देना अशुद्ध उत्तर देने से बेहतर है।...अब तुम समझ गई होगी कि परीक्षाओं में मेरी सफलता और शायद जीवन में भी मेरी सफलता की कुंजी क्या है।...असफलता वाला पक्ष यह है कि मैंने किसी विषय की गहरी अथवा व्यापक जानकारी हासिल नहीं की है।' क्या ऐसी विनयशीलता किसी साधारण व्यक्ति से सम्भव है, खासतौर पर तब जब वह राजनीतिज्ञ हो?

डा. ज्ञानवती दरबार ने ये पत्र उनसे लिखवाकर और छपवा कर एक उपयोगी और महत्त्वपूर्ण कार्य किया है। यह काम वही कर सकती थीं, क्योंकि वही उनके बाद के जीवन में उनके सर्वाधिक निकट थीं। डा. ज्ञानवती दरबार का जन्म उत्तर प्रदेश में, शिक्षण गुजरात में और विवाह वर्धा, महाराष्ट्र में हुआ। उनके पति श्री बुद्धसेन दरबार स्व. जमनालाल बजाज के निकट सम्बन्धी हैं और बचपन से ही आचार्य विनोवा भावे के सान्निध्य में रहे। उन्होंने स्वतन्त्रता-संग्राम में हिस्सा लिया। विवाह के बाद वर्धा में रहते हुए 1945 में ज्ञानवती जी को इन नेताओं से मिलने का अवसर प्राप्त हुआ। राजेन्द्र बाबू से भी उनका परिचय वर्धा में ही हुआ। राष्ट्रपति जी के साथ रहते हुए उन्होंने पूरे भारत का ही नहीं, विश्व के कई देशों का भ्रमण किया। 'पोर्ट्रेट आफ ए प्रेसिडेंट' की भूमिका में वह लिखती हैं—"बाबूजी मुझे अपनी बेटी की तरह मानते थे और अक्सर मेरा उल्लेख इसी रूप में करते थे। एक सुबह उन्होंने मुझे राष्ट्रपति भवन बुला भेजा। मैं ने वहां जा कर देखा कि वह अपने पारिवारिक मन्दिर (पूजा-कक्ष) में माता जी (अपनी पत्नी) के साथ बैठे हैं। प्रार्थना के उपरान्त उन्होंने हिन्दी में कुछ पन्ने लिखे और मूर्त्तियों को साक्षी बनाते हुए मुझे पुत्री के रूप में गोद ले लिया। स्नेह से मुझे थपथपाते हुए उन्होंने कहा—'परमात्मा ने हमें दो बेटे दिए हैं,

लेकिन बेटी कोई नहीं। अब हमें एक बिटिया भी मिल गई है।' उन्होंने इस काम को अनुष्ठान जैसा रूप क्यों दिया, इसका कोई संकेत पुस्तक में नहीं मिलता।

डा. ज्ञानवती दरबार द्वारा संकलित इन पत्रों में बाबू राजेन्द्र प्रसाद अपनी शक्ति और सीमा के साथ उभर कर आते हैं--एक नेता के रूप में ही नहीं, एक मनुष्य के रूप में भी। उन्होंने राजनीतिक घटाटोप और आडम्बर को अपनी पैनी दृष्टि से देखा किन्तु उसे तोड़ने का साहस नहीं किया। वह राष्ट्रपति भवन के जीवन को बन्दी जीवन समझते रहे, किन्तु उस ढर्रे को बदलने के लिए उन्होंने ठोस कदम नहीं उठाए। वह वर्त्तमान के प्रति जागरूक थे, किन्तु अतीत का मोह भी उनसे छूटता नहीं था। वह राष्ट्रपति के पद से रिटायर होना चाहते थे, किन्तु दुबारा निर्वाचित होने के प्रति उदासीन नहीं थे। ये पत्र सिद्ध करते हैं कि कुछ स्थलों पर पहुंच कर मनुष्य मनुष्य ही रह जाता है।

□□□